Annaei

M. Annaei Lucani De bello civili pars prima altera cum Hugonis Grotii

Annaei

M. Annaei Lucani De bello civili pars prima altera cum Hugonis Grotii

ISBN/EAN: 9783741150852

Manufactured in Europe, USA, Canada, Australia, Japa

Cover: Foto ©ninafisch / pixelio.de

Manufactured and distributed by brebook publishing software (www.brebook.com)

Annaei

M. Annaei Lucani De bello civili pars prima altera cum Hugonis Grotii

M. ANNÆI LUCANI
DE BELLO CIVILI,

HUGONIS GROTII, FARNABII
notis integris & Variorum
selectissimis;

curante CORNELIO SCHREVELIO.

HISTORIARVM
Libro IV. Cap. II.

Bellum Cæsaris & Pompeij.

IAm pænè toto orbe pacato, maius erat imperium Romanum, quàm vt vllis externis viribus extingui poſſet. Itaque inuidens Fortuna principi gentium populo, ipſum illum in exitium ſuum armauit. Ac Mariana quidé Cinnanáque rabies intra vrbem ſe præcluſerat, quaſi experiretur; Sullaa tempeſtas latiùs, intra Italiam tamen detonuerat; Cæſaris furor atque Pompeij, Vrbem, Italiam, gentes, nationes, totum denique quà patebat imperium, quodam quaſi diluuio, & inflammatione corripuit, adeò, vt non rectè tantùm ciuile dicatur, ac ne ſociale quidẽ, ſed nec externum; ſed potiùs cõmune quoddã ex omnibus, & plus quàm bellũ. Quippe ſi duces eius inicias, totus ſenatus in partibus; ſi exercitus, hinc xi. legiones, inde xviii. flos omnis & robur Italici ſanguinis; ſi auxilia ſociorum, hinc Gallici Germaniquedelectus; inde Deiotarus, Ariobarzanes, Tarcõdimos, Cothus, omne Thraciæ, Cappadoc'æque, Ciliciæ, Macedoniæ, Græciæ, Italiæ, totiuſque robur Orientis; mora belli, quattuor annis, & pro clade rerũ breue tempus; ſi locũ & ſpatiũ vbi cõmiſſum eſt, intra Italiã; inde ſe in Galliã Hiſpaniamque deflexit; reuerſunique

E

ab occasu, totis viribus in Epiro Thessaliaque consedit; hinc in Ægyptum subito transsiliit, inde respexit Asiam, Africæ incubuit; postremò in Hispaniam remigrauit, & ibi aliquando defecit. Sed non & odia partium finita cum bello. Non enim prius quieuere, quàm in vrbe ipsa, medio senatu, eorū, qui victi erant, odia, victoris sese cæde satiarent. Caussa tantæ calamitatis eadem, quæ omniū, nimia felicitas. Siquidem Quincto Metello & Lucio Afranio consulibus, cùm Romana maiestas toto orbe polleret, recentésque victorias, Ponticos & Armenios triūphos in Pōpeianis theatris Roma cantaret, nimia Pōpeij potentia apud otiosos (vt solet) ciues mouit inuidiā. Metellus ob imminutū Cretæ triumphū, Cato aduersus potétes sēper obliquus, detrectare Pōpeiū, actisque eius obstrepere. Hic dolor transuersū egit, & ad præsidia dignitati parāda impulit. Fortè tūc Crassus genere, diuitiis, dignitate florebat, vellet tamē auctiores opes. Caius Cæsar eloquentia, & spiritu, & iā cōsulatu alleuabatur. Pompeius tamē super vtrūque eminebat. Sic igitur Cæsare dignitatē cōparare, Crasso augere, Pompeio retinere cupiétibus, omnibusque pariter potētiæ cupidis, de inuadēda Rep. facilè cōuenit. Ergo cùm mutuis viribus in suū quisque decus niteretur, Galliā Cæsar inuadit, Crassus Asiā, Pompeius Hispaniā, tres maximos exercitus: & iā sic orbis imperiū, societate trium principū occupatur. Decē annos traxit ista dominatio. Exinde quoniā mutuo metu tenebātur, Crassi morte apud Parthos, & morte Iuliæ Cæsaris filiæ, quæ nupta Pōpeio, generi soceriq; concordiā matrimonij fœdere tenebat, statim æmulatio erupit. Iā Pōpeio suspectæ Cæsaris opes, & Cæsari Pompeiana dignitas grauis. Nec hic ferebat parē, nec ille superioē. Nefas! sic de principatu laborabāt, tanquā duos tāta imperij fortuna nō caperet. Ergo Lentulo Marcelloque consulibus rupta prima cōiurationis fide, de successione Cæsaris senatus, idēque Pōpeius agitabat: nec ille abnuebat, si ra-

tio

rio sui proximis comitiis haberetur cōsulatus; absenti, quē decē tribuni, fauente Pōpeio nuper decreuerāt, tū dissimulāte eodē negabatur. Veniret, & peteret maiorū more. Ille cōtrà flagitare decreta, ac nisi in fide mancirēt, non se demissiuū exercitū. Ergo vt in hostē decernitur. His Cæsar agitatus, statuit præmia armorū armis defendere. Prima ciuilis belli arena, Italia fuit; cuius arces leuibus præsidiis Pompeius insederat; sed ōnia subito Cæsaris impetu oppressa sunt. Prima Arimino signa cecinerunt. Tū pulsus Etruria Libo, Vmbria Thermus, Domitius Corfinio. Et peractū erat bellū sine sanguine, si Pompeiū Brundusij opprimere, vt cœperat, potuisset. Sed ille per obsessi claustra portus nocturna fuga euasit. Turpe dictu modò princeps patrū, pacis bellique moderator, per triūphatū à se mare lacerata & pænè inermi naue fugiebat. Nec Pōpeius ab Italia, quàm senatus ab vrbe fugatur prior: quam pænè vacuam metu, Cæsar ingressus, consulem se ipse facit. Ærarium quoque sanctum, quia tardius aperiebant Tribuni, iussit effringi; censuimque & patrimonium populi Romani antè rapuit quàm imperium. Pulso fugatoque Pōpeio, maluit prius ordinare prouincias, quàm ipsum sequi. Siciliam & Sardiniam annonæ pignora, per legatos habuit. Nihil hostile erat in Gallia. pacē ipse fecerat. Sed ad Hispanienses Pompeij exercitus transeunti per eā duci, portas claudere ausa Massilia est. Misera, dū cupit pacē, belli metu in bellū incidit: sed quia tutis muris erat, vinci eam sibi iussit absenti. Græcula ciuitas, non pro mollitia nominis, & vallum cædere, & incendere machinas ausa, & congredi nauibus: sed Brutus, cui mandatum erat bellū victos terra marique perdomuit: mox dedētibus sese ablata omnia præter (quā potiorē omnibus habebāt) libertatem. Anceps variumque, & cruentū in Hispania bellum cum legatis Cn. Pōpeij Petreio & Afranio; quos Iledræ castra habentes, apud Sicorim amnē obsidere, & oppido intercludere aggreditur. Interim

obsidatione verni fluminis, cōmeatibus prohibet. Sic fame castra tētata sunt, obsessorq; ipse quasi obsidebatur: sed vbi pax fluminis rediit; populationibus & pugna capos aperuit; iterùm ferox instar; & cedentes ad Celtiberiā consecutus, aggere & vallo, & per hæc siti ad deditionē cōpulit. Sic citerior Hispania recepta est, nec vlterior morā fecit. Quid enim vna post quinque legiones? Itaque vltiò cedente Varrone, Gades, . Fretū, Oceanus, omnia felicitatē Cæsaris sequebantur. Aliquid tamen aduersus absentē ducem ausa fortuna est circa Illyricū & Africā, quasi de industria prospera eius aduersis radiarentur. Quippe cùm fauces Adriatici maris iussi occupare Dolabella & Antonius, ille Illyrico, hic Corcyræo littore castra posuissent, iam maria latè tenente Pompeio, repentè castra legatus eius Octauius, & Libo ingentibus copiis classicorum, vtrimque circūuenit: deditionē fames extorsit Antonio. Missæ quoque à Basillo in auxilium eius rates, , quales inopia nauium fecerat, noua Pōpeianorū arte Cilicū actis sub mari funibus, captæ quasi per indaginē. duas tamē æstus explicuit: vna, quæ Opicerginos ferebat, in vadis hæsit, memorandūque posteris exitū dedit. Quippe vix mille iuuenū manus, circūfusi vndique exercitus per totū diē tela sustinuit; & cùm exitū virtus non haberet, tamen ne in deditionē veniret, hortāte tribuno Vulteio mutuis ictibus in se cōcurrit. In Africa quoque par & virtus & calamitas Curionis fuit, qui ad recipiendā prouinciā missus, pulso fugatoque Varo iā superbus, subitū Iubæ regis aduentum, , equitatumque Maurorū sustinere non potuit. Patebat victo fuga, sed pudor suasit, vt amissū sua temeritate exercitū, morte sequeretur. Sed iā debitū par fortuna , flagitante, sedē bello Pōpeius Epirō elegerat, nec Cæsar moratus; quippe, ordinans à tergo ōnibus, quáuis hiems media prohiberet tēpestate, ab bellum nauigauit: positisque ad Oricū castris, cùm pars exercitus ob inopiam nauiū çū Antonio dimissa, Brundusij moram
faceret; .

faceret;adeò impatiés erat,vt ad arcellendos eos, ar-
déte vétis mari,nocte cócubia, speculatorio nauigio,
solus ire tétauerit.Exstat ad trepidū tanto discrimine
gubernatorem vox ipsius:Quid times?Cæsarē vehis.
Contractis in vnū vndique omnibus copiis , positisque comminus castris,diuersa erant ducum consilia.
Cæsar pro' natura ferox, & conficiendæ rei cupidus,
ostentare aciem,prouocare,iaccellere, nunc obsidione
castrorū,quæ erant sedecim miliiū vallo obducta(se..
quid his obsset obsidio . qui patente mari omnibus
copiis abundarent?) nunc expugnatione Dyrrhachij
irrita,(quippe quā vel situs inexpugnabilē faceret)ad
hoc,assiduis in eruptionē hostiū præliis(quo tempore
egregia virtus Scæuæ céturionis emicuit,cuius in scu-
to centū atque viginti tela sedere)iā verò direptione
vrbium sociarum,cùm Oricum & Gomphos, & alia
castella Thessaliæ vastaret. Pompeius aduersus hæc
nectere moras,tergiuersari simul, vt hostē interclusū
vndique inopia cōmeatuum terreret, vtque ardentis-
simi ducis consenesceret impetus.Nec diutius profuit
duci salutare consiliū.Milites otium,socij mora,prin-
cipes ambitū ducis increpabant. Sic præcipitantibus
fatis,prælio sumta est Thessalia:& Philippicis çāpis,
vrbis,imperij,generis humani fata cōmissa sunt.Nun-
quā vllo loco tantum viriū populus Romanus, tantū
dignitatis fortuna vidit.Trecēta amplius millia hinc
& illinc, præter auxilia regum & senatus. Nunquàm
imminentis ruinæ manifestiora prodigia,fuga victi-
marum,examina,insignes interdiu tenebræ.Dux ipse
& nocturna imagine theatri sui audiēs plausū in mo-
dū planctus circūsonare, & manè cū pullo amiculo
(nefas)apud principia conspectus est.Nunquā acrior
neque alacrior exercitus Cæsaris fuit. Inde classica
prius,inde tela. Annotatū quoque cōmittentis aciem
Crastini pilū;qui mox adacto in os gladio , sic inter
cadauera repertus,libidinē ac rabiē qua pugnauerat,
ipsa nouitate vulneris præferebat.Sed nec minus ad-

mirabilior illius exitus belli.Quippe cùm Pompeius adeò equitū copia abundaret,vt facilè circūuenturus ſibi Cæſarē videretur,circūuentus ipſe eſt. Nam cùm diu æquo marte cōtenderent,iuſſuque Pōpeij fuſus à cornu erupiſſet equitatus, repentè hinc ſigno dato, Germanorū cohortes tantū in effuſos equites fecere impetū,vt illi eſſe pedites,hi venire in equis viderētur.Hanc ſtragem fugiētis equitatus, leuis armaturæ ruina comitata eſt.Tunc terrore latius dato,turbantibus inuicem copiis, reliqua ſtrages quaſi vna manu facta eſt. Nec vlla res magis exitio fuit, quàm ipſa exercitus magnitudo.Multus in eo prælio Cæſar,mediuſque inter imperatorē & militem. Voces quoque obequitantis exceptæ,altera cruenta,ſed docta, & ad victoriam efficax,Miles.faciē feri:altera ad iactationē cōpoſita,Parce ciuibus: cùm ipſe ſequeretur.Felicem vtcunque in malis Pōpeium,ſi eadē ipſum,quæ exercitū eius,fortuna traxiſſet.Superſtes dignitati ſuæ vixit,vt cū maiore dedecore per Theſſalica Tēpe equo fugeret, pulſus Lariſſa ; in deſerto Ciliciæ ſcopulo ; fugā in Parthos,Africā,vel Ægyptū agitaret:vt denique in Peluſiaco littore,imperio viliſſimi regis,cōſiliis ſpadonum,&,ne quid malis deſit,Septimij deſertoris ſui gladio trucidatus, ſub oculis vxoris ſuæ liberorūque moreretur.Quis non peractū eſſe cū Pōpeio crederet bellum? Atqui acrius multò atque vehementius Theſſalici incēdij cineres recaluere. Et in Ægypto quidē aduerſus Cæſarē ſine partibus bellum.Quippe cùm Ptolemæus rex Alexandriæ,ſummū ciuilis belli ſcelus peregiſſet,fœduſque amicitiæ cū Cæſare medio Pōpeij capite ſanxiſſet,vltionē tāti viri manibus quęrēte fortunā,cauſa non defuit.Cleopatra regis ſoror affuſa Cæſaris genibus,partē regni repoſcebat. Aderat puellæ forma, & quæ duplicaretur ex il'o,quòd talis paſſa videbatur iniuriā:odiū ipſius regis,qui Pompeij cædē partiū fato,non Cæſari dederat,haud dubiè idē in ipſum auſurus ſi expediſſet.Quā vbi Cæſar reſtitui
iuſſit

iſſit in regnū, ſtatim ab eiſdē percuſſoribus Pompeij bſeſſus in regia, quáuis exigua manu, ingentis exercitus mole mira virtute ſurſtinuit. Ac prin. ū ædificiorū roximorū atque naualiū incendio, inferiorū hoſtiū :la ſubmouit: mox in peninſulā. Pharō ſubitus euat:inde depulſus in maria, mira felicitate ad proximā aſſem enatauit, relicto quidem in fluctibus paludamento, ſeu fato, ſeu conſilio, vt illud ingruentibus oſtium telis ſaxiſque peteretur. Tandem receptus à aſſicis ſuis, vndique ſimul hoſtes adortus, de imbelli t perfida gente, iuſta generi manibus dedit. Quippe : Theodotus magiſter, auctor totius belli, & ne viria quidem portenta, Pothinus atque Ganymedes, iuerſi per mare & transfugio & morte conſumti. Reis ipſius corpus obrutū limo repertū eſt in aureç locæ honore. In Aſia quoque nouus rerū motus à Pó-i, planè quaſi de induſtria captante fortuna hunc lithridatico regno exitum, vt à Pōpeio pater, à Cære filius vinceretur. Rex Pharnaces magis diſcordiæ oſtrę fiducia, quàm virtutis ſuæ, infeſto in Cappadoam agmine ruebat. Sed hunc Cæſar aggreſſus, vno, (vt ſic dixerim) non toto prælio obtriuit, more fulminis, quod vno eodomque momento venit, percuſſit, oſceſſit. Nec vana de ſe prædicatio eſt Cęſaris, ante ctū hoſtem eſſe, quàm viſum. Sic cum exteris. At in frica cū ciuibus multo atrocius quàm in Pharſalia. !ue reliquias partium naufragarum quidam furoris ſtus expulerat: ne reliquias diceres, ſed integrū belm. Sparſæ magis, quàm oppreſſæ vires erant. Auxerat cramentum ipſa clades Imperatoris: nec degeneratit ducum ſucceſſio. Quippe ſatis amplè ſonabat in ompeiani nominis locum, Cato & Scipio. Acceſſit opiis Mauritanus rex Iuba, videlicet vt latius vinret Cæſar. Nihil ergo inter Parſaliam & Thapſon, iſi quòd amplior, eoque acrior Cæſarianorum im-:tus fuit, indignantium poſt Pompeium creuiſſe belio, &c.

In

In nouam
M. ANNÆI LVCANI.
EDITIONEM,
Ex accuratâ curâ & induſtriâ
CLARISSIMI VIRI
D. CORNELI SCHREVELI, M. D.
Gymn. Lugd. Batt. Rect. digniſſimi.

Sic iterum, LVCANE, redis de Veſpere ſero
 In medium, & ſolito pulchrior ore nites.
Committens Socerum & Generum diſcordibus armis,
 Et, quàm ſit Fratrum gratia rara, docens.
O vtinam! cunctos, quos lumen amabile Solis
 Adſpicit, hæc pudeat monſtra pudenda ſequi.
Sub quorum Auſpiciis lauis, ac piſte nefanda,
 Olim præclari tot periere Duces.
Exemplis, IÜLE, noces. Nocet æmula Virtus
 Sceptrorum, & Regum non benè junctus amor.
Sit procul à noſtris bellum hoc ciuile Batauis,
 Nec coëant Gener hinc, nec Socer inde malus.
Corduba SCHREVELIO ſtatuas & marmora pones,
 Tam benè Pharſalicâ qui mouet arma manu.

REINERVS NEVHVSIVS, J.C.
Gymn. Alc. Rector.
cIɔ Iɔc LVIII.

M. An

M. ANNÆI LVCANI
CIVILIS BELLI,
SIVE

420

M. ANNÆI LVCANI
CIVILIS BELLI,
SIVE
PHARSALIÆ,
LIBER NONVS.
ARGVMENTVM.

Spiritus in nono Magni petit æthera : pugnæ
Reliquiasque Cato Libyæ transportat in oras,
Et cum Pompeijs Magnum Cornelia luget.
Quem Cato commendans Cilices,castigat,& inde
Per Syrtes agitur,Libyas quoque calcat arenas:
Hammonemque tuens serpentum senta peragrat.
Dux & ab Emathiâ Romanam vectus in vrbem,
It Pharon,& generi lacrymans pia conspicit ora.

T men in Pharia manes iacuére fauilla,
Nec cinis exiguus tantâ compescuit vmbrâ:
Prosiluit busto,semustáq; membra relinquês,
Degenerémq; rogū,sequitur cōuexa Tonātis.
5 Quâ niger astriferis connectitur axibus aër:
Quodque patet terras inter,lunæque meatus

Semidea

1. *Anes iacuere*
fauilla.] Pōpeij
anima. absoluit
autem poëta
Nōnationi Pō-
peij.
4. *sequitur conuexa Tonantu.*]
Beatarum animarum sedem repetit,campos Elysios , de quibus
vide quæ nos ad Senec.Troada,

v̄s. 942. Hos alij in Hispania,alij
in insulis Fortunatis locant.
Platonicorum alij in summo loco tertij ordinis ex ter quaterna
elementorum diuisione,in cœlo
scilicet quod terra ἐπιλυπεῖ dicitur,alij vero in regione proxime
Lunam , quam vitæ mortisque
confinium esse volunt,&c.Macro-
bius in Somn.Scipion.l.1.c.11.

7.*Semi*

Semidei manes habitant, quos ignea virtus
Innocuos vita patientes ætheris imi
Fecit, & æternos animam collegit in orbes.
Non illuc auro positi, nec ture sepulti
Perueniunt. illic postquam se lumine vero
Impleuit, stellásque vagas miratur, & astra
Fixa polis, vidit quanta sub nocte iaceret
Nostra dies, risítque sui ludibria trunci.
15 Hinc super Emathiæ campos, & signa cruenti
Cæsaris, ac sparsas volitauit in æquore classes;
Et scelerum vindex in sancto pectore Bruti
Sedit, & inuictè posuit se mente Catonis.
Ille vbi pendebant casus, dubiúmque manebat,
20 Quem mundi dominum facerent ciuilia bella,
Oderat & Magnum, quamuis comes isset in arma
Auspiciis raptus patriæ, ductúque Senatus,
At post Thessalicas clades iam pectore toto
Pompeianus erat. patriam tutore carentem
25 Excepit, populi trepidantia membra refouit,
Ignauis manibus proiectos reddidit enses:

Nec

7. *Semidei manes habitant.*]
Ἀιδρις ἡρώων θεῖοι γένος, quos ἡμιθέους, id est, aëris filios corpore solutos emicare & cum Dæmonibus habitare volunt aëris in campis. *Quos ignea virtus.*] Quos ardens euexit ad æthera virtus. Virg. 6. Aen. Igneus quippe est ollis vigor & cælestis origo.

8. *Innocuos vitæ, &c.*] Non grauatos, non curruptos inferiorum contage, verum ledem suam appetentes.

9. *Orbes.*]Sphæras.

10. *Non illuc auro positi, &c.*] Non illuc semper ascendunt Cæsares aureis conditi loculis, eburneis aurauísque elati lectis, argo, thure cremati, &c. qui mos est referendi Imperatores in numerum Deorum, vero lib. 4.

11. *Illic postquam, &c.*] Insue-

rum postquam miratus lumen Olympi sub pedibus vidit nubes, & sidera. Virg. ecl. 5.

13. *Vidit quanta, &c.*] Vide Platonis Gorgiam, & de Rep. atque Cic. de somnio Scip.

16. *Classes.*] Quæ integræ adhuc erant circa Co. yram.

17. *Et scelerum vindex &c.*]Et vindicaturus scelestum bellum à Cæsare summa dominationis studio susceptum, transfudit se quasi per μετεμψύχωσιν in pectus Bruti, qui eum interfecturus erat, & Catonis.

19. *Ille vbi pendebant casus.*] Caro, dum incertus esset belli exitus, patriæ & ciuium à se mutuo cæsorum misertus, Pompeium & Cæsarem ex æquo oderat, veritus ne victor imperium inuaderet.

S 2

Nec regnum cupiens gessit ciuilia bella,
Nec seruire timens, nil causa fecit in armis
Ipse suâ : tota post Magni funera partes
30 Libertatis erant : quas ne per littora fusas
Colligeret rapido victoria Cæsaris æstu,
Corcyra secreta petit, ac mille carinis
Abstulit Emathiæ secum fragmenta ruinæ.
   Quis ratibus tantis fugientia crederet ire
35 Agmina? quis pelagus victas arctasse carinas?
Dorida tunc Maleam, & apertam Tænaron vmbris,
Inde Cythera petit : Boreaque vrgente carinas
Creta fugit : Dictæa legit, cedentibus vndis,
Littora. tunc ausum classi præcludere portus
40 Impulit, ac sæuas meritum Phycunta rapinas
Sparsit : & hinc placidis alto delabitur auris

28. *Nec seruire timens.*] Vt, cui
perfecto Stoico semper ad manum
libertatis portus, mori parato.
τίς ἐςι δ'ύλΘ' τῦ Σανίτ ἀ-
φοςιτις ῶν.
29. *Partes.*] Copiæ Pompeij.
30. *Quas ne per litora fusas.*]
Pompejus Cæsarem in Thessaliam
persecuturus, multis suorum Dyrrhachij relictis præfecit Catonem, quem vsque verebatur ne
sibi obstaret quo minus victoria
liceret ex suo animo vti. Is itaque
accepta apud Pharsaliam clade,
statuit suos in Italiam traiicere, si
modo Pompejus periisset, sin su-
perêsset, copias quas habebat illi
seruare, atque hoc animo Corcyram ad classem traiecit. Plutarchus, sed aliter hæc Appianus.
31. *Victoria Cæsaris æstu.*] Cæsar
victor, pro expeditione & celeritate solita.
32. *Corcyra secreta petit.*] Inf.
sub Epiro, vbi erat Pompeij classis. *Mille carinis.*] Synecdoche
Hyperbolica.
34. *Quis ratibus, &c.*] Cladis
Pharsalicæ reliquias.

35. *Arctasse carinas.*] Com traxis-
se, angustum reddidisse, texisse.
36. *Dorida tunc, &c.*] Nauigationem Catonis, è Corcyra in
Africam descripturus, narrat loca,
quæ præternauigarit. *Hort. Maleam.*] Malea promontorium est
Laconiæ, quam incolucre Dores.
Apertam Tænaron.] Lib.6.vf.648.
Tænaron apertam.] In cuius promontorio spelunca erat, per quam
aditus erat ad inferos. Hortens.
37. *Cythera petit.*] Insulam Peloponnesi, hodie Cerigo.
38. *Fugit.*] Præternauigantibus
& prouectis recedere videtur;
causam vide ad Sen. Troad. vf.
1044. *Dictæa legit.*] Cretensia.
Dictæ vrbs & mons Cretæ.
39. *Ausum classi &c.*] Phycunta opp. cum promontorio Cyrenaicæ regionis. quia portum Catoni præclusit, expugnauit &
militibus suis diripiendum concessit.
40. *Impulit.*] Foxced, Phycunta.]
Vrbs Cyrenaica contra Tænarum.
Meminerunt Plinius iv. 12. x f.5.
Stephanus etiam, Grotius.

CIVILIS BELLI LIB. IX.   423

In littus Palinure tuum :(neque enim æquore tutum
Ausonio monimenta tenes : portúsque quietos
Testatur Libye Phrygio placuisse magistro.)
45 *Cum procul ex alto tendentes vela carinæ*
Ancipites tenuère animos, sociósne malorum,
An veherent hostes : præceps facit omne timendum
Victor, & in nulla non creditur esse carina.
Ast ille puppes luctus, planctúsque ferebant,
50 *Et mala vel duri lacrymas motura Catonis.*
   Nam postquam frustra precibus Cornelia nautas
Priuignique fugam tenuit, ne forte repulsus
Littoribus Phariis remearet in æquora truncus,
Ostendítque rogum non iusti flamma sepulchri :
55 *Ergo indigna fui, dixit, Fortuna, marito*
Accendisse rogum, gelidos effusa per artus
Incubuisse viro, laceros exurere crines,
Membráque dispersi pelago componere Magni ?
Vulneribus cunctis largos infundere fletus ?
60 *Ossibus, & tepida vestes implere fauilla ?*

Quicquid

43. *Palinure tuum.*] Promontorium Cyrenaicæ regionis in Africa, à Palinuro Aeneæ nauis magistro denominatum, vt & illud Pæstani sinus in Italia.
44. *Testatur Libye.*] Ante fuit *Libya.* Non Italia sola, sed & Africa testatur tutos portus Palinuro placuisse, & ab ipso dictos. Gror. *Testatur Libye, &c.*] Neque Africa minus quam Italia testatur tutos portus placuisse Palinuro atque ab eo nomen accepisse. *Phrygio Magistro.*] Aeneæ. Hors.
45. *Cum procul, &c.*] Vbi, conspectis nauibus in quibus erant Cornelia & Sextus Pompeius cum suis, Cato dubitare cœpit vtrum Cæsaris essent an Pompeij.
50. *Duri lacrymas.*] Stoici, ἀπαθεῖς.
51. *Frustra precibus, &c.*] Frustra laborabat retinere Sextum Pomp.

natum ex Aemylia, & cæteros in litore Aegyptio, desiderio atque expectatione trunci coniugis, si forte illum fluctu relabente delapsum possent excipere.
54. *Non iusti, &c.*] Indigni Pompeio.
55. *Ergò indigna, &c.*] Querulatoria oratio Corneliæ, quæ inuita à nautis ab Aegyptio mari auecta fuit. *Fortuna.*] Ad Fortunam vertitur oratio. Recenset aliquot pietatis officia, quæ marito Pompeio in funere præstare potuisset. *Hortensius.*
56. *Accendisse rogum.*] De more luctus, vide lib. 2. ♀ f. 21. & ad Senet. Troada, vf. 81.
60. *Ossibus, &c.*] Mulieres autem ossa Gnu legebant. *Modo in eundem sinum, ex quo tres nepotes emiseras, ossa trium nepotum recepisti.* Senec. ad Albinam, cap. 2.

S 5

M. ANNÆI LVCANI

Quicquid ab extincto licuisset tollere busto,
In templis sparsura Deûm. sine funeris vllo
Ardet honore rogus : manus hoc Ægyptia forsan
Obtulit officium graue manibus. ô bene nudi
65 Crassorum cineres! Pompeio contigit ignis
Inuidia majore Deûm. similisne malorum
Sors mihi semper erit? nunquam dare busta licebit
Coniugibus: nunquam plenas plangemus ad vrnas?
Quid porro tumulis opus est, aut vlla requiris
70 Instrumenta dolor? non toto pectore portas
Impia Pompeium? non imis hæret imago
Visceribus? quærat cineres victura superstes.
Nunc tamen hic, longè qui fulget luce maligna,
Ignis, adhuc aliquid, Phario de littore surgens
75 Ostendit mihi, Magne, tui : iam flamma resedit,
Pompeiúmque ferens vanescit Solis ad ortus
Fumus, & inuisi tendunt mihi carbasa venti.
Non mihi nunc tellus Pompeio siqua triumphos
Victa dedit, non alta terens Capitolia currus
80 Gratior: elapsus felix de pectore Magnus:

Humæ

61. *Quicquid, &c.*]Cineres &
ossa.
62. *Sine funeris vllo.*]Idē questus
erat Cordus lib.8. vs.729.& deinceps.
63. *Manus hoc Ægyptia.*]Ita &
Cordus, lib.8. vs.768.
64. *O bene nudi &c.*] Feliciores
illi qui inhumati abiecti, quam
Pompeius cui rā despicatus & vilis cōtigit ignis quasi Deorū odio.
68. *Coniugibus.*]V. Crasso prius,
nunc Pompeio negata. *Plenas
plangemus ad vrnas?*] Cinere &
ossibus. Respicit ad cenotaphia,
quæ in acie desideratis vel naufragio amissis accumulata sunt ab
amicis repræsentatia omnes cere-
monias & officia vera sepultis debita. ὧς ᾖ μὴ τύξωσιν, καντά-
φιον αὐτοῖς ἐπίωσαν μέγα.
Xenoph.6. ἀναβάσεως.

69. *Quid porro tumulis opus est.*]
Sed quid, &c. ἐπανόρθωσις. cum
pectus meum sit tumulus illius &
monimentum viuum?
72. *Victura superstes.*] Quæ diu
coniugi superesse cupit ; quod ad
me, vitæ tædet.
73. *Maligna.*]Non clara, sed tenui & pauperina. vel ingrata, vt
modo vs.64.
75. *Flamma resedit.*] Rectius
Ms.P. *residit.* Sequitur *vanescit.*
Grotius.
76. *Solis.*]Oriente die.
78. *Non mihi nunc tellus, &c.*]
Non vlla tellus Pompeio triumphata, gratior iam mihi est, quàm
hæc, quæ vtcunque nocens, illius
ossa habet.
80. *Elapsus felix.*] Felicitatem Pompeij nolo vlterius re-
cordari ; fortuna illius lætiori
no-

Hunc volumus, quem Nilus habet, terræque nocenti
Non hærere queror: crimen commendat arenæ.
Linquere, si qua fides, tetigisti littora nolo.
Tu pete bellorum casus, & signa per orbem,
5 *Sexte, paterna mone: namque hæc mandata reliquit*
Pompeius vobis in nostra condita cura,
Me cum fatalis leto damnauerit hora,
Excipite ô nati bellum ciuile, nec vnquam,
Dum terris aliquis nostra de stirpe manebit,
90 *Cæsaribus regnare vaces. vel sceptra, vel vrbes*
Libertate sua validas impellite fama
Nominis: has vobis parteis, hæc arma relinquo.
Inueniet classes quisquis Pompeius in vndas
Venerit: & noster nullis non gentibus hæres
95 *Bella dabit: tantum indomitos, memorésque paterni*
Iuris habete animos. vni parére decebit,
Si faciet partes pro libertate, Catoni.
Exolui tibi, Magne, fidem, mandata peregi.
Insidiæ valuere tuæ, deceptáque vixi,
100 *Ne mihi commissas auferrem perfida voces.*
Iam nunc te per inane chaos, per Tartara, coniux,
Si sunt vlla, sequar: quàm longo tradita leto

Incertum

nolo frui, tristiori malo, infra
*v.*112.
87. *Me cum fatalis, &c.*] Repetit Cornelia Pompeij mandata ad liberos, fidei suæ & curæ commissa.
90. *Vacer.*] Immune sit, labore & periculo vacuum. *Sceptra, &c.*] Regna & vrbes liberas Impel.
92. *Nominis.*] Mei, quod sufficiet ad partes, ad arma, ad classes & exercitus comparandos.
93. *Quisquis Pompeius.*] Vter è filiis, hue quis alius Pompeij nomine.
95. *Bella dabit.*] Ad arma excitabit gentes quascunque.
96. *Iuris habere, &c.*] Quod mihi à Senatu datum ad gerendam

hoc bellum.
98. *Exolui tibi.*] Apostrophe ad maritum. *Fidem, mandata peregi.*] Quibus te periculis obiiciens me tibi superesse voluisti, quo mandata hæc ad filios tuos perferrem.
99. *Insidiæ valuere tuæ.*] Quod me in naui relicta, solus in cymbam Aegyptiacam descenderis. Habeat tamen illæ momentum aliquod, quod tua mandata ad filium pertuli. *Hortens.*
100. *Auferrem.*] Vt omninò vobis hæc patris mandata declararem. *Hortens.*
101. *Chas, per Tartara.*] Lib. 1. *v.*74.
102. *Si sunt, sequar.*] Nisi &

S 4

Incertum est: pœnas anima viuacis ab ipsa
Ante feram. potuit cernens tua vulnera, Magne,
105 *Non fugere in mortem: planctu contusa peribit:*
Effluet in lacrymas: nunquam veniemus ad enses,
Aut laqueos, aut præcipites per inania iactus.
Turpe mori post te solo non posse dolore.
Sic vbi fatur, caput ferali obducit amictu,
110 *Decreuitque pati tenebras, puppisque cauernis*
Delituit: sauúmque arctè complexa dolorem
Perfruitur lacrymis, & amat pro coniuge luctum.
Illam non fluctus, stridénsque rudentibus Eurus
Mouit, & exurgens ad summa pericula clamor:
115 *Votáque sollicitis faciens contraria nautis,*
Composita in mortem iacuit, sauitque procellis.
Prima ratem Cypros spumantibus accipit vndis:
Inde tenens pelagus, sed iam moderatior, Eurus
In Libycas egit sedes, & castra Catonis.
120 *Tristis, vt in multo mens est præsaga timore,*
Aspexit patrios comites à littore Magnus,
Et fratrem: medias præceps tunc fertur in vndas.
Dic vbi sit, germane, parens: stat summus, capútque
Orbis,

labula manes sint. *Quam longe,*
&c.] Vitam, quamcunque mihi
fata extenderint, luctu & cruciatu reddam amaram.

103. *Incertum est.*] Ignoro mortis meæ tempus, quam me discru-
ciando & torquendo doloribus
miseram animam anticipabo.
Sulpitius.

104. *Feram.*] Auferam.

105. *Non fugere in mortem.*]
Non separari à corpore. *Sulp.*

106. *Nunquam veniemus, &c.*]
Non erit opus vi extrinsecus:
sufficiet dolor internus.

107. *Per inania.*] Per aërem.

112. *Perfruitur lacrymis.*] Dele-
ctationem capit in lacrymis.

115. *Contraria nautis, &c.*] Mo-
cum in Aegyptio litore experens.

naufragium & mortem : cum
nautæ abitum & salutem voue-
rent.

118. *Tenens pelagus.*] Sibi ven-
dicans imperium pelagi.

119. *Catonis.*] Qui iam erat ad
Palinurum, supra vs.12.

121. *Magnus, &c.*] Cn. Pompeius
major natu filius Pompeij, quem
è Pharsalica clade elapsum cum
Catone in Africam trajecisse refert. In Hispaniam tamen profectum sulicitasse Iberos & Celti-
beros tradit Appianus.

122. *Et fratrem, &c.*] Cato
oram Africæ legens (inquit Plutarchus in Catone min.) in Sext. Pô-
pejum incidit, Magni Fil. natu minorem; is ei patrem in Aegypto
necatum refert. *Præceps fertur in*
vnd.si.]

Orbis, an occidimus? Romanáque Magnus ad umbras
125 Abstulit? hac satur: quem contra talia frater.
O felix, quem sors alias dispersit in oras,
Quíque nefas audis: oculos, germane, nocentes
Spectato genitore fero. non Cæsaris armis
Occubuit, dignóque perit auctore ruina,
130 Rege sub impuro Nilotica rura tenente,
Hospitij fretus Superis, & munere tanto
In proauos, cecidit donati victima regni.
Vidi ego magnanimi lacerantes pectora patris:
Nec credens Pharium tantum potuisse tyrannum,
135 Littore Niliaco socerum iam stare putaui.
Sed me nec sanguis, nec tantum vulnera nostra
Afficere senis, quantum gestata per vrbes.
Ora ducis, quæ transfixo sublimia pilo.
Vidimus: hæc, fama est, oculis victoris iniqui
140 Seruatis scelerísque fidem quæsisse tyrannum.
Nam corpus Phariæna canes, auidæque volucres
Distulerint, an furtiuus, quem vidimus, ignis
Soluerit, ignoro. quacunque iniuria fati.

Abstulit

endus.] Celer naui occurrit. *Sulpitius.*

114. *Romanáque Magnus.*] Res Romanas, quæ ab illo pendebant.

126. *O felix.*] O te felicem. O felix vna ante alias Priameia virgo. Virgilius Aeneid. 3. *Alias dispersit in oras.*] Qui neque interfuisti, neque vidisti quæ nos. *Sulpit.*

127. *Quíque nefas audis.*] Neque visu læsisti pietatem & venerationem.

130. *Impuro Nilotica.*] Incesto, impio, perfido Ptolomæo.

131. *Hospitij fretus.*] Fretus Diis hospitij præsidibus, & beneficentia qua sibi demeruerat reges Aegyptios Auletem in regnum autoritate sua restituens, iure hospitalitatis cum patre eius Labyro vsus, & Dionysio huic, cui tutor à Senatu datus erat confirmato regno.

135. *Socerum.*] Cæsarem. sic Cornelia lib. 8. vs. 641.

137. *Per vrbes.*] Per vrbem. Misom. ics. *Grotius.*

138. *Ora ducis.*] Amplificatio crudelitatis in cæde paterna. Itaque pater ratus cum ius hospitalitatis seruarunt, & Superos Ipsumque Iouem, qui iuri hospitali præsidet veneritur eum, crudeliter in nostro conspectu mactatus fuit. Hort. Ora. di. cu.] Lib. 8. vs. 681.

140. *Scelerísque.*] Lib. 8. vs. 688. indicia sceleris.

141. *Soluerit.*] In cineres verterit. lib. 8. vs. 715. *Ignoro.*] Quoniam in mari, ex tanto interuallo, nihil certi videre potuerint. *Hortensius.*

Classis in aduersos erumpat remige ventos:
150 Ite duces mecum: nunquam ciuilibus armis
Tanta fuit merces, inhumatos condere manes,
Sanguine semiuiri Magnum satiare tyranni.
Non ego Pellaas arces, adytisque retectum
Corpus Alexandri pigra Mareotide mergam?
155 Non mihi Pyramidum tumulis euulsus Amasis,
Atque alij reges Nilo torrente natabunt?
Omnia dent pœnas nudo tibi, Magne, sepulcra:
Euoluam busto iam numen gentibus Isin,
Et tectum lino spargam per vulgus Osirim,
260 Et sacer in Magni cineres mactabitur Apis,
Suppositisque Deis vram capiet. has mihi pœnas
Terræ

144. *Dono.*] Condono, ignosco.
145. *Seruata de parte queror.*] De capite illius in aduentum Cæsaris seruato.
147. *Iustaque furens.*] Coniunctiua que, pro dùcretiua sed. lib. 2. ℣. 253. & lib. 1. ℣. 35.
148. *Præcipitare rates.*] Decorum hic seruat Poëta, in oratione iuuenilis ætatis, Immodice vehementis, nulloque iudicio præcipitantis se ad vindictam. *Horensius.*
152. *Sanguine semiuiri.*] Ptolemæum cædere inferias Pompeio.
153. *Non ego Pellam, &c.*] Commemorat vindictæ genera varia. Primum vult retodere corpus Alexandri Magni, & aliorum regum sepulchra demoliri, & ossa eorum dispergere in flumine. &c. *Horensf. Pellam.*] Alexandriam. *Adytisque retectum, &c.*] Sepulchro. *Osi. Tum Alexandri corpus.* lib. 5. ℣. 694.

154. *Mareotide mergā.*] Aegypti palude.
155. *Pyramidum.*] Vide quæ nos ad epist. 1. Martial. b. *Amasis.*] Aegypti rex. Herodot. lib. 2. Plin. 36. cap. 12.
157. *Nudo.*] Insepulto.
158. *Isin.*] Eandem cum Io, quā Aegyptij colebant sub specie vaccæ, vt & Osirim sub imagine bouis. maris. vide lib. 8. ℣. 831.
159. *Tectum lino, &c.*] Osirim à fratre Typhone dilaniatum Isis. vxor tela lino recepit, hinc statuæ eius & sacerdotibus lineæ vestes. *Lingeri ealui, &c.* Martial. epigr. 29. lib. 12. vide lib. 10. ℣. 175. *Osirim.*] Lib. 1. ℣. 835.
160. *Et sacer in Magni, &c.*] Et bouem, qui Apin Deum repræsentat, & post certos annos in puteū demergitur, mactabo ad tumulum Pompeij, de Api, vide quæ ad. ℣. 479. & 837. lib. 8.
161. *Deis, &c.*] Deorum statuis.
163. *Soluscua.*

Terra dabit: linquam vacuos cultoribus agros;
Nec, Nilus cui crescat, erit: solúsque tenebis
Ægyptum genitor, populis superísque fugatis.
165 Dixerat, & classem sauas rapiebat in vndas.
Sed Cato laudatam juuenis compescuit iram.
   Interea totis audito funere Magni
Littoribus sonuit percussas planctibus æther:
Exemplóque carens, & nulli cognitus æuo
170 Luctus erat, mortem populos deflere potentis.
Sed magis, vt visa est lacrymis exhausta, solutas
In vultus effusa comas, Cornelia puppe
Egrediens, rursus geminato verbere plangunt.
Vt primùm in socia peruenit littora terra,
175 Collegit vestes, miseríque insignia Magni,
Armáque, & impressas auro, quas gesserat olim,
Exuuias, pictásque togas, velamina summo
Ter conspecta Ioui, functóque intulit igni.
Ille fuit miseræ Magni cinis. accipit omnis
180 Exemplum pietas, & toto littore busta.

Surgunt

163. *Solúsque tenebis.*] Lib.8. v.f.803.
167. *Interea, &c.*] Sparsa miserabili catastrophe exitus Pöpeij, redintegratur planctus in littore Africo, cum amplificatione eius hyperbolica. *Hortens.*
170. *Mortem populos.*] Vt populi deflerent mortem potentis viri, Pompeij *Hellenism.*
171. *Sed magis, &c.*] Sed maior ingeminatur planctus, vbi visa est Cornelia.
174. *Socia.*] Africæ, vbi Cn. Pompeius & Cato
175. *Vestes, &c.*] Efferebantur illustres viri apud Rom. in pompam funebrem, conspicui insignibus honorum quos gessissent. In imaginaria hac sepultura Pompeio suo hunc honorem præstat Cornelia. illustrium item virorum bustis indicta atque vsu recepta fuisse arma, & quæ illis in vita fuerant charissima, docet Virgil. in funere Miseni, Aeneid.6.
177. *Pictásque togas.*]Palmatas, id est, palmis pictas, quas gerebant triumphantes.
178. *Ter conspecta Ioui.*] Ioui Capitolino conspecta, in tribus triumphis, ib.7. v.f.685.
179. *Cinis.*] Imaginarium bustum, loco veri cineris. *Accipit, &c.*]Corneliæ pietatem & cæteri imitati repræsentatiua extruunt busta & cenotaphia suis quisque amicis qui in Thessalia occubuerant.
180. *Et toto littore busta.*] Totum rogis lucet litus, non secus atque vbi pastores Apuli agros & montes igne perhyemem depascunt ad renouanda gramina elici...átque nouas herbas.

181. *&c.*

Non tamen ad Magni peruenit gratius vmbræ,
Omne quòd in Superos audet conuicia vulgus.
Pompeiúmque Deis obicit,quàm pauca Catonis
Verba, sed à pleno venientia pectore veri.
190 *Ciuis obit (inquit) multo maioribus impar*
 Nosse modum iuris, sed in hoc tamen vtilis æuo,
 Cui non vlla fuit iusti reuerentia, salua
 Libertate potens, & solus plebe parata
 Priuatus seruire sibi, rectórque Senatus,
195 *Sed regnantis, erat. nil belli iura poposcit:*

               Quisque

182. *Sic, vbi depastis,&c.*] Collatio incendij littoralis in busto Pompeij, cum igne Appulo, quoties pastores in Appulia ignem in herbis immittunt, & quidem hyeme, vt renouentur & nouas eliciant. *Horrens.*
184. *Garganus,& arua Vulturis.*] Montes Apuliæ.
185. *Rucera Marini.*] Boum pascua. Al. *buxeta*, malè.
186. *Non tamen ad Magni, &c.*] Inter omnia vero quæ vulgus in defuncti Pompeij laudes iactabat, indignam eius calamitatem & cædem Deorum inclementiæ, objiciens; nihil peruenit ad Pompeij vmbrâ gratius, quàm funebris oratio à Catone habita.
190. *Ciuis obit.*] Oratio Catonis laudatorij generis. Laudat enim Pompeium iam defunctum, ab heroïcis virtutibus, quibus inter omnes Romanos eminebat; sed præcipuè à singulari modestia, quæ raro in summos viros & triumphales incidere solet. *Horrensium. Obit.*] Pro obiit. *Multo maioribus, &c.*] Qui detecit qui-

dem à priscorum Rom. moderatione & iustitia, sed tamen vtilis.
192. *Cui non vlla.*] Micyllus sic hunc locum exponit: sed in hoc tamen, scil. quod se vltrà ciuē non extulit; & semper minus potestatis ac iuris, quam ei concedebatur, sibi vsurpauit. Profuit ac vtilis fuit huic æuo, cui nulla reuerentia iusti est, hoc est, quando omnes ius ac fas contemnunt ac negligunt, suo quisque arbitrio viuentes & agentes; profuit itaque, vel aliis etiam exemplum exhibendo. Laudat ergo Pompeium, vel illo nomine, quòd corrupto sæculo, tum præsenti, tum Syllano, potens esset salua libertate, quam alij oppressum irent. *Horrens. Cui non vlla fuit.*] Cui, æuo nostro scil. *Salua libertate fuit.*] In tantum potentiæ euectus, quantum ciui consequi licet salua libertate, neque tamen se extulit supra ciuem, vtcunque plebs illi seruire prompta fuerit. *In id euectius supra quod adscedi non potest.* Vell. Paterc. 2.
195. *Regnantis.*] Liberi, cuncta regentis.

Quæque dari voluit, voluit sibi posse negari.
Immodicas possedis opes: sed plura retentis
Intulit: inuasit ferrum, sed ponere norat.
Prætulit arma togæ: sed pacem armatus amauit.
200 Iuuit sumta ducem, iuuit dimissa potestas.
Casta domus, luxúque carens, corruptáque nunquam
Fortuna domini, clarum, & venerabile nomen
Gentibus, & multum nostra quod proderat vrbi.
Olim vera fides Sylla Marióque receptis
205 Libertatis obit: Pompeio rebus ademto
Nunc & ficta perit. non iam regnare pudebit:
Nec color imperij, nec frons erit vlla Senatus.
O felix, cui summa dies fuit obuia victo,
Et cui quærendos Pharium scelus obtulit enses:
210 Forsitan in soceri potuisses viuere regno.
Scire mori, sors prima viris, sed proxima cogi.
Et mihi, si fatis aliena in iura venimus,
Da talem Fortuna Iubam: non deprecor hosti
Seruari, dum me seruet ceruice recisa

Vocibus

regentis, cui & ipse Pompeius parebat. *Nil belli iura popofcit.*] Neque enim bello tam potens in animo habuit vi senatum cogere.
197. *Retentis intulit.*] Quam ipse sibi retinuit.
198. *Intulit.*] In ærarium publ. *Inuasit ferrum, sed ponere norat.*] Suscepit bellum, sed & ponere norat.
204. *Olim vera fides Sylla Marioque.*] Vera libertas iamdudum temporibus Marij & Syllæ periit, cuius tamen species aliqua retenta est, Pompeio viuente: iam vero illo mortuo & de specie illa libertatis & imagine Imperij atque senatus actum est. *Recepis, &c.*] ı vrbem vicissim reuersis ad internecionem aduersarum partium, l.1, vf. 69. & deinceps.
207. *Nec color.*]Species. Front.] eque verecundia. *Horrens.*

208. *O felix, &c.*] Eum tempestiua morte felicem appellat, nam si vixisset, in seruitutis discrimen potuisset incidere. Seneca in Troade act. Felix Priamus, felix quisque bello moriens, omnia secum consumpsi videt. Sulpit. O. felix] Lib.8. vs. 160.
209. *Quærendos.*] Vel expetendos. *Emphasis. Pharium scelus.*] Aegyptiorum scelus.
210. *Soceri.*] Cæsaris. *Regno.*] Inuidiose.
211. *Scire mori, &c.*] Mortem, Stoicis ab omnibus miseriis portum, libenter oppetere, sibique conscicere. *Cogi.*] Aliunde illata morte perire.
213. *Talem Fortuna Iubam, &c.*] Qualem habuit Pompeius Ptolemæum, potius quam victori reseruet, nec vel sic detruncatum scruet,

215. *Vocibus.*

M. ANNÆI LVCANI

215 *Vocibus his maior, quàm si Romana sonarent*
Rostra ducis laudes,generosam venit ad vmbram
Mortis honos. fremit interea discordia vulgi
Castrorum,bellíque piger post funera Magni :
Cùm Tarcho in motu linquendi signa Catonis
220 *Sustulit ; hunc rapta fugientem classe secutus*
Littus in extremum,talis Cato voce notauit :
O nunquam pacate Cilix : iterúmne rapinas
Vadis in æquoreas ? Magnum Fortuna remouit :
Iam pelago pirata redis. tunc respicit omneis
225 *In cætu, motúque viros : quorum vnus aperta*
Mente fuga,tali compellat voce regentem :
Nos Cato, da veniam, Pompeij duxit in arma,
Non belli ciuilis amor, partésque fauore
Fecimus.ille iacet, quem paci prætulit orbis,
230 *Causáque nostra perit : patrios permitte penates,*
Desertámque Domum, dulcésque reuisere natos.
Nam quis erit finis. si nec Pharsalia, pugnæ,
Nec Pompeius erit ? perierunt tempora vitæ,

Mors

215. *Vocibus his major.*] Vt supra vs. 186.
216. *Rostra ducis laudes.*] Pro rostris enim in foro Rom. habebantur hujusmodi orationes funebres.
217. *Vulgi,&c.*] Ab armis discedere cupientis.
219. *Cum Tarcho in motu linquēdi*] In medio animorum motu signum secessioni dedit. Frigidius ante : *Cum Tarchon motu*. Sed In Ms.P. inter lineas ascriptum erat alias *dimotus*, quod via præit ad veram lectionem *Tarcondimotus*. ita enim apud Florum nominatur hic Cilicum Princeps, & Græce Dioni eodem modo Ταρκονδίμοτος. Apud Cæsarem corruptè legi videtur *Tarcundarius*, & apud Strabonem Ταρκαδί ωπ]ος. Orosius. *In motu*

linquēdi signa Catonis sustulit.]
In motu secessionis & relinquēdi Catonem sustulit signa. ita H. Grotius emendat, cum prius legeretur : *Cum Tarchon motu linquendi*. Tarcho autē dux Cilicū.
220. *Fugientem &c.*] Abitum & fugam apparantem.
223. *Magnum,&c.*]Lib.2 vs. 576.
225. *Aperta &c.*] Reddita ratione consilij sui & secessionis.
226. *Regentem.*]Catonem.
228. *Partésque fauore.*]In illius gratiam partes has secuti sumus.
229. *Quem paci prætulit orbis.*] Cujus arma & signa sequi paci prætulit orbis.
230. *Causáque nostra.*] Et cum illo, nostra quoque belli causa.
233. *Perierūt tempora, &c.*]Cōsenuimus in bellis, à quibus liceat discedere vt domi tuto moriamur.

234. *Iu-*

Mors eat in tutum: iustas sibi nostra senectus
235 Prospiciat flammas. bellum ciuile sepulchra
Vix ducibus praestare potest. non barbara victos
Regna manent: non Armenium mihi saeua minatur,
Aut Scythicum Fortuna iugum: sub iura rogati
Ciuis eo, quisquis Magno viuente secundus,
240 Hic mihi primus erit: sacris praestabitur vmbris
Summus honor: dominum, quem clades cogit, habebo:
Nullum, Magne, ducem. te solum in bella secutus,
Post te, fata sequar: neque enim sperare secunda
Fas mihi, nec liceat. Fortuna cuncta tenentur
245 Caesaris: Emathium sparsit victoria ferrum.
Clausa fides miseris, & toto solus in orbe est,
Qui velit, ac possit victis praestare salutem.
Pompeio, scelus est bellum ciuile, peremto,
Quo fuerat viuente, fides. si publica iura,
250 Si semper patriam sequeris Cato, signa petamus
Romanus qua Consul habet sic ille profatus
Insiluit puppi, iuuenum comitante tumultu.
Actum Romanis fuerat: de rebus, & omnis

Indiga

234. *Iustas Prospiciat flammas.*] Rogos.
236. *Vix ducibus.*] Bene vix: nam non totus Pompeius sepultus est, & quidem miserabile: alij vero quum innumeri sint, sepeliri non possunt. Sulpit. *Non barbara, &c.*] Neque enim seruitutem sub Parthis aut Scythis dura metuo, sed sub Romano leuem, quam suo libens potius quam bella vlterius sequar.
240. *Sacris praestabitur vmbris summus honor.*] Summus à me honor habebitur semper vmbris & memoriae Pompeij, det modo veniam lasso iam militiae, vt aduersarium victorem potius iustum minuunt, quam victarum partiu quarvllum ducem.
243. *Fata sequar.*] Fortunam at-

que exitum belli huius. *Secunda, &c.*] Prospera, victoriam harum partium, vel pristinam libertatem excusso omnino seruitio.
244. *Nec liceat.*] Ostendit se sorti suae acquiescere, & simul rebellionis tollit suspicionem, & felicitatem Romano precatur imperio. Sulpit.
245. *Emathium, &c.*] Victoria Caesaris dissipauit Pompeianos & reliquias cladis Pharsalicae.
246. *Clausa fides.*] Bello victis negatur fides & victoris in supplices clementia. *Toto solus in orbe est.*] Altero è contendentibus exeso, imperij summa in potestatem superstitis cedat.
251. *Consul.*] Caesar.
252. *Insiluit puppi.*] Propere conscendit nauem. *Tumultu.*] Turba.
254. *Indiga*

    Non Romana manus ! quod non in regna laboras,
    Quòd tibi, non ducibus, viuis, morsénsque quòd orbem
260 *Acquiris nulli, quòd iam tibi vincere tutum est,*
    Bella fugis, quærísque iugum ceruice vacante,
    Et nescis sine rege pati. nunc causa pericli
    Digna viris. vestro potuit Pompeius abuti
    Sanguine : nunc patriæ iugulos ensésque negatis,
265 *Cum propè libertas. vnum Fortuna reliquit*
    Iam tribus è dominis. pudeat : plus regia Nili
    Contulit in leges, & Parthi militis arcus.
    Ite ò degeneres, Ptolemai munus, & arma
                                                  Spernite.

254. *Indiga seruitij, &c.*] In seruitutem prona plebs.

255. *Erumpere, &c.*] In hunc modum locutus est Cato.

256. *Pari voto, &c.*] Eodem voto quo Cæsariani, tu pro Pompeji dominatu, vt isti pro Cæsaris, non vtique pro libertate Rom.

257. *Tu quoque pro dominis.*] Oratio Catonis ad milites generis iudicialis est. Exordium ab acerba reprehensione quod pro Pompejo, non pro libertate patriæ arma sumpsisse dicantur, quod jam eo mortuo, illa deponere studeant, quasi res ad vmbilicum perducta sit: qua in re, inquit, se testari seruos Pompeji, non defensores libertatis Romanæ fuisse. Nunc vero illo sublato è rebus humanis, cum nondum alicujus dominatui subjecti sint, malint adhuc liberi, Cæsaris serui esse sine sanguine, quam secum aduersus illum consociare arma. *Hortensius.*

258. *Quod non in regna, &c.*] Postquam autem spes dominationis summæ filum incisum est; postquam tuæ libertati asseren-

dæ, non ducis, qui cecidit, partibus es superstes; quia mortis tuæ discrimine neutri regnum confirmasti, & quia jā minimo cū labore & periculo te in libertatem vindicaret. licet, tu ab armis discedis: collo seruitutis jugum ferre parato.

261. *Ceruice vacante.*] Libera ab omni jugo, hoc est, seruitute. *Hort.*

262. *Sine rege pati.*] Sine rege & domino esse l. 1. vf. 314. nū potes esse liber. *Causa pericli.*] Libertatis ergo.

263. *Abuti sanguine.*] Adempta libertate, & regno sibi constituto.

264. *Iugulos ensésque.*] Mortem & vires Sulpit.

265. *Trib° è dominis.*] Pompeio, Crasso, Cæsare l. 1. vf. 4. quorū fœdera & affinitates ¡ã olim metuēs Cato exclamauit Remp. nuptiarū lenocinio corruptā prodi. Appian°. *Pl° regia Nili.*] Ad libertatem nostrā tuēdā plus profuit Ptolemę°, qui Pōpejū; plus Parthi, qui Crassum sustulerunt.

268. *Ite ò degeneres.*] Contemptim per. exclamationem eos facessere.

CIVILIS BELLI LIB. IX. 435

ernite. quis vestras ulla putet esse nocenteis
cæde manus? credet facileis sibi terga dedisse,
:det ab Emathiis primos fugisse Philippis.
dite securi: meruistis iudice vitam
fare, non armis, non obsidione subacti.
famuli turpes, domini post fata prioris
Iris ad hæredem. cur non maiora mereri,
υàm vitam, veniámque libet? rapiatur in undas
felix Magni conjux, prolésque Metelli:
vcite Pompeios: Ptolemæi vincite munus.
ostra quoque inuiso quisquis feret ora tyranno,
Non parua mercede dabit. sciat ista iuuentus
ruicis precio bene se mea signa secutam.
uin agite, & magna meritum cum cæde parate?
ναuum scelus est tantùm fuga. dixit: & omnem
'aud aliter medio reuocauit ab æquore puppes,
Quàm simul effetas linquunt examina ceras,

Atque

re iubet, qui à virtute Ro-
a degeneratis, indigni nomi-
omano, qui Ptolemæi mu-
hoc est, libertatem spernitis.
ı tolleret Pompeium, vobis
am libertatem restituit; qui
s eam adimere potuisset. Et
dicit manus eorum non esse
:ntes cæde; exprobrat eos
ime fortiter pugnasse pro li-
:are. *Hort. Ptolemei munus.*]
ertatem à Ptolemæo dona-
ı simul cum bello deserere.
59. *Quis vestras, &c.*] Quis
dat vos strenue pugnando ma-
. vestras cæde hostium cruen-
e? imo credet potius fugam à
is in Pharsalico prælio cœ-
ιm.
71. *Philippis.*] Ad †f. 680.l.1.
75. *Hæredem.*] Dominatus suc-
sorem Cur non majora mere-
:Sed cur non & majora suscipi-
scelera, quo ampliora à Cæsa-
acciplatis præmia quam ve-
m & vitam? Cur non Corne-

liam, iuuenes Pompeios, vel me
prodentes perdentes vue melius de
Cæsare mereminī, quàm ipse Ptolemæus?
277. *Prolésque Metelli.*] Hujus
filia erat Cornelia, Scipionis scil.
Metelli filia.
278. *Ptolemei munus.*] Quod
gratius ei futurum est quam quod
ille Pompejum sustulerat servo.
Horeensium.
280. *Scuar.*] Probo quod habent
Mss. P. & T. scier Grotius.
281. *Ceruicis precio.*] Mer. *Bene
se mea signa.*] Sibi vtiliter.
283. *Ignauum scelus est tantum
fuga.*] Fuga est simplex defectio!
nisi & aliud adjungatis scelus.
284. *Haud aliter medio reuocauit.*] Cilicas secedere volentes ad
officium & in castra renocat: non
secus atque apum examina in alueos reducuntur tinnitu æris.
285. *Simul.*] Vbi, postquam.
Effetas linquunt examina ceras.]
Fœtu destitutos fauos.

286. *Non*

Atque oblita faui non miscent nexibus alas,
Sed sibi quæque volat, nec iam degustat amarum
Desidiosa thymum : tum si sonus increpat æris,
Attonitæ posuere fugam, studiúmque laboris
290 Florigeri repetunt, & sparsi mellis amorem :
Gaudet in Hyblæo securus gramine pastor
Diuitias seruasse casæ : sic voce Catonis
Inculcata viris iusti patientia Martis.
    Iámque actu belli non doctas ferre quietem
295 Constituit mentes, seriéque agitare laborum.
Primùm littoreis miles lassatur arenis.
Proximus in muros, & mœnia Cyrenarum
Est labor : exclusus nulla se vindicat ira :
Pœnáque de victis sola est, vicisse, Catoni.
300 Inde peti placuit Libyci contermina Mauris
Regna Iubæ, sed iter medius Natura negabat
Syrtibus : has audax sperat sibi cedere virtus.

Syrtes

286. *Non miscent nexibus alas.*] Non in formam vuæ ceu racemi pendent ab arbore βοτρυδὸν, nec conglobatim volant.
287. *Tum si sonus increpat æris.*] Al. *æs Phrygii son*, *ut crepat æris*. Virgil. 4. Georg. *Tinnitúsque cie & Martis quate cymbala circum*.
289. *Studiúmque laboris*, *&c.*] Ipse Intima more suo sese in cunabula condens.
291. *Hyblæo*,] Hybla, Siciliæ mōs floribꝰ & mellificiis claras.
292. *Diuitias.*] Apes.
294. *Iamque actu belli*, *&c.*] Iamque ne per ocium ad seditiones relaberentur, militaribus operibus eos exercuit.
296. *Lassatur arenis.*] Exercitatione vel itinere.
298. *Exclusus nulla se vindicat ira.*] Sed Plutarchus in Catone Min refert, eum profectum Cyrenen, receptum fuisse, cum paucis ante diebus Labienus inde esset exclusus.

299. *Pœnaque, &c.*] Non crudeliter vsus est victoria ; non aliam sumpsit de hostibus pœnam, præter ipsos vicisse : id illi supplicij satis visum. *De victis.*] Antea vbique fuit, deuictis. Catoni autem habeat & Ms.Crot.
300. *Inde peti placuit, &c.*] Ibi (id est, Cyrenis, inquit Plutarchus) cum Inaudiisset Scipionem à Iuba susceptum, & via esse Atium Varum cum copiis quem Pōpeius Africæ præfecerat: hyeme durante ad eos itinere terrestri contendit. *Eorum copias*, inquit Paterculus, auxerat M. Cato, ingenti cum difficultate itinerum, locorum inspia, perductis ad eos legionibus, qui cum summum ei à militibus deferretur imperium, honoratiori parere maluit. lib. 2.
303. *Syrtibus.*] Lib. 1. vl 367. *Has audax sperat sibi cedere virtus.*] Et tamen Catonis virtuti nulla via erit Inuia.

303. *Syrtes*

Syrtes vel primam mundo Natura figuram
Cùm daret in dubio pelagi terraque reliquit.
5 (Nam neque subsedit penitus, quo stagna profundi
Acciperet, nec se deffendit ab æquore tellus:
Ambigua sed lege loci jacet inusta sedes:
Æquora fracta vadis, abruptáque terra profundo,
Et post multa sonant projecti littora fluctus.
110 Sic malè deseruit, nullósque exegit in usus
Hanc partem natura sui.) vel plenior alto
Olim Syrtis erat pelago, penitúsque natabat:
Sed rapidus Titan ponto sua lumina pascens,
Æquora subduxit Zona vicina perusta:
315 Et nunc pontus adhuc Phœbo siccante repugnat.
Mox ubi damnosum radios admoverit ævum,
Tellus Syrtis erit: nam iam brevis undis supernè
Innatat, & latè periturum deficit æquor.
Vt primùm remis altum mare propulit omne
                                          Classis

303. *Syrtes vel primam, &c.*] Vtrum (inquit poëta, in rationis Physicæ de natura Syrtium inquisitionem digressus) Natura vel maturè molitor Deus, cum è rudi Chao cætera omnia eximeret loca, hæc reliquerit indigesta atque indiscreta: sive olim in totum mari contecta, jam à rapido vicini Solis calore exhausta alibi emineant vadosa, procedente vero tempore in totum exhalarint humorem & in terram penitùs solida sint futura.

305. *Neque subsedit penitus.*] Neque litore arcet maria, sed incerto sinu est mare vadosum, alternis fluxus atque refluxus vicibus dubium, terræ ac maris mixta inæqualitate.

307. *Inusta sedes.*] Inaccessa, quod in eas accessus, nisi cum præsenti periculo non fit. *Ambigua lege.*] Natura condicióneque incerta. Est enim æquor vadosum, & terra auri intermissa *Sulpitius.*

309. *Et post multa littora.*] Post multos arenarum spissósque cumulos. *Sulpitius.*

312. *Natabat.*] Mersa erat.

313. *Rapidus Titan, &c.*] Sol & sidera maris fluctibus & exhalationibus ali opinabantur Stoici & alij vet. Arist. L.1. Meteor. & hos secuti poëtæ, conuexa polus dum sidera pascet. Aeneid. 1. Virgil. vide l.1.v.415.

314. *Subduxit.*] Attraxit magna ex parte. *Perusta.*] Torrida.

315. *Et nunc pontus, &c. repugnat.*] Obstat adhuc, quo minus in terram solidam tutus abeat. quod temporis processu fiet.

319. *Vt primum, &c.*] Describit periculosam Catonis nauigationem ad Iubam Mauritaniæ Regem. *Hort. Vt primum, &c.*] Poëta Catonem partem itineris classe emensum vsque ad Tritonidem paludem fingit. *Altum mare.*] Altum mare Ms. P. aprum mare, Ms. R. R. *Grotius.*

320 Classis onus, densis fremuit niger imbribus Auster
In sua regna furens: tentatum classibus aequor
Turbine defendit, longéque à Syrtibus undas
Egit, & illato confregit littore pontum.
Tum quarum recto deprendit carbasa malo
325 Eripuit nautis, frustráque rudentibus ausis
Vela negare Noto spatium viere carina,
Atque vltra proram tumuit sinus. omnia si quis
Prouidus antenna suffixit lintea summa,
Vincitur, & nudis auertitur armamentis.
330 Sors melior classi, quae fluctibus incidit altis,
Et certo iactata mari. quaecunque leuata
Arboribus caesis flatum effudère prementem:
Abstulit has ventis liber contraria voluens
Aestus, & obnixum victor detrusit in Austrum.
335 Has vada destituunt, atque interrupta profundo

Terra

320. *Classis onus.*] Milites naui vectos.

321. *In sua regna furens.*] In regiones Meridionales. *Tentarum classibus, &c.*] Auster impetu arcuit mare tentatum classibus, repulitque vndas longe à Syrtibus: idem Auster obiecit ponto cumulos arenae ingestos interruptis vndis.

323. *Illato confregit littore pontum.*] Emenda ex Ms. P. *In laro confregit littore pontum.* Id est, non in vadis. *Grotius.*

324. *Tum quarum, &c.*] Vela tenta impellens Auster, non passus ea à nautis dimitti, fractis funibus rapuit.

326. *Vela negare Noto, spatium, & vltra proram, &c.*] Cumque rudentibus nautae frustra tentarêt submittere vela, sinus velorū propellebantur vltra proram.

327. *Omnia si quis, &c.*] Quod si quis vela collecta antenna subtrinxisset, vincitur tamen vi Austri, & auertitur à cursu quem intendebat, spoliata velo antenna.

329. *Auertitur.*] Hoc est, ab incepto nauigationis cursu difficitur. *Nudis armamentis.*] Armamenta proprie sunt armorum collectiones. Hinc in nauibus armamenta dicuntur naualia instrumenta; vt vela & funes nautici. *Hortens.*

330. *Sors melior classi, &c.*] Minus vexabantur illae naues quae altum tenuerunt mare, euitatis his iuertis inter Syrtes vndis.

331. *Quaecunque leuata, &c.*] Quae leuiores factae succisis malis ventum euadere.

333. *Abstulit has ventis liber.*] Mss. *Abstulit has liber, ventis contraria voluens.* Melius. *Grot. Abstulit has &c.*] Aestus obuius sui iuris, vt contra quem non obnitebantur vela, has eripuit ventis.

334. *Obnixum.*] Contra quem obnitebantur. *Victor detrusit in Austrum.*] Aestus potentior vento.

335. *Has.*] Alias. *Interrupta profundo.*] Nam terram interrup-

CIVILIS BELLI LIB. IX. 439

rra ferit puppes: dubioque obnoxia fato
rs sedet vna ratis, pars altera pendet in vndis.
nc magis impactum breuibus mare, serráque sauit
bria consurgens: quamuis elisus ab Austro,
Sæpè tamen cumulos fluctus non vincit arena.
minet in tergo pelagi procul omnibus aruis,
uiolasus aqua, sicci iam pulueris agger,
tant miseri nautæ, terráque hærente carina
Littora nulla vident. sic partem intercipit æquor:
5 Pars ratium maior regimen, clauúmque secuta est,
Tuta fuga, nautásque loci sortita peritos,
Torpentem Tritonos adit illæsa paludem.
Hanc, vt fama, Deus, quem toto littore pontus
Audit ventosa perflantem murmura concha,
150 Hanc & Pallas amat: patrio qua vertice nata
Terrarum primam Libyen (nam proxima cœlo est,

Vt

tam mari arenas appellat, quæ vento collectæ, mare vadosum reddunt. Horr.
336. *Terra ferit puppes.*] Arena. Dubioque, &c.] Arenane an aquis sit peritura.
337. *Pars sedet vna ratis.*] Prora hæret in vado, puppis fluctuat in vndis.
338. *Breuibus mare, &c.*] The flatt, the sholes. In breuia & Syrtes vrget, miserabile visu, illidítq; vadu, atque aggere cingit arena.
341. *Tergo pelagi, &c.*] Dorso maris. Virg. Aeneid. 1.
342. *Pulueris agger.*] Multum arenæ, in modum moutis congestæ. Horr.
344. *Sic partem intercipit æquor.*] Sic nauium aliæ à Syrtibus retinebantur, aliæ gubernatorum peritia è Syrtibus in altum proiiciebantur, ostium fluuij Tritonis iuxta Tritonida paludem in Africa Propria. Mela libro 1. cap. 7.
347. *Torpentem paludem.*] Ob naturam paluditam. Horsens.

348. *Deus.*] Triton, Neptuni tubicen.
349. *Perflantem, &c.*] Cærula concha excerrentem freta. Aeneid. 10. Virgil. conchaque sonanti Inspir. &c. Ouidius 1. Metam.
350. *Hanc & Pallas amat.*] Vt quæ ibi primum apparuisse dicitur in terra proximiore cœlo. hinc *Pallantia* dicta Callimacho & Plin. & Solin. c. 40. palus, quam Triton amnis inflexit, vbi speculantam se artium deam crediderunt. Patrio qua vertice nata.] E cerebro Iouis nata, Ouid. Fast. 3. summa quippe æris regio tribuitur Mineruæ, vt media Ioui & infima Iunoni.
351. *Terrarum primam Libyen, &c.*] Aegyptum, inquit Marcellinus libro 22. omnium antiquissimam, nisi quod super antiquitate certat cum Scythis. de quo certamine vide quæ Iustinus libro 2. & Claudian. in Eutropium. Herodotus tamen cum Phrygiis Aegyptios contendisse refert lib. 2.

155. Quam

Vt probat ipse calor) tetigit: stagnique quietæ
Vultus vidit aqua, posuítque in margine plantas,
Et se dilecta Tritonida dixit ab unda.
355 *Quam iuxta Lethes tacitus prælabitur amnis*
Infernis, vt fama, trahens obliuia venis:
Atque insopiti quondam tutela draconis,
Hesperidum pauper spoliatis frondibus hortus.
Inuidus, annoso famam qui derogat æuo,
360 *Qui vates ad vera vocat. Fuit aurea silua,*
Diuitiisque graues, & fuluo germine rami.
Virgineúsque chorus nitidi custodia luci,
Et nunquam somno damnatus lumina serpens,
Robora complexus rutilo curuata metallo.
365 *Abstulit arboribus pretium, nemorique laborem*
Alcides: passúsque inopes sine pondere ramos
Rettulit Argolico fulgentia poma tyranno.
His igitur depulsa locis, ejectáque classis
Syrtibus, haud vltrà Garamantidas attigit vndas:
  Sed

355. *Quam iuxta Lethes, &c.*] Clara extimum Syrtium cornu. Berenicen ciuitatem alluit Lethō (ita appellat Solinus c.40.) amnis, inferna vt putant, exundatione prorumpens, & apud pristinos vates latice memoratus obliuionis. Quamuis longe à Tritonide palude fluitant Lethon ceu Lethe sinu. & Hesperidum horti.
357. *Insopiti quondam tutela draconis.*] Peruigilis draconis, siue ille pastor fuerit Custodiens [Greek], id est, pecora, natiuo rutila colore, vt Athenæus vult l.r.c.5.ceu mala clerea Medica, aurea inuoluerit sinuosus amnis, vt Plinius l.5.c.1.
358. *Hesperidum pauper, &c.*] Hesperi filiarum, Aegles, Arethusæ & Hesperethusæ. quarum hortum Solin. cap.47. Virg. 7. Aeneid. & Plin.l.5 c.5. In Mauritania Tingitana ponunt, atque idem Plin. libro 5. cap. 1. ad Syrtim Maii.

Sed Claudianus 1.laud.Stilliconis, ad Tritonem fluu.
359. *Inuidus, &c.*] Maligni est antiquitati fidem derogare, & in Poëtis fidem requirere.
361. *Diuitiisque graues.*] Aureis pomis.
362. *Virgineúsque chorus, &c.*] Hesperides, modo ad vs.358.
364. *Robora, &c.*] Arbores auriferas.
365. *Abstulit arboribus pretium.*] Alcides adortus nemoris opulenti domos Aurifera vigilis spolia serpentis tulis. Sen. Herc. Fur.vs.238.
367. *Argolico, &c.*] Eurystheo Argiuorum regi, qui iussu Iunonis fuit Herculi [Greek].
368. *His igitur, &c.*] Classis par Syrtibus prouecta sub Pompejo non vltra litus Garamantum, appulit meliorem Africæ partem, vbi Varus. sed vide quæ ad vs.120.supra.

370.Sed

CIVILIS BELLI LIB. IX.

ed duce Pompeio Libyes melioris in oris
in fit. at impatiens virtus hærerere Catonis
det in ignotas agmen committere gentes,
morum fidens, & terrâ cingere Syrtim.
c eadem suadebat hyems, quæ clauserat æquor.
r spes imber erat, nimios metuentibus ignes:
neque sole viam, nec duro frigore senam,
le polo Libyes, hinc bruma temperet annus:
que ingressurus steriles, sic fatur arenas.
O quibus una salus placuit mea castra secutis
ndomita cervice mori, componite mentes
d magnum virtutis opus summósque labores.
dimus in campos steriles, exustáque mundi,
uà nimius Titan, & rara in fontibus unda,
ccáque letiferis squalens serpentibus arva,
Durum iter. ad leges, patriæque ruentis amorem
r mediam Libyen veniant, atque invia tentent,
quibus in nullo positum est evadere voto,

Si

Sed duce Pompeio.] Filio
i Pompeij.
. At impatiens, &c.] Supra
300.
. Terra cingere Syrtim.] Ter-
itinere circuire.
. Hac eadem suadebat hy-
] Timebat quippe tempesta-
veme iam claudente maria
hatque clementius iter bru-
mitigante regionis calorem.
nquit Plutarchus, per Afri-
hyberno tempore suos tra-
t, haud multo pauciores de-
millibus, spacio 30. dierum.
b. ult. lib.
. Inde polo, &c.] Inde ab æstu
rino: hinc à frigore Boreali.
tensius.
. O quibus una salus.] Exhor-
ria oratio, Catonis personæ
iemens, tetrica ac dura, ad to-
niam laborum, quos subituri

sunt per deserta Libyæ. Proponit
pericula æstus & sitis; tum autem
discrimina à serpentum morsibus.
Sed his rursum opponit libertatem, quam vindicaturi sint, ni malint Cæsarem dominum. Horrens.
Una scelus.] Sola: nam sine libertate nolumus esse salvi. Sulpit.
380. Indomita.] Libera, non sub-
iugata Cæsari. Sulpitius.
382. Vadimus in campos, &c.]
Quicunque forti estis animo &
patriæ amantes; sequimini me libertatem petentes per deserta, sitim, æstum, discrimina serpentum,
&c.
385. Durum iter ad leges.] Ad
leges decúsque patriæ tuendum,
fortes invitat: molles, qui servire
possunt, repellit à se ad Cæsarem.
Sulpit.
387. In nullo voto positum] Id
est, qui nulla vota faciut evaden-
di. Sulpitius.   389. I er

Si quibus ire sat est. neque enim mihi fallere quenquam
Est animus, tectóque metu perducere vulgus.
390 Hi mihi sint comites, quos ipsa pericula ducent,
Qui me teste, pati, vel qua tristißima, pulcrum,
Romanúmque putant. at qui sponsore salutis
Miles eget, capitúrque animæ dulcedine, vadat
Ad dominum meliore via. dum primus arenas
395 Ingrediar, primúsque gradus in pulvere ponam,
Me calor æthereus feriat, mihi plena veneno
Occurrat serpens; fatóque pericula vestra
Prætentate meo: sitiat, quicunque bibentem
Viderit: aut vmbras nemorum quicunque petentem,
400 Æstuet: aut equitem peditum præcedere turmas,
Deficiat; si quo fuerit discrimine notum
Dux, an miles eam. serpens, sitis, ardor, arena,
Dulcia virtuti: Gaudet patientia duris.
Latius est, quoties magno sibi constat, honestum.
405 Sola potest Libye turbam præstare malorum,

Vt

389. *Perducere.*] Deludere, vel detinere.
390. *Ipsa pericula ducent.*] Hoc est, qui causa experiendi pericula veniunt. *Sulpic.*
392. *Romanúmque putant.*] Romano, id est, forti viro dignum. *At qui sponsore salutis.*] Qui vero adeo ignaui sunt, vt saluti suæ & vitæ plus consulant quam honesto & libertati; iis patet mollior & facilior ad turpem seruitutem via.
394. *Dominum meliore via.*] Cæsarem libertatis oppressorem. *Primus arenas, &c.*] Septem continentibus diebus iter factum est, cum ipse agmen pedes duceret, neque vnquam equo aut iumento vteretur. Cœnabat etiam sedens; nam post Pharsalicam cladem, priori id luctui addiderat, vt nunquam nisi dormiendi causa accumberet. Plutarch. In Catone Min. Strabo vero in vlt. libro refert eum 30. diebus Syrtim lustrasse.
395. *Me calor. æthereus.*] Rigidum Catonem delineat diserte, dum se ducem ad omnium periculorum tolerantiam offert.
398. *Bibentem.*] Me.
404. *Latius est.*] Omnis virtus quo circa difficiliora versatur eo laudabilior est & maior. *Sulpic.*
405. *Sola potest Libye, &c.*] Timiditatis & turpis fugæ crimine absoluet nos iter hoc per Libyæ pericula omni hoste grauiora sponte susceptum. *Libye turbam præstare, &c.*] Quasi dicat, Cum alias turpe sit viris fugere malorum metu, quale quiddam post pugnam Pharsalicam accidisse videri potest: Libya, quia tot malis abundat, ignominiam & turpitudinem hanc tollet. Neque enim malorum metu fugisse videbimur, quum vltro malorum turbam petamus, eamque terram peragre

VILIS BELLI LIB. IX. 443

è viros. Sic ille calentes
e animos, & amore laborum,
iam deserto limite carpit :
vo nomen clausura sepulchro
securi fata Catonis.
rerum Libye, si credere famæ
t si ventos cælúmque sequaris,
æ. nec enim plus littora Nili,
u Tanais primis à Gadibus absunt:
fugit Libyen, & littora flexu
cum : sed maior in vnam
m. nam cùm communiter ista
yrum, Boreæ latus illa sinistrum
trúmque Noti, discedit in ortus,
                      Eurum

riculorum | Neque enim Nilus qui Africam, iam si ho- | in diuisione tripartita, ab Asia di- quitur vt | sterminat, remotior est à Gadibus im Stoici | inf. extremæ Hispaniæ; quam Ta- à sapiente, | nais fluu. qui cum Euxino, in quem rturbatio- | prolabitur, Europam ab Asia diui- yllus. | dunt. Nili.] Nilus Asiam ab Africa; &c.] Per | Tanais ab Europa disterminat. Et lum. | ab occasu Europam ab Africa Ita i, &c.] Et | diuidit, vt per fretum Gaditanum d eum hic | ortum petenti, Europam læuam, n sibi fata- | Africam dextram habeat. Fugere Libyam videtur Europa, quod ab m Libye.] | interluente medio mari Interra- orbis diui- | neo seculia sit. Horrensius. rtia orbis | 415. Vnde Europa fugit Li- bello fug. | byen.] Ad quas Gades, Europa se- orbu terra | paratur ab Asia Interjectu maris Africam | Mediterranei. Et littora fluxu.] nouommodo | Mali m flexu. Grotius. tisse, sed | 416. Sed maior in vnam, &c.] Et tamen Asia est maior orbis ter-] At si ven- | rarum pars, quam Europæ con- rationem | iuncta Africa. mplectitur | 417. Nam cum communiter india, ex- | ista, &c.] Cum Africa & Europa iare Medi- | in Orientem effundant Zephyr; lem confi- | illa à Noto, hæc à Boreali parte n, vti Asia | Asia sola se extendens vtriusque ad Austrum à dextra, ad Boream à itora Nili.] | sinistra, vendicat sibi totum Euru.

420 *Eurum sola tenens. Libyca quod fertile terra est,*
Vergit in occasum: sed & hæc non fontibus ullis
Soluitur: Arctoos raros Aquilonibus imbres
Accipit, & nostris reficit sua rura serenis.
In nullas vitiatur opes; non are, nec auro
425 *Excoquitur, nullo glebarum crimine, puris,*
Et penitus terra est. tantum Maurusia genti
Robora diuitiæ, quarum non nouerat vsum:
Sed citri contenta comis viuebat, & vmbra.
In nemus ignotum nostra venêre secures:
430 *Extremóque epulas, mensásque petimimus orbe.*
At quacunque vagam Syrtim complectitur ora
Sub nimio proiecta die, vicina perusti
Ætheris, exurit messes, & puluere Bacchum
Enecat, & nulla putris radice tenetur.
435 *Temperies vitalis abest: & nulla sub illa*
Cura Iouis terra est: Natura deside torpet

Orbis,

420. *Libyca, &c.*] Libyes pars occiduæ fertilior est, sicca tamen. Plin. libro 5. cap. 2 2.

422. *Arctoos raros.*] A Septentrione immissos. *Aquilonibus imbres, &c.*] Boreas enim qui nobis c^œnus est, illis pluuiam inducit: vt Auster contra nobis humidus & imbrifer, illis serenus.

424. *In nullas vitiatur opes, &c. penitus terra est.*] Pura enim & simplex terra, vbere tantum glebæ potens, non sterilescit admistione venarum metallorum. sic Pers. Sat. 2. *Et Calabrum coxis vitiato murice vellus.* Iuuenal. sat. 3. *nec ingenuum violarent marmora sophum.* & infra vs. 519.

425. *Glebarum crimine.*] Crimen terræ est aurum & argentum producere. *Sulpic.*

426. *Tantum Maurusia genti.*] Tantum Mauritaniæ diuitiæ sunt citri arbores quarum tamē vsum non nouerunt vltra quam vmbris earum gaudebant: nostris vero in summo precio & honore sunt lectuli & mensæ è citra. *Accipe felices Atlantica munera syluæ: Aurea qui dederit dona, minora dabit.* Martial. epigr. 89. lib. 14. vide Plin. lib. 13. & 15. cap. 5.

430. *Extremoque orbe.*] E Mauritania. *Epulas.*] Esculenta & poculenta. *At quacunque, &c.*] Orientalis vero Africæ pars quæ in Meridiem excurrit, Syrtes complexa, zonæ torridæ subiecta aut vicina, solis æstu exusta, in totum sterilis est.

431. *Vagam.*] Instabilem.

432. *Sub nimio proiecta die.*] In meridiem extenta, qui nimis illic æstuat. *Sulpic.*

433. *Bacchum.*] Vites.

434. *Nulla putri radice tenetur.*] Soluta in puluerem, non habet arbores.

436. *Iouis terra est.*] Cœli & ætheris; pluuiæ, vt lib. 8. vs. 447. vel simpliciter, Dei.

437. *Orbis*

ILIS BELLI LIB. IX. 445

tis annum non sentit arenis.
solum raras tamen exerit herbas,
gens dura legit, qui proxima ponto
enet, quem mundi barbara damnis
in littoreis populator arenis
ulla portus tangente carina,
cum toto commercia mundo
samones habent. hâc ire Catonem
virtus. illic secura iuuentus
lasque timens tellure procellas,
ssa metus. nam littore sicco,
Syrtis violentius excipit Austrum,
ille nocet, non montibus ortum
igis Libye, scopulísque repulsum
uidas è turbine soluit in auras:
uas, annosáque robora torquens
t omne solum, libérque meatu
à totis exercet arenis:

terræ pars.
snnum non
es & vires.
c.
fæcundum.
dura legit,
ica pop. in
rtibus qua-
nt, quippe
u destituta
s occupant.
esammones
nia medios
vit.
ier. Mundi
in qui inci-
piunt eniin
pit.
.]Et quam-
imercij ex-
men mercii
i orbis par-
es Syrtibus

444. *Habent.*] Habere videntur ob naufragia.

445. *Illic secura, &c.*] Atque hic Romani securi iam, vti credebant, ventorum; experti sunt grauiores procellas in terra quam quæ in æquore timentur.

447. *Æquoreos metus.*] Pericula, quæ solent in mari timeri. *Sulpit. Nam litore sicco.*] In plana enim & exposita regione iuxta Syrtes, violentius furit Auster qnã in pelago; maiores hîc arenæ quã ibi aquarum fluctus concitans.

449. *Non montibus ortû, &c.*] Nõ habet illa pars Africæ montes, scopolos aut syluas quæ venti impetum frangant & aëre resoluant: sed paret, exposita rapidis ventis.

450. *Libye.*] Ita rescribendum pro *Libyæ*. Grotius.

451. *E turbine.*] Ita maluimus quam *se* Grotius.

454. *Æoliam rabiem, &c.*] Ven-

455 At non imbriferam cum torto puluere nubem
  Inflexum violentus agit: pars plurima terræ
  Tollitur, & nunquam resoluto vertice pendet.
  Regna vides pauper Nasamon errantia vento,
  Discussásque domos: volitántque à culmine rapta
460 Detecto Garamante casa. non altius ignis
  Rapta vehit: quantumque licet consurgere fumo,
  Et violare diem, tantum tenet aëra puluis.
  Tum quoque Romanum solito violentior agmen
  Aggreditur, nullúsque potest consistere miles,
465 Instabilis raptis etiam, quas calcat, arenis.
  Concuteret terras, orbémque à sede moueret,
  Si solida Libye compagé, & pondere duro
  Clauderet exesis Austrum scopulosa cauernis:
  Sed quia mobilibus facilis turbatur arenis,
470 Nusquam luctando stabilis manet: imaque tellus
  Stat, quia summa fugit, galeæ, & scuta virorum,
  Piláque contorsit violento spiritus actu,
  Intentúsque tulit magni per inania cœli.
                                        Illud

torum ex Aeoli antro ruentium rapuit, fauillam, flammam, fumum.
rabilem.
  455. Non imbriferam.] Τ'ϕ᷑.
Nubem non imbriferam, hoc est, areniferam. Gror. Nõ imbriferam.]
Sed areniferam.
  457. Et nunquam, &c.] Neque vnquam in aëre suspenditur, more nubis imbriferæ resoluta.
  458. Regna vides, &c.] Describit Catonis laboriosum iter per deserta Libyæ, ad Ammonis templum apud Garamantas. Finitimi bi Psyllis sunt, à Garamante Apollinis filio nominati, qui illic de suo nomine oppidum Garamantum condidit. Florens. Regna vides, &c.] Vrbes & terram quam possidet, vel casas & tuguria. vt ecloga 1. Virg. mea regna vides. Cic. 1. de Oratore, nisi in suo regno essemus.
  461. Rapta vehit.] Quæcunque

  462. Et violare diem.] Obscurare lucem diei.
  463. Violentior.] Ventus.
  465. Raptis etiam.] A vento subtractis.
  466. Concuteret terras.] Quod si Africa durati esset soli, quod ventis resisteret; aut cauernosa, quæ ventos clauderet; ventorum procul dubio rabie dimoueretur è loco. Orbemque à sede moueret.] Illam orbis partem, Libyam.
  470. Luctando stabilis manet.] Resistendo ventorum flatibus.
  471. Stat.] Non concutitur. Fugit.] Cedit Austro.
  472. Spiritus.] Ventus. Actu.] Impulsu.
  473. Intentúsque tulit magni.] Continuus, non intermittens. Per inania cœli.] Per aëra.
                              474. Illud

Illud in externa forsan longéque remota
475 *Prodigium tellure fuit: delapsáque cœlo*
Arma timent gentes, hominúmque creata lacertis
A Superis demissa putant. sic illa profecto
Sacrifico cecidére Numæ, quæ lecta iuuentus
Patricia ceruice mouet: spoliauerat Auster
480 *Aut Boreas populo ancilia nostra ferentes.*
Sic orbem torquente Noto Romana iuuentus
Procubuit, metuénsque rapi, constrinxit amictus,
Inseruítque manus terræ: nec pondere solo,
Sed nixu iacuit, vix sic immobilis Austro,
485 *Qui super ingenteis cumulos inuoluit arenæ,*
Atque operit tellure viros. vix tollere miles
Membra valet, multo congestu pulueris hærens.
Alligat & stantes affusa magnus arenæ
Agger, & immoti terra surgente tenentur.
490 *Saxa tulit penitus discussis proruta muris,*
Effuditque procul miranda sorte malorum:
Qui nullas vidére domos, vidére ruinas.

Iamque

474. *Illud in externa, &c.*] Videtur poëta non tam ad miracula, & præmonita Deorum referre has pluuias prodigiosas, quam ad rationem Physicam. atque in illorum inclinare sententiam, qui opinantur illa, quæ ita per pluuiã decidunt, vi ventorum in sublime euecta è longinquis locis ferri atque inde decidere, quanquam hęc alij à calore Solis attrahi atque ex aptitudine materiæ mutari credunt. Arist. 5. Physic. 2. & de gen. animal. lib. 4. cap. 4.

477. *Sic illa profecto.*] Ita fortasse ancile illud quod Numæ tempore è cœlo decidisse creditur, aliunde huc vento delatum est.

478. *Sacrifico cecidere Numæ.*] sacrorum & religionis instituto. i. *Lecta iuuentus, &c.*] Salij, sacerdotes Martis, è Patriciis lecti. b. 1. ℣. 603.

481. *Orbem torquente, &c.*] Arenæ, terram Libycam, vt supra ℣. 466.

483. *Nec pondere solo.*] Vix prono in terram nixu laburrari tuebantur se Romani, quo minus ab Austro abriperentur.

484. *Nixu.*] Conatu, ne raperentur. Sulpit.

485. *Qui super ingentes, &c.*] Allusum videtur ad historiam Psyllorum, qui Nasamonibus vicini, cum ab Austro valido & diutino vexarentur, contra illum tanquam hostem profecti, interiérunt congestu arenæ vniuersi oppressi. Herod. lib. 4. A. Gell. lib. 16. cap. 11.

489. *Agger, &c.*] Aggestis arenæ cumulus, & tenacissimo sabulo, quod præaltum & vestigio cedens ægre moliuntur pedes.

I 3.

Iamque iter omne latet: nec sunt discrimina terræ
Vlla, nisi ætheriâ medio velut æquore flamma.
495 Sideribus nouere vias: nec sidera tota
Ostendit Libycæ finitor circulus ora,
Multáque denexo terrarum margine celat.
     Vsque calor soluit, quem torserat aëra ventus,
Incensúsque dies, manant sudoribus artus:
500 Arent ora siti: conspecta est parua maligna
Vnda procul vena: quam vix è puluere miles
Corripiens, patulum galea confudit in orbem,
Porrexítque duci. squalebant puluere fauces
Cunctorum: minimúmque tenens dux ipse liquoris
505 Inuidiosus erat. Méne, inquit, degener vnum
Miles in hac turba vacuum virtute putasti?
Vsque adeò mollis, primísque caloribus impar
Sum visus? quanto pœna tu dignior ista,
Qui populo sitiente bibas! sic concitus ira
510 Excussit galeam   suffecítque omnibus vnda.
                                                            Ventum

493. *Iamque iter omne latet.*] Viarum scil. signis arena obrutis.
494. *Ætheriâ medio, &c.*] Stellæ velut nauigantibus obscuratæ. Inter Syrtes, quamuis terra pergentibus, iter sideribus destinatur, nec aliter cursus patescit. Nam putris soli faciem aura mutat, &c. Solinus cap. 40.
495. *Tota.*] Alij, *nota*, id est, Australia. nobis Septentrionem versus positis ignota, non visa.
496. *Finitor circulus ora.*] Horizon ille ab ὁρίζω, terminat enim & diuidit superius hemisphærium ab inferiori.
497. *Denexo terrarum, &c.*] Inclinato, sub terra demerso.
498. *Vsque calor soluit, &c.*] Simularque aër venti agitatione refrigeratus, increscente die incaluit.
499. *Incensúsque dies, &c.*] Versus hic aliquot omisimus, Ineptè ex loco inferiore repetitos: qui &

in Ms. deerant. Grotius. *Incensúsque dies.*] Vulgati lib. habent: *Incensúsque dies (iam mundi spissior ignu, Iam plaga, quam nullam Superi mortalibus vltra A medio fecere die, calcatur, & humor In Nœon omnis abit*] manant sud. &c. quam Parenthesin, inepte ex loco inferiore repetitam, omisit Grotius, quod in Ms. deerat.
500. *Maligna, &c.*] Cænosa vel tenui lama.
501. *Quam vix, &c.*] Simile quiddam de Alexandro refert Q. Curtius lib. 7. & Plut. in vita Alex.
505. *Inuidiosus erat.*] Inuidiæ obnoxius, si solus bibisset. *Méne, inquit.*] Castigat milites exordio orationis, à personæ suæ virtute, & laborum periculorúmque tolerantia. *Hortens.*
510. *Suffecítque omnibus vnda.*] Nemine desiderante illud cui abstinuisset dux.

511. *Ventum.*

CIVILIS BELLI LIB. IX. 449

Ventum erat ad templum, Libycis quod gentibus vnū
Inculti Garamantes habent: stat corniger illic
Iupiter, vt memorant, sed non aut fulmina vibrans,
Aut similis nostro, sed tortis cornibus Ammon.
515 Non illic Libycæ posuerunt ditia gentes
Templa: nec Eois splendent donaria gemmis.
Quamuis Æthiopum populis, Arabumque beatis
Gentibus, atque Indis vnus sit Iupiter Ammon,
Pauper adhuc Deus est, nullis violata per æuum
520 Diuitiis delubra tenens: morúmque priorum
Numen Romano templum defendit ab auro.
Esse locis Superos testatur silua per omnem
Sola virens Libyen. nam quicquid puluere sicco
Separat

511. *Ventum erat, &c.*] Transit ad descriptionem templi Iouis Ammonis. Iouem à forma: templum à paupertate & cultus tenuitate. *Horrens.*

512. *Stat corniger illic Iupiter.*] Iup. arietina forma, vel vmbilico tenus (vt habet Q. Curtius lib. 4.) arieti similis, cultus. quod hic Libero patri exercitum ducenti, siti fatigato, & Iouis patris imploranti auxilium, statim viso ariete, fons exiluit arenis. vide Dio. Sic. lib. 17. & Herod. Euterp.

514. *Ammon.*] Ab ἄμμῳ quod in Cyrenaica regione arenosa templum illi conditum sit. Pausan. in Messen. à pastore eiusdem nominis dici eum autor est. quid sit à Ἰω. ἤσαριο, simulachro Iouis in excelso loco extructo.

517. *Beatis, &c.*] Diuitib. Felicis Arabiæ incolis. *Icci beati nunc Arabum inuides gazis.* Horat. 29. ode lib. 1.

518. *Vnus sit Iupiter Ammon.*] Vnum, commune, & summū numen. cuius oraculum non Pythio cedit. Aethiopes autē Africani dicti sunt Indi. Philostratus lib. 3. de vita Apollonij vocat γυμνοὺς Ἰνδικοὺς. lib. 6. ἐπὶ τῆς Ἰνδῶν ἤκοντας, &

ὕστερον ἰδεῖν. Euseb. in lib. pos. Æthiopes ab Indo fluu. surgentes iuxta Ægyptum consedere. Virgil. 4. Georg. de Nilo: *Vsque coloratis amnis deuexus ab Indis.*

519. *Nullis violata, &c.*] Sic Iauenalis sat. 11. vs. 116. *Fictilis & nulla violatus Iupiter auro.* & supra 424. vs.

520. *Morúmque priorū, &c.*] Priscæ simplicitatis, incorruptæ fidei.

521. *Romano templum, &c.*] Ne polluatur auro templum more Romano. *In templis quid facit aurum?* Pers. 2. Satyr.

522. *Esse locis Superos testatur.*] Templo Ammonis fons proximus (inquit Solinus cap. 40.) Soli sacer, qui humoris nexibus humū stringit, saullam etiam in cespitem solidat. In qua gleba non sine miraculo lucus viret, vndique secus agris arentibus. Plin. lib. 2. c. 106. Curtius 4. Mela lib. 1. c. 8. *Silua per omnem, &c.*] Fontibus & syluis numina inesse credebat antiquitas.

523. *Nam quicquid, &c.*] Reliqua omnis regio inter Leptin Minorem, quæ Libyphœnicum Africæ vrbs est & Pentapolitanam regionem (quam Berenicida vocat à Berenice vna è quinque vrbibus, nomen sortita à Berenice Ptolo-

T 4

Separat ardentem tepida Berenicida Lepti,
525 Ignorat frondes: solum nemus extulit Ammon,
Siluarum fons causa loco, qui putria terræ
Alligat, & domitas unda connectit arenas.
Sic quoque nil obstat Phœbo, cum cardine summo
Stat librata dies: truncum vix protegit arbor:
530 Tum brevis in medium radiis compellitur umbra.
Deprensum est hunc esse locum, qua circulus alti
Solstitij medium signorum percutit orbem.
Non obliqua meant, nec Tauro Scorpius exit
Rectior, aut Aries donat sua tempora Libræ,
535 Aut Astræa iubet lentos descendere Pisces.
Par Geminis Chiron, & idem quod Carcinos ardens
Humidus Ægoceros: nec plus Leo tollitur Urna.
At tibi, quacunque es Libyco gens igne dirempta,

mei vxore, cū prius Hesperis dicta fuerit) arbores non habet. Plin. l. 5. cap. 5. Strab. vlt.
525. *Solus nemus extulit Ammon.*] Sola Ammonitis arbores producit. *Extulit Ammon.*] Male libri, *abstulit*, aut *arrulit*. Sola Ammonitis arbores erigit. *Grotius.*
526. *Siluarum fons causa loco.*] Modo ad vs. 522.
528. *Sic quoque, &c.*] Et quamuis ſylus ſit, non tamen arcet folem. Alij leg. *Hic quoque. Cardine summo, &c.*] Medio cælo perpendiculariter. vide quæ ad vf. 587. l. 2.
529. *Truncum vix protegit arbor.*] Arboris frondes vix opacant truncum.
531. *Circulus alti, &c.*] Tropic⁰ æſtiu⁰ (qui Proclo eſt vertici proximus) agitur à Zodiaco. vel colurus ſolſtitialis. Al. Aequinoctialis.
533. *Non obliqua meant*] Lucanus (inquit Ioſ. Sſcal. in prolegomenis ad Manilium) quum legiſſet apud rudiores priſcæ Matheſeos magiſtros ſub recta ſphæra Zodia uin ad verticem eſſe, & omnia ſigna propterea oriri recte; (quod vtique falſum eſt, cum

obliquatio quædam fit etiam ſub Æquatore) ſcilicet autem ſub Tropico Cancrum culminare omnium ſignorum Borealiſſimum, hinc putauit totum quoque Zodiacum μοιρετειν, & conſequenter omnia ſigna recte oriri, &c. Atque adeo quia medius ſignorum ordo culminat, ideo ipſa non obliqua meare, ſed recta, &c. *Nec Tauro Scorpius exit, &c.*] Recte & æqualiter aſcendūt deſcenduntque oppoſita ſibi in Zodiaco ſigna, Taur⁰ & Scorpius, Aries & Libra, Virgo & piſces, Gemini & Sagittarius, Cācer & Capric. Leo & Aqu̅a ius.
535. *Aut Aſtræa.*] Virginem indicat, ſignum æſtiuum, Piſcibus hyemali ſigno oppoſitum. *Horr.*
536. *Par Geminis Chiron.*] Sagittarius Geminis objectus. *Horr. Et idem quod Carcinos Ardens.*] Quia nobis Septentrionem verſus ſitis Cancer æſtiuum ſolſtitij ſignum eſt; vt Capricornus, hiemalis: Neque tamen Ammonitis ſub Æquatore eſt, ſed circa Tropicum Cancri.
538. *At tibi, quacunque es, &c.* Te ſegnis Cynoſura ſubit, tu ſicca, &c.]

CIVILIS BELLI LIB. IX.   451

In Noton vmbra cadit,quæ nobis exit in Arcton.
540 *Te segnis Cynosura subit : tu sicca profundo*
 Mergis plaustra putas,nullúmque in vertice semper
 Sidus habes immune maris,procul axis vterque est,
 Et fuga signorum medio rapit omnia cælo.
 Stabant ante fores populi, quos miserat Eos,
545 *Cornigerísque Iouis monitu noua fata petebant :*
 Sed Latio cessere duci : comitésque Catonem
 Orant, exploret Libycum memorata per orbem:
 Numina,de fama tam longi iudicet æui.
 Maximus hortator scrutandi voce Deorum
550 *Euentus Labienus erat. sors obtulit, inquit,*
 Et fortuna viæ, tam magni numinis ora,
 Consiliúmque Dei : tanto duce. possumus vti
 Per Syrtes,bellique datos cognoscere casus.
 Nam cui crediderim Superos arcana daturos,
555 *Dicturósque magis,quàm sancto vera Catoni?*
 Certè vita tibi semper directa supernas
 Ad leges, sequerísque Deum datur ecce loquendi

Cum

&c.] Iis vero, qui à nobis diuiduntur torrida zona, aut quorum zenith Sol Cancrum versus transsierit; vmbra proiicitur in Austrū, vt nobis in Arcton. iis, Vrsa minor, quæ, cum polo vicinior sit, tardius moueri videtur, sub Horizonte est. ils Vrsa maior, quæ nobis maris immunis est, hoc est, non occidit, subit Horizontem mari mergi visa.
541. *Axis vterque est.*] Polus vterque Arcticus atque Antarcticus.
543. *Et fuga signorum,&c.*] Medius inter vtrunque polū circumuoluitur Zodiacus. *Fuga signorum.*] Reuolutio signorum, quæ fugere obseruantibus videntur in occasum, omnia sidera secum trahit, vt aduentante luce, Iam minus minúsque appareant: Ita inter vtrumque axem rapitur voluiturque Zodiacus. *Horens.*

544. *Stabant ante fores populi.*] Aderant ex Asia & Oriente populi ad limen templi Iouis Ammonis oracula consulturi: qui tamen Catoni cesserunt, si quid vellet.
545. *Noua fata.*] Oracula.
548. *Numina memorata.*] Iouis Ammonis responsum, cuius oraculum perinde vt Apollinis Delphici, per totum orbem celebre habebatur. *Horens.*
549. *Maximus hortator, &c*] Comites, & Labienus maxime Catonem orant, vt celebris huius oraculi fidem experiatur, consulatque de huius belli euentu.
550. *Labienus erat.*] Lib. 5. vs. 346.
551. *Ora.*] Oracula.
554 *Arcana daturos.*] Declaraturos arcana.
556. *Supernas.*] Diuinas.

Ii 3

Cum Ioue libertas: inquire in fata nefandi
Cæsaris, & patriæ venturos excute mores:
560 *Iure suo populus uti, legúmque licebit,*
An bellum ciuile perit. tua pectora sacra
Voce reple: dura saltem virtutis amator
Quære quid est virtus, & posce exemplar honesti.
Ille Deo plenus, tacita quem mente gerebat,
565 *Effudit dignas adytis è pectore voces.*
Quid quæri Labiene iubes? an liber in armis
Occubuisse velim potiùs, quàm regna videre?
An sit vita nihil, sed longam differat ætas?
An noceat vis vlla bono? Fortunáque perdat
570 *Opposita virtute minas? laudandáque velle*
Sit satis, & nunquam successu crescat honestum?
Scimus, & hoc nobis non altius inseret Ammon.
Hæremus cuncti Superis, templóque tacente
Nil facimus non sponte Dei: nec vocibus vllis

Numen

558. *Inquire in fata, &c.*] Exquire, explora, quo in statu futura sit patria: liberane; an frustra à nobis ad libertatem propugnandam sumptis armis, tyrannide oppressa.

559. *Excute.*] Explora, an suis legibus & libertate victuri sint populi; an frustra bellum ciuile fiat, & tyranni sint dominaturi.

563. *Exemplar honesti.*] Vt exitus hujus belli causam honestam & virtutem eorum qui pro patria libertate pugnauerint comprobet.

565. *Dignas adytis è pectore voces.*] Erratus nisi illam vocem non esse Catonis, sed oraculi crediderit. Quid enim est oraculum? Nempe vtikur ea diuina hominis ore enunciata. Et quem tandem antistitem sanctiorem invenire sibi diuinitas potuit, quàm Catonem? Senec. controuers.l.1. proœm.

566. *An liber in armis, &c.*] An hæc, quæ jamdudum constant, æque opus habent oraculo, con-

sulto? potiorne scil. sit mors quàm seruitus? &c.

568. *Longam differat ætas.*] Ita repoʃuimus, cum alij, *longa an differat*, alij aliter haberent. *Longam differt ætas*, hoc est, producit, non tamen mutat. Hoc quærere ex Ammone nihil necesse est. Scitum est Stoïcum, vt & cætera. Seneca: *Non est vita maior quæ longior*: & alia in hanc sententiam, Epist. LXXIII. Grotius.

569. *Perdat, &c.*] Cum forti nocere non possit.

571. *Et nunquam, &c.*] Et honestum non recipit majus aut minus laudis, quod successu gaudeat aut careat.

572. *Et hoc nobis, &c.*] Neq; hoc melius & plenius Iouis ipsi oraculū nobis ingeret, quà nos sciamus.

573. *Hæremus cūctis Superis.*] Inest nobis anima diuinæ particula aurę est Deus in nobis; sibi quisq; profecto est Deus; & vel tacete oraculo, Deum sequimur. & fato paremus.

575. *De.*

575 Numen eget: dixitque semel nascentibus auctor
Quicquid scire licet: sterileis nec legit arenas,
Vt caneret paucis,mersisque hoc puluere verum:
Estne Dei sedes nisi terra, & pontus, & aër,
Et coelum, & virtus? Superos quid quaerimus vltra?
580 Iuppiter est quodcunque vides,quocunque moueris.
Sortilegis egeant dubij,semperque futuris
Casibus ancipites: me non oracula certum,
Sed mors certa facit: pauido,fortique cadendum est.
Hoc satis est dixisse Iouem. Sic ille profatur:
585 Seruataque fide templi discedit aharis,
Non exploratum populis Ammona relinquens.
Ipse manu sua pila gerens,praecedit anheli
Militis ora pedes: monstrat tolerare labores,
Non iubet: & nulla vehitur ceruice supinus,
590 Carpentóue sedens. somni parcissimus ipse est,
Vltimus hauflor aquae.cùm tandem fonte reperto
Indiga cogatur latices potare iuuentus,
Stat,dum lixa bibat. Si veris magna paratur
Fama bonis, & si successu nuda remoto,

Inspicitur

575. *Dixitque semel,&c.*] Et nobis omnibus nascentibus inseruit Deus scientiam recti, atque discrimen boni ac mali.
576. *Sterilei nec legit arenas.*] Neque seclusit veritatem in oraculis solis, aut elegit sibi arenosum hunc Libyae locum,vnde fata prometret paucis.
578. *Estne Dei sedes.*]Ita rectè ms. non *Estque*. Vllane alia Dei sedes est, quam Vniuersum, & Mens Sapientis? *Grotius.*
579. *Superos quid quaerimus, &c.*] Si quicquid videmus Deus est: si omnia quae sub caelo sunt, opificis praesentiam & magnitudinem testantur,quorsum consulue-simus Ammonem. *Hortens.*
584. *Hoc satis est,&c.*] Nascen-

tibus semel dictasse, vs. 575. modo.
585. *Seruaraque fide,&c.*]Salua oraculi fide;non diminuta aut derogata Iouis ibi culti fide.
586. *Populis Ammona relinquens.*]Orientalibus, vt supra vs. 544.ipse non explorauit.
587. *Praecedit anheli.*]Supra versu 304.
588. *Tolerare labores.*]Mss. Vapores.Grotius.
589. *Nulla vehitur.*]Non lectica, non curru.
591.*Cùm tandem fonte reperto.*]Quo loco repererit fontem, incertum.Captat Poëta occasionem ad diuagandum in descriptionem serpentum, quorum Africa ferax est.*Hortens;*

595 *Inspicitur Virtus, quicquid laudamus in illo*
Majorum, fortuna fuit, quis Marte secundo,
Quis tantum meruit populorum sanguine nomen?
Hunc ego per Syrtes, Libyaque extrema triumphum,
Ducere maluerim, quàm ter Capitolia curru
600 *Scandere Pompeij, quàm frangere colla Iugurthae.*
Ecce parens verus patriae, dignissimus aris
Roma tuis; per quem nunquam iurare pudebit,
Et quem, si steteris unquam ceruice solutæ,
Tunc olim factura Deum. Iam spissior ignis,
605 *Et plaga, quam nullam Superi mortalibus ultra*
A medio fecère die, calcatur, & unda
Rarior: inuentus medijs fons unus arenis
Largus aquæ: sed quem serpentum turba tenebat:
Vix capiente loco. stabant in margine sicca
610 *Aspides, in medijs sitiebant Dipsades undis.*
Ductor, ut aspexit perituros fonte relicto,

Alloquitur:

595. *Quicquid laudamus, &c.*] Majores fortuna superarunt Catonem, illos Cato vera virtute.
595. *Quis Marte secundo, &c.*] Quis victoria & hostium cæde tantam gloriam est assecutus, quantam Cato continentia & tolerantia?
598. *Hunc ego per Syrtes.*] Malim ego, inquit poëta hanc Catonis per Syrtes fugam, quam Pompeji tres triumphos. lib.7. vf.685. aut Marii de Iugurtha triumph.
601. *Ecce parens, &c.*] Exclamatio in laudem Catonis egregij cum propter eximias animi dotes; tum propter non solum laborem fortitudinemque innatam, sed patriæ amor, m;al quam accerendam, has difficultates subierit. Esseque grauis auersio ad Romani. Hortensius.
602. *Per quem nunquam, &c.*] Tanquam numen. Iurandasque suum per nomen poniimus aras. Horat. 1. epist. lib. 1.

603. *Et quem, &c.*] Et quem, si unquam excusso domino dabitur tibi tui juris esse, in Deorum numerum referes.
604. *Spissior ignis.*] Calor & æstus violentior.
605. *Quam nullam &c.*] Ultra quam, nullam posuere Dii habitabilem. Ita crediderum antiquitus.
610. *Sicca Aspides, &c.*] Adeo diuersa species aspis & dipsas; ut hæc aquatilis sit illa terrestris. Tres aspidū species facit Galen's χερσαίας, χελιδονίας & πτυάδας Χερσαίαν dictæ, quæ in mediterraneis degebant; quum chelidoniæ circa ripas fluminum colerent, & præcipuè Nili. *Aspides.*] Serpentū gens, quo icti torpore & somno extinguntur. *Dipsades undu.*] Dipsas, serpens quemcunque morsu læserit, siti enecat. ὑπὸ τῦ δίψα. hinc Situla dicta.
611. *Perituros fonte reliño.*] Siti, nisi ex illo fonte biberent.
612. *Vana.*

CIVILIS BELLI LIB. IX. 455

Alloquitur: Vana specie conterrite leti
Ne dubita miles tutos haurire liquores:
Noxia serpentum est admisto sanguine pestis:
615 Morsu virus habent, & fatum dente minantur:
Pocula morte carent. dixit, dubiúmque venenum
Hausit: & in tota Libye fons vnus arena
Ille fuit, de quo primus sibi posceret vndam.
 Cur Libycus tantis exundes pestibus aër
620 Fertilis in mortes, aut quid secreta nocenti
Miscuerit Natura solo, non cura, laborque
Noster scire valet: nisi quòd vulgata per orbem
Fabula pro vera decepit secula causa.
Finibus extremis Libyes, vbi feruida tellus
625 Accipit Oceanum demisso sole calentem,
Squalebant latè Phorcynidos arua Medusa,
Non nemorum protecta coma, non mollia sulco,
Sed dominae vultu conspectis aspera saxis.
Hoc primùm natura nocens in corpore saxas.
630 Eduxit pestes: illis è faucibus angues
Stridula fuderunt vibratis sibila linguis,
Feminea qui more coma per terga soluti,
Ipsa flagellabant gaudentis colla Medusae.

Surgunt-

612. *Vana specie, &c.*] Cùm non
sit timendum ab aquis, quae non
inficiunt veneno, sed à morsu solo, quo virus suum nostro sanguini admisceant.
 614. *Dubiúmque venenum, &c.*]
Aquam; quam reliqui tanquam
venenatam horruerant.
 619. *Cur Libycus, &c.*] Cur Libya serpentibus abundet, non ita
in promptu causa est, nisi forte ad-
hibenda sit fides fabulae referenti,
quod cum Perseus referens Medusae caput stridentibus alis, ipso
super Libycas vstor penderet arenas, Gorgonei capitis gutta cecidere cruenta: Quas humus excepta varios animauit in angues.
Vnde frequens illa est, infestáque

terra colubris. Ouid. Metam. 4. Sed
Nicander Titanum sanguini id
tribuit.
 621. *Fabula, &c.*] Diod. Sic. lib. 3.
 625. *Demisso sole cadentem.*]
Occiduo, prono.
 626. *Phorcynidos arua Medusa.*]
Filiae Phorci ceu Phorcynos &
Cetus. Hesiod. Theogon.
 628. *Dominae vultu, &c.*] Medusa, quae visa omnia vertebat in
saxa.
 629. *Hoc primùm, &c.*] In Medusa, namque Mineruae crines eius
in angues conuertit, quod in suo
templo fuerat à Neptuno stu-
prata.
 630. *Pestes.*] Angues, colubros.
 633. *Gaudentis colla.*] His anguibus,

Surgunt aduersa subrecta fronte colubrae,
635 Vipereúmque fluit depexo crine venenum.
Hoc habet infelix, cunctis impunè, Medusa,
Quod spectare licet. nam rictus, oráque monstri
Quis timuit? quem, qui recto se lumine vidit,
Passa Medusa mori est? rapuit dubitantia fata.
640 Præuenítque metus: anima periére retenta
Membra, nec emissa riguêre sub ossibus umbræ.
Eumenidum crines solos mouére furores:
Cerberus Orpheo leniuit sibila cantu:
Amphitryoniades vidit, cùm vinceret, Hydram,
645 Hoc monstrum timuit genitor, numénque secundum
Phorcus aquis, Cetósque parens, ipsáque sorores,
Gorgones: hoc potuit cælo pelagóque minari
Torporem insolitum, mundóque obducere terram.
E cælo volucres subito cum pondere lapsæ:
650 In scopulis hæsere feræ: vicina colentes
Æthiopum totæ riguerunt marmore gentes.

Nullum

guibus, vel, colla sua ab his flagellari gaudentis.

636. *Hoc habet infelix.*] Hanc solum Medusæ partem, crines scil. habet Medusa, quæ impune spectatur. Nam vultum eius nemo impune aspexerit.

639. *Mori est?*] Sensu mortis affici. *Dubitantia fata.*] Dubitationem & moram mortis. vt lib. 3. vs. 645.

641. *Sub ossibus umbra.*] Animæ retentæ & manentes in sanis.

642. *Eumenidum crines, &c.*] Collatione huius cum aliis monstris, amplificat. Furiæ anguicomæ conspectu tantum inducunt furorem, l. 7. vs. 178.

643. *Cerberus Orpheo, &c.*] Orphei carminibus stupens Demutrit atras bellua censiceps auras. Horat. ode 13. lib 2.

644. *Amphitryoniades vidit.*] Hercules impune vidit Hydram, quam contudit.

645. *Genitor.*] Suus. Numénaque

secundum. Deus marinus. Neptuni F. & illi proximus. pater Gorgonum ex Cetonympha, ceu, vt alij, volunt, monstro marino.

645. *Cetósque parens.*] Lege *Cetoque* cum Mss. Apollonius bibliothecæ L. 1. φύκω ἢ κηδοῦς φιρκύαδε γοργόνες· vnde & hoc apparet, quod præcedit genitor *& numen secundum* a quis de eodem Phorco dici. *Gror. Sorores. Gorgones.*] Sthenio & Euriale sorores Medusæ, quæ Gorgonum sola mortalis erat.

647. *Hoc potuit.*] Hoc monstrum, id est, Medusa. *Cælo pelagoque.*] Metonymia. *Minari.*] In saxa vertere, petrifacere, vt loquuntur Philosophorum filij.

648. *Torporem insolitum.*] Hoc est, in saxa vertere.

649. *Cum pondere.*] Quia laxeæ.

650. *Hæsere feræ.*] Saxeæ sc. factæ.

651. *Riguerunt marmore gentes.*] Obduruerunt in saxum.

652. *Visus*

CIVILIS BELLI LIB. IX.

Nullum animal visus patiens, ipsique retrorsum
Effusi faciem vitabant Gorgonis angues.
Illa sub Hesperiis stantem Titana columnis
655 *In cautes Atlanta dedit: cæloque timente*
Olim Phlegræo stantes serpente gigantes,
Erexit montes, bellúmque immane Deorum
Pallados è medio confecis pectore Gorgon.
Quò postquam partu Danaës, & divite nimbo
660 *Ortum Parrhasia vexerunt Persea pennæ*
Arcados auctoris cithara, liquidæque palæstræ,
Et subitus præpes Cyllenida sustulit Harpen,
Harpen alterius monstri iam cæde rubentem,
A Ioue dilecta fuso custode iuuenca:

Auxilium

652. *Visu patiens.*] Potest impune videre.
653. *Angues.*] Anguineæ comæ.
654. *Illa sub Hesperiis, &c.*] Illius caput gestans Perseus, Atlantæ regem Mauritaniæ ad Occidentè prope Herculis columnas Calpen & Abylam de gente Titanû, fuit enim Iapeti filius, in saxum vertit. Ouid. Metam. 4.
655. *Cæloque timente, &c.*] Quo tempore, in Phlegræis campis, l. 7. vs. 145. Gigantum *quisque parabat Inijcere anguipedum captivo brachia cœlo Centum*, quæ turba magnû terrorem intulerat Iovi, Medusæ caput à Pallade in pectore gestû Gigantes in saxa mutauit, atque ita auxit montes, quos illi alios aliis superstruxerant. Timens *Olim.*] Non est hic ponendum comma: cohærent enim cum sequentibus. Quo tempore cœlû gigantes timuit, auxit ipsa montes, mutatis in saxa gigantibus. Grotius.
656. *Phlegræo.*] Phlegræi campi duo fuerunt; alter in Græcia, à Phlegra valle Thessaliæ, in qua gigātes cū Cælestibus pugnarunt, à φλέγω, uro, vbi enim hoc bellum exarsit; Terra belli cunctatrix fuit. Alter in Italia, haud pro-

cul à Cumis, vbi gigantes Herculem vicisse feruntur. *Horrens.*
659. *Quo postquam.*] Ad Gorgadas scil. insulas maris Atlantici, Gorgonû domos. *Partu Danaës.*] Perseo F. Danaës è Ioue in aureû Imbrem converso, per impluuium decidenti in sinum virginis atque illi sucum facienti. Ter. Eun.
660. *Parrhasia vexerunt Persea pennæ.*] Talaria Mercurij, qui Arcas perhibetur. Parrhasium autem Arcadiæ opp. est.
661. *Arcados auctoris.*] Periphrasis Mercurij. *Arcados' auctoris, &c.*] Sic Horat. lib. 1. ode 10. *curuæ cithare parentem* canit. *Quiferos cultu hominû recentum Voce formanit cantus & decora More palaestra* ut vt D. Heinsius legit, *humore palæstræ, id est, oleo, ceromate*, vt noster *liquidæ*, id est, *vnctæ*.
662. *Subitus præpes.*] Perseus subito volucer. *Cyllenida sustulit Harpen.*] Falcatum Mercurij gladium. Ouid. 5. Metam. *Cyllenide confodit harpe.*
663. *Alterius monstri, &c.*] Argi centoculi, cuius custodiæ Iuno Io in iuuencam mutatam tradiderat. Ouid. Metam. 1.
664. *Dilecta iuuenca.*] Iûs, mu-

M. Annæi Lucani

665 Auxilium volucri Pallas tulit innuba fratri,
Pacta caput monstri: terraque in fine Libyssa
Perfea Phœbeos conuerti iussit ad ortus,
Gorgonis auerso sulcantem regna volatu:
Et clypeum laua fuluo dedit ære nitentem,
670 In quo saxificam iussit spectare Medusam,
Quam sopor æternam tracturus morte quietem
Obruit haud totam. vigilat pars magna comarum,
Defenduntque caput protentis crinibus hydri:
Pars iacet in medios vultus, oculique tenebras.
675 Ipsa regit trepidum Pallas, dextraque tremente,
Perseos auersi Cyllenida dirigit Harpen,
Lata colubriferi rumpens confinia colli.
Quos habuit vultus lunati vulnere ferri
Casa caput Gorgon! quanto spirasse veneno
680 Ora rear! quantumque oculos effundere mortis!
Nec Pallas spectare potest: vultúsque gelassent
Perseos aduersi, si non Tritonia densos
Sparsisset crines, texissétque ora colubris.
Aliger in cælum sic rapta Gorgone fugit.

Illó.

tatæ in iuuencam, quam Iupiter amabat. *Horrens.*
665. *Innuba.*] Virgo, casta. *Fra-tri.*] Persso Iouis F.
666. *Pacta caput monstri.*] Clypeum æneum speculare contexit Perseo, & pugnæ rationem docuit, ea conditione vt Medusæ caput ad ipsam perferret. *Terraque in fine Libyssa.*] In vlt.. Afri-ca. supra lib. 619.
668. *Auerso sulcantem*, &c.] Auersa facie ne Medusam contueretur peruolantem Gorgadis inf.
669. *Et clypeum laua*, &c.] Ouid. 4. Mtam. Perseus refert. *Si tamen horrenda, clypei, quam læua gerebat, Ære repercussa formam aspexisse Medusæ.* Dumque gra.iu somnus colubros ipsamque tenebat, Eripuisse caput solæ.

671. *Æternam tracturus*, &c.] Lethalem illi somnum illaturus.
672. *Comarum.*] Colubrorum, quos pro crinibus habuit.
674. *Oculique tenebras*]Somno solutum oculum.
676. *Dirigit Harpen.*] Pallas regit ensem falcatum, ne ictus aberret. *Horrensius.*
678. *Lunati vulnere ferri.*] Ita M.Harpes descriptio quæ falca-ta.Uror.*Lunati vulnere.*]Harpes, falcati ensis.
681. *Gelissent*, &c.] Gelu obrigiussent in saxum.
682. *Aduersi.*] Alij, *Auersi.* Emphatice.
683. *Ora colubris.*]Medusæ.
684. *Aliger in cælum.*]Reddita per digressionem fabula Medusæ, inde & Persey aufert hunc aërem.

CIVILIS BELLI LIB. IX. 459

685 *Ille quidem pensabat iter, propiúsque scabat*
Æthera, si medias Europa scinderet vrbes;
Pallas frugiferas iussit non lædere terras,
Et parci populis. Quin enim non præfert tanto
Æthera respiceret? Zephyro conuertitur ales,
690 *Itque super Libyen, quæ nullo consita cultu,*
Sideribus, Phœboque vacat: premit orbita Solis,
Exuritque solum: nec terra celsior vlla
Nox cadit in cælum, lunæque meatibus obstat,
Si flexus oblita vagi per recta cucurrit.
695 *Signa, nec in Borean, aut in Noton effugit vmbram.*
Illa tamen sterilis tellus, fecundáque nulli
Arua bono, virus stillantis tabe Medusæ
Concipiunt, dirósque fero de sanguine rores,
Quos calor adiuuit, putríque incoxit arenæ.

Hier

& dicit quam orbis partem petierit; non Europam, sed Libyam; in quam cum guttæ sanguinis è capite Medusæ defluerent; factum cur ea orbis pars tot serpentum generibus scateat Horr. Aliger.] Perseus alatus. Gorgone fugit.] Medusæ capite.

685. *Ille quidem pensabat iter.*] Perseus sibi videbatur mage compendiosum initurus iter, si Europam transuolaret. lib. 8. v.s. 249. Sed vetuit Pallas.

686. *Scinderet vrbes.*] Ita Ms. hoc est transuolaret. Grotius.

687. *Lædere terras.*] Sanguineis guttis in serpentes conuersis. supra v.s. 619.

688. *Parci populis.*] Ne Medusæ caput à Perseo alite gestum suspicientes in saxa mutarētur. *Præbere tanto.*] Tanta aue. Hortens.

689. *Zephyro conuertitur ales.*] Zephyri secundi flatu auertitur in Libyæ deserta, Soli Zodiacum peragranti subiectæ, atque æstui expositæ.

691. *Sideribus Phœboque vacat.*] Exposita est æstui Solis & siderum. Sulpit. Orbita Solis.] Vestigium. iter sub Zodiaco ab vtroque Tropico obliquans Aequatorem.

692. *Nec terra celsior vlla, &c.*] Atque Africa sub Aequatore altior est omni alia terra, inquit poëta, vnde vmbra terræ interposita Soli & Lunæ altius extenditur & pleniorem efficit Lunæ Eclipsin. Pulchra ac plausibilis plenæ Eclipseos phantasia: non tamen vtique vera, cum non tumor orbis terrarum, qui ex omni parte æqualis est, sed trium corporum, Solis, terræ, Lunæ concentricitas Eclipsin reddat.

694 *Si flexus oblita, &c.*] Vbi Luna, quæ ad 5 gradus ab Ecliptica vtrinque deflectit quandoque, jam non ita deuiat, sed intra gradum vnum & quinque minuta ab Ecliptica in latitudinē ad Austrū vel Boreā, signis subjecta. & Soli, qui Eclipticæ vsq; tener, opposita. *Per recta cucurrit.*] Ad differētiā signorum obliquorū. Sunt autem signa recta. Cancer, Leo, virgo, Libra, Scorpius, Sagittarius.

698. *Rores.*] Guttas, supra v.s. 619.

700. Qua-

460 M. Annæi Lvcani

700 Hic, qui prima caput movit de puluere tabes,
Aspida somniferam tumida ceruice leuauit.
Plenior huic sanguis, & crassi gutta veneni
Decidit: in nulla plus est serpente coactum.
Ipsa caloris egens gelidum non transit in orbem
705 Sponte sua, Niloque tenus metitur arenas.
Sed quis erit nobis lucri pudor? inde petuntur
Huc Libycæ mortes, & fecimus aspida mercem.
At non stare suum miseris passura cruorem,
Squamiferos ingens Hæmorrhois explicat orbes:
710 Natus & ambiguæ coleret qui Syrtidos arua
Chersydros, tractique via fumante Chelydri:
Et semper recto lapsurus limite Cenchris:
Pluribus ille notis variatam pingitur aluum,

Quàm

700. *Quæ prima, &c.*] Quæ ex puluere animato & sanguine Medusæ primum nata est.

701. *Somniferam.*] Quod ictis somnum letiferum inducat. Et qui ab ea percussus sit, Aelianus negat, vltra quatuor horas eum viuere posse. Huic infestus hostis est Ichneumon. *Horr. Somniferam*] Plures, inquit Solinus capite 40. diuersaque sunt aspidum species, verum dispares effectus ad nocendum. Dipsas siti interficit. Hypnale somno necat, teste etiam Cleopatra, emitur ad mortem. ϒπναλεὸν δ᾽ οἱ νιτώμα: ἃ, ϟ Βιὸ τοις τηλευτίω. Nicand Ther. *Tumida ceruice leuauit.*] Colla aspidum intumescere nullo ictus remedio, &c. Plin.lib.8.cap.23.

703. *Plus est.*] Veneni.

704. *Gelidum non transit, &c.*] Non trasit in gelidas orbis partes, nisi capta & asportata venalis. *Emitur ad mortem aspis*, inquit Solin.cap.40.

707. *Et fecimus aspida mercem.*] Quia ex Libya petita, in Europa pretio venditur.

708. *At non stare, &c.*] Hæmorrhois morsu sanguinem elicit, &c.

Sol.ibid. Αἷμα ζ̓ ἐκ ῥινῶν τε κ̓ αὐχένος ἠδὲ κ̓ ὤτων, &c.Nicand. Theriac.

709. *Hæmorrhois.*] Pestiferum serpentis genus, huius morsu, corpus sanguine exhauritur: ex αἷμα & ῥέω, fluo. Est & morbi species, vt Medicorũ filij testatur. *Orbes.*] Gyros & sinuosa volumina. *Hort.*

710. *Natus & ambiguæ, &c.*] Terra & aqua degens, amphibium serpentis genus, vnde & nomen ex χέρσος εὔδωρ, ἀλλ᾽ ὅταν ὕδωρ Σιιελειὸς ἀζήλωσι, &c. Nicand.Ther.

711. *Fumante.*] Graueolente, à tractu serpentis. *Chelydri.*] Δύνοντας Nicandro, cuius interpretem videtis ζ̓ ὅρις, ὅτ᾽ ἂν αἰγείρω λιμνα διατρίζει, &c.

712. *Et semper recto, &c.*] Non in spiras sinuosus: Ἰθείαν δ᾽ ἁψῶσο ἐπιτρημάδιω γίζω ἱπνέ. Nicand.

713. *Pluribus ille notis, &c.*] Serpens, milij instar maculis distinctus, magis va. legatus, inquit poeta, quam marmor in Bœoticis effusũ, quod *Ophites* dicitur quia maculis instar serpentũ distinguitur.

716. *Atque*

CIVILIS BELLI LIB. IX.   461

Quàm paruis tinctus maculis Thebanus Ophites:
715 *Concolor exustis, atque indiscretus arenis*
Ammodytes: spináque vagi torquente Cerasta:
Et Scytale sparsis etiam nunc sola pruinis
Exuuias positura suas: & torrida Dipsas:
Et grauis in geminum surgens caput Amphisbana:
720 *Et Natrix violator aqua, Iaculíque volucres,*
Et contentus iter cauda sulcare Pareas:
Oráque distendens auidus pumantia Prester:
Ossáque dissoluens cum corpore tabificus Seps.
Sibiláque effundens cuncta terrentia pestes,
725 *Ante venena nocens, latè sibi submouet omne*
Vulgus, & in vacua regnat Basiliscus arena.

Vos

716. *Atque Ammodytes, &c.*] Serpentis genus, arenæ concolor. ex ἄμμος & δύω, vel δῦμι. *Torquente.* Flexuosa & va illanti instar nauicula. sic enim Nicander: Αὐτὰρ ὅγε σκαιῆς λικοότῳ ἐπαλινδέδονται, &c. *Cerasta.*] Ἀπὸ τῶ κέρατος. Cerastæ culm præferunt quadrigemina cornicula (Nicādro bina tantum) quorum ostentatione, veluti esca illice, sollicitatas ad se aues perimunt. Sol. cap. 40. Plin. l. 8. cap. 23.

717. *Scytale sparsis.*] Scytale tanta præfulget tergi varietate, vt &c. In hoc tamen squamarum nitore hyemales exuuias prima ponit. Solin. c. 40. & Nicander in Ther. *Etiam nunc sola.*] Aliæ enim serpentes vere tandem exuunt se.

718. *Torrida Dipsas.*] Sitim morsu inducens. sup. v. f. 610. & mox v. f. 618. Luc. dial. περὶ διψάδων.

719. *Grauis in geminum, &c.*] Amphisbæna consurgit in caput geminum, quorum alterum in loco suo est, alterum in ea parte qua cauda, &c. Solin. c. 40. Plin. lib. 8. c. 23. & Nicander. ἀμφίσβαινος, ex ἀμφὶ & βαίνω, quod vtraque ex parte ingrediatur, nomen habet Amphisbœna.

720. *Natrix violator aquæ.*] Ὕδρος, serpens aquaticus. *Iaculíque volucres.*] Nicandro ἀκοντίαι ἠδ' μίλοφες. Iaculi serpentes subeunt arbores, è quibus se vibrant & quasi missili euolant tormento. Solin. & Plin. locis citatis & infra v. f. 822.

721. *Contentus iter, &c.*]Pareas, serpens pedibus duobus, quos prope caudam habet, innitens. Suidas. *Pareas.*] Variant valde in hoc nomine Ms. Sed vera hæc est lectio. Παρείας Aristophani, Hyperidæ & aliis. *Grotius.*

722. Oráq; *distēdens, &c.*] Infra, v. f. 791. *Prester.*] Ἀπὸ τοῦ πρήθειν.

723. *Ossáque dissoluens, &c.*] Infra, v. f. 776. & alluditur ad etymon, σήπω τὸ σήπειν.

724. *Sibiláque effundens, &c.*] Sibilo omnes (inquit Plin. lib. 8. cap. 21.) fugat serpentes, &c. alios olfactu necat. Idem cap. 4. lib. 29. & Solinus cap. 40. & Nicander in Theriacis, Οὐκ ἄρα δὴ κεῖνο ἀπεχθέα σκύβαλα) οἵας Ζυγλω μινυνθα, &c. Sibilo, halitu, & aspectu necat.

726. *Basiliscus arena.*] Ἑρπετικὸν

Vos quoque, qui cunctis innoxia numina terris
Serpitis, aurato nitidi fulgore Dracones,
Pestiferos ardens facit Africa, ducitis altum
730 Aera cùm pennis, armentáque tota secuti
Rumpitis ingentes amplexi verbere tauros.
Nec tutus spatio est Elephas: datis omnia leto:
Nec vobis opus est ad noxia fata veneno.
Has inter pestes duro Cato milite siccum
735 Emetitur iter, tot tristia fata suorum,
Insolitásque videns parvo cum vulnere mortes.
Signiferum iuvenem Tyrrheni sanguinis Aulum
Torta caput retrò Dipsas calcata momordit.
Vix dolor, aut sensus dentis fuit: ipsáque leti
740 Frons caret invidia: nec quicquam plaga minatur.
Ecce subit virus tacitum, carpitque medullas
Ignis edax, calidáque incendit viscera tabe.

Ebibit

τῶν Βασιλίσκ. Nicand. candida in capite macula quasi quodam diademate insignitus. Plin. lib. 8. cap. 21. Solin. cap. 47. & Auicenna.

727. *Vos quoque, &c.*] Serpentes alati, sacri habiti, vt quorum formam Dij assumpsisse credantur, alioi innoxij, in Africa pestiferi. Plin. cap. 4. lib. 29. Innoxia numina, &c.] Ἀγαθοὶ δαίμονες, quos Latini genios vocant. Solinus enim tradit, ora draconibus adeo parua, vt mordere non possint, præterea innoxius eorum morsus, quod veneno careant. ideo veteribus in delicijs & oblectamentis, eosque agathodæmones vocabant. *Salmas.*

730. *Armentaque, &c.*] Volatu insequimini armenta. Strab. lib. vlt. Nican. Ther.

731. *Verbere taurus.*] Spiris & cauda.

732. *Nec tutus spatio est Elephas.*] Spatium elephantis dixit de magnitudine ac moles suis belluæ, vt Iuuenal. Spatiosum admira-

bile rhombi. *Salmas.* Elephas.] Elephantis quia frigidissimus inest sanguis, à Draconibus expetitur, de modo insidiarum & certaminis vide Solinum cap. 38. & 43. Plinius lib. 8. cap. 11. & 12. Philostrat. lib. 3. vit. Apollonij.

733. *Nec vobis opus &c.*] Draco non habet venena. Plin. cap. 4 lib. 29. vim habet maiorem in cauda quam in dentibus.

734. *Has inter pestes.*] In ea expeditione septem diebus continuabat iter Cato, vt scribit Plutarchus. Præibat omnes pedes, neque equo, neque vllo lumento vsus. fuit: Sedendo cænam capiebat, &c. Horrens.

737. *Signiferum iuuenem, &c.*] Poëta dilatat vires horum serpentum, in militibus Catonis ictis.

740. *Frons caret inuidia.*] Vulneris species, vel os, &, vt vocant, orificium erat pusillum & contemnendum. vt modo vs. 736.

743. *Ebibit*

Ebibit humorem circum vitalia fusum
Pestis; & in sicco linguam torrere palato
745 Cœpit, defessos iret qui sudor in artus
Non fuit, atque oculos lacrymarum vena refugit.
Non decus imperij, non mæsti iura Catonis
Ardentem tenuére virum, quin spargere signa
Auderet, totísque furens exquireret agris,
750 Quas poscebat aquas sitiens in corde venenum.
Ille vel in Tanaim missus, Rhodanúmque, Padúmque
Arderet, Nilúmque bibens per rura vagantem.
Accessit morti Libye, fatíque minorem
Famam Dipsas habet terris adjuta perustis.
755 Scrutatur venas penitus squalentis arenæ:
Nunc redit ad Syrtes, & fluctus accipit ore:
Æquoreúsque placet, sed non & sufficit, humor.
Nec sentit fatíque genus, mortémque veneni:
Sed putat esse sitim: ferróque aperire tumentes
760 Sustinuit venas, atque os implere cruore.
Iussit signa rapi properè Cato: discere nulli
Permissum est hoc posse sitim. sed tristior illa
Mors

743. *Ebibit humorem, &c.*] Vitalem absumit humorem & sitim lethalem inducit. Δήμματι δ' ἱμερτῷ, ἐ) κρχοίη, &c.
745. *Non fuit.*] Inaruerat.
747. *Non decus imperij, &c.*] Non Aquila quam gerebat, non authoritas Catonis continuit in officio Aulum siti flagrantem.
748. *Quin spargere signa.*] Mss. ne spargeret signa auderet. Grotius. *Spargere.*] Projicere.
751. *Ille vel in Tanaim.*] Amplificatio morbi.
753. *Accessit morti Libye, &c.*] Sitis potiem auxit, æstus regionis torridæ, qui Dipsadis vires adjuvit.
755. *Scrutatur.*] Aulus.
756. *Fluctus, &c.*] Salsos, marinos.

759. *Tumentes, &c.*] Sanguine feruido, vel ingurgitatione aquæ marinæ. Dipsadis morsus comites (inquit Dioscorides lib. 8.) sunt tumor quidam solutus, sitis contenta vehementer, nunquam explebilis, &c. Δαχθεὶς ἀμέτρατον δίχει) ποπον τίσκα ινδὺς Ὄμφαλὸν ἐκπλήτεις χιξ δ' ὑπεσιχ-Sea πύρτον Nicand.
760. *Os implere cruore.*] Sanguinem suum bibere.
761. *Signa rapi properè Cato.*] Quæ projecerat Aulus modo vs.
758. *Discere nulli, &c.*] Sic vt nos emendauimus habent Mss. Grot. *Discere nulli.*] Noluit quemquam hoc scire, ne sitim nimium timerent. *Idem.*
762. *Illa.*] Siti & morte Auli.
763. *Mors*

Mors erat ante oculos: miserique in crure Sabelli
Seps stetit exiguus, quem fixo dente tenacem
765 Auulsitque manu, piloque affixit arenis.
Parua modo serpens; sed qua non vlla cruenta
Tantum mortis habet. nam plagæ proxima circum
Fugit rupta cutis, pallentiáque ossa retexit.
Iamque sinu laxo nudum est sine corpore vulnus,
770 Membra natant sanie: suræ fluxere: sine vllo
Tegmine poples erat: femoris quoque musculus omnis
Liquitur, & nigra distillant inguina tabe.
Dissiluit stringens vterum membrana, fluúntque
Viscera: nec, quantum toto de corpore debet,
775 Effluit in terras: sauum sed membra venenum
Decoquit: in minimum mors contrahit omnia virus
Vincula neruorum, & laterum textura, cauúmque
Pectus, & abstrusum fibris vitalibus, omne
Quidquid homo est, aperit pestis. natura profana
780 Morte patet: manant humeri, forteísque lacerti:
Colla, capútque fluunt. calido non ocyus Austro
Nix resoluta cadet, nec solem cera sequetur.

Parua

763. *Mors erat, &c.*] Militis Sabelli.

764. *Seps stetit, &c.*] Huius morsum multò tristiorem fuisse canit Poëta, quem dentibus inflixit Seps vulnificus, quem manu retractum pilo terræ affixit Sabellus miles, vide vs. 723. *Horrens. Stetit.*] Inhæsit mordens. *Sulpit.*

766. *Parua modo serpens.*] Mole & magnitudine corporis non ita magna, sed, &c. Sed qua non, &c.] Ictus Sepium statim putredo sequitur. Solin. cap. 40. καὶ ἡ καλῇ), ἐφ᾽ ᾧ τὸ σῆπειν τίς ἀνῄρηται Scholiastes Nicandri.

767. *Plaga, &c.*] Vulneri vicina.
768. *Retexit.*] Nudauit.

769. *Sinu laxo nudum est.*] Orificio vulneris dilatato. *Sine corpore vulnus.*] Carne. Inque omni nusquam corpore corpus erat. Martial. epigr. 7. lib. Spect.

773. *Dissiluit.*] Dissoluta est cutis. *Sulpit. Stringens.*] Peritonæum.

774. *Nec quantum, &c.*] Nec quantum corruptum est excidit: sed vritur & consumitur antequam cadat. *Sulpitius.*

775. *Sauum sed membra, &c.*] Corpus veneno absumptum in minorem sui modum redigitur.

777. *Vincula neruorum, &c.*] Nerui, costæ cratesque pectoris.

779. *Natura.*] Interior corporis pars.

780. *Manant.*] Disfluunt tabe.

782. *Nix resoluta cadet.*] Melius quam cadit: vt cohæreat cum sequetur. Grotius. *Nec solem cera sequetur.*] Neque cera liquescet celerius.

785. *Hæc*

Parua loquor; corpus sanie stillasse perustum:
Hoc & flamma potest. sed quis rogus abstulit ossa?
785 *Hæc quoque discedunt, putréesque secuta medullas*
Nulla manere sinunt rapidi vestigia fati.
Cyniphias inter pestes tibi palma nocendi est:
Eripiunt omnes animam, tu sola cadauer.
Ecce subit facies leto diuersa fluenti.
790 *Nasidium Marsi cultorem torridus agri*
Percussit Prester. illi rubor igneus ora
Succendit, tendítque cutem, pereunte figura,
Miscens cuncta tumor toto iam corpore maior:
Humanúmque egressa modum super omnia membra
795 *Efflatur sanies, laté tollente veneno,*
Ipse latet penitus congesto corpore mersus:
Nec lorica tenet distenti corporis auctum.
Spumeus accenso non sic exundat aheno
Vndarum cumulus: nec tantos carbasa Coro
800 *Curuauère sinus. tumidos iam non capit artus*
Informis globus, & confuso pondere truncus.
Intactum volucrum rostris, epulásque daturum
Haud impunè feris, non ausi tradere busto,
Nondum stante modo, crescens fugère cadauer.

Sed

785. *Hæc quoque, &c.*] Sed hîc ossa quoque absumuntur.
787. *Cyniphias, &c.*] Libycas serpentes, à Cinyphe Africæ Propriæ fluuio.
789. *Diuersa fluenti.*] Contraria illa enim absumpserat; hæc tumefacit.
791. *Illi rubor, &c.*] Prester que percusserit, distenditur, enormique corpulentia necatur extuberans. Solinus cap. 40.
792. *Pereunte figura.*] Vt infatum iam non cognoscas eundem esse, latet quippe mersus conglobato corpore. vt seq.
795. *Ipse latet.*] Ipse Nasidius. Horrens.

797. *Tenet.*] Coërcet. *Auctum.*] Incrementum tumefacti corporis. Sulpitius.
798. *Spumeus accenso, &c.*] Non sic intumescit bulliens aqua; non velorum sinus vento turgidi.
801. *Truncus.*] Non enim apparebat caput.
802. *Intactum volucrum rostris.*] Neque enim sustinuerunt eum tangere, quo busto & sepulchro inferrent.
803. *Haud impunè feris.*] Epulas scil. venenatas, & feris quoque & alitibus exitiosas futuras.
804. *Nondum stante modo.*] Etiam post mortem intumescens cadauer.

805. Pestes.

805 Sed maiora parant Libyca spectacula pestes.
Impressit dentes Hæmorrhois aspera Tullo
Magnanimo iuueni, miratorique Catonis.
Vtque solet pariter totis se effundere signis
Corycij pressura croci: sic omnia membra
810 Emisere simul rutilum pro sanguine virus.
Sanguis erant lachryma: quacunque foramina nouit
Humor, ab his largus manat cruor: ora redundant,
Et patulæ nares: sudor rubet: omnia plenis
Membra fluunt venis: totum est pro vulnere corpus
815 At tibi Læue miser fixus præcordia pressit
Niliaca serpente cruor: nulloque dolore
Testatus morsus subita caligine mortem
Accipis, & Stygias somno descendis ad vmbras.
Non tam veloci corrumpunt pocula leto,

805. *Pestes.*] Serpentes.
806. *Impressit dentes Hæmorrhois.*] Hæmorrhois morsu sanguinem elicit, & dissolutis venarum commerciis, quicquid animæ est, eiiocat per cruorem. Solin. cap. 40. & Nicand. in Ther.
807. *Miratorique Catonis.*] Imitatori, vel studioso.
808. *Vtque solet, &c.*] Sic per totum eius corpus cruor effluxit, vt solet in sparsionibus theatralibus, crocus vino aut aqua dilutus à syphonibus & tubis lateribus eiaculatus diffundi. vide Martial. epigr. 3. lib. Spect. & l. 5. c. 26. Apul. lib. 10. Milef. Senec. proœm. lib. 10. controu. Lips. de Amphitheatro c. 16. *Signis.*] E statuis quoque emittebatur imber hic odoratus, [Greek]
809. *Corycij pressura croci.*] Corycus mons Ciliciæ croco nobilis.
811. *Sanguis erant lacryma.*] Vide quæ ad vs. 63. 8. l. 3.
813. *Omnis plenis.*] Supra vs. 609.
815. *At tibi Læue miser.*] Vele habent Mss. Auertit narrationem ad alium militem, Læuum nomine, quem serpēte ictū canit. Hort.
816. *Niliaca serpente cruor, &c.*] Niliaca serpens, Id est, Aegyptia, proprie Aspis, hæc in sacris Isidis cum tumido collo caput arduum attollens circumferebatur. Sic Lucanus: *Aspida somniferam tumida ceruice leuauit.* Græcè [Greek], aspis somniculosa, quod nullo sensu doloris, quasi summo solutos extinguat, quos pupugit. *Salmas.* vel Niliaca propter Cleopatram quæ Aspide admota sibi necem consciuit. creditur, vel quod Aegypti reges solebant diademata figuris aspidum discriminata gestare. vel, quod limo gaudeat. sic enim Nicander: [Greek]. *Nullique dolore, &c.*] [Greek]. T' [Greek], &c. vt supra, ad vs. 701.
819. *Non tam veloci, &c.*] Non tam præsentem inferunt mortem venena quæ satilegi Sabæi decerpunt

CIVILIS BELLI LIB. IX. 467

Stipite quæ diro virgæ mentita Sabinas
Toxica fatilegi carpunt matura Sabæi.
   Ecce procul sævus sterilis se robore trunci
Torsit, & immisit (Iaculum vocat Africa) serpens:
Perque caput Pauli transactáque tempora fugit.
825 Nil ibi virus agit: rapuit cum vulnere fatum.
Deprensum est, quæ funda rotat, quàm lenta volaret,
Quàm segnis Scythica strideret arundinis aër.
   Quid prodest miseri Basiliscus cuspide Murri
Transactus? velox currit per tela venenum,
830 Invaditque manum: quam protinus ille retecto
Ense ferit, totóque simul demittit ab armo:
Exemplárque sui spectans miserabile leti
Stat tutus pereunte manu. quis fata putaret
Scorpion, aut vires matura mortis habere?
835 Ille minax nodis, & recto verbere sævus,
Teste tulit cœlo victi decus Orionis.
   Quis calcare tuas metuat Solpuga latebras?

Et

punt ex arbore referente betullam, è qua Romani magistratus, Sabinis autoribus, virgas gestabant. prius legebatur, *virgæ mentita Sabæa*, id est, thureas virgas vnde colligitur thus.

820. *Virgæ Sabinas.*] Ante *Sabam* inepte: cum versu altero sequatur vox, *Sabæi*. Nec verum est turis arbori taxum similem, vnde toxica; imò abieti potius aut piceæ. At virgæ Sabinæ essent eæ, quas Sabinis auctoribus Romani magistratus vsurpauere. At has fermè ex betulla fuisse, ait Plin. *Grotius.*

822. *Ecce procul sævus.*] Aliud exemplum Iaculi serpentis, qui sagittæ in modum per tempora Pauli militis se transmisit. *Horr.* *Procul sævus, &c.*] Supra v.f. 720. & lib. 6. v. 677.

825. *Nil ibi virus agit.*] Neque enim tam veneno, quam ipso vulnere læsit.

826. *Deprensum est, &c.*] Deprensum est, glandem è funda, sagittà è Parthi arcu lentà & segnè esse, si Iaculo serpenti cōparentur.

828. *Quid prodest miseri.*] Si etiā post mortem venenum eius diffunditur. *Basiliscus.*] Quod de torpedine fertur.

830. *Quam.*] Manū tactā veneno basilisci, ne totum corpus eo corrumperetur, præputauit. *Horr.*

833. *Quis fata putaret.*] Quis crederet Scorpium tantas habere vires accelerandæ mortis. *Horr.*

835. *Recto.*] Ictu caudæ recto.

836. *Teste tulit cœlo, &c.*] Habet cœlum, in quo recepti sidus eius fulget, clarum testem virium suarum in Orione interficiendo.

837. *Quisque tuas calcare timent Solpuga latebras.*] Ita meliores libri, nec rescribendum *solpuga.* Isidorus & ipse Hispanus. *Salpuga serpens est quæ non videtur.* verū huius animalculi nomē, *solpuga*, ὀλκτήλις, quod deprauatum efferunt, qui *salpugas*, & qui *solsifu-*

M. ANNÆI LVCANI

Et tibi dant Stygiæ ius in sua fila sorores.
Sic nec clara dies, nec nox dabat atra quietem,
840 *Suspecta est miseris in qua tellure iacebunt.*
Nam neque congestæ struxere cubilia frondes,
Nec culmis creuere tori: sed corpora fatis
Expositi voluuntur humo, calidoque vapore
Alliciunt gelidas nocturno frigore pestes:
845 *Innocuosque diu rictus torpente veneno*
Inter membra fouent: nec, qua mensura viarum,
Quisue modus norunt, cælo duce: sæpe querentes,
Reddite Dij, clamant, miseris, qua fugimus, arma:
Reddite Thessaliam. patimur cur segnia fata
850 *In gladios iurata manus? pro Cæsare pugnant*
Dipsades, & peragunt ciuilia bella Cerastæ.
Ire libet qua Zona rubens atque axis inustus.

Solis

g.æ scribunt. Nam *solipuga* minutulum illud animal dicitur, quod tam acriter pungat, vt totum videatur esse punctura. *Salmasius.* Plin. Exercit. pag. 100. *Qui calcare tuam, &c.*) Nec minus clara exitij documenta (inquit Plinius lib. 8. cap. 29.) sunt etiam ex contemnendis animalibus, &c. mox citra Cynomolgos Aethiopas latæ deserta regio est, è Scorpionibus & Solpugis gente sublata.

839. *Sic.*] Hoc periculo & malo. *Sulpit.*

840. *Suspecta.*] Scil. tellus. *Suspecta est miseris.*] Ms. T. rectius connectit cum superioribus:
Suspectá miseris in qua tellure iacebunt.
Vt sit traiectio Lucano frequens: *suspectá miseris ipsa terrá*, in qua cubabant. *Grotius.*

841. *Nec culmis creuere tori.*] Neque enim in regione deserta suppetebant frondes aut culmi ad toros extruendos.

844. *Gelidas nocturno, &c.*] Serpentes innocuas propter frigus nocturnum.

845. *Innocuos rictus.*] Ora serpentium innoxia dum frigerent; sed vbi concaluerant, mordebant.

846. *Fouent.*] Dormientes inscij. *Sulpit. Qua mensura viarum.*] Amplificatio malorum. Quum ita passim aliis super alia incommodis iactarentur, illud mali accedebat, vt nescirent itineris finem. *Horrens.*

847. *Cælo duce.*] Stellis obseruatis, vt supra v. 493.

849. *Segnia fata.*] Segnibus & Ignauis congrua. mortem ignaui.

850. *In gladios iurata manus?*] Milites astricti belli sacramento & pugnæ deuoti.

851. *Dipsades, &c.*] Supra v. 718. & 715.

852. *Ire libet qua Zona rubens.*] Quin eamus potius ad loca torridiora: vt cœli intemperiei mortē debeamus potius quam serpentibus. *Grotius.* Zona torrida, & Soli intra Tropicos meatui subiecta regio. 853. *Axibus*

CIVILIS BELLI LIB. IX. 469

Solis equis: iuuat ætheriis adscribere causis
Quòd peream, cæloque mori. nil Africa de te,
855 Nec de te Natura queror: tot monstra ferentem,
Gentibus ablatum dederas serpentibus orbem:
Impatiensque soli Cereris, cultore negato
Damnasti, atque homines voluisti deesse venenis.
In loca serpentum nos venimus: accipe pœnas,
860 Tu quisquis Superûm commercia nostra perosus,
Hinc torrente plaga, dubiis hinc Syrtibus orbem
Abrumpens, medio posuisti limite mortes.
Per secreta tui bellum ciuile recessus
Vadit; & arcani miles tibi conscius orbis
865 Claustra petit mundi. forsan majora super sunt
Ingressu. coëunt ignes stridentibus undis,
Et premitur natura poli. sed longius ista

Nulla

853. *Ætheriis causis.*] Id est, fato & astris, quæ nos huc egerunt. *Sulpit.*

854. *Nil Africa de te.*] Neque enim Africa in culpa quam terpentum nutricem Natura desolatam esse & incultam voluit: sed nos, qui huc aduenimus, Diis iratis & numine sinistro.

856. *Ablatum orbem.*] Desertum, inhabitabilem: & quo prius nuncras gentes. *Sulpit.*

858. *Damnasti.*] Vt à serpentibus coleretur, quæ hominibus nocere non possent. *Sulpit.*

859. *Accipe pœnas.*] Nostræ temeritatis.

860. *Commercia nostra perosus.*] Iter hoc & transitum vetitum.

861. *Hinc torrente plaga, &c.*] In terra hac damnata serpentibus inter Zonam torridam & Syrtes positis.

862. *Abrumpens.*] Separans regionem serpentum, quam inter Syrtes & regionem torridam collocasti. *Sulpit.*

763. *Per secreta, &c.*] Et jure opt. nobis hoc euenit: qui ciuilis belli reliquias velimus transferre per regiones à te remotas & homini negatas, secreta tua scrutaturi.

865. *Claustra petit mundi.*] Ferie habent Mss. quod efficacius. *Grot. Claustra mundi*, vbi orbis terrarum clauditur Oceano Atlantico; vbi terrarum finis. *Hortens.*

866. *Coëunt ignes stridentibus undis.*] Vbi cœlo deuexo & prono, sidera merguntur in occidentali Oceano, ex opinione Posidonij philosophi, quem poëtæ vulgo inseruientes sequuntur, opinati occidentem Solem in æquore stridere more ferri candentis in aqua extincti. Iuuenal. Sat. 14. *sed longe Calpe relicta Audits Herculea stridentem gurgite solem.*

867. *Et premitur natura poli.*] Arcticus polus depressior hic est, quam apud nos est. Et quo longiores recessus Africæ petimus, hoc magis deprimitur, & æstus hic augetur. *Hortens. Sed longius ista, &c.*] Vltra hanc terram non est alia, excepta Mauritania, regno rubr. qua forte hæc serpentibus damnata terra clementior est.

V 2

Nulla jacet tellus, quàm fama cognita nobis
Tristia regna Iuba. quæremus forsitan istas
870 *Serpentum terras: habet hoc solatia cœlum:*
Viuit adhuc aliquid. patria non arua requiro,
Europámque, alios soles, Asiámque videntem.
Qua te parte poli, qua te tellure reliqui
Africa? Cyrenis etiam nunc bruma rigebat.
875 *Exiguáne via legem conuertimus anni?*
Imus in aduersos axes: euoluimur orbe:
Terga damus feriendi Noto. nunc forsitan ipsa est
Sub pedibus iam Roma meis. solatia fati
Hac petimus veniant hostes, Cæsárque sequatur
880 *Quà fugimus. sic dura suos patientia questus*
Exonerat: cogit tantos tolerare labores
Summa ducis virtus, qui nuda fusus arena
Excubat, atque omni Fortunam prouocat hora.
Omnibus vnus adest fatis: quocunque vocatur
885 *Aduolat, atque ingens meritum, maiúsque salute*
Contulit in letum vires: puduitque gementem
Illo teste mori. quod ius habuisset in ipsum

Vlla

869. *Quæremus.*] Quærere poterimus. Sulpit.
870. *Solatia cœlum.*] Quod non funditus interiimus omnes.
872. *Europamque, &c.*] Europamque Asiamque videntem alios meatus solis.
874. *Cyrenis.*] Cyrenæ sunt Inter Ægyptum & Syrtes, conditæ à Batto Therœorum duce. Hanc vrbem Apolloniam postea dictam Stephanus credit; & eam à Cyrene Hypsei filia dictam credit: vel à Cyre, fonte regionis. *Horrens, Cyrenis, &c.*] Modo cum Cyrenis essemus, hiems erat. vnde nobis tam subito æstus? tam breui interstitio mutauimus legem anni?
876. *Aduersos axes.*] Antarcticum polum *Orbe.*] Nostri orbis parte, horizonte nostro.

877. *Terga damus, &c.*] Qui nobis prius aduersus erat & à pectore. Forsitan ipsa.] Forte apud Antipodas versur.
880. *Sic dura suos.*] Clausula querelæ militis; atque hinc transit in laudes Catonis ab humanitate, & beneuolentia erga milites suos. *Horrens.l'arienria.*] Militis, id est, ipse miles patiens.
881. *Exonerat.*] Expletur lacrymis, egeriturque dolor. Ouid.
883. *Fortunam prouocas hora.*] Vide quæ ad vf.25.lib.10.
884. *Omnibus, &c.*] Omnium suorum militum.
886. *In letum vires.*] Confirmatis morientibus edoctisque mortem contemnere.
887. *Illo teste mori.*] Catone præsente.

888. *Casu*

Illa lues? casus alieno in pectore vincit,
Spectatorque docet magnos nil posse dolores.
890 Vix miseris serum tanto lassata periclo
Auxilium Fortuna dedit. gens vnica terras
Incolit à sævo serpentum innoxia morsu
Marmaridæ Psylli: par lingua potentibus herbis:
Ipse cruor tutus, nullúmque admittere virus,
895 Vel cantu cessante, potest. natura locorum
Iussit vt immunes misti serpentibus essent.
Profuit in mediis sedem posuisse venenis.
Pax illis cum morte data est. fiducia tanta est
Sanguinis: in terram parum cùm decidit infans,
900 Ne qua sit externa Veneris mistura timentes,
Letifica dubios explorant aspide partus.
Vtque Iouis voluer, calido cùm protulit oua
Implumes natos, solis conuertit in ortus:

Qui

888. *Casu alieno, &c.*] Ipse in militum animis vincit malum, dū constantiam ipsis adspirat; & dum adstat edocens, fortem virum non dolere, neque affectibus ius esse in virtutem.

889. *Nil posse dolores.*] Ms. P. *labores,* Grotius.

891. *Gens vnica terras, &c.*] Supra Garamantes Psylli fuerunt, contra noxium virus muniti incredibili corporis firmitate. soli morsibus anguium non Interibant, &c. Solinus cap. 40. Herodot. lib. 4. Plin. lib. 8. cap. 25.

893. *Marmaridæ Psylli.*] Incolæ regionis Marmaricæ. A. Gell. l. 16. c. 11. *Par lingua potentibus herbis.*] Ad Incantandos serpentes, vel exugendum venenum. Terrori sunt serpentibus (inquit Plin.) tacta ipso leuant percussos, suctúve modico, lib. 28. cap. 3.

895. *Vel cantu cessante.*] Etiam citra incantationem.

896. *Immunes.*] Illæsi.

898. *Pax illis cum morte data est.*] Tu scribe: Pax illa cum morte data est. Hoc est, cum illo genere mortis, pax illis facta & donū Deûm concessa est; venena illis mortifera non sunt. *Gronou. Pax illis cum, &c.*] Naturali morte, nō veneno extinguuntur.

899. *Sanguinis.*] Vt modo vs. 834. etiam in prole sua recens edita. *In terram parum, &c.*] Recens editos serpentibus offerebant: si essent partus adulterini, matrum crimina plectebantur interitu paruulorum: si pudici, probos ortus à morte paterni sanguinis priuilegium tuebatur. Sic originis fidē probabant venenis Indicantibus. Solinus cap. 40.

902. *Iouis voluer, &c.*] Haliæetus implumes etiamnum pullos suos percutiens subinde cogit aduersus intueri Solis radios: quod si quem conniuere aduertit, præcipitat è nido velut adulterinum atque degenerem; illū cuius acies firma contra steterit, educat. Plin. lib. 10. cap. 3. Quā rē elegantissime expressit Claudianus in Præfat. in tertium Consulatū Honorij Aug.

V 2

Qui potuére pati radiis, & lumine recto
905 Sustinuere diem cœli, seruantur in vsum,
Qui phœbo cessère, iacent: sic pignora gentis
Psyllus habet, si quis tactos non horruit angues,
Si quis donatis lusit serpentibus infans.
Nec solùm gens illa suâ contenta salute,
910 Excubat hospitibus, contraque nocentia monstra
Psyllus adest populis. qui tunc Romana secutus
Signa, simul iussit statui tentoria ductor,
Primùm quas valli spatium comprendit arenas
Expurgat cantu: verbisque fugantibus angues.
915 Vltima castrorum medicatus circuit ignis.
Hic ebulum stridet, peregrinaque galbana sudant,
Et tamarix non laeta comis, Eoæque costos,
Et panacea potens, & Thessala centaurea:
Peucedanumque sonat flammis, Erycinaque thapsos
Et

906. *Sic pignora gentis.*] Ad eundem modum Psyllus facit; si qui liberi non horrent serpentum contactum, educantur. *Hort.*

910. *Hospitibus.*] In gratiam hospitum, quibus fubueniat.

911. *Psyllus adest populis.*]Psyllos etiam secum duxit Cato in itinere per Syrtes; hi morsos à serpentibus sanant, ore venenum exugentes, ipsásque bestias Incantationibus demulcent. Plutarch. in Catone Minore.

912. *Simul iussit, &c.*] Simul ac castra metari jussit Caro.

915. *Medicatus circuit ignis.*] Odore & suffitu herbarum aduersus noxia animalia efficacium, è quibus paucas enumerat. de quibus vide quæ Nicand. & Plin. lib. 25. cap. 4. 5. 6. 9. & 10.

915. *Ebulum.*] Græcè χαμαιάκτη, quasi pumila sambucus. Belg. *VVlder, adiek. Stridet.*] In igne crepat. *Peregrinaque galbana.*] Exoticum gummi. Dat Galbanum Syria in monte Amano è ferula, quam ejusdem nominis resinæ modo stagonitin appellant, & si sincerum si vratur, fugat nidore serpentes. Plin. lib. 12. cap. 25. *Sudant.*] Igne liquefactæ.

917. *Et tamarix.*] Tamarix, seu myrica. Belg. *Tamarisch boom. Non laeta comis.*] Humilis scil. & tenuis. *Eoæque costos.*] Indica & Arabica.

918. *Potens.*] Respicit ad ἄτυουν, προς τὸ πᾶν & ἀκέω. *Thessala centaurea.*] Grotius. κενταύρειον μέγα, falsò pro Raponrico habitum à multis. Belg. *Groote sanctorie. Thessala centaurea.*] A Chirone Thessalo inuenta.

919. *Peucedanum.* Staturia herba, seu foeniculus porcinus Belg. *Verck ens venck el. Erycinaque thapsos.*] Sic Nicand. Θεψακίων ἡ ῥίζα ἥλιω, ἠμαλθία δαίφει: vbi commentator, Θεψακίως ἡ πλω ῥίζω τ δαίφω λιγ∂. Διὰ τω ἐν Σικελία γνιςίο, Quod in Sicilia nascatur. Eryx autem Siciliæ
920. *La*

Civilis Belli Lib. IX. 473

920 Et larices,fumoque grauem serpentibus vrunt
Abrotanum,& longe nascentis cornua cerui.
Sic nox tuta viris: et si quis peste diurna
Fata trahit, tunc sunt magica miracula gentis,
Psyllorumque ingens & rapti pugna veneni.
925 Nam primùm tacta designat membra saliua,
Quæ cohibet virus,retinetque in vulnere pestem.
Plurima tum voluit spumantis carmina lingua
Murmure continuo,nec dat suspiria cursus
Vulneris,aut minimum patiuntur fata tacere.
930 Sæpe quidem pestis nigris inserta medullis
Excantata fugit:sed si quod tardius audit
Virus,& elicitum,iussumque exire repugnat;
Tunc superincumbens pallentia vulnera lambit,
Ore venena trahens,& siccat dentibus artus,
935 Extractamque tenens gelido de corpore mortem
Expuit: & cuius morsus superauerit anguis,
Iam promtum Psyllis vel gustu nosse veneni.

920. Larices.] Larix Græc. λάριξ.
Al. *Lerchenbaum.* Grauem, *&c.*]
Plin. lib. 21. cap. 21.
921. Abrotanum.] Abrotonum
mas. Gr. Ἀβρότονον ἄρρεν. Belg.
Auerone, akerruyt. Abrotonum
femina, Græcè Ἀβρότονον θῆλυ.
Belg. *Cypres. Longe nascentis.*] Viuacis; *vel,* procul ab Africa nascentis Ceruos inquit Plinius, Africa propemodum sola non gignit.
Plin. l. 8. cap. 33. *Cornua cerui.*]
Singulare abigendis serpentibus
odor adusto cerulno cornu. Plin.
lib. 8.c. 32 Solin. 31. cap.
922. Sic nox,&c.] Ad hunc modum, per hos suffitus, & earum
rerum suffumigationes & odores, milites ea nocte à serpentibus
tuti fuerunt. *Horr. Peste diurna,
&c.*] Percussus à serpente interdiu contraxit venenum lethale.
924. Psyllorumque,&c.] Excan-
tando & exugendo luctantur
Psylli aduersus venenum. *Pugna*

veneni.] Disserit. Luctatur & ex-
cantando & exugendo Psylli cum
veneno. *Hortens.*
925. Saliua, &c.] Ophiogenas
saliua contra ictus serpentum me-
deri, tradit Plin. lib. 7. cap. 2. &
plura de saliua, lib. 28. cap. 4.
928. Nec dat suspiria,&c.] Non
vt ante, datur, & haud, ne dari ne-
getur cursus: quàm sensus sit, ce-
leritatem vulneris suspiria non
permittere. *Grotius.* Nec dat suspiria,&c.*] Neque periculum vulneris properandam desiderantis
medelam permittit incautato-
rem respirare aut carmen inter-
mittere.
929. Fata tacere.] Mors accele-
rans.
932. Elicitum.] Canninc.
933. Tunc superincumbens.] Ad
versum 891. supra.
934. Dentibus.] Leui morsu.
935. Mortem.] Venenū lethale.
936. Et cuius morsus,&c.] Quin
& gustu veneni dignoscere valet,

V 4

Hoc igitur leuior tandem Romana iuuentus
Auxilio, latè squalentibus errat in aruis.
940 Bis positis Phœbe flammis, bis luce receptâ
Vidit areniuagum surgens fugiensque Catonem.
Iamque illis magis, atque magis durescere puluis
Cœpit, & in terram Libye stipsata redire.
Iamque procul nemorum rara se tollere frondes:
945 Surgere congesto non culta mapalia culmo.
Quanta dedit miseris melioris gaudia terra,
Cum primum sauos contra videre leones!
Proxima Leptis erat, cujus statione quieta
Exegere hyemem nimbis flammisque carentem.
950 Cæsar vt Emathia satiatus clade recessit,
Cætera curarum projecit pondera, soli
Intentus genero: cuius vestigia frustrà
Terris sparsa legens, fama duce tendit in vndas,
Threiciasque

à quo serpente quis fuerit ictus.
Supera cerit.] Id est, cuius anguis
morsus vicerit ac deiecerit hunc
militem. Hortens.
938. Leuior tandem.] Minori
cum periculo.
940. Bis positis Phœbe flammis.]
Notatio duorum mensium. sed vide quæ ad vs. 394. supra, quasi dicat, Duos menses errauit M. Cato
per deserta & arenosa illa & periculorum plena loca.
942. Iamque illis magis, atque,
&c.] Euaserant iam ex profundis
arenis Libyæ, quum ad terram solidam, hoc est, glebosam & frugū
arborumque: foecundam venirent.
Hortens.
943. Terram, &c.] Solidam, glebosam & foecundam.
944. Rare se tollere frondes.] A
ignis mitioris ingenij soli; quum
n mora & mapalia, xxx. diebus
non visa in conspectu haberent.
Hortens.
945. Congesto, &c.] Culmo & sti-
pula tecta casæ & tuguria.
947. Cum primum, &c.] Quod

argumentum erat non longe abes-
se armenta.
948 Leptis erat.] Minor. Libyphœnicum Africæ vrbs.
950. Cæsar vt Emathia.] Poëta
ad Cæsaris res à pugna Pharsalica
redit ad historiæ seriem. Hortens.
Cæsar vt Emathia, &c.] Cæsarem
duos dies in Pharsalo commora-
tum, vt sacris intenderet & exercitum recrearet, scribit Appianus.
Plutarchus autem & ipse Cæsar
contra. Victorem scil. omnibus rebus relictis persequendum sibi
Pompeium existimauisse ne bellum renouare posset: paucos itaque dies in Asia moratum, cum
audisset Pompeium Cypri visum,
coniectasse eum in Ægyptum
iter habere, cum legionibus duabus & equitibus 800. Alexandriam
peruenisse. Poëta eum per Troadem circumducit, vt fabulandi an-
sam captet.
953. Fama duce.] Acceperat
enim in Orientem cum fugam in-
tendisse. Hortens. Tendit in vndas.] Ad mare descendit.

954. Threi

Threscia∫que legis fauces, & amore notatum
955 *Æquor,& Eroas lacrymo∫o littore turres,*
Qua pelago nomen Nephelcias ab∫tulit Helle.
Non A∫iam brevioris aqua di∫terminat v∫quam
Fluctus ab Europa, quamvis Byzantion arcto
Pontus,& o∫triferam dirimat Chalcedona cur∫u,
960 *Euxinúmque ferens parvo ruat ore Propontis.*
Sigeá∫que petit fama mirator arenas,
Et Simoëntis aquas,& Grajo nobile bu∫to
Rhœtion, & multum debentes vatibus vmbras.
Circuit exu∫ta nomen memorabile Troia,
965 *Magnáque Phœbei quærit ve∫tigia muri.*
Iam ∫ilvæ ∫teriles,& putres robore trunci
A∫∫araci pres∫ere domos, & templa deorum

Iam

954. *Threicia∫que legit fauces.*]
Bosphorum Thracium, Propontidem & angu∫tias Hellesponti. *Amore notatum,&c.*] Leandri & Herus,quem cecinit Mu∫æus,dein Ouidius in epi∫t.inter tranandum mersum: quod vbi cúperi∫∫et Hero,∫e quoque turri præcipita∫∫e.
955. *Eroas,&c.*] Erus puellæ, in Se∫to in Europa. *Lachrymo∫o.*] Quod cum Hero Leandrum inter tranandum mergi procul pro∫pectaret,∫e quoque ipsa è turri præcipita∫∫e.*Hort.*
956. *Qua pelago nomen ,&c.*] Helle filia Nepheles & Athamantis, cum Phryxo fratre nouercæ insidias fugiens,ariete quo vehebatur delap∫a, Helle∫ponte nomē dedit. *Ab∫tulit Helle.*] Euxino ponto nomen ∫uum ab∫tulit Helle puella in eo ∫ubmer∫a; vt non Euxinus Pontus diceretur amplius, sed Helle∫pontus ad Helle.
957. *Non A∫iam,&c.*]Hic enim fretum angu∫ti∫∫imum , 7. nempe ∫tadiorum,Europam ab A∫ia diuidit Helle∫pontus. Byzantio , hoc e∫t,Con∫tantinopoli in Europa,oppo∫ita Chalcedone in A∫ia.Polyb. lib.4.

960. *Euxinumque ferens, &c.*] Qua Propōtis exceptas per Thracium Bo∫phorum Euxini aquas emittit per Helle∫pontum in mare Aegæum,l.3.v∫.278.
961. *Sigea∫que.*] Litus Trojanum; à Sigeo promontorio,Achillis tumulo nobile. *Petit.*] Petit Cæ∫ar Troadem , cujus promontorium e∫t Sigæum, *Hort. Fama mirator arvum.*]Cæ∫ar,veterem hujus loci famam admiratus, ∫imul originis ∫uæ ∫edem vi∫urus.
962. *Simoëntis aquas,*] Fluu. Troadus.
963. *Rhœtion.*] Rhœteum promontorium , Ajacis Telamonij sepulchro nobile. Mela libro 1. Strab.13.*Multum debentes,&c.*] Manes & sepulchra Achillis & Ajacis , Homero alli∫que poëtis decantata. A quibus res ge∫tæ eorum celebratæ ∫unt,& ne interciderint a∫∫ertæ.
965. *Phœbei quærit ve∫tigia muri.*] Quo Phœbus & Neptunus mercedem cum Laomedonte pacti Trojam cinxerant.
967.*A∫∫araci.*] Regia Trojanī filii Troïs.

V 2

Iam lassa radice tenent: ac tota teguntur
Pergama dumetis: etiam periere ruinæ.
970 Aspicit Hesiones scopulos, siluasque latentes
Anchisæ thalamos; quo iudex sederit antro:
Vnde puer raptus cælo: quo vertice Nais
Luserit Oenone: nullum est sine nomine saxum.
Inscius in sicco serpentem pulvere riuum
975 Transierat qui Xanthus erat: securus in alto
Gramine ponebat gressus; Phryx incola manes
Hectoreos calcare vetat. discussa iacebant
Saxa, nec ullius faciem seruantia sacri;
Herceas, monstrator ait, non respicis aras?
980 O sacer, & magnus vatum labor, omnia fato
Eripis, & populis donas mortalibus æuum.
Inuidia sacra Cæsar ne tangere fama:
Nam, si quid Latiis fas est promittere Musis,

Quantum

968. *Lassa radice tenent.*] Propter vetustatem ruitura.
970. *Hesiones scopulos.*] Scopulum, cui Hesione filia Laomedontis forte expolita ceto à Neptuno immisso alligata fuerat, quam tamen Hercules liberauit. *Siluasque latentes.* &c.] In quibus Anchisen Venus dignata est concubitu, vel, Anchisæ domum quæ secreta arboribusque obsessa recessit. Virg. Aeneid. 2.
971. *Quo iudex*, &c.] Paris, vbi de forma trium Dearum iudicat.
972. *Puer raptus cælo.*] Ganymedes filius Trois, ab aquila Iouis raptus. *Quo vertice Nais*, &c.] Quo monte, sc. Ida, Nympha Oenone se Paridi indulserit.
973. *Nullum est sine nomine saxum.*] Nullus in Troade mons, scopulus, aut promontorium caret suo monimento.
974. *Inscius.*] Cæsar.
975. *Qui Xanthus erat.*] Nobilem olim, nunc vix apparentem Xanthum Troados riuulum. *Seruans in alto*, &c.] Nulla religione aut loci veneratione motus, nescius ibi latuisse sepulchrum Hectoris, donec ab incola Phryge admonitus agnosceret.
978. *Sacri.*] Templi aut aræ, vt respiciat ad seq. *Herceas aras.* alij leg. *Hectoreas.*
979. *Herceas*, &c.] Iouis Hercei, ἑρκείου: quod inter aulam & parietem in domus penetrali coleretur, ad hanc aram Priamus cæsus. Virg. 2. Aeneid, Iuuen. sat. 10. v. s. 268. Ouid. in Ibin. Cui nihil Hercei profuit ara Iouis.
980. *O sacer*, &c.] Exclamatio poetæ in laudem poëseos, quæ omnibus suis monimentis, sepulchris, aris, templis diuturnior, virtutem reddit viuacem & dignos laude viros vetat mori. *Carmina quam donant, fama perennis erit.* Propert. *Solaque non norunt hæc monimenta mori.* Martial. lib. 10. epist. 2.
982. *Inuidia sacra*, &c.] Noli inuidere huic meo operi, quorsa qualiacunque facta legentur, vitalitatem.

984. *Smyr*

CIVILIS BELLI LIB. IX. 477

 Quintum Smyrnai durabunt vatis honores,
985 *Venturi me, teque legent: Pharsalia nostra*
 Vinet, & à nullo teneris damnabitur aevo.
 Vt ducis implevit visus veneranda vetustas,
 Erexit subitas congestu cespitis aras,
 Votaque turicremos non irrita fudit in ignes.
990 *Dij cinerum, Phrygias coluis quicunque ruinas,*
 Aeneaeque mei, quos nunc Lavinia sedes
 Servat & Alba Lares, & quorum lucet in aris
 Ignis adhuc Phrygius, nullique aspecta virorum
 Pallas, in abstruso pignus memorabile templo,
995 *Gentis Iulea vestris clarissimus aris*
 Dat pia tura nepos, & vos a sede priori
 Rite vocat: date felices in cetera cursus:
 Restituam populos, grata vice moenia reddent
 Ausonidae Phrygibus, Romanaque Pergama surgent.
1000 *Sic fatus, repetit classes, & tota secundis*
 Vela dedit Coris, avidusque urgente procella
 Iliacas pensare moras, Asiamque potentem
 Praevehitur, pelagoque Rhodon spumante relinquit.
          Septima

---

984. *Smyrnai durabunt, &c.*] Homeri, quem suum inter alias civitates sibi civem vendicat Smyrna. ἑπτὰ πόλεις διερίζουσι περὶ ῥίζαν Ὁμήρου, Σμύρνα, Ῥόδος, Κολοφών, Σαλαμίς, Χίος, Ἄργος, Ἀθήναι. A. Gell. libro 3. cap. 11.

985. *Pharsalia nostra, &c.*] Opus hoc nostrum, vide quae ad inscriptionem in fronte lib. 1.

986. *Damnabitur aevo.*] Abolebitur.

987. *Vt ducis, &c.*] Postquam Caesar satis perlustrasset haec Troiae monumenta.

990. *Dij cinerum.*] Manes & umbrae, Dii & Lares.

991. *Mei.*] A quo originem ego duco. *Quos nunc, &c.*] Lib. 1. v. f. 196.

993. *Ignis adhuc Phrygius.*] Vestalis. lib. 1. v. f. 199. *Nullique, &c.*] Palladium, simulachrum Palladis Troianae in templo Vestae asservatum tanquam pignus imperii, quod viris conspici nefas.

995. *Gentis Iulea, &c.*] Ego, Iulius Caesar, ab Iulo Aenee F. originem ducens.

996. *Priori.*] Pristina, antiqua.

998. *Grata vice.*] Invicem excitaturi & condituri sunt Romani urbes in Phrygia; vt Iulienses condiderunt in Italia. Horrens.

999. *Romanaque.*] A Romanis condita.

1002. *Iliacas pensare moras.*] Recidivae moras quam Ilij fecerat.

1004. Sep

Septima nox Zephyro nunquam laxante rudentes
1005 Oſtendit Pharus Ægyptia littora flammis.
Sed prius ortu dies nocturnam lampada texit,
Quàm tutas intraret aquas. ibi plena tumultu
Littora, & incerto turbatas murmure voces
Accipit: ac dubiis veritus ſe credere regnis
1010 Abſtinuit tellure rates. ſed dira ſatelles
Regis dona ferens, medium prouectus in æquor,
Colla gerit Magni, Pharto velamine tecta
Ac prius infanda commendat crimina voce.
Terrarum domitor, Romana maxime gentis ;
1015 Et, quod adhuc neſcis, genero ſecure perempto ;
Rex tibi Pellaeus terra pelagique labores,
Donat, & , Emathiis quod ſolùm defuit armis,
Exhibet: abſenti bellum ciuile peractum eſt.
Theſſalicas Magnus quaerens reparare ruinas,
1020 Enſe iacet noſtro : tanto te pignore Cæſar
Emimus ; hoc tecum percuſſum eſt ſanguine fœdus.
Accipe regna Phari nullo quaeſita cruore:

Accipe

1004. *Septima nox.*] Appianus tribus diebus pelago profectum, eum Alexandriam peruenisse tradit. *Hortenſius.*

1005. *Phariis Ægyptia, &c.*] In Pharo inſ. & intri quae claudit portum Alexandriæ extruebantur faces prælucendis nauibus nocturna ſuggerentes miniſteria. Ammian. Marcel. lib. 22. Plin. lib. 36. cap. 12. Solin. cap. 45.

1006. *Nocturnam, &c.*] Phariam facem obſcurauit.

1007. *Tutas intraret aquas.*] Portum Alexandriæ. *ibi plena, &c.*] Ibi primum è naui egrediens -inquit Cæſar eo. de bello ciu. 3) clamorem militum audit, quos rex in oppido præſidij cauſa reliquerat: & concurſum ad ſe fieri videt, quod faſces anteferrentur, in hoc omnis multitudo maieſtatem regiam minui prædicabat, &c.

1010. *Satelles*] Theodotus Chius

rhetor, pædagogus regis, quem poſtea M. Brutus vbi in Aſia deprehendiſſet, omni prius cruciatu laceratum occidit. Plut. in Pompeio & Bruto. ſed Appian. eum à Caſſio crucifixum refert.

1011. *Regis dona ferens, &c.*] A rege miſſum caput Pompeij & annulis(vt refert Plutarch.) cuius inſignerat Leo enſem geſtans.

1015. *Quod adhuc neſcis.*] Alexandriae primù de Pompeij morte cognouit Cæſar. Plut.

1016. *Pellaeus terra pelagique.*] Ægyptius. Ptolemæi enim oriundi erant à Macedonibus lib. 5. vſ. 60. & lib. 8. vſ. 692. & lib. 10. vſ. 86. *Labores.*] Laborū tuorū mercedē.

1018. *Abſenti.*] Tibi.

1019. *Theſſalicas Magnus.*] Narratio plauſibilis, & rei accommoda, vt grata victori futura. *Hort.*

1022. *Phari.*] Alexandriae vel Ægypti.

in 3. Nilia

CIVILIS BELLI LIB. IX.   479

Accipe Niliaci jus gurgitis : accipe quicquid
Iro Magni cervice dares; dignumque clientem
1025 *Castris crede tuis, cui tantum fata licere*
In generum voluere tuum. nec vile putaris
Hoc meritum, facili noto quod cade peractum est.
Hospes avitus erat: depulso sceptra parenti
Reddiderat. quid plura feram? tu nomina tanto
1030 *Invenies operi, vel famam consule mundi.*
Si scelus est, plus te nobis debere fateris,
Quòd scelus hoc non ipse facis. sic fatus, opertum
Detexit, tenuitque caput. iam languida morte
Effigies habitum noti mutaverat oris.
1035 *Non primo Cæsar damnavit munera visu,*
Avertitque oculos: vultus, dum crederet, hæsit:
Usque fidem vidit sceleris, tutúmque putavit
Iam bonus esse socer; lacrymas non sponte cadentes
Effudit, gemitúsque expressit pectore læso,

Ncm

1023. *Niliaci.*] Aegypti, quam Nilus Inundat.
1024. *Dignumque clientem.*] Ptolemæum.
1026. *Nec vile putaris.*] Commendat officium ab utili, quum alioquin propter merita ejus in patrem suum, illi parcere debuisset. Sed tamen ut Cæsaris rebus studere videretur; contempto iure hospitalitatis, amicum paternū non veritus fuit interficere. *Hort.*
1028. *Hospes avitus erat.*] Iure hospitalitatis usus fuerat Pompejus cum Ptolem. Lathyro avo hujus Ptolem. Dionysij. *Depulso, &c.*] Auctoritate sua Ptolemæum Auleten in regnum restituit. supra vs. 132.
1029. *Tu nomina tanto, &c.*] Si non invenias quo nomine hoc factum appelles, require famam quo nomine mundus Insigniat; officij certe, imo beneficij.
1030. *Vel famam consule mun-*

di.] Quo nomine hoc regis-nostrā factum appellandum sit. *Hortens.*
1035. *Non primo damnavit.*] Non auersatus fuit, non rejecit, quo minus acciperet. *Hortens.*
1036. *Dum crederet, hæsit.*] Donec exactè cognosceret esse Pompeij caput, sustinuit videre.
1038. *Bonus esse socer.*] Præ se ferre pietatem & naturam boni soceri. *Lacrymas, &c.*] Sed contra quam noster hæc in Cæsaris invidiam narret, vide quæ Plutarchus in Cæs. Appian. 2. & Val. Max. lib. 5. cap. 1. referunt Cæsarem auersatum primum caput allatum; mox, ut aspexit, oblitum hostis, soceri vultum induisse, tum propriæ tum filiæ lacrymas reddidisse, caput plurimis & pretiosis odoribus cremandum curasse, &c. *Non sponte cadentes.*] De hoc flectu Cæsaris, vide Dionis verba cum his Lucani valdè consentientia. *Grotius.*

1040. *Non*

1040 Non aliter manifesta putans abscondere mentis
Gaudia, quàm lacrymis. meritũque immane tyranni
Destruit, & generi mauult lugere reuulsum,
Quàm debere caput. qui duro membra Senatus
Calcarat vultu, qui sicco lumine campos
1045 Viderat Emathios, vni tibi Magne negare
Non audet gemitus. ò fors durißima fati!
Huccine tu Cæsar scelerato Marte petisti,
Qui tibi flendus erat? non nisi fœdera tangunt
Te generis: nec nata jubet mœrere, neposque?
1050 Credis apud populos Pompeij nomen amantes
Hoc castris prodesse tuis? fortasse tyranni
Tangeris inuidia, captiuque in viscera Magni
Hoc alij licuisse doles, quererisque periisse
Vindictam belli, raptumque è jure superbi
1055 Victoris generum. quisquis te flere coëgit
Impetus, à vera longè pietate recessit.
Scilicet hoc animo terras, atque æquora lustras,
Necubi suppressus pereat gener. ò bene rapta
Arbitrio

1040. *Non aliter manifesta.*] Immodicus est Poëta in Cæsaris falsis lachrymis perstringendis; Cæsaribus propter libertatem sublatam passim infestus. *Horrensius.*

1041. *Meritumque, &c.*] Et lacrymis suis minuit, imo euertit gratiam meriti Prolemæi. *Immane.*] Horrendum & detestabile Ptolemæi meritum de occiso Pompejo, vel hoc nomine euertit, quod lugeat cæsum. quare officium sibi non gratum esse ostendit. *Horrens.*

1042. *Et generi, &c.*] Et mauult lacrymis impendere capiti Pompeij quem oderat, quam obnoxius esse aut gratias debere regi pro hoc beneficio.

1043. *Quam debere.*] Quam obnoxius esse regi. *Horrens. Senatus, &c.*] Senatorum in campis Thessaliorum.

1044. *Sicco lumine.*] siccis oculis, id est, non lacrymantibus.

1046. *O sors durißima.*] Exclamatio pathetica in Cæsarem & in miserabilem & fatalem sortem Pompeij. *Horrens.*

1048. *Qui tibi flendus erat?*] Cujus cædes posset tibi elicere lacrymas. *Misti fœd.*] Affinitas.

1049. *Nata jubet, &c.*] Iulia, & immaturus infans cujus abortum fecerat. lib. 1. vs. 113.

1051. *Fortasse tyranni, &c.*] Fortasse inuides Ptolemæo facinus istud; & cujus maluisses te auctorem.

1054. *E jure superbi.*] Ex potestate tua.

1057. *Scilicet.*] Ironicè.

1058. *O bene rapta, &c.*] O quam bene tibi erepta est Pompeij vita necisque potestas: ne tam ipsi, tum Senatui dedecori foret vita à te domari.

1059. *Quam*

CIVILIS BELLI LIB. IX. 481

Arbitris mors ista tuo | quam magna remisit .
Crimina Romano tristis Fortuna pudori,
Quòd te non passa est misereri, perfide, Magni
Viuentis! nec non his fallere vocibus audes,
Acquirisque fidem simulati fronte doloris.
Aufer ab aspectu nostro funesta satelles
Regis dona sui: pejus de Cæsare vestrum,
Quàm de Pompejo meruit scelus, vnica belli
Præmia ciuilis, victis donare salutem
Perdidimus. quòd si Phario germana tyranno
Non inuisa foret, potuissem reddere regi,
Quod meruit, fratrique tuum pro munere tali
Misissem Cleopatra caput. secreta quid arma
Mouit, & inseruit nostro sua tela labori?
Ergo in Thessalicis Pellæo fecimus aruis
Jus gladio? vestris quæsita licentia regnis?
Non tuleram Magnum mecum Romana regentem:
Te Ptolemæe feram? frustra ciuilibus armis
Miscuimus gentes. si qua est hoc orbe potestas
Altera, quàm Cæsar: si tellus vlla duorum est.

            Verrissem

1059. *Quam magna remisit crimina.*] Quàm magnam dedecoris culpam remouit Fortuna à Senatu atque Pompejo; quibus fuisset summum dedecus, si Pompeium Cæsar vita donasset. Sulpit.

1062. *Nec non his, &c.*] Et persuades iis te serio dolere, cum id vultu tantum simules : Ad fidem veri doloris ficta hac oratione vsus.

1064. *Aufer ab aspectu.*] Verba Cæsaris sunt, ad militem regium, caput Pompeij offerentem. Hortensius. *Aufer ab, &c.*] Supra v. 1. 1055.

1066. *Vnica belli, &c*] Clementiæ meæ gloriam. Quam innuuntis Cæsar præficit, qua ex clementia majorem laudem & gloriam fuit consecutus, quam ex tot antea actis victoriis.

1068. *Quod si Phario, &c.*] Quod nisi regi vestro intercederent cum sorore Cleopatra inimicitiæ, in promptu mihi esset quo illi parem referrem gratiam: sororis scil. caput pro hac ceruice Pompeij.

1072. *Nostro sua tela labori*] Ciuili bello.

1073. *Ergo in Thessalicis, &c.*] Quasi verò victoria mea Thessalica, regi Aegyptio potestatem dederim interficiendi Pompeium.

1076. *Frustra ciuilibus armis, &c.*] Frustra ciuili bello inter me & Pompejum, totis concussi viribus orbis, dimicarum est de summo imperio, si etiamsidum æmulum habeam; & dominatus huius cœlum duos admittat soles.

        1072. *Ver*

Vertiſſem Latias à veſtro littore proras :
1080 *Fama cura vetat, ne non damnaſſe cruentam,*
Sed videar timuiſſe Pharon. nec fallere vos me
Credite victorem: nobis quoque tale paratum
Littoris hoſpitium: ne ſic mea colla gerantur,
Theſſalia fortuna facit. maiore profectò,
1085 *Quàm metui poterat, diſcrimine geſſimus arma:*
Exilium, generique minas, Romámque timebam:
Pœna fuga Ptolemaus erat. ſed parcimus annis,
Donamuſque nefas. ſciat hac pro cæde tyrannus
Nil venia plus poſſe dari. vos condite buſto
1090 *Tanti colla ducis: ſed non, vt crimina tantùm*
Veſtra tegat tellus iuſto datetura ſepulchro,
Et placate caput, cineréſque in littore fuſos
Colligite, atque vnam ſparſis date manibus vrnam.
Sentiat aduentum ſoceri, vocéſque querentis
1095 *Audiat vmbra pias. dum nobis omnia præfert,*
Dum vitam Phario mauult debere clienti,

Lu-

1079. *Vertiſſem Latias, &c.*] Fugerem certè litus hoc, ſcelus veſtrum deteſtatus, niſi famæ meæ conſulerem, argueretque timuiſſe vos potius quam damnaſſe.

1080. *Famæ cura vetat.*] Vt conſulerem famæ meæ huc appuli, ne videar approbaſſe veſtrum ſcelus, & auſum temerarium. *Hortenſius.*

1084. *Theſſalia.*] Victoria mea in Pharſalia.

1086. *Exilium, &c.*] Ego duntaxat timebam exilium, minas Pompeij, & Rom. inimicitias ſi modo è prælio victus fugiſſem: ſed ecce maior his omnibus metus, maior pœna à Ptolemæo.

1087. *Annis, &c.*] Pueritiæ regis, qui vix dum ſui iuris eſt, huic ſcelus imputamus, vel quod alieno conſilio ſit admiſſum.

1089. *Nil venia plus.*] Nullum

maius præmium accipere poſſe, quam veniam. *Sulpit. Vos condite buſto, &c.*] Caput Pompeij ad ſe delatum (inquit Appianus) minime intueri voluit, verum ſepeliri ſtatim iuſſit. Templum quoque exiguum ante vrbem condidit, quod indignationis Sacellum appellauit. lib. de ciu. bell. 2.

1091. *Tura ſepulcro, &c.*] Plurimis & precioſis odoribus cremandum curauit, &c. Plut. in Cæſ. & Val. Max. lib. 5. cap. 1.

1092. *Cineréſque, &c.*] Diuiſi corporis collectos cineres vna vrna & tumulo condite.

1095. *Dum nobis, &c.*] Dum omnia, quam me tutiora credit.

1096. *Phario, &c.*] Regi Ægyptio, cui ipſi tutor à Senatu Pompeius datus fuerat, & cuius patrī altoque interceſſerant iura hoſpitalitatis cum Pompeio.

1097. *Luere*

CIVILIS BELLI LIB. IX. 483

Læta dies rapta est populis: concordia mundo
Nostra perit: caruere Deis mea vota secundis,
Vt te complexus possis felicibus armis
1100 Affectus abs te veteres, vitámque rogarem,
Magne, tuam: dignáque satis mercede laborum
Contentus par esse tibi. tunc pace fideli
Fecissem, vt victus posses ignoscere diuis,
Fecisses vt Roma mihi. nec talia fatus
1105 Inuenit fletus comitem, nec turba querenti
Credidit: abscondunt gemitus, & pectora læta
Fronte tegunt, hilaresque nefas spectare cruentum
(O bona libertas) cùm Cæsar lugeat, audent.

M. An

1097. *Læta dies rapta est populis.*] Salutis datæ, reditionis in gratiam, & concordiæ in æternum.

1098. *Deû secundu.*] Fauentibus Dîis, qui optarim concordiam inter nos aliquando coituram.

1099. *Felicibus armis.*] Victricibus.

1100. *Affectus abs te veteres.*] Amorem pristinum, & vt velles vltz à me donatæ munere frui.

1102. *Par esse tibi.*] Vide vs. 115. lib. 1.

1103. *Vt victus, &c.*] Vt non esset, cur cladem tuam Deorum inclementiæ imputares.

1104. *Vt Roma mihi.*] Vt, propter te O Pompei seruatum, Roma mihi ignosceret quod arma induissem. *Nec talia fatus inuenit fletus.*] Neque tamen propterea inuenit, qui fletum illius suis lacrymis prosequerentur. neque enim creditus illius dolor verus fuisse, dissimulabant itaque dolorem læta fronte.

1107. *Nefas spectare.*] Capua Pompeij.

1108. *O bona libertas.*] Ironicè, quasi non audeant mentem & affectus vultu testari.

M. ANNÆI LVCANI
CIVILIS BELLI,
SIVE
PHARSALIÆ,
LIBER DECIMVS.
ARGVMENTVM.

Ntrepidè decimo victor, per templa vagatus
Admittit Regem: Cleopatraque supplicat ipsi.
Pax fit, & immenso celebrant conuiuia sumptu;
Ostentantur opes, consultus Achoreus ortus
Nile tuos aperit cursusque. Photinus Achillam
Ductorem in Latium mittit; qui pugnat ab alta
Obsessus cum Rege domo; noctuque per æquor
Classe Pharon vectus, metuens se immittit in vndas.

T primùm terras Pompeij colla sequutus
Attigit, & diras calcauit Cæsar arenas:
Pugnauit fortuna ducis, fatumque nocentis
Ægypti, regnum Lagi Romana sub arma
5 Iret; an eriperet mundo Memphiticus ensis
Victoris,

1. *V T primùm terras, &c.*] Cæsar confisus fama rerum gestarum, infirmis auxiliis proficisci non dubitauerat; atque omnem sibi locum tutum fore existimabat. *Hortens. Pompeij colla sequutus.*] Theodotum, qui Pompeij caput à rege missum Cæsari obtulerat. *lib. 9. vs. 1010.*

2. *Diras calcauit, &c.*] Propter

Pompeium ibi trucidatum. *Arenas.*]Litus.

3. *Ducis.*] Cæsaris.

4. *Regnum Lagi, &c.*] Vtrum Aegyptum Cæsar sub Romano imperio redigeret: an Aegyptij Cæsarem æque ac Pompeium è medio tollerent.

5. *Memphiticus ensis.*] Gladius Aegyptiorum, quo Pompeium interemerant. *Hortens.*

6. *Tua*

CIVILIS BELLI LIB. X.   485

Victoris, victíque caput. tua profuit vmbra
Magne, tui socerum rapuêre à sanguine manes,
Ne populus post te Nilum Romanus haberet.
Inde Paratoniam fertur securus in vrbem
10 Pignore tam saui sceleris, sua signa secutus.
Sed fremitu vulgi fasces, & iura querentis
Inferri Romana sui, discordia sensit
Pectora, & ancipites animos, Magnúmque perisse
Non sibi. tum vultu semper celante timorem,
15 Intrepidus Superúm sedes, & templa vetusti
Numinis, antiquas Macetúm testantia vires,
Circuit: & nulla captus dulcedine rerum,
Non auro, cultúque deûm, non manibus vrbis,
Effossum tumulis cupidè descendit in antrum.
20 Illic Pellai proles vesana Philippi

Felix

6. *Tua profuit.*] Cæsari, inquit Badius, vt hinc monitus sibi caueret ne in easdem insidias incideret. Grotius autem sic: Pompelj honori hoc Dij dederunt, ne populi Romani esset Aegyptius post ipsius mortem, quod futurum fuerat, nisi Cæsar populo Rom. imperium omne cum libertate ademisset. *Vmbra.*]Mors.
7. *Rapuere, &c.*]Eripuere cædi.
8. *Nilum.*] Aegyptum.
9. *Paratoniam fertur.*] Alexandriam, à Paratonio portu & opp. Aegypti, non longe ab Alexandria. Ptol. Canobo. *Securus in vrbem, &c.*]Ociosus, Inquiunt interpretes. Cæsar enim, vt refert Appianus, dum rex moram circa Casium montem ageret, vacauit gratulationibus, vrbis atque templorum lustrationi, disputationibus Philosophorum. Ego autem horum pace sic intelligo. Cæsar admonitus, vt sibi caueret, exemplo Pompeij ab iis trucidati (quod *pignus. sceleris* vocat Poëta) Ingressus est vrbem securus, id est, monitus septúsque suis cohorti-

bus. itaque signa simpliciter, vel, vt illi *fasces,* accipio.
10. *Securus.*]Scribe auctore Ms. P. *securam*, & refer ad vrbem, Alexandriam nimirum, quæ Cæsarianam se, Pompeij cæde probasse videri volebat. *Grotius.*
11. *Sed fremitu vulgi fasces.*] Cæs. com. de ciu. bell. 7. refert: Concursum ad Cæs. fieri, quod fasces anteferrentur. in hoc omnis multitudo majestatem regiam minui prædicabat.
13. *Magnúmque perisse.*] Pompejum non ab Aegyptiis cæsum in suam gratiam.
14. *Tum vultu semper, &c.*] Satagebat enim salutis suæ, cui intentus erat, Alexandrinorum delicijs minime vacans., vtcunque fiduciam præ se ferebat,
19. *Antrum.*] Alexandri & ab illo regum Aegytiorum conditorium: σῶμα dictum refert Strabo quod corpus Alexandri è Babylone huc tulerit condideritque Lagi filius. Curtius. lib. 10.
20. *Illic Pellai, &c.*] Exspatiatus

Felix praedo jacet: terrarum vindice fato
Raptus: sacratis totum spargenda per orbem
Membra viri posuere adytis: Fortuna pepercit
Manibus, & regni durauit ad vltima fatum.
25 *Nam sibi libertas vnquam si redderet orbem,*
Ludibrio seruatus erat, non vtile mundo
Editus exemplum, terras tot posse sub vno
Esse viro. Macetúm fines, latebrásque suorum
Deseruit, victásque patri despexit Athenas:
30 *Pérque Asiae populos fatis vrgentibus actus*
Humana cum strage ruit, gladiúmque per omnes
Exegit gentes: ignotos miscuit amnes,
Persarum Euphraten, Indorum sanguine Gangen:
Terrarum fatale malum, fulménque, quod omnes
Percuteret

tur ab historiae serie, in gesta Alexandri tragica, vt hac copia exornet dilatetque narrationem. *Horr. Pellaei proles.*] Alexander F. Philippi regis Macedoniae, in cujus vrbe Pella natus est Alexander. *Vesana Philippi.*] Cui non vnus suffecit orbis, non mortalis parens. Animal. (vt appellat eum Seneca l. 2. de Benef. cap. 10.) tumidissimum. Addo temulentissimum, crudelissimum.

21. *Felix praedo jacet.*] Felicitatem Alexandri aeque feliciter exprimit Apulejus l. 1. Florid. Fortuna, inquiens, sua major fuit; successúsque ejus amplissimos & prouocauit vt strenuus, & aequiparauit vt meritus, & superauit vt melior: solúsque sine aemulo clarus, adeo vt nemo ejus audeat vel sperare virtutem, vel optare Fortunam. *Terrarum vindice fato Raptus.*] Raptus morte quae sola potuit vindicare terras ab illo subactas.

22. *Orbem, &c.*] Orientalem maxime, cui grauis & exitialis fuisset.

24. *Manibus, &c.*] Cineribus qui hic condebantur, neque prout meritus ipse fuerat, dispergebantur. *Ad vltima fatum.*] Ad euersionem regni Aegyptij, & vltimos Aegypti reges.

25. *Nam sibi libertas, &c.*] Orbi enim, si quando erit se in libertatem vindicaturus, nihil aliud erit Alexandri gloria & memoria quam ludibrium & pessimum ambitionis superbiae, & regnandi cupiditatis exemplum. *Si redderet orbem.*] Si orbis vnquam suae libertati restitueretur, ad visum & ludibrium cineres seruati fuissent.

26. *Non vtile mundo.*] Pessimo exemplo vnus homo tot regna subegit, & sub jus imperiumque suum coegit. *Hortensius.*

28. *Macetum fines.*] Gentiluus plur. vt Macedum, syncopate.

29. *Victásque patri, &c.*] Magnam Graeciae partem Philippi dolis & auro subactam sibique relictam tanquam imperium non satis amplum contempsit. vide Plut. Q. Curt. Polyb. Iustin. Arrian.

31. *Ruit, &c.*] Turbauit, foedauit sanguine.

33. *Persarum Euphraten.*] Sanguine scil.

CIVILIS BELLI LIB. X. 487

35 *Percuteret pariter populos, & sidus iniquum*
Gentibus. Oceano classes inferre parabat
Exteriore mari. non illi flamma, nec vnda,
Nec sterilis Libye, nec Syrticus obstitit Ammon.
Isset in occasus, mundi deuexa secutus,
40 *Ambissétque polos, Nilúmque à fonte bibisset:*
Occurrit suprema dies, naturáque solum
Hunc potuit finem vesano ponere regi:
Qui secum inuidia, qua totum ceperat orbem,
Abstulit imperium, nullóque harede relicto,
45 *Totius fati lacerandas prabuit vrbes.*
Sed cecidit Babylone sua, Parthóque verendus.
Pró pudor! Eos propius timuere sarissas,
Quàm nunc pila timent populi. licet vsque sub Arctō
Regnemus, Zephyríque domos, terrásque premamus
50 *Flagrantis post terga Noti: cedemus in ortus*
Arsacidúm domino. non felix Parthia Crassis
                                                          Exigue

35. *Sidus iniquum, &c.*] Velut pestilentis Influentiæ sidus terris.

36. *Oceano classes inferre parabat.*] Oceani Indici visendi studio, flumini ignoto caput suum totque fortissimorum virorum salutem permisit. Curt.

37. *Exteriore mari.*] Quod ambit terras ad Orientem & Meridiem. *Flamma.*] Aestus Solis.

38. *Sterilis Libyæ, &c.*] Iter per deserta Libyæ ad Iouis Ammonis templum supra Syrtim maiorem. Diod. 17. Arrian. Curt. & Plut.

40. *Ambissétque polos.*] Orbe circulto, & su ius summ redacto. *Nilumque à fonte bibisset.*] Strabo refert Alexandrum cum Sesostre rege Aegypti statuisse lustrare Aethiopiam vt fontes Nili quæreret. vide infra vs. 272.

41. *Occurrit suprema dies.*] Sed fatum & lex naturæ incidit vitæ simul & voti filum.

42. *Vesano ponere regi.*] Vt sup. vs. 20.

43. *Qui secum inuidia, &c.*] Qui eadem inuidia qua vinus non tulit imperij æmulum; ita moriens nec vni reliquit Imperium, quasi fataliter inuidens alteri tantam magnitudinem.

45. *Lacerandas prabuit vrbes.*] Inter duces suos diuidendas. Diuisionem vide apud Curtium lib. 10.

46. *Sua.*] In suam potestatem redacta Babylone Parthorum metropoli & regia. *Parthoque verendus.*] Parthis formidandus.

47. *Eos propius, &c.*] Macedonum hastas plus timuerunt Parthi quam pila nostra.

48. *Licet vsque sub Arcton, &c.*] Nos Romani subiecimus nobis orbem ab Arctoa parte, Occidentali, Meridionali: soli obstant nobis Parthi, quo minus in Orientem proferamus Imperium.

51. *Non felix Parthia Crassis, &c.*] Et tamen Parthia Crassis & exerciti

*Exiguæ secura fuit prouinciæ Pella.
Iam Pelusiaco veniens à gurgite Nili
Rex puer, imbellis populi sedauerat iras,*
55 *Obside quo pacis Pellæa tutus in aula
Cæsar erat: cùm se parua Cleopatra biremi,
Corrupto custode Phari laxare catenas,
Intulit Emathiis ignaro Cæsare tectis;
Dedecus Ægypti, Latio feralis Erinnys,*
60 *Romano non casta malo. quantum impulit Argos,
Iliacásque domos facie Spartana nocenti,
Hesperios auxit tantum Cleopatra furores.
Terruit illa suo, si fas, Capitolia sistro,
Et Romana petit imbelli signa Canopo,*

exercitibus nostris exitiosa; à Macedonibus, quorum oppidum exiguum est Pella, deuicta est, & metropolis eius quasi in prouinciam redacta facta victori Alexandro regia secura.
52. *Secura fuit.*] Parthia quæ de Crassis triumphat, Macedonibus paruit, quorū oppidū Pella. *Gror.*
53. *Pelusiaco, &c.*] A Casio monte prope Pelusium lib. 8. ꝟſ. 470. & ad ꝟſ. 463.
54. *Rex puer.*] Ptolemæus. *Iras.*] Tumultum Alexandrinorum, supra ad versum 11. & indignationem Photini.
55. *Obside quo tutus.*] Rege præsente satis tutus Cæsar ab iniuria inimicorum esse videbatur. *Horr.*
57. *Laxare catenas.*] Vt laxaret sibi carcerem, quo custodiebatur, inquit Beriminus. Ego de catenis portum Alexandrinum obstruentibus dici opinor. Scribit enim Plutarchus, Cæsarem ad se ex agro acciuisse Cleopatram regno eiectam. Quæ cum Apollodoro Siculo lembum ingressa, nocte ingruente ad regiam peruenit, cumque latere aliter non posset, stragulo se illigatam ab Apollodoro ad Cæſ. per fores apportari passa est, &c.

Cæsare
58. *Emathiis ignaro Cæsare tectis.*] Alexandrinis, ab Alex. Macedone conditis; *vel* Cæsaris victoris in Emathia.
59. *Dedecus Ægypti.*] Inuectiua Apostrophe ad Cleopatram. *Latio feralis Erinnys.*] Ita Virg. de Helena: *Troiæ ac patriæ communis Erinnys,* cui noster hanc conferr.
60. *Romano, &c.*] Nunc in Cæsare, postea in Antonio.
61. *Spartana nocenti.*] Helena.
62. *Furores.*] Insanæ libid. & belli illius, quod Antonius Augusto inferebat, furores.
63. *Terruit illa suo, &c.*] Dum Capitolio Reginæ dementes ruinæ Funus & imperio parabat. Horatius od. 37. lib. 1. *Sistro, &c.*] *Reginæ in mediis patriæ vocat agmina sistro.* Virg. Aeneid. 8. Est autem sistrum, crepitaculum ex ære aut argento tinnulum, per cuius laminam incuruam vngulæ traiectæ erant: quod crispanti brachio agitatum redderet argutum sonum.
64. *Imbelli signa.*] Contaminato cum grege turpium *Morbo virorum.* Horatius. *Canopo.*] Aegyptiis & vilissima Canopi plebe. B. ꝟſ. 543. Iuuenal. Sat. 1. ꝟſ. 26. & Sat. 6. ꝟſ. 85.

65. *Cæsare*

CIVILIS BELLI LIB. X. 489

65 *Cæsare captiuo Pharios ductura triumphos:*
Leucadióque fuit dubius sub gurgite cæsus,
An mundum ne nostra quidem matrona teneret.
Hoc animi nox illa dedit, quæ prima cubili
Miscuit incestam ducibus Ptolemaida nostris.
70 *Quis tibi vesani veniam non donet amoris,*
Antoni? durum cùm Cæsaris hauserit ignis
Pectus, & in media rabie, mediòque furore,
Et Pompeianis habitata manibus aula,
Sanguine Thessalica cladis perfusus adulter
75 *Admisit Venerem curis, & miscuit armis*
Illicitósque toros, & non ex conjuge partus?
Pró pudor! oblitus Magni, tibi Iulia fratres
Obscæna de matre dedit: partésque fugatas
Passus in extremis Libyes coalescere regnis,
80 *Tempora Niliaco turpis dependit amori,*
Dum donare Pharon, dum non sibi vincere mauult.
Quem forma confisa sua Cleopatra sine vllis
Tristis adit lacrymis, simulatum comta dolorem,
Quem decuit, veluti laceros dispersa capillos,

Et

65. *Cæsare.*] Augusto.
66. *Leucadióque fuit, &c.*] Sinu maris Ambracij sub Leucate promontorio Epiri, libro 1. versu 43.
69. *Miscuit ducibus.*] Miscuit Cleopatram ducibus Rom. Cæsari, & Antonio postea. *Hortensius. Ptolemaida nostra.*] Cleopatram, Ptolemæi filiam.
70. *Quis tibi vesani. &c.*] Exclamatio poëtæ per auersionem in turpem libidinem Cæsaris; qui in medio belli ardore, luxui ac voluptati indulsit, præcipuè quum inter medios hostes suos versaretur, qui generum suum Pompejum occiderant. Ab exemplo majori: Si Cæsar hoc sibi permisit in armis, cur non Antonius in otio? *Hortens.*
71. *Ignis.*] Alij, *ignes.*

72. *Media rabie, &c.*] Belli. menses autem 9. ibi moratum refert Appianus.
73. *Et Pompejanis, &c.*] Etiamdum sibi in aula illa obseruari visa Pompeij modo ab iis cæsi vmbra.
76. *Non ex conjuge partus?*] Filium Cæsarionem susceptum ex Cleopatra muliere barbara.
77. *Magni, &c.*] Cui filia Iulia nupta fuerat.
78. *Partesque fugatas.*] Pompejanas, sub Scipione, Catone, &c.
79. *Coalescere regnu.*] Vires colligere.
81. *Donare Pharon, &c.*] Cleopatræ, quam fratre interfecto postea præfecit Aegypti regno.
84. *Quem decuit, &c.*] Ita emendat Grutius, cum prius legeretur *Quam decuit.* vt sit admirantis.

85. *Si*

85 Et sic orsa loqui: Si qua est ô maxime Cæsar
   Nobilitas, Pharij proles clarißima Lagi,
   Exul in æternum sceptris depulsa paternis,
   Si tua restituat veteri me dextera fato,
   Complector regina pedes. tu gentibus æquum
90 Sidus ades nostris, non vrbes prima tenebo
   Femina Niliacas: nullo discrimine sexus
   Reginam scit ferre Pharos. lege summa perempti
   Verba patris, qui iura mihi communia regni,
   Et thalami cum fratre dedit. puer ipse sororem,
95 Sit modò liber, amet: sed habet sub iure Pothini
   Affectus, ensésque suos. nil ipsa paterni
   Iuris habere peto: culpa, tantóque pudore
   Solue domum: remoue funesta satellitis arma,
   Et regem regnare iube. quantosne tumores
100 Mente gerit famulus, Magni ceruice reuulsa!
   Iam tibi (sed procul hoc auertant fata) minatur.
   Sat fuit indignum, Cæsar, mundóque tibíque,
                                              Pompeium

85. *Si qua est ô maxime Cæsar.*] Oratio Cleopatræ petitoria est. petit summatim in regni sui partem restituatur, vnde à fratre & ejus tutoribus per summam iniuriam sit ejecta. Mouet affectus simul à præsenti exilij sui statu. *Hortens.*

86. *Pharij proles clarißima Lagi.*] Ego regina, filia Ptolemæi, proles Lagi. l. 8. vs. 692.

89. *Complector regina pedes.*] Cleopatra regis soror affusa Cæsaris genibus, partem regni reposcebat, Inquit Florus lib. 4. c. 2. *Æquum, &c.*] Salutare, me in jus meum, redditurum supra vs. 75. vocauerat Alexandrum *sidus iniquum gentibus.*

90. *Non vrbes, &c.*] Occupatio. Neque, inquit hoc nouo fiet exemplo, vt regnet mulier, patre enim meo ejecto, sororem meam natu majorem in regno constituerunt.

91. *Summa perempti, &c.*] Testamentum patris, quo ex æquo cum fratre hæres relicta sum, nec non conjux illius.

95. *Sub iure Pothini, &c.*] Potestatem suam Pothini eunuchi autoritati subjectam.

97. *Culpa, &c.*] Hoc dedecore & turpitudine, vt pro arbitrio seruorum regnetur.

98. *Satellitis arma.*] Achillæ præfecti regij à Pothino sollicitati contra Cæs. infra vs. 398.

99. *Quantosque tumores.*] Quantum fastum gerit in pectore ob Pompejum interfectum. Trahit aduersarium in inuidiam Cæsaris. *Hortensius.* *Quantosne tumores.*] Quantosnam? duplici interrogatione. vt libro 7. vs. 301.

101. *Iam tibi.*] Exaggerat Inuidiam ominatione mali majoris, quod tamen deprecatur. *Hortens.*

103. *Pom*

Pompeium facinus meritúmque fuisse Pothini.
Nequicquam duras tentasset Cæsaris aures:
305 *Vultus adest precibus, faciésque incesta perorat.*
Exigit infandam corrupto iudice noctem.
Pax vbi parta duci, donísque ingentibus empta est;
Excepére epulæ tantarum gaudia rerum:
Explicuitque suos magno Cleopatra tumultu
310 *Nondum translatos Romana in secula luxus.*
Ipse locus templi, quod vix corruptior ætas
Extruat, instar erat: laqueatáque tecta ferebant
Diuitias, crassúmque trabes absconderat aurum.
Nec summis crustata domus, sectísque nitebat
315 *Marmoribus: stabátque sibi non segnis Achates,*
Purpureúsque lapis, totáque effusus in aula
Calcabatur

103. *Pompeium, &c.*] Sceleſtam Pompeij cædem, qua ſe ſibi demereri voluit. *Pothini.*] Ita vbique ſcribendum hoc nomen, non vt ante fuit *Pothini.* Nam Græcum eſt Ποθεινὸς, non φαθεινὸς, quod & lex verſuum repudiat. *Grotius.*

104. *Nequicquam.*] Fruſtrà, inquit, ſua blandiloquentia tentaſſet Cæſarem, ſed formâ eû mouit. *Hortenſ. Nequicquam, &c.*] Satis enim formæ venuſtas commendabat eam.

105. *Inceſta.*] Propter illicitum coniugium fratris & ſororis. *Hortenſ. Perorat.*] Perſuaſit. Forſan pro exorat dixit; hoc eſt, orando induxit. *Idem. Perorat.*] Aderat puellæ forma, inquit Florus, & quæ duplicaretur ex illo, quod talis paſſa videbatur iniuriam.

106. *Iudice noctem.*] Cæſare, inter ipſam & fratrem iudice.

107. *Pax vbi parta.*] Compoſitis inter ſe rebus & reconciliata fratri Cleopatra, extruitur conuiuium. *Duci.*] Ptolemæo. *Donísque ingentibus empta eſt.*] Debuerat pater eius qui tum rex erat Cæſari ſeptingenties HS. inde quadringenties petebat ad alendum exercitum. *Plut. in Cæſ.*

109. *Tumultu.*] Strepitu & murmure miniſtrorum. *Sulpic.*

111. *Ipſe locus templi, &c.*] Domus regia referebat maieſtatem templi, melius extructi atque exornati quam ferant exornentque feriora ſecula, atque adeo, corruptiora.

113. *Craſſúmque, &c.*] Lamiæ aureæ.

114. *Cruſtata domus.*] Cruſtare, cruſtam ducere ſiue applicare. Parietes cruſtati, cruſta marmoris tecti. *Hortenſius.*

115. *Stabatque ſibi, &c.*] Copulatiua pro aduerſatiua, vide lib. 1. vſ. 252. Sed ſtabat ſibi, id eſt, per ſe ſolidus non incruſtatus & alteri inſertus, Achates lapis, de quo Plin. lib. 37. cap. 10. *Solin.* cap. 12.

116. *Purpureuſque lapis.*] Porphyrites. Plin. lib. 36. cap. 7. vel Sardus. *Totaque effuſus, &c.*] Pauimenta ſternuntur Onychite marmore. *Calcaruſque tuo ſub pede lucet Onyx.* Martial. lib. 12. epigr. 50.

Calcabatur Onyx: Hebeno Mareotica vastos
Non operit postes, sed stat pro robore vili
Auxilium, non forma domus. ebur atria vestit,
120 Et suffixa manu foribus testudinis Indæ
Terga sedent, crebro maculas distinctas Smaragdo.
Fulget gemma toris, & Iaspide fulua supellex:
Strata micant: Tyrio quorum pars maxima succo
Cocta diu, virus non vno duxit aheno;
125 Pars auro plumata nitet; pars ignea cocco,
Vt mos est Phariis miscendi licia telis.
Tum famula numerus turba, populúsque minister,
(Discolor hos sanguis, alios distinxerat ætas:)
Hæc Libycos, pars tam flauos gerit altera crines,

Vt

117. *Ebenus quamuis Mareotica vastos Non, &c.*) Perperam hodie legitur *Mareotica.* nec enim in Mareotide aut Aegypto nascitur ebenus; sed in Meroë Aethiopiæ. Stephanus: Μερόη, μητρόπολις Αἰθιόπων ἡ νῆσος. gentile Μεροΐτης. vnde *Meroica ebenu*, hoc verissimum. Idem paulo post: —*nigris Meroë fæcunda colonis Lata comis ebeni.* Plin. l. 12. c. de Ebeno. Salmas. Plin. Exercit. p. 397. *Hebenus.*) Postes non incrustantur Hebeni ligno: sed ex ipso solidæ stant columnæ. *Mareotica vastos, &c.*) Aegyptia, à Mareotide palude, licet *sola India nigrum fert ebenum,* vt canit poëta lib. 2. Georg. Herodotus tamen l. 3. in Aethiopia nasci scribit. vide Plin. l. 12. cap. 4. & l. 6. c. 30. infra vs. 304. Solin. c. 65. Dioscorid. l. 1. cap. 117.

119. *Auxilium, &c.*) Columnæ ad sustentandum; non incrustamentum ad ornatum. *Ebur atria vestit.*) Fores operiebantur putaminibus testudinis Indicæ in laminas dissectis, & gemmis intertextis distinguebantur. vide quæ nos ad vs. 94 Satyr. 11. Iuuenalis.

123. *Strata micant: &c.*) Alij leg. *Hic torus,* *Assyrio cuius pars maxima succo Serata micant Tyrio. qu. orum pars maxima sentum Cocta diu virus.* Sed illa quam nos retinuimus simplicior est & verior. *Tyrio quorum, &c.*) Purpureo, à Tyro vbi optimus purpurarum piscatus, cujus piscis, qui & murex dicitur sanguine ceu flore quem ore habet moriensque expuit, tinguntur vestes purp.

124. *Virus.*) Medicatum liquorem, succum, tincturam. Martial. epigr. 50. l. 1. & lib. 4. epigr. 4. *Non vno duxit aheno* id'ns semel; bis tinctum in nuit, dibaphum, Plin. l. 9. c. 39.

125. *Plumata nitet.*) Intertexta auro atque varij coloris linis, qualia opera Græci πλεκτὰ vocant. Martial. epigramm. 130. l. 14. *Igneo cocco.*) Splendida coccineo colore. vide quæ ad epigramm. 24. l. 4. Martial.

126. *Phariis.*) Aegyptiis à Pharo insu. in portu Alexandrino, *Licia.*) Sunt fila, quibus in telis, textrices implicant stamina. Accipiuntur nonnunquam pro ipsis staminibus. Hortensius.

129. *Libycos.*) Nigros, adustos, tortos.

130. *Rhenu*

CIVILIS BELLI LIB. X.   493

130 *Vt nullas Cæsar Rheni se dicat in arvis*
Tam rutilas vidisse comas, pars sanguinis usti
Torta caput, refugósque gerens à fronte capillos.
Nec non infelix ferro mollita iuuentus,
Atque exetta virum, stat contrà fortior ætas,
135 *Vix ulla fuscante tamen lanugine malas.*
Discubuêre toris reges, maiórque potestas
Cæsar: & immodicè formam fucata nocentem,
Nec sceptris contenta suis, nec fratre marito,
Plena maris rubri spoliis, collóque, comísque
140 *Diuitias Cleopatra gerit, cultúque laborat.*
Candida Sidonio perlucent pectora filo,
Quod Nilotis acus compressum pectine Serum
Soluit, & extenso laxauit stamina velo.
Dentibus hic niueis, sectos Atlantide sylua
                                          Imposuêre

130. *Rheni se dicat in arvis.*] In Germania. Germani autem flaua cæsarie pulchri sunt. Tacit. de Ger.

131. *Torta caput.*] Tortu crinibus Æthiopes, inquit Martialis lib. Spect. ep. 3. *Refugósque gerens, &c.*] Rejectos in ceruicem, in supera reflexos, & Solis vapore adustos.

133. *Ferro mollita iuuentus.*] Castrata. Spadones scil. & Eunuch. male pubescentibus annum. Surripuere viros; exectáque viscera ferro, In Venerem fragere: atque ut fuga mobilis ætas Circumscripta mora properantes differat annos, *Quæris se natura, nec inuenit.* Petr. Arb.

134. *Exetta.*] Emasculata. *Virum.*] Virilitatem.

135. *Lanugine malas.*] Non castrati iuuenes, inuettes tamen atque Imberbes.

136. *Reges.*] Ptolemæus & Cleopatra. *Maiórque potestas Cæsar.*] Et regibus maior Cæsar.

137. *Fucata.*] Quasi suco adulterata ac depicta. Horrens.

139. *Maris rubri spoliis.*] Gemmis, margaritis, de Mari rubro, vide quæ nos ad Senecæ Thyest. vs. 370.

140. *Cultúque laborat.*] Grauatur gemmis, vel solicita est de cultu.

141. *Sidonio perlucent pectora fila.*] Amictu è tenuissimis filis. Pollux lib. 7. cap. 16. *Non sic in Tyria sindone ruere erus*, epigr. 19. lib. 4. Martial.

142. *Niloti acu &c.*] Ægyptia, picti tunica Niloride Mauri, Martialis epigr. 6. lib. 10.

143. *Soluit, &c.*] Vt rariora essent fila, discreuit.

144. *Dentibus hic niueis.*] Pedibus eburneis sustentatas rotundas mensas citreas è Mauritania petitas, felices Atlantica munera sylua. Martial. epigr. 89. lib. 4. vide quæ nos ad epigr. 43. lib. 2. Martial. *Tu Libycos Indis suspendis dentibus orbes,* & iuuen. Sat. 11. *Iaros sustinet orbes Grande ebur. Sectos Atlantide sylua.*] A materia mensarum, quæ citrinis tabulis compactæ erant. Citrus arbor nobilis est, quæ sola in Mauritania ad montem Atlantem nascitur. *Horrensus.*

X 2

145 *Impofuère orbes; quales ad Cæfaris ora*
Nec capto venêre Iuba. pro cæcus, & amens
Ambitione furor, ciuilia bella gerenti
Diuitias aperire fuas, incendere mentem
Hofpitis armati. non fit licet ille nefando
150 *Marte paratus opes mundi quæfiffe ruina:*
Pone duces prifcos, & nomina pauperis æui
Fabricios, Curiófque graues: hic ille recumbat
Sordibus Hetrufcis abductus Conful aratris,
Optabit patria talem duxiffe triumphum.
155 *Infudère epulas auro, quod terra, quod aër,*
Quod pelagus, Nilúfque dedit, quod luxus inani
Ambitione furens toto quæfiuit in orbe.
Non mandante fame, multas volucréfque feráfque
Ægypti pofuère Deos: manibúfque miniftrat
160 *Niliacas cryftallus aquas: gemmaque capaces*
Excepère merum, fed non Mareotidos uva,
Nobile fed paucis fenium cui contulit annis

Indomitum

145. *Ora.*] Confpectum.
146. *Nec capro. &c.*] Vide Plin. libro 15.cap.15. Pro *cæcus, &c.*] Exclamatio in intempeftiuum luxum & fplendorem apparatus nuptialis in medio ardore belli ciuilir. Horrens.
149. *Non fit licet, &c.*] Etiamfi Cæfar non effet.
151. *Duces prifcos, &c.*] Continentes & incorruptifsimos viros quos tamen opima & ampla præda alliceret.
152. *Fabricios.*]Libro 3. vf. 160. *Curiófque graues.*]Lib. 6. vf. 787.
153. *Sordidus Hetrufcis, &c.*] Quint. Cincinnatus, qui agrū trans Tyberim fodiens à legatis Dictator falutatus eft. Liu. lib. 3. Dionyfius vero confultum illi ita oblatum fcribit. Alij hic Serranum intelligunt. vide Plin. lib. 18. cap. 3. cū fulcos, *Serrana ferenetem.* Virg. 7. Aeneid. Perf. Sat. 1.
155. *Auro.*] Aureis vafis. Quod

terra, quod aër.] Menfæ illatum fuit, ferarum terreftrium & volatilium omne genus. Horr.
158. *Non mandante fame.*] Sed gula & ambitiofo luxu. *Multas volucréfque feráfque, &c.*] Quas Ægyptij pro Diis coluerunt, vti plices, Ibin, &c. vide quæ ad Sat. 15. Iuuenal.
160. *Cryftallus aquas.*]Cryftallinum gutturnium. Dans famuli manibus lymphas. *Geminaque capaces, &c.*]Pocula è gemmis. Cum bibitur concha. Iuuenalis Sat. 6. vf. 305.
161. *Mareotidos uva.*] Mareotidū uvarū meminit Virg. 2. Georg. & Plinius lib. 14. cap. 3. Mareotici vini, Athenæus lib. 1. cap. 25. ἐπὶ τῆ ἐν Ἀλεξανδρεία κρήνη Μαρείας dicti. & Strabo lib. 13.
162. *Nobile fed paucis, &c.*] Sed vinum Meroæum, quod paucis annis nobilitatem faporis odorifque

CIVILIS BELLI LIB. X. 495

Indomitum Meroë cogens spumare Falernum,
Accipiunt sertas nardo florente coronas,
165 *Et nunquam fugiente rosa: multúmque madenti*
Infudére comis, quod nondum euanuit aura
Cinnamon, externa nec perdidit aëra terra:
Aduectúmque recens vicina messis Amomum.
Discit opes Caesar spoliati perdere mundi,
170 *Et gessisse pudet genero cum paupere bellum,*
Et causas Martis Phariis cum gentibus optat.
Postquam epulis, Bacchóque modum lassata voluptas
Imposuit, longis Caesar producere noctem
Inchoat alloquiis: summáque in sede jacentem
175 *Linigerum placidis compellat Achorea dictis:*
O sacris deuote senex, quodque arguit aetas
Non neglecte Deis, Phariae primordia gentis,
Terrarúmque situs, vulgíque edissere mores,
Et ritus, formásque Deûm: quodcunque vetustis
180 *Insculptum est adytis profer, noscíque volentes*

que consecutum est, decocta cruditate. Meroë autem insula Nili est max. lib. 4. ⚹ f. 333.

163. *Indomitum.*] Vim nobilis vini arguit: nam in doliis ita feruet, vt coërceri nequeat. *Horrens Falernum.*] Virum. Synecdochice. Falernum enim propriè è Campania est.

164. *Nardo florente coronas.*] Frutice Indico & Syriaco, cui° folia & spicae odore commendantur.

165. *Nunquam fugiente rosa.*] Perenni, per totum annum in Aegypto florente. Martial. epigr. 80. lib. 6. *Madenti, &c.*] Delibutae vnguentis.

167. *Externa, &c.*]Nec peregre aduectum expirauit odorem. *nec spirant cinnama surda,* Per. Sat. 6.

168. *Vicina messis Amomum.*]In vicina Assyria & Media nate, Plin. l. 11. cap. 13.

169. *Discit opes, &c.*]Ab Alexandrino hoc luxu.

172. *Postquam epulis, &c.*]Imi-

tatio Virgiliana: *Postquam epulis exempta fames ; & Homerica,* Αὐτὰρ ἐπεὶ πόσιος καὶ ἐδητύος ἐξ ἔρον ἕντο.

175. *Linigerum placidis compellar.*]Sacerdotem Isidis xylinis vestibus indutum, *gregem linigerum* vocat hos Iuuen. Sat. 6. & Linigera Isidem Ouidius. Quippe lana, &c. Ia inde Orphei & Pythagorae scitis profanus vestitus est. Sed enim mundissima lini seges, inter opt. fruges terra exortas, non modo indutui & amictui sanctissimis Aegyptorum sacerdotibus, sed *quoque* vsurpatur. Apul. Apolog. *Achorea dictu.*] Lib. 8. ⚹ f. 475.

176. *O sacris deuote senex.*]Oratio Caesaris petitoria ad Achorea sacerdote. Petit multa rerum Aegyptiacarum ab eo cognoscere; sed praecipuè quibus fontibus Nilus originem ducat. Hor.

180. *Noscíque volentes, &c.*]

X 2

Prode Deos: si Cecropium sua sacra Platonem
Maiores docuere tui: quis dignior unquam
Hoc fuit auditu, mundique capacior hospes!
Famaque quidem generi Pharias me duxit ad urbes,
185 *Sed tamen & vestri: media inter praelia semper*
Stellarum, caelique plagis, Superisque vacaui,
Nec meus Eudoxi vincetur Fastibus annus.
Sed cùm tanta meo viuat sub pectore virtus,
Tantus amor veri, nihil est quod noscere malim
190 *Quàm fluuij causas per secula tanta latentes,*
Ignotúmque caput: spes sit mihi certa videndi
Niliacos fontes; bellum ciuile relinquam.
Finierat, contráque sacer sic orsus Achoreus:
Fas mihi magnorum Caesar secreta parentum
195 *Prodere, ad hoc aeui populis ignota profanis.*
Sit pietas aliis, miracula tanta silere:
Ast ego caelicolis gratum reor, ire per omnes

Gloria quippe & celebratione gaudent, infra ℣. 197.
181. *Cecropium.*] Atheniensem, à Cecrope rege. *Platonem, &c.*] Plato in Aegyptum ad prophetas & sacerdotes profectus arcana & disciplinas eorum edidicit. Laërtius lib. 3.
183. *Mundique capacior hospes.*] Docilior & qui mundi causis noscendis magis vacauit.
184. *Generi Phariae, &c.*] Pompeji, 'qui huc profugisse dicebatur.
185. *Vestri.*] Quorum scientias scire percupio: Astronomiam maxime qui inter arma vacuii ebam.
187. *Eudoxi vincetur.*] Eudoxus iste fuit Cnidius, auditor Platonis, qui cum Cryssippo medico in Aegyptum profectus, anni rationem reuersus Graecis tradidit & Ephemeridas scripsit. Laërt. lib. lib. 8. Strabo lib. 14. Columel. lib. 10. Censorinus. hujus autem fastis, id est, rationi anni Caesar dicit suam anni correctionem non cessuram, qua obseruationi veteri adjecit X. dies vt annu CCCLXV, dies efficerent, & ne quadrans deesset, quarto quoque anno vnus dies intercalaretur. Plutarchi Caes. & Macrob. lib. 1. Saturn. c. 14. Solin. cap. 3 Sueton. Caes. *Fastibus annus.*] Vt cunque Seruius erroris Lucanum insimulare ausus sit, *Fastum* tamen pro dierum computatione in quarta declinatione vsurparunt autores boni. Varro in Ephemeride: *Caesar fastus correxit.* Columella 10. Sequor nunc *Eudoxi & Metonis fastus.* & Horat. vtriusque declin.

194. *Fas mihi magnorum, &c.*] Achoreus narrationem orditur à pia deprecatione culpae, quo majoris secreta, quae hacten° latuerunt homines profanos sit, proditurus. Allusit ad Virgilij illud Sinonis lib. 2. Aeneid. *Fas mihi Graiorum sacrata resoluere jura.* Hort.
195. *Profanis.*] Non initiatis.
196. *Pietas.*] Religio.
199. *Sid*

CIVILIS BELLI LIB. X.

Hoc opus, & sacras populis notescere leges.
Sideribus, quæ sola fugam moderantur Olympi,
100 Occurruntque polo, diuersa potentia prima
    Mundi lege data est. Sol tempora diuidit anni,
    Mutat nocte diem, radiisque potentibus astra
    Ire vetat, cursusque vagos statione moratur.
    Luna suis vicibus Tethyn, terrenaque miscet.
105 Frigida Saturno glacies, & Zona niualis
    Cessit. habet ventos, incertaque fulmina Mauors,
    Sub Ioue temperies, & nunquam turbidus aer.
    At fecunda Venus cunctarum semina rerum
    Possidet. immensa Cyllenius arbiter vnda est.
210 Hunc vbi pars cæli tenuit, quà mista Leonis
                                    Sidera

199. *Sideribus, &c.*] Planetæ, qui aduerso motu ab Occasu scil. in Ortum retardant rapidum motum quo decima sphæra ab ortu in Occasum recte decurrens reliquos orbes secum trahit, aliam atque aliam sortiuntur motus rationem, adeoque potentiam. *Moderantur fugam.*] Regunt reuolutionem cæli. Vultque eo indicare sidera certis vicibus oriri & occidere, & temperato cursu suo volui. Horr.

200. *Occurrunt polo.*] Id est, contrà cœlum mouentur.

201. *Sol tempora diuidit anni.*] Medius planetarum; temporum, terrarum, siderum, & cœli rector.

202. *Mutat nocte diem.*] Cum veteribus, qui τὰ τῆς σελήνης φωτίσματα, à Sole fieri credebant, errasse nostrum monet Ios. Scal. in prolegom. ad Manil. *Radiisque potentibus.*] Solem, inquit Sulpitius, cæteri planetæ venerari videntur, vt Regem. Et quum propius accessere, sunt in statione, & fiunt retrogradi: vnde Sol moderator reliquorum dicitur luminum.

203. *Cursusque vagos statione moratur.*] Ipse sub Elliptica certus vagos cæterorum cursus moderatur. Neque enim de planetis sta-

tionariis & retrogradis aliquid innotuisse veteribus verisimile est. Sed de stationibus planetarum Plin. l. 2. c. 15. 16. & 17.

204. *Luna suis.*] Aestuum maris Lunæ motui tribuerunt veteres. Pomp. Mela l. 3. c. 1. & interp. Vadian. *Vicibus.*] Crescentis ac decrescentis Lunæ. *Tethyn, &c.*] Mare reciproca agitatione nunc accedens litora, nunc recedens.

205. *Frigida Saturni glacies.*] De virtutibus & qualitatibus planetarum consulendi Astrologi, qui de his plenius & planius.

209. *Cyllenius.*] Mercurius. Hoc filius etiam nonnunquam Apollinis appellatur, medium inter Venerem & Lunam. Horr. *Vnda est.*] Fluuinum, adeoque Nili. *Cessit Mercurio locus imbrifer.* Autenus.

210. *Hunc vbi pars, &c.*] Vbi Mercurius in Iulij principio, peruenit ad extremum gradum Cancri quà Leonem contingit, vicinus Caniculæ & Tropico Cancri cui subjacent ignoti fontes Nili, cuius arbiter vnde Mercurius laxat fontes fluminis directè subjecti, facitque efferuescere, non secus ac Luna motu suo tumefacit mare modo vi. 204.

211. *Si*

498 M. ANNÆI LVCANI

Sidera sunt Cancro, rapidos quâ Sirius ignes
Exerit, & varij mutator circulus anni
Ægoceron, Cancrúmque tenet, cui subdita Nili
Ora latent: qua cùm dominus percussit aquarum
215 *Igne superjecto, tunc Nilus fonte soluto*
Exit vt Oceanus lunaribus incrementis
Iussus adest: auctúsque suos non antè coarctat,
Quàm nox æstiuas à Sole receperit horas.
    Vana fides veterum, Nilo, quò crescat in arua,
220 *Æthiopum prodesse niues. non Arctos in illis*
Montibus, aut Boreas. testis tibi sole perusti
Ipse color populi, calidíque vaporibus Austri.

211. *Sirius, &c.*] Septem inundationis Nili causas ponit, è quibus secunda haud dubiè vera est, & optimis quibusque authoribus placita. *Sirius* est stella magna & lucida in fronte canis. Hujus exortu amplissimæ vires in terra sentiuntur. Tum poëtæ nonnunquam *Sirium* pro æstate vsurpant. *Horte.*

212. *Mutator circulus anni, &c.*] Zodiacus; In quo taxatur à Iof. Scal. in proleg. ad Manil. quod ex duobus Tropicis vnum facit, & Zodiacum non solem dirigit ad puncta Solstitialia. Nullo modo probantur mihi interpretes, qui Meridianum intelligunt Trop. vtrunque intersecantem.

214. *Domin. aquarũ.*] Mercuriº.

215. *Nilus fonte soluto, &c.*] Nilus crescere incipiens noua Luna post solstitium; Sole Cancrum transeunte, modicè; Leonem, abundantissimè, in Virgine, residet, reuocatur intra ripas, Sole in Libra, hoc est, in æquinoctio autumnali, lib. 8. vf. 467. Herod. lib. 2. Plin. lib. 5. cap. 9. Solin. cap. 34. & 45. Strabo lib. vlt. Diod. Sic lib. 1. Seneca lib. 4. nat. q. cap. 2. Marcel. lib. 23. Heliod. lib. 9. Philo. lib. 1. de vita Mosis. Card. de Subtilit. l. 2. & 21. Iul. Cæf. Scal. exercit. 47.

216. *Lunaribus incrementis.*]

Adde, Quando scil. Oceanus crescente ac decrescente luna, magis minusue accedit receditue reciproco suo æstu. *Hortenf.*

218. *Nox æstiuas, &c.*] Notatio æquinoctij autumnalis.

219. *Vana fides veterum, Nili.*] E septem causis inundationis Nili, quas ponit noster, secunda hæc veterib9 Anaxagoræ, Euripidi, & aliis grauissimis autoribus placita validissimis ultitur argumétis, ad quæ diluenda nimis debiles sunt poëtæ côfuratiŏes. Sole enim apud nos in Cancri tropico existente vltra Capricorni circulũ sitis hyemis est, & niues in Lunæ montib9 conceptæ à Sole redeunte, quod iis ver est, dissolui possunt. Sed & hanc opinionem refutat Io. Bapt. Scortia lib. 1. de Nili incremento, cap. 12. Quo crescat in arua.] Mss. habent, qua. vulgati. quod. Veteres autem quos dicit, sunt Anaxagoras & Euripides. *Geor.* Refutabile eorum opinionem qui incrementũ & exundationem Nili ex niuibus liquefactis in montibus Aethiopiæ prouenire arbitrentur. *Hortenf.*

220. *Non Arctos in illis, &c.*] Et tamen recessus à circulo Capricorni ad Antarcticum æque se habet quoad frigus, ac noster à circulo trop. Cancri.

213. Quod

Adde, quòd omne caput fluuij, quodcunque solutæ
Præcipitat glacies, ingresso vere tumescit
225 *Prima tabe niuis: Nilus neque suscitat vndas*
Ante Canis radios, nec ripis alligat amnem
Ante parem nocti Libra sub iudice Phœbum.
Inde etiam leges aliarum nescit aquarum:
Nec tumet hybernus, cùm longè sole remoto
230 *Officiis caret vnda suis: dare iussus iniquo*
Temperiem cœlo, mediis æstibus exit.
Sub torrente plaga, ne terras dissipet ignis,
Nilus adest mundo, contráque incensa Leonis
Ora tumet: Cancróque suam torrente Syenen,
235 *Imploratus adest: nec campos liberat vndis,*
Donec in autumnum declinet Phœbus, & vmbras
Extendat Meroë. quis causas reddere posset?

223. *Quodcumque soluta, &c.*] Atqui hoc versus Antar&icum sitis vernum tempus est.
225. *Tabe niuis.*] Solutione.
226. *Ante Canis radios.*] Ante exortum caniculæ, in mense Iulio: Sole Leonem ingresso, *Nec ripis, &c.*] Neque reuocatur in in alueum ante æquinoctium autumnale lib. 8. vl. 467. Io. Leo Africanus lib. 8. cap. 4. & lib. 9. cap. 26. Hieron. Fracastorius tract. de Nilo M. Ant. Sabellic. Ennead. 1. l. 3. Goropius in Niloscopio. Card. de Subt. lib. 21. Cæs. Scal. exerc. 47.
227. *Ante parem nocti Libra, &c.*] Diodorus scribit Nilum augeri ab Solstitio vsque ad æquinoctium autumnale, subinde crescentem, τ πλιρ́ωσας τὼν ἀρχὼν ὑπὸ τῆς θερινῆς τροπῆς πρὸς τὴν ἰσημερίας τ μετοπωρινῆς, δὶ ᾑ ὑπὸ, ἐν τέτω ἵλιω. Nam post æquinoctium Sole adhuc in Libra constituto, centesimo die à Solstitio, redire intrà suas ripas ac residere incipit Nilus, in Cancro enim sensim ac modicè primùm crescit, in Leone plenissimº fluit, pigrescit in Virgine & lentior manat, adhuc tamen crescit; at in Libra post æquinoctium reuocatur intrà ripas & retro cedit Salmas. Plin exercit. pag. 436. *Phæbum.*] Diem.
228. *Aliarum nescit aquarum.*] Alioru fluminu quæ hyeme crescunt, æstate decrescit. 230. *Officiis caret vnda suis.*] Officii Nili est arua irrigare: hoc autem præstare non potest nisi à Sole excitetur. ideo hyeme se ripis tenet. *Grotius Officiis caret vnda suis.*] Incremento ad irrigationem Ægypti. *Iniquo, &c.*] Feruenti ætheri.
232. *Torrente plaga.*] zona torrida. *Ignis.*] Calor excandescens
233. *Adest mūdo.*] Ad refrigeriū & temperié subueniit Ægypto.
234. *Suam torrente Syenen.*] Sibi subjectam. vide lib. 2. vl. 587.
235. *Imploratus adest.*] In auxilium quasi aduocatus.
237. *Meroë. &c.*] In qua insu. torridæ zonæ subjecta breues aut nullæ rejiciebátur vmbræ. infra vs. 305.

Sic

X 5

500　M. Annæi Lvcani

Sic iuſſit Natura parens decurrere Nilum:
Sic opus est mundo. Zephyros quoque vana vetustas
240　*His adſcripſit aquis, quorum flata tempora flatus,*
　　Continuique dies, & in aëre longa potestas:
　　Vel quòd ab occiduo depellunt nubila cælo
　　Trans Noton, & fluuio cogunt incumbere nimbos:
　　Vel quòd aquas toties rumpentis littora Nili
245　*Aſſiduè feriunt, coguntque reſiſtere flatus.*
　　Ille mora curſus, aduerſique obice ponti
　　Æſtuat in campos. ſunt qui ſpiramina terris
　　Eſſe putent, magnoſque cauæ compagis hiatus.
　　Commeat hac penitus tacitis diſcurſibus vnda
250　*Frigore ab Arctoo medium reuocata ſub axem,*
　　Cùm Phœbus preſſit Meroën, tellúſque peruſta
　　Illuc duxit aquas, trahitur Gangéſque, Padúſque,
　　Per tacitum mundi: tunc omnia flumina Nilus

Vno

239. *Zephyros quoque, &c.*] Improprie Eteſias Aquilones (qui à Ripheis & Septentrione naues pellere pluuia nubila in Auſtrum, & Niluni verſus fontes repulſum quo minus in mare ſe exoneret, adeoque exundet, ſiſtere dicuntur) vocat zephyros & ab Occaſu flare facit. vide Ioſ. Scal in prolegom. ad Manilium. Cæterum hanc opinionem diſcutit refutatque Io. Bapt. Scortia lib. 2. de natura & increm. Nili cap. 13. 14. & 15.
242. *Vel quod, &c.*] Quod Democriti placitū eſt. *Ab occiduo cælo.*] Vnde zephyri ſpirant.
244. *Vel quod aquas, &c.*] Quod Thaleti viſum eſt, *Toties rumpentis, &c.*] Alia cauſa incrementi: quaſi Libycum mare aſſiduo impulſu ſuo & violentia aquarum feriat ſeptem oſtiorum Nili littora & oneret ea ratione omnes ejus alueos aquis, ad inundationem vſque Horæ.
245. *Flatus.*] Ms. P. *Flatu, Flatus.*] Venti.
246. *Ille mora curſus, &c.*] Ni-

lus impeditus ab Eteſiis ex aduerſo flantibus, quo minus in mare delabatur, exudat. Ammian. Marcel. lib. 22. Solin. cap. 45. Plin. lib. 5. cap. 9. Herod. 2. *Aduerſique obice Ponti.*] Obiectu maris, ex quo tantum aquarum inuehitur. Hortenſ.
247. *Sunt qui.*] Quarta incrementi Nili cauſa, ſed abſurda, quam tamen Memphitici ſacerdotes tradebant, *Spiramina terris.*] Canales & meatus ſubterraneos.
249. *Vnda.*] Fluuij, vt mox verſu 252.
250. *Medium reuocata ſub axem.*] Sub Æquatorem aut torridam zonam cui ſubjacet Meroë, infra v. ſ. 305. 291. *Phœb' preſſit Meroën.*] Meroën premit Sol cum obtinet quartam decimam Leonis partem.
253. *Per tacitum mundi.*] per ſecretos meatus illos ſubterraneos. *Tunc omnia flumina Nilus.*] His fluminibus nō ſufficit vn' Nili alueus, adeoque exundat fluv.

253. *Ra*

Vno fonte vomens non vno gurgite perfert.

255 *Rumor, ab Oceano, qui terras alligat omnes,*
Exundante procul violentum erumpere Nilum,
Æquoreósque sales longo mitescere tractu.
Nec non Oceano pasci Phœbúmque polúmque
Credimus: hunc, calidi tetigit cùm brachia Cancri,
260 *Sol rapit, atque vnda plus, quàm quod digerat aer*
Tollitur. hoc noctes referant, Nilóque refundunt.
Ast ego, si tantam ius est mihi soluere litem,
Quasdam, Cæsar, aquas post mundi sera peracti
Secula, concussis terrarum erumpere venis,
265 *Non id agente Deo, quasdam compage sub ipsa*
Cum toto cœpisse reor, quas ille creator,
Atque opifex rerum certo sub iure coercet.
Quæ tibi noscendi Nilum Romane cupido est,
Et Pharius, Persísque fuit, Macetúmque tyrannis:
270 *Nulláque non ætas voluit conferre futuris*

Notitiam:

255. *Rumor ab Oceano.*] Alij sunt, qui opinantur feruntque Nilũ ab illo Oceano, qui terras ambit, exæstuante, incrementum aquarum capere; fluctus vero marinos salsuginem amittere atque dulcescere longo cursu. hanc opinionem examinat atque reijcit Scortia l.2. de Nilo, c.11.

258. *Nec non Oceano, &c.*] Alia opinio. Sidera aquis pasci, vt lib. 1. vf. 415. & lib. 9. vf. 313. aquarum itaque à Sole In Cancro attractarum partem à sideribus non digestam in Aethiopia deorsum noctu decidere, atque hinc Nilum crescere Herodoti sententia. vide cap. 19. lib. 2. Scortiæ de incremento Nili.

262. *Ast ego, &c.*] Ego reor alios fluuios è venis vi concussis erupisse ante orbem coalitum; alios accepisse ortum & leges certas à Deo in ipsa mundi creatione. Nilum autem hanc incrementi legem à prudenti Deo etiam tum accepisse. hanc tamquã vniuersalem causam à nostro positam vt & ab Aristide in oratione Aegyptiaca, pro leui refutat. Io. Baptista Scortia l.2. de natura & incremento Nili, c.1. Refutatis deinde variis aliorum opinionibus docet cap. 17. Nilum aquis pluuiis crescere.

265. *Compage sub ipsa.*] In prima mundi coagmentatione.

266. *Cum toto cœpisse reor.*] Cum rerum vniuersitate.

268. *Qua tibi noscendi, &c.*] Enumerat Cæsari reges, qui eodem studio cognoscendi originem Nili tenebantur: vt reges Aegyptiorum, Persarum; Macedonum; denique omnis ætatis mortales operam dedisse, vt ejus rei cognitionem posteris traderent. Hortens.

269. *Et Pharius, &c.*] Sesostri, Cambysæ, Alexandro, vt. seq.

270. *Futuris.*] Posteris. τοις ἔπειτα.

271. Sed

Notitiam: sed vincit adhuc natura latendi.
Summus Alexander regum quos Memphis adorat,
Inuidit Nilo, misitque per Vltima terræ
Æthiopum, lectos: illos rubicunda perusti
275 Zona poli tenuit; Nilum videre calentem
Venit ad occasum, mundique extrema Sesostris,
Et Pharios currus regum ceruicibus egit:
Ante tamê vestros amnes Rhodanúmque, Padúmque,
Quàm Nilum de fonte bibit. vesanus in ortus
280 Cambyses longi populos peruenit ad æui,
Defectúsque epulis, & pastus cæde suorum,
Ignoto te, Nile, redit. non fabula mendax
Ausit loqui de fonte tuo est, vbicunque videris,
Quæreris: & nulli contingit gloria genti,
285 Vt Nilo sit læta suo. tua flumina prodam,
Qua Deus vndarum celator, Nile, tuarum
Te mihi nosse dedit. medio consurgis ab axe,
Ausus in ardentem ripas attollere Cancrum:

In

271. *Sed vincit,* &c.] Necdum enim inuenti sunt eius fontes.
274. *Lectos.*] Electos viros, qui ortum Nili indagarent.
276. *Sesostris.*] Sesostrin hunc Tzetzes Chiliad. 3. cap. 69. var. list. refert Assyriorum regem fuisse, & regibus curru junctis vectum triumphasse. Idem Plin. lib. 33.cap.3. Val. Flac. Sed vide Herodoti Euterpen.
278. *Ante tamen,* &c.] Neque tamen inuenit magis quam vestrorum fluu. foates. Notario. ἢ ἀδυνάτω.
280. *Cambyses.*] Persarum rex, Cyri F. qui patris imperio adiecit Ægyptum. *Longi æui,* &c.] Maxìmlbus Aethiopas. Herod.l. 3. Plin.lib.6.cap.30.
281. *Defectúsque epulis,* &c.] Destinarat Cambyses triplex bellum, nauale contra Carthagiuenses, alterum terrestre contra Ammonios; tertium in Macrobios

Aethiopas, deficiente autem in Itinere commeatu, ingens fames exercitum inuasit: vnde decimum quemque militem sorte ductum edebant, &c. Herod. 3.
282. *Non fabula mendax.*] Ita vt non falsum sit quod de Nili origine dicitur, *Nemini notam esse.*
286. *Qua*]Quatenus.
287. *Medio consurgis ab axe.*]A Meridie (innuit autem polum Antarcticum) in Septentrionem recto cursu deferrtur Nilus, nisi quod sinuoso flumine modo Arabiam ex æquo alluat. Inde Africam ab Æthiopia dispescens, &c. Plin. lib.5.cap.9.
288. *Ausus in ardentem,* &c.] Alueo quidem contemtus, à Cataractis, quæ sub cancro sunt ante per arenosa & squalentia flueus, quandoque se terra condens & post dierum aliquot itinera erumpens. *In ardentem ripas,* &c.]

Con

In Boream is rectus aquis, mediúmque Booten:
290 Cursus in occasum flexu torquetur, & ortus,
   Nunc Arabum populis, Libycis nunc aquis arenis:
   Teque vident primi, quærunt tamen hi quoque, Seres,
   Æthiopúmque feris alieno gurgite campos:
   Et te terrarum nescit cui debeat orbis.
295 Arcanum natura caput non prodidit ulli,
   Nec licuit populis paruum te, Nile, videre,
   Amouitque sinus, & gentes maluit ortus
   Mirari, quàm nosse tuos. consurgere in ipsis
   Ius tibi solstitiis, aliena crescere bruma,
300 Atque hyemes adferre tuas: solique vagari
   Concessum per vtrosque polos. hic quæritur ortus,
                                                    Illic

Contrà Septentrionem cursum ad Cancri Solstitialem tropicum vertere. Hortens.
289.Is.] Definiis. Rectus aquis.] Directè aduersum Borean. Mediúmque Booten.] Astronomica ratione amplius monstrat vagum Ipsum Nili. Est autem Bootes, sidus, quod Arctophylax etiam vocatur. Βοώτης, bubulcus: Arctophylax custos vrsæ. stella haud procul ab vrsa maiore, & tanquam bubulcus plaustrum sequi videtur. Hortensius.
290. Cursus in occasum, &c.] Scribe aut occasus, cum Ms.R.A.& T. aut cursum, cum Ms.P.Grotius.
291. Æquus.] Benignus.
292. Primi te vident.] Apud eos enim primum apparet. Sulpitius. Seres Æthiopumque.] Aethiopiæ gens, vt placet Heliodoro l.9.Indiæ pop.vt Orosio lib. 3. cap.14. Non itaque in tantum errat aut hallucinatur noster quantum à Jos. Scal. ad Manilium arguitur. vide quæ ad lib.1.vs.19. Glareanus coniicit legend. seri vt opponatur eis primi.
293. Feris alieno, &c.] Præter æqeris aduena ex alieno orto flum.
295. Arcanum natura, &c.]

Fontes Nili ignoros, quem tamen Ptolemæus & alij è Lunæ montibus oriri referunt: Vitruuius ex Atlante Mauritaniæ, Iubam secutus.
296. Paruum.] Nascentem. Sulpitius.
298. Consurgere in ipsis Ius tibi solstitiis, aliena crescere bruma, Atque hiemes efferre tuas.] Hiemes vocat abundantiam aquarum, quam in nostro orbe tempore fere hiberno experimur. Scribo autem efferre, vt habent quidam codices & vetustissima Romana editio, non adferre. Plinius in Panegyr. quia piger Nilus eunctanter alueo sese ac languide exculerat. Gronouius. Consurgere, &c.] Crescere, exundare, vt supra vs.215. & deinceps.
299. Solstitiis. Solstitio æstiuo. Aliena crescere bruma.] Diuersa ab aliis fluu.ratione. supra vs.218.
300. Hyemes adferre tuas.] Incrementum tuum, quasi hybernum.
301. Per vtrosque polos.] Per terras longe ab vtraque Aequatoris parte recedentes ad vtrunque polum. Hic quæritur ortus.] Apud nos ad Arcticum sitos, de origine tua quæstio est.

301.Illic

Illic finis aquæ, latè tibi gurgite rupto
Ambitur nigris Meroë secunda colonis,
Lata comis hebeni: quæ, quamuis arbore multa
305 *Frondeat, æstatem nulla sibi mitigat vmbra:*
Linea tam rectum mundi serit illa Leonem.
Inde plagas Phœbi, damnum non passus aquarum,
Præcheris, steriléfque diu metiris arenas,
Nunc omnes vnum vires collectus in amnem,
310 *Nunc vagus, & spargens facilem tibi cedere ripam.*
Rursus multifidas reuocat piger alueus vndas,
Qua dirimunt Arabum populis Ægyptia rura
Regni claustra Philæ. mox te deserta secantem,
Quâ dirimunt nostrum rubro commercia Pontum,
315 *Mollis lapsus agit. quis te tam lene fluentem*
Moturum tantas violenti gurgitis iras,
Nile, putet? sed cùm lapsus abrupta viarum

Excepere

302. *Illic finis aquæ.*] Apud Antarcticos, de exitu & ostiis. *Gurgite rupto, &c.*] Diuidente se Nilo & Meroën insl. circundante.
304. *Hebeni.*] Supra vs. 117. *Quâ quamuis, &c.*] Meroën premit Sol cum obtinet decimam quartam partem Leonis. vide lib. 1. vs. 587.
306. *Linea tam rectum, &c.*] Illa regio linea tam perpendiculari Soli in Leone subiacet.
307. *Plagas Phœbi.*] Zonam torridam. *Damnum non passus aquarum.*] Diminutionem, attrahentibus illum Sole & sideribus.
308. *Metiris arenas.*] Peruagaris per arenas steriles. *Horrens.*
309. *Nunc omnes vnum, &c.*] Modo in vno amne, omnibus suis aquarum viribus collectis decurrit: nunc vagus egreditur ripas suas, quæ facile vndarum impetui cedunt. *Horrensius.*
311. *Rursus multifidas, &c.*] Paulò post redit aqua in alueos suos, vbi Aegyptus, inquit, ab Arabia diuiditur. Et monstrat locum, quasi digito, vbi *Philæ* sunt, quas, claustra regni vocat. *Herr.*
312. *Quâ dirimunt Arabum, &c.*] Vbi Aegyptus ab Arabia diuiditur, ad Philas opp. Straboni lib. 17. Ptolom. & Heliodoro l. 8. sed Plinio insl. c.c.9. & Senec.l.4.c.2.
313. *Claustra Philæ.*] Fines. vel alludit ad τὰς πύλας. Solinus. c. 45. Caradupas appellat Nili claustra. *Mox te deserta secantem.*] Rursum lentior fluit per ea deserta, quâ Rubrum mare diuimit nostrarum gentium commercia. *Hort.*
314. *Quâ dirimunt, &c.*] Qua non ita multum Mediterraneum mare ab Erythræo ceu rubro diuiditur.
317. *Sed cum lapsus, &c.*] Nec alibi torrentior, vectus aquis properantibus ad locum Aethiopum, qui Cataldupi vocantur, nouissimo Cataracte inter occursantes scopulos non fluere immenso fragore sed ruere creditur. postea lenis, &c. Plin. libro 5. capite 9.

318. *Fra*

CIVILIS BELLI LIB. X.

Excepére tuos, & præcipites cataractæ,
Ac nusquam vetitis vllas obsistere cautes
320 *Indignaris aquis: spuma tunc astra lacessis:*
Cuncta fremunt vndis: ac multo murmure montis
Spumeus inuictis canescit fluctibus amnis.
Hinc, Abaton quam nostra vocas veneráda vetustas,
Terra potens, primos sentit percussa tumultus,
325 *Et scopulis, placuit fluuij quos dicere venas,*
Quòd manifesta nouí primum dant signa tumoris.

318. *Præcipites cataractæ.*] Partim enim, vt Mela inquit, asper decurrit, propter cataractas hoc est præcipites & torrentes vadarum, ex asperis & vrgentibus scopulorum angustiis lapsus qui in Nilo multi sunt, ob crebra insularum, rupiumque è medio alueo extantium impedimenta: interim alloquin & dulcissimi haustus fluuium, iminantia rupium obstacula ita exasperant, vt sævus, nô sua culpa insurgat. *Hort.*

319. *Ac nusquam, &c.*] Atque indignaris vllas cautes obsistere tuis aquis nusquam alibi inhibitis. 320. *Spuma ruc astra lacessu.*] Frequentia illic saxa scopulis similia aquam magna vertigine mirabilique allisum reflectunt, Inque contrarium cursum spumis agunt redundantibus, &c. Diod. Sic. Senec. Nat. quæst. 4. scopulis asperatur, &c. Solin. cap. 45. Mela lib. 1. cap. 9.

323. *Hinc Abatos, quam nostra vocat veneranda vetustas Petra patens primos sentit percussa tumultus.*] Sic legendum. nam malè est etiam in optimis, *Terra potens*, petra est & saxum, non terra. *tumultus* autem vocat, Nili tumores & auctus. Lucum Sen. Natural. Quæst. 1v. totum Lucanus versibus expressit. Sequitur enim: *Et scopuli placuit fluuij quos dicere venas.* Πηγάς: Nε̃ν Græci vocant, deinde. *Quod manifesta noui primú dant signa tumoris.*

Hinc

Hos montes natura vagis circumdedit vndis
Qui Libyæ re Nile negent: quos inter vt alea.
In conualle jacens stat mollibus vnda quietis.

Sic legendi hi versus, qui vulgo non tam sinceri. montium objectu pressus ait Nilum Seneca, ne in latitudinem excederet. Lucanus montes à natura vagis aquis Nili circumdatos. qui eum Libyæ negarent. Nam si in latitudinem excederet, Libyam vtique perfunderet, non Ægyptum. at montibus illis pressus & coercitus rectà exit in Ægyptum, inter montes illos Nilum, vt alta in conualle molibus quietis stare dicit: nam moles aquarum quietæ ac veluti stantes in profundo & alto alueo, qui velut connallis locum obtinet, inter duos montes altissimos. Fonté ergò venasque Nili inter Syenen & Elephantinē Ægyptii constituebant in medio duarū eminentiū saxorū vide Salmas. Plin. Exerc. p. 43 p. lati & accurati° hac de re differentem. *Abaro quá, &c.*] Petra cen insula Nili prope Philas ad primū cataractam, inaccessibilis, vnde nomen.

325. *Placuit fluuij, &c.*] Quos nonnulli fontes Nili credebant.

327. *Quod manifesta, &c.*] Quod hic primum intra alueum fluere, hinc increscere apparet. *Signa tumoris.*] Hic *tumorem*, pro mole aquæ posuit. *Salmas.*

327. *Hinc*

Hinc montes Natura vagis circumdedit vndis,
Qui Libyete,Nile,negant : quos inter vt alta
In conualle jacens stat molibus vnda receptis.
330 Prima tibi campos permittit,apertáque Memphis
Rura,modúmque vetas crescendi ponere ripas.
Sic velut in tuta securi pace trahebant
Noctu iter media : sed non vesana Pothini
Mens imbuta semel tam sacra cade,vacabat
335 A scelerum motu. Magno nihil ille peremto
Iam putat esse nefas : habitant sub pectore manes,
Vltricésque Deæ dant in noua monstra furorem.
Dignatur viles isto quoque sanguine dextras,
Quo Fortuna parat victos perfundere Patres ;
340 Pœnáque ciuilis belli,& vindicta Senatus
Penè data est famulo.procul hoc auertite fata
Crimen,vt hæc Bruto ceruix absente secetur.
In scelus it Pharium Romani pœna tyranni,

Exemplum

327. *Hinc montes,&c.*] Subinde Insulis impactus,totidem incitatus irritamentis, postremo inclusus montibus,&c. Plin.lib.5.cap.9.
328. *Qui Libyæte Nile.*] Qui te ab Africa diuertunt. *Quos inter vt alta,&c.*] Nostra est mutatio. antea fuit & In quibusdam *in*, & versu sequente pro *in, it* Alueus fluminis montes inter, conuallis obtinet speciem. Olim sic conjeceramus legendum ; sed tutius Mss.sequi : *quos inter in Alta Ie conualle tacens* jam moribus vnda receptis.Non jam cum tumultu ralt, sed silenti) & modestiæ retinens labitur.Gror. *Quos inter, &c.*] Inter quos montes. Nilus flagrans obtinet conuallis speciem.
330. *Prima tibi campos, &c.*] Memphys prima vrbs est planæ & jacentis Ægypti, vnde exundare incipit Nilus,nullis ripis fluuium coërcentibus. vetatque ripas ponere modum crescendi.
332. *Sic velut in tuta,&c.*]Hu-

jusmodi colloquiis totam noctem,quasi nullum esset bellum, exemerant.Et sic porro ad historiam redit.Hort.
334. *Cade.*]Pompeji.
335. *Magno peremptos nihil,&c.*] Interfecto jam Pompejo, omnia sibi licere existimabat ; ergo nouum scelus animo agitabat.Hort.
336. *Manes.*] Vmbra Pompeji.
337. *Dant noua monstra furorem.*] Excitant hominis animum ad nouum furorem, & immane scelus audendum, quod nunc noua monstra appellat.Hort.
338. *Viles.*] Eunuchi Pothini & Achillæ. *Isto quoque,&c.*] Cæsaris, vt modo Pompeji.
340. *Pœnáque ciuilis belli, &c.*] Patrum & Bruti dextris ereptæ libertatis vindicibus futuris,pene præripuerat Cæsaris cædem famulus Pothinus. 341. *Bruto ceruix, &c.*] M. Bruto Cæsaris interfectore futuro, lib.7. v.f.586.
343. *In scelus it Pharium.*] Ægyptiorum

CIVILIS BELLI LIB. X. 507

Exemplúmque perit, struit audax irrita fatis,
345 *Nec parat occulta cædem committere fraudi:*
Inuictúmque ducem detecto Marte lacessit.
Tantum animi delicta dabant, ut colla ferire
Cæsaris, & socerum jungi tibi, Magne, juberet:
Atque hæc dicta monet famulos perferre fideles
350 *Ad Pompeiana socium sibi cæde Achillam,*
Quem puer imbellis cunctis præfecerat armis,
Et dederat ferrum, nullo sibi jure retento,
In cunctos, in seque simul. Tu mollibus, inquit,
Nunc incumbe toru, & pingues exige somnos:
355 *Inuasis Cleopatra domum. nec prodita tantum est,*
Sed donata Pharos. cessas accurrere solus
Ad dominæ thalamos? nubet soror impia fratri:
Nam Latio iam nupta duci est: intérque maritos
Discurrens Ægypton habet, Romámque meretur.
360 *Expugnare senem potuit Cleopatra veneno.*

Crede

pelorum conatu & insidiis, à quibus nefas est, eum occidi. Horr. *In scelus it Phariam*, &c.] pœna à Cæsare tyranno sumenda Romanis pene factum erat scelus Aegyptiorum, & tyrannicidæ gloria atque exemplum prope perierat.

344. *Exemplúmque perit*.] Quod tyrannus jure à suis debeat occidi. Horr. Vel factum Bruti, quod sit posteritatem in tyrannos excitaturum. Sulp. *Irrita fatis*.] Quæ in fatis non erat perficere.

345. *Nec parat occulta*, &c.] Erat in procuratione regni propter ætatem pueri nutricius eius eunuchus Pothinus. iis primum inter suos queri atque indignari cœpit, regem ad dicendam causã euocari: deinde adjutores quosdam conscios sui nactus ex regiis amicis, exercitum à Pelusio clam Alexandriam euocauit. atque Achillam, quem omnibus copiis præfecerat incitatum suis, & regis instatum pollicitationibus, quæ

fieri vellet, literis nuncusque edocuit. Cæs. com. civ. bell. 3.

353. *Tu mollibus*, &c.] Ex obliquo segnitiem illius arguens: Achillam ad cædem Cæsaris excitat.

355. *Domum*.] Regiam.

356. *Sed donata Pharos*.] Sed palàm donatum est Cleopatræ à Cæsare Aegypti regnum. *Cessas accurrere solus*.] Cessas, vel si solus esses neque tali exercitu instructus, accurrere ad has nuptias opprimendas & præueniendas?

357. *Nubet soror*, &c.] Ita legi ex Ms. in quibus *nubit* vulgati pejus, *nupsit*. Grotius. *Nubet soror impia fratri*.] Procul dubio efficiet Cæsar cui illa jam vice vxoris est, vt Cleopatra concilietur Ptolemæo.

359. *Discurrens*, &c.] per vices. *Meretur*.] Noctibus.

360. *Senem potuit*.] Cæsarem. *Venenü*.] philtris, veneficiis amoris, illecebris & lenociniis formæ.

361. *Crede*

Crede miser puero: quem nox si junxerit una,
Et semel amplexus incesto pectore passus
Hauserit obscœnum titulo pietatis amorem,
Meque, tuúmque caput, per singula forsitan illi
365 Oscula donabit. crucibus, flammísque luemus
Si fuerit formosa soror. nil vndique restat
Auxilij: rex hinc coniux, hinc Cæsar adulter:
Et sumus, vt fatear, tam sæua iudice sontes.
Quem non è nobis credet Cleopatra nocentem
370 A quo casta fuit? per te, quod fecimus vnà,
Perdidimúsque nefas, pérque istum sanguine Magni
Fœdus, ades: subito bellum molire tumultu:
Irrue: nocturnas rumpamus funere tedas,
Crudelémque tori dominum mactemus in ipsis
375 Cum quocunque viro. nec nos deterreat ausis
Hesperij Fortuna ducis. quæ sustulit illum,
Imposuítque orbi, communis gloria nobis:
Nos quoque sublimes Magnus facit. aspice littus

Spem

361. *Crede miser puero.*] Ms. *puerium.* Crede jam Cleopatræ Ptolemæum, illi inquam, quæ senem Cæsarem potuit in amorem sui pellicere. *Gronou.* Crede miser puero.] Ironice.

362. *Incesto pectore passus.*] Sororis, quam duxerit in matrimonium.

363. *Hauserit, &c.*] Incestum velauerit coniugij nomine.

366. *Si fueris formosa soror.*] Si forma sororis fratri placere cœperit.

368. *Sæua iudice sontes.*] Cleopatra.

369. *Nocentem, &c.*] Vel hoc nomine, quod non & nos cum illa consuetudinem habuimus.

370. *Per te.*] Obtestatio. *Quod fecimus vna.*] Obtestatur Achillam per scelera & nefaria inter se perpetrata, vt quam primum cum exercitu approperet: Obtestatur per fœdus, sanguine Pompeij medio fuso ceu libamine, percussum. *Hortens.*

371. *Perdidimúsque nefas.*] Male collocauimus, nullum consecuti illius præmium; nisi & nouum hoc hoc scelus adjungamus. *Istum sanguine Magni, &c.*] Allusum ad morem faciendi fœderis.

373. *Tedas.*] Nuptias.

375. *Cum quocunque viro.*] Ptolemæo, ceu Cæsare. *Nec nos deterreat, &c.*] Occupat quod objici posset, quo à cæde deterrerentur. Cæsarem bellis tot victorem & fortunatum esse: Periculú fore, vt consiliú infeliciter caderet. *Hesperium ducem,* Cæsarem vocat. *Hort.*

376. *Sustulit illum.*] Euexit.

377. *Communis gloria nobis.*] Occupat occupatione gloriam communem ex cæde vtriusque Pompeij & Cæsaris paranda. *Hortens.*

378. *Nos quoque, &c.*] Nos quoque

CIVILIS BELLI LIB. X.

Spem nostri sceleris: pollutos consule fluctus
380 Quid liceat nobis: tumulúmque è puluere paruo
Aspice Pompeij non omnia membra tegentem.
Quem metuis, par huius erat. non sanguine clari:
Quid refert? nec opes populorum, ac regna mouemus.
Ad scelus ingentis fati sumus. adtrahit illos
385 In nostras Fortuna manus. en altera venit
Victima nobilior. placemus cæde secunda
Hesperias gentes. jugulus mihi Cæsaris hauftus
Hoc præstare potest, Pompeij cæde nocentes
Vt populus Romanus amet. quid nomina tanta
390 Horremus, virésque ducis, quibus ille relictis
Miles erit? nox hæc peraget ciuilia bella,
Inferiásque dabit populis, & mittet ad vmbras,

que gloriam hanc cum Cæsare diuidimus: ille deuicit, nos interfecimus. *Litus.*] In quo cæius est Pompeius, vbi jacet sepultus.
379 *Spem nostri sceleris.*] Quod iubeat nos sperare idem posse in Cæsare. *Pollutos, &c.*] Cæde Pompeij.

382 *Quem metuis, &c.*] Cæsaris Fortuna & gloria non maiores sunt quà fuere illæ Pompeij. *Non sanguine clari.*] Obiec. Sed nos, inquies, non sumus genere clari.

383 *Quid refert? Soluc.* Neque tamen nos (quod illi fecerunt) solicitauimus populos & reges in nostra auxilia & ad exequendum quod proposuimus. ad quod ipsi per nos sufficimus. *Nec opes populorū.*] Nec opes populorū mouemus; sed ipse se vltrò offert nobis, & ad scelus ingentes facti sumus, postquam semel occidimus Pompeium. *Horrens.*

384. *Ad scelus ingentis fati sumus.*] Magnum est fatum nostrum & potens ad scelera. Ita Grotius qui hanc lectionem probat. Alteram lectionem, *Ad scelus ingenses facti sumus,* adstruere poterit illud Lycij apud Senec. in Herc. Fu.

Quod
vs. 337. nobiles nō sunt mihi Aui, nec aliis inclytum meubis genus: Sed clara virtus, &c. prosperum autem, vt habetur in eadē tragœdia vs. 250. ac felix scelus Virtus vocatur. Adrahit, &c.] Illos scil. populos, ipsa fortuna vltrò nobis conciliat & quasi in manus tradit. Altera victima hic obiecta, qua gentes ac populos externos placemus. *Micyllus.*

385 *Altera &c.*] Cæsar.

386. *Placemus cæde secunda, &c.*] Rituale verbū quando principe litatum. non sit. Metaphora à sacris.

387. *Iugulus mihi, &c.*] Cæsaris innisi cæde conciliabimus nobis Romanos offensos de Pompeij.

388. *Nocentes.*] Nos Aegyptios, quos odit. *Sulpit.*

390. *Quibus ille relictis, &c.*] Quos titulus & nomina si illi adimas, nil nisi miles est. sic lib. 3. vs. 366. priuatum factura iuuentus.

391. *Nox hac peraget.*] A facili vna hac nocte, interfecto Cæsare, finē imponemus bello ciuili. *Hort.*

392. *Inferiásque dabit populis.*] Cæsarem, tanquam sacrificiū vmbras cæsorum pop. placaturum.

394. *Præstes*

Quod debetur adhuc mundo, capat. ite feroces
Cæsaris in jugulum: praestet Lagea juuentus
395 *Hoc regi, Romana sibi. tu parce morari:*
I lentum epulis, madidúmque mero, Venerique parasu
Inuenies: aude: Superi tot vota Catonum,
Brutorúmque tibi tribuent. Non lentus Achillas
Suadenti parêre nefas. haud clara monendis,
400 *Vt mos, signa dedit castris, nec prodidit arma*
Vllius clangore tuba: temerê omnia saui
Instrumenta rapit belli. pars maxima turba
Plebis erat Latia: sed tanta obliuio mentes
Cepit, in externos corrupto milite mores,
405 *Vt duce sub famulo, iussúque satellitis irent,*
Quos erat indignum Phario parere tyranno.
Nulla fides, pietásque viris, qui castra sequuntur,
Venalésque manus: ibi fas, vbi maxima merces:
Ære merent paruo: jugulúmque in Cæsaris ire
410 *Non sibi dant. pro fas! vbi non ciuilia bella*

Inuenit.

394. *Praestet Lagea iuuentus,* &c.] In castris tuis milites Aegyptij praestent hanc libertatis gratiam regi suo, quem Cæsar apud se tenet tanquam captiuum: Romani (vt mox vf.403.) sibi oppressore scil. libertatis Cæsare cæso.

397. *Catonum,* &c.] Catonis, Scipionis, Bruti, &c. quibus hoc maximè in votis est.

398. *Non lentus Achillas,* &c.] Dum Cæsar laboraret controuersias regum componere, subito exercitus regius, equitatúsque omnis venire Alex. nunciatur, &c. Cæs. com. ciu. bell. 3.

400. *Nec prodidit arma.*] Silentio petebat Alexandriam, vt incautum ac securum Cæsarem opprimeret. Horten.s.

402. *Pars maxima turba,* &c.] Erant cum Achilla copiæ, vt neque numero, neque genere hominum, neque vsu rei militaris contemnendæ viderentur. millia enim viginti in armis habebat. hæ constabant ex Gabinianis militibus: qui iam in consuetudinem Alexandrinæ atque licentiam venerant, & nomen disciplinamque pop. Romani dediscerant, vxoresque duxerant, &c. Cæs. com. ciu. bell. 3.

403. *Sed tanta,* &c.] Indignationem huiusmodi vide apud Horat. Ode 1.l.3.

405. *Duce.*] Achilla.

406. *Pharioparere tyranno.*] Ipsi regi Aegyptio.

408. *Venalesque manus.*] Non ex animo suo aut se in libertatem vindicaturi; sed stipendio conducti.

410. *Non sibi dant.*] Hoc est, non sua sponte & authoritate mortem Cæsaris petunt, vt hostis, sed stipendio conducti, quo ad nulla non flagitia impellantur, id sunt facturi. Hor. *Vbi nō ciuilia bella,* &c.] Milites Rom. qui non intersue

Inuenit imperij; fatum miserabile nostri?
Thessalia subducta acies in littore Nili
More furit patrio. quid plus te, Magne, recepto
Ausa foret Lagea domus? dat scilicet omnis
415 *Dextera, quod debet Superis: nullique vacare*
Fas est Romano. Latium sic scindere corpus
Diis placitum: non in generi, socerique fauorem
Discedunt populi. ciuilia bella satelles
Mouit, & in partem Romanam venit Achillas.
420 *Et nisi fata manus à sanguine Cæsaris arcent,*
Hæ vincent partes. aderat maturus vterque:
Et districta epulis ad cunctas aula patebat
Insidias: poterátque cruor pe regia fundi
Pocula Cæsareus, mensaque incumbere ceruix.
425 *Sed metuunt belli trepidos in nocte tumultus,*
Ne cædes confusa manu, permissáque satis
Te, Ptolemæe, trahat. tanta est fiducia ferri.
Non rapuere nefas: summi contemta facultas

Est

terfuerant prælio Pharsalico, hic tamen Aegypto ciuili sanguine manus imbuere parant, sic l. 8. v. 601.

413. *Magne.*] Auersio ad Pompejum. qui si reuiuisceret; quid Aegyptij plus contra Cæsarem efficere potuissent, quam eo mortuo jam fecerunt. Horr. Te, Magne, &c.] Si Pompejum exceptum tuerentur armis Aegyptij?

414. *Dat scilicet omnis*, &c.] Omnis vbique Rom. dextra se immiscet bello huic ciuili ita volentibus Superis.

416. *Latium sic scindere Diis placitum.*] Ita Diis visum rex Rom. & vires vnitas diuellere & dissoluere fictionibus; neque his Pompeij & Cæsaris, sed tertias partes se quoque ingerit satelles Aegyptius Achillas.

420. *Et nisi fata manus.*] Et nisi satis reseruatus esset Cæsar interficiendus Romæ; hic certe ab his fuisset oppressus.

421. *Aderat maturus vterque.*] Pothinus intra, Achillas extra vrbem. plutarchus refert, tonsorem Cæsaris, hominem timidissimum, dum omnia curiose explorarer, percepisse insidias Cæsari strui ab Achilla & pothino, indiciumque rei detulisse, Cæsarem coenaculum præsidio cinxisse, & pothinum interfici jussisse. Achillam vero fuga in castra elapsum intulisse ei difficillimum bellum, &c. Aliter Cæs. l. 3. de bello ciuil.

422. *Districta.*] Impedita, distracta.

426. *Ne cades confusa, &c.*] Ne qua forte & ipse rex Ptolemæus in tumultu pereat.

428. *Non rapuere nefas.*] Non itaque temere & raptim aggressi sunt facinus. *Summi contemta*, &c. *visum famulis.*] Visum est iis occasionem hanc omittere atque opportunius resumere die insequente.

450 *Hesperia cunctos proceres, aciémque Senatus,*
Pompeiúmque ducem, causa sperare vetante,
Non timuit, satúmque sibi promisit iniquum,
Expauit seruile nefas, intráque penates
Obruitur telis; quem non violasset Alanus,
455 *Non Scytha, non fixo qui ludit in hospite Maurus.*
Hic, cui Romani spatium non sufficit orbis,
Paruaque regna putat Tyriis cum Gadibus Indos,
Ceu puer imbellis, ceu captis femina muris,
Quærit tuta domus: spem vitæ in limine clauso
460 *Ponit, & incerto lustrat vagus atria cursu:*
Non sine rege tamen; quem ducit in omnia secum,
Sumturus pœnas & grata piacula morti;
Missurúsque tuum, si non sint tela, nec ignes,
In famulos Ptolemæ caput. sic barbara Colchis
465 *Creditur vltorem metuens regnique, fugæque,*
Ense suo fratrisque simul ceruice parata
Expectasse patrem. cogunt tamen vltima rerum

Spem
sperauit; jam trepidauit. *Amplificatio. Æmi.*] Thraciæ quidem montis: sed nostro semper fere Thessaliæ.
451. *Causa sperare vetante.*] Iniqua, nec felicem exitum promittente.
452. *Fatum iniquum.*] Injustam victoriam. *Sulpit.*
453. *Seruile nefas.*] Scelesta Achillæ satellitis regij arma.
454. *Quem non violasset.*] Altera exaggeratio. *Alanus.*] Scythiæ Europeæ pop.
455. *Non fixo, &c.*] Non Mauri Inhospitales, qui per lusum & exercendi gratia hospites pro scopo positos sagittis configunt.
456. *Hic cui Romani, &c.*] Hic cui non suffecit Romanum Imperium ab Indis vsque in Oriente ad Gades in Occidente, insulam in qua colonia Tyriorum. *omnes terræ quæ sunt à Gadibus vsque Ad Gangem.*

459. *Tuta domus, &c.*] Pars erat regiæ exigua, in quam ipse habitandi causa initio erat inductus, &c. *Cæs.com.ciu.bell.3.*
461. *Non sine rege tamen.*] Regem vt in sua potestate haberet, Cæsar effecit, magnamque regium nomen apud suos auctoritatem habere existimans, &c. ibid. *Omnia secum.*] Loca omnia, vel euentum omnem.
462. *Tenus.*] A rege.
464. *Famulos [Ptolemæ caput.] Achillam & alios. Sic barbara Colchis.*] Non secus ac Medea insequentem partem aurei velleris prodidi vindicem morata est, fratrem Absyrtum discerpendo dispergendoque, vide quæ nos ad *Sen. Med.* vs. 44.
466. *Ceruice parata.*] Ad omnem euentum & calum mortis. *Hortens.*
467. *Cogunt tamen, &o. missúsque satelles, &c.*] Missi à rege ad Achilla in

Spem pacis tentare ducem : missúsque satelles
Regius, ut sanos absentis voce tyranni
470 *Corriperet famulos, quo bellum auctore moverent.*
Sed neque ius mundi valuit, neque fœdera sancta
Gentibus : orator regis, pacísque sequester,
Æstimat in numero scelerum ponenda tuorum
Tot monstris Ægypte nocens. non Thessala tellus,
475 *Vastáque regna Iubæ, non Pontus, & impia signa*
Pharnacis & gelido circumfluus orbis Ibero
Tantum ausus scelerum, non Syrtis barbara, quantū
Deliciæ fecere tuæ. premit undique bellum,
Inque domum iam tela cadunt, quassántque penates.
480 *Non aries uno moturus limina pulsu,*

Fractu-

Achillam Serapion & Dioscorides (inquit Cæs. com. 3. ciu. belli) quos ille, prius quam audiret, aut, cuius rei causa missi essent cognosceret, corripi ac interfici jussit, &c.

469. *Absentis tyranni*, &c.] Regis Ptolemæi.

471. *Ius mundi valuit.*] Ius gentium quo sacrosancti sunt legati.

472. *Sequester.*] Mediator, legat°.

473. *Æstimat in numero.*] Conjectura nostra est: *Res minima in numero.* Sensus mihi videtur: Legati cædes apud alias gentes maximum est scelus; sed inter Aegypti scelera minimum. Nihil me movent Mss. Itaque perseuero in veteri conjectura, *Res minima: nisi mallis, res ima.* Legati autem hi regii vocabantur Dioscorides & Serapio : ut ex Liuio ad hunc locum notat vetus Scholiastes in Ms. P. Sed & in commentario de bello Alexandrino eadem exstat historia. Grotius *Æstimat in numero.*] Æstimationem ceu specimen dat scelerum Aegypti.

474. *Monstris, &c.*] Sceleribus. *Non Thessala tellus.*] Amplificatio. Non bellum Thessalicum, quo cum Pompejo conflixit. non Africum, quo Scipionem & Iubam Mauritaniæ regem deuicit: non Ponticum, quo Pharnacem Mithridatis F. Occasione ciuilis belli capta, patrium regnum in potestatem suam redigere conatum vidit, vicit, Ponto expulit: non Hispanica bella, quorum altero Petreium & Afranium Pompeji duces; altero Cn. & Sext. filios Pompeji deuicit. Non hæc omnia tantum afflixere Cæsarem quantum delicati isti famuli atque Eunuchi Aegyptij.

475. *Vastáque regna Iubæ.*] Ad versum 670. *Impia signa*, &c.] Propter defectionem à patre. lib. 1. vs. 136. & L. 5. vs. 637. nec non conatum Bithyniam, Cappadociam & Armeniam inuadendi, principésque ad defectionem pertrahendi.

476. *Gelido, &c.*] Hispania, *quam torrens ambit Iberus* lib. 7. vs. 15.

478. *Deliciæ fecere.*] Ne virilia quidem: porrecta, Pothinus atque Ganimedes. Florus lib. 4. cap. 2. *Tuæ.*] Tuæ ô Aegypte.

479. *Inque domum, &c.*] Primo impetu domum eius irrumpere conatus est, &c. Cæs. com. ciu. bell. 3.

480. *Non aries uno, &c.*] Oppugnationem domus, quam Cæsar tenebat,

CIVILIS BELLI LIB. X.   515

Fracturúsque domum, non vlla est machinæ belli:
Nec flammis mandatur opus: sed cæca iuuentus
Consilij, vastos ambit diuisa senates,
Et nusquam totis incursat viribus agmen.
485 *Fata vetant, murique vicem fortuna tuetur,*
Necnon & ratibus tentatur regia, quà se
Protulit in medios audaci margine fluctus
Luxuriosa domus. sed adest defensor vbique
Cæsar, & hos aditus gladiis, hos ignibus arcet:
490 *Obsessúsque gerit (tanta est constantia mentis)*
Expugnantis opus. piceo iubet vnguine tinctas
Lampadas immitti iunctis in bella carinis.
Nec piger ignis erat per stuppea vincula, perque
Manantes cerâ tabulas: & tempore eodem
495 *Transtráque nautarum summíque arsere ceruchi.*
Iam propè semusta merguntur in æquore classes,

Iamque

tenebat, describit. Horrens. Aries vno moturus.] Ad vs.300.l.3.
482. *Nec flammis mandatur opus.*] Nec incendium parant. Cæca iuuenta.] Expers consilij.
485. *Fata vetant, &c.*] Cæsaris Fortuna hostibus ademit consiliū, illique præstitit incolumitatem.
486. *Necnon & ratibus tentatur regia.*] Eodem tempore pugnatum est ad portum (inquit Cæsar cre. 3.) dum naues longas occupare hostes conarentur; quarum erant auxilio L. missæ ad Pompejum, quæ prælio in Thessalia facto domum redierant, præter XXII. constratas, quæ præsidij causa Alexandriæ esse consueuerant; quas si occupassent, classe Cæsaris erepta, portum ac mare totum in sua potestate haberent, commeatu auxiliisque Cæsarem prohiberent, &c. Quâ se, &c.] Regiæ enim pars in quam Cæsar habitandi causa initio erat inductus, habebat aditum ad portum & ad reliqua nauallia, Cæs. comm.3.

488. *Luxuriosa domus.*] vel propter comessationem nocturnam ita à Lucano descriptam: vel propter magnificentiam regiam & eximio splendore structam. Monstrat locum, vbi redintegrata pugna fuerit, ad portum scil. circa naualia. Horrens.
491. *Piceo iubet.*] Phalaricas, ad versum 681.lib.3.
492. *Iunctis in bella carinis.*] Nauibus quæ præsidij causa Alexandriæ esse consueuerant. modo ad vs.486.
493. *Stuppea vincula, &c.*] Funes nauticos & tabulas pice vnctas. vt l.3.vs.683.
495. *Summíque arsere ceruchi.*] Οἱ κάρχοι, cornu habentes, à κέρας & ἔχω. ceruchus est funis rudens, antennarum cornua firmans suásque habens in puppi ansas, quibus religatur. alij ipsas antennas sic dictas volunt à cornubus quæ habent. Ceruchi.] Cornua antennarum. libro 8. vs. 177.

Iamque hostes, & tela natant. nec puppibus ignis
Incubuit solis: sed qua vicina fuere
Tecta mari longis rapuere vaporibus ignem:
500 Et cladem fouere Noti, percussáque flamma
Turbine, non alio motu per tecta cucurrit,
Quàm solet ætherio lampas decurrere sulco,
Materiáque carens, atque ardens aëre solo.
  Illa lues clausa paulum reuocauit ab aula
505 Vrbis in auxilium populos. nec tempora cladis
Perdidit in somnos, sed cæca nocte carinis
Insiluit Cæsar, semper feliciter vsus
Præcipiti cursu bellorum, & tempore rapto.
Tunc claustrum pelagi cepit Pharon. insula quondā
510 In medio stetit illa mari, sub tempore vatis
Protcos: at nunc est Pelleis proxima muris.
Illa duci geminos bellorum præstitit vsus:
                                           Abstulit

497. *Nec puppibus ignis, &c.*]
Dum Cæsar coactus suæ saluti
consulere classem incendio amu-
liretur, longius à nauali grassatus
ignis celeberrimam Ptolemæi
Philadelphi bibliothecam ab-
sumpsit. Plutarch.

502. *Quàm solet, &c.*] Ad vs.
532. lib. 1. de ensis lapsa per vmbras Stella facem ducens multa
cum luce cucurrit. mox, eum longo limite, sulcus Dat lucem, &c.
Virg. Aeneid. 2.

503. *Materiáque, &c.*] Pabulo,
ignis alimento.

504. *Lues clausa paulum.*] Incendium. Ita Virg. Aeneid. 5. *len-
tusque carinæ Est vapor, & toto
descendit corpore pestus. Reuocauit
ab aula, &c.*] Reuocauit multi-
tudinem à regiæ obsidione ad incendium restinguendum.

505. *Nec tempora cladis, &c.*]
Neque incendij tempus ita impendit somno, vt sibi deesset.

506. *Perdidit in somnos.*] Ita
rectè Ms. *In somnos perdere*, est
impendere somno, ita vt rebus

melioribus. Grotius. *Carinis, &c.*]
Confestim ad Pharum nauibus
milites exposuit.

509. *Claustrum pelagi cepit Pharon.*] Hæc enim insula (ait Cæsar
comm. 3.) obiecta Alexandriæ portum efficit, & c.mox vs. 511. & supra vs. 57. *Insula quondam, &c.*]
Pharos Alexandriæ nunc ponte
coniungitur, olim, vt Homerico
carmine proditum est, ab iisdem
oris cursu diei totius abducta, &c.
Mela lib. 2. cap. 7.

511. *Proteos.*] Qui rex Ægypti
fuit tempore belli Troiani. Diod.
Sic. & Herod. lib. 1. *At nunc est,
&c.*] A superioribus regibus in
longitudinem pass. nonagento-
rum in mare iactis molibus iugo,
sto itinere, & ponte cum oppido
iungitur. Cæs. com. 3. ciu. bell.

512. *Illa duci geminos, &c.*] Neq;
enim per pontē in Pharon excur-
rere, neque è portu soluere in mare poterant hostes. Iis autē (inquit
Cæs. co. 3.) inuitis, à quibᵒ Pharos
tenetur, non potest esse, propter
angustias, nauibᵒ introit⁹ in portu.
                                         515. *Nec*

Abstulit excursus & fauces aquosus hosti ;
Cæsaris auxiliis aditus & libera ponti
515 Ostia permisit. nec pœnas inde Pothini
Distulit ulterius : sed non qua debuit ira,
Non cruce, non flammis, rabido non dente ferarum :
Heu facinus, ceruix gladio malè cesa pependit :
Magni morte perit. necnon subrepta paratis
520 A famulo Ganymede dolis peruenit ad hostes
Cæsaris Arsinoë : quæ castra carentia rege
Vt proles Lageis tenet, famulúmque Tyranni
Terribilem iusto transegit Achillea ferro.
Altera, Magne, tuis iam victima mittitur umbris.
525 Nec satis hoc Fortuna putat. procul absit, ut ista
Vindictæ sit summa tuæ. non ipse tyrannus
Sufficit in pœnas, non omnis regia Lagi.
Dum patrij veniant in viscera Cæsaris enses,
Magnus inuitus eris. sed non auctore furoris

Sublato

515. *Nec pœnas inde Pothini.*] Hæc dum apud hostes geruntur, Pothinus nutricius pueri & procurator regni, cum ad Achillam nuncios mitteret hortareturque negotio desisteret, neue animo deficeret, indicatis deprehensisque internuncijs, à Cæsare est interfectus. Cæs. com. ciu. bell. 3.

519. *Magni morte perit.*] Gladio & eo mortis genere quo Pompeius lib. 8. v. 671. *Necnon subrepta paratis, &c.*] Interim Arsione filia minor Ptolemæi regis, vacuam possessionem regni sperans, ad Achillam se ex regia traiecit, vnaque bellum administrare cœpit. sed orta celeriter inter eos de principatu controuersia, cum alter alteri insidiaretur, & summam imperij ipse obtinere vellet ; præoccupat Arsinoë per Ganymedem eunuchum, nutricium suum, atque Achillam interficit. Cæs. com. ciu. bell. 3. & Hirtius 4.

521. *Arsinoë.*] Filia Ptolemæi minor, Arsinoë.

522. *Achillea ferro.*] Accusatiuus Græcus ab Ἀχιλλεύς. vel Achilla nominat. Ion. in prima Decl. ut Xerxea Herod. lib. 7.

524. *Altera, Magne, &c.*] Ptolemæus, qui paulo post ad suos elapsus è prælio fugiens receptúsque in nauigium, eo demersa multitudine adnatantium, periit. Hirt. com. 4. de bell. Alex. Regis ipsius corpus obrutum limo repertum est in aurea lorica honore. Florus lib. 4. cap. 2. & Paterc.

525. *Procul absit, &c.*] Acquirit Poëta maiorem victimam, tuui autem & præstantiorem Pompeio ; caput nempe ipsius regis Ptolemæi, quod victimam Pompeij umbris dignam suo more arbitratur. Hortens.

528. *Dum patrij, &c.*] Donec ipse Cæsar à partibus Romi in curia cadat Pompeij manibus victima.

529. *Auctore furoris, &c.*] Achilla cæso, Arsinoë hac vindicio & custode omne imperium et

530 Sublato cecidit rabies: nam rursus in arma
Auspiciis Ganymedis eunt: ac multa secundo
Prælia Marte gerunt. potuit discrimine summo
Cæsaris vna dies in famam, & secula mitti.
Molis in exiguo spatio stipantibus armis,
535 Dum parat in vacuas Martem transferre carinas
Dux Latius, tota subiti formidine belli
Cingitur: hinc densæ prætexunt littora classes,
Hinc tergo insultant pedites: via nulla salutis:
Non fuga, non virtus, vix spes quoque mortis honestæ.
540 Non acie fusa, nec magna strage acervo
Vincendus tunc Cæsar erat, sed sanguine nullo.
Captus forte loci pendet, dubiusne timeret,
Optaretne mori; respexit in agmine denso
Scauum perpetuæ meritum iam nomina famæ
545 Ad campos Epidamne tuos, vbi solus apertis
Obsedit muris calcantem mœnia Magnum.

tinebat, exercitus Ganymedi traditur. Hirt. 4. com.

532. *Potuit discrimine, &c.*] Vel vnum illud Cæsaris summo cum discrimine factum mereretur in omne æuum propagari.

534. *Molis in exiguo, &c. Dum parat, &c.*] In aggere. Plus. Circa oppugnationem portus, Suet. Cæs. c. 64. dum milites nauibus impositos trajicere in Pharon & propugnare pararet, eruptione hostium subita compulsus in scapham, à multis Aegyptiorum nauibus petitus In mare se coniecit, ac per ducentos passus natans ad suos euasit incolumis, elata læua, ne libelli, quos tenebat, madefierent. Hirtius, Suetonius, Plutarchus, Diod. &c.

542. *Captus forte loci pendet.*] Obsessus atque loci iniquitate pressus, in dubio erat vtrum fugeret, an mortem fugæ præferret.

543. *Respexit in agmine denso, &c.*] Subiit illius animum memoria & imago Scæuæ, qui vnus in mediis hostibus fortiter Dyrrhachij sustinuit Pompeij copias, victoriamque eius moratus est. vide lib. 6. vf. 141. & deinceps.

545. *Epidamne tuos.*] Ad vf. 624. l. 2. *Apertis.*) Dirutis, vel æquatis cadauerum struè, vt l. 6. vf. 180.

546. *Obsedit muris calcantem.*] Propugnauit castellum sibi creditum, vnum ex iis, quibus Cæsar Pompejum ad Dyrrhachium circumuallare instituit. l. 6. vf. 29. & 135. *mœnia Magnum.*] Vallum dirutum & solo æquatum. *Iam Pompejanæ celsi super ardua valli Exierant Aquilæ.* libro 6. vf. 138.

Pharsaliæ Lvcani Finis.

PETRONII ARBITRI
SPECIMEN
BELLI CIVILIS.

Ecce, belli ciuilis ingens opus quisquis attigerit, nisi plenus litteris, sub onere labetur. Non enim res gestæ versibus comprehendendæ sunt, quòd longè melius historici faciunt, sed per ambages, deorúmque ministeria, & fabulosum sententiarum tormentum præcipitandus est liber spiritus; vt potiùs furentis animi vaticinatio appareat, quàm religiosæ orationis sub testibus fides. * tanquam si placet hic impetus, etsi nondum recepit vltimam manum.

URBEM jam totum victor Romanus habebat,
Quà mare, quà terræ, quà sidus currit vtrum-
que,
Nec satiatus erat. grauidis freta pulsa carinis

Iam peragrabantur. si quis sinus abditus vltra,
Si qua foret tellus qua fuluum mitteret aurum,
Hostis erat: fatisque in tristia bella paratis
Quærebantur opes. non vulgo nota placebant
Gaudia: non vsu plebeio trita voluptas:
Assyria concham laudabat miles in vnda.
Quæsitus tellure nitor certauerat ostro.
Hinc Numida crustas, illinc noua vellera Seres,
Atque Arabum populus sua despoliauerat arua.
Ecce alia clades, & lasæ vulnera pacis.
Quæritur in siluis Mauri fera: & vltimus Ammon
Afrorum excutitur. ne desit bellua dente
Ad mortes preciosa suas. premit aduena classes
Tigris, & aurata gradiens vectatur in aula,
Vt bibat humanum populo plaudente cruorem.
Heu pudet effari, peritúraque prodere fata:
Persarum ritu male pubescentibus annis
Surripuere viros; exsectáque viscera ferro
In venerem fregere: atque vt fuga mobilis æui
Circumscripta mora properantes differat annos,
Quærit se natura, nec inuenit. omnibus ergo
Scorta placent, fractíque eneruí corpore gressus,
Et laxi crines, & tot noua nomina vestis,
Quæque virum quærunt. Ecce Afris eruta terris
Citrea mensa, greges seruorum, ostrúmque renidens
Ponitur, ac maculis imitatur vilibus aurum,
Quæ sensum turbant. hostile ac mobile lignum
Turba sepulta mero circumvenit: omniáque orbis
Præmia, correptis miles vagus extruit armis.
Ingeniosa gula est. Siculo scarus æquore mersus
Ad mensam viuus perducitur, inde Lucrinis
Eruta littoribus vendunt conchylia cenas,
Vt renouent per damna famem. jam Phasidos vnda

          Orbata

SPECIMEN BELLI CIVILIS.

Orbata est auibus: mutóque in littore tantùm
Sola desertis aspirant frondibus aura.
Nec minor in campo furor est, emptíque Quirites
Ad prædam strepitúmque lucri suffragia vertunt.
Venalis populus, venalis curia Patrum:
Est fauor in precio, senibus quoque libera virtus
Exciderat, sparsísque opibus conuersa potestas,
Ipsáque majestas auro corrupta jacebat.
Pellitur à populo victus Cato: tristior ille est
Qui vicit, fascésque pudet rapuisse Catoni.
Namque hoc dedecus est populi, morúmque ruina.
Non homo pulsus erat; sed in vno victa potestas
Romanúmque decus. quare tam perdita Roma
Ipsa sui merces erat, & sine vindice præda.
Præterea gemino deprensam gurgite prædam
Fœnoris illuuies, vsúsque exederat æris.
Nulla est certa domus, nullum sine pignore corpus:
Sed veluti tabes tacitis concepta medullis
Intra membra furens curis latrantibus errat.
Arma placent miseris, detritáque commoda luxu
Vulneribus reparantur. inops audacia tuta est.
Hoc mersam cœno Romam, somnóque jacentem
Quæ poterant artes sana ratione mouere,
Ni furor, & bellum, ferróque excita libido?
Tres tulerat Fortuna duces; quos obruit omnes
Armorum strue diuersa feralis Enyo.
Crassum Parthus habet: Libyco jacet æquore Magnus:
Iulius ingratam perfudit sanguine Romam.
Et, quasi non posset tot tellus ferre sepulcra,
Diuisit cineres. hos gloria reddit honores.
Est locus excyso penitus demersus hiatu,
Parthenopen inter, magnaque Dicarchidos arua,

Cocytia perfusus aqua, nam spiritus extra
Qui furis effusus functo sp. urgitur aestu.
Non haec autumno tellus viret, aut alit herbas
Cespite laetus ager, non verno persona cantu
Mollia discordi strepitu virgulta loquuntur:
Sed chaos, & nigro squallentia pumice saxa
Gaudent ferali circumtumulata cupressu.
Has inter sedes Ditis pater extulit ora,
Bustorum flammis, & cana sparsa fauilla:
Ac tali velucrem Fortunam voce lacessit:
Rerum humanarum, diuinarumque potestas,
Fors, cui nulla placet nimium secura potestas,
Quae noua semper amas, & mox possessa relinquis,
Ecquid Romano sentis te pondere victam?
Nec posse ulterius perituram extollere molem?
Ipsa suas vires odit Romana iuuentus,
Et quas struxit opes, male sustinet. aspice late
Luxuriam spoliorum, & censum in damna furen-
   tem.
Ædificant auro, sedesque ad sidera mittunt:
Expelluntur aqua saxis: mare nascitur aruis;
Et permutata rerum statione rebellant.
En etiam mea regna petunt. perfossa dehiscit
Molibus insanis tellus, jam montibus haustis
Antra gemunt: & dum varios lapis inuenit vsus,
Inferni manes caelum sperare jubentur.
  Quare age, Fors, muta pacatum in praelia vul-
   tum,
Romanosque cie, ac nostris da funera regnis.
Jampridem nullo perfundimus ora cruore,
Nec mea Tisiphone sitientes perluit artus
Ex quo Sullanus bibit ensis, & horrida tellus
Extulit in lucem nutritas sanguine fruges.
Haec vbi dicta dedit: dextrae coniungere dextram
Conatus, rupto tellurem soluit hiatu.
Tunc fortuna leui defudit pectore voces:

                                          O Genitor,

SPECIMEN BELLI CIVILIS.

O Genitor, cui Cocyti penetralia parent,
Si modo vera mihi fas est impune profari,
Vota tibi cedent: nec enim minor ira rebellat
Pectore in hoc, leniorque exurit flamma medul-
    las.
Omnia, quae tribui Romanis arcibus, odi;
Muneribusque meis irascor: destruet istas
Idem, qui posuit, moles Deus. est mihi cordi
Quippe cremare viros, & sanguine pascere lu-
    xum.
Cerno equidem gemina jam stratos morte Philip-
    pos,
Thessaliaeque rogos, & funera gentis Ibera.
Jam fragor armorum trepidantes personat aures.
Et Libya cerno tua Nile gementia claustra,
Actiacosque sinus, & Apollinis arma timentes.
Pande age terrarum sitientia regna tuarum,
Atque animas arcesse novas. Vix nauita Porth-
    meus
Sufficiet simulacra virum traducere cimba,
Classe opus est, tuque ingenti satiare ruina
Pallida Tisiphone, concisaque vulnera mande,
Ad Stygios manes laceratus ducitur orbis.
Vix dum finierat, quum fulgure rupta corusco
Intremuit nubes, elisosque abscidit ignes.
Subsedit pater umbrarum, gremioque reducto
Telluris, pauitans fraternos pallvit ictus.
Continuo clades hominum venturaque dam-
    na
Auspiciis patuere Deum. namque ore cruento.
Deformis Titan vultus caligine texit.
Ciuiles acies jam tum spirare putares.
Parte alia plenos extinxit Cynthia vultus,
Et lucem sceleri subduxit. rupta sonabant
Verticibus lassis montis juga, nec vaga passim:
Flumina per notas ibant morientia ripas.

X. 5

Armorum strepitu cælum furit, & subit Mar-
tem
Sideribus transmissa ciet; jamque Ætna vora-
tur
Ignibus insolitis, & in æthera fulmina mittit.
Ecce inter tumulos, atque ossa carentia bustis
Vmbrarum facies diro stridore minatur.
Fax stellis comitata nouis incendia ducit;
Sanguineoque recens descendit Iuppiter imbre.
Hæc ostenta breui soluit Deus. Exuit omnes
Quippe moras Cæsar, vindictaque actus amore
Gallica projecit, ciuilia sustulit arma.
Alpibus aëriis, vbi Graio nomine, pulsæ
Descendunt rupes, & se patiuntur adiri.
Est locus Herculeis aris sacer. hunc niue dura
Claudit hiems, canoque ad sidera vertice tol-
lit.
Cælum illinc cecidisse putes. non solis adulti
Mansuescit radiis, non verni temporis aura:
Sed glacie concreta rigens, hiemisque pruinis
Totum ferre potest humeris minitantibus orbem.
Hæc vbi calcauit Cæsar juga milite læto,
Optauitque locum, summo de vertice montis
Hesperiæ campos late prospexit, & ambas
Intentans cum voce manus ad sidera dixit:
Iuppiter omnipotens, & tu Saturnia Tellus,
Armis læta meis, olimque onerata triumphis:
Testor ad has acies inuitum arcessere Martem;
Inuitas me ferre manus: sed vulnere cogor,
Vulsus ab vrbe mea, dum Rhenum sanguine vinco,
Dum Gallos iterum Capitolia nostra petentes
Alpibus excludo: vincendo, certior exul:
Sanguine Germano, sexagintáque triumphis,
Esse nocens cœpi. quanquam quos gloria terret,
Aut qui sunt, qui bella volunt? mercedibus emptæ,
Ac viles operæ; quorum est nisi Roma nouerca.

Vt reor, haud impune; nec hanc sine vindice dextram
Vinciet ignauus. victores ite ferentes,
Ite mei comites, & caussam dicite ferro.
Namque omnes vnum crimen vocat: omnibus vna
Impendet clades. reddenda est gratia vobis:
Non solus vici. quare, quia pœna trophæis
Imminet, & sordes meruit victoria nostra,
Iudice fortuna cadat alea. sumite bellum,
Et tentate manus. certe mea caussa peracta est.
Inter tot fortes armatus nescio vinci.
Hæc vbi personuit, de cælo Delphicus ales
Omnia læta dedit, pepulitque mentibus auras.
Nec non horrendi nemoris de parte sinistra
Insolitæ voces flamma sonuere sequenti.
Ipse nitor Phœbi vulgato latior orbe
Creuit, & aurato præcinxit fulgure vultus,
Fortior ominibus mouit Mauortia signa
Cæsar; & insolito gressu prior occupat haustus.
Prima quidem glacies, & cana juncta pruina
Non pugnauit humus, mitique horrore quieuit:
Sed post iuam turmæ nimbos fregere ligatos,
Et pauidus quadrupes vndarum vincula rupit,
Incaluere niues, mox flumina montibus altis
Vndabant modo nata: sed hæc quoque iussa putares.
Stabant & vincta fluctus stupuere pruina:
Et paullo ante lues iam concidenda jacebat.
Tum vero malefidas prius vestigia lusit,
Decepitque pedes, passim turmaque viriqúe,
Armaque congesta strue deplorata iacebant.
Ecce etiam rigido concussa flamine nubes
Exonerabantur, nec rupis turbine venti
Deerant, aut tumida confractum grandine cæ-
  lum:
Ipsa iam nubes rupta super arma cadebant,
Et concreta gelu Ponti velut vnda ruebat.
Victa erat ingenti Tellus niue, victaque cœli

Sidera,

Sidera, victa suis hærentia flumina ripis;
Nondum Cæsar erat: sed magnam nixus in hastam,
Horrida securis frangebat gressibus arua.
Qualis Caucasea decurrens arduus arce
Amphitryoniades; aut toruo Iuppiter ore,
Quum se verticibus magni demisit Olympi,
Et periturorum disjecit tela Gigantum.
Dum Cæsar tumidas iratus deprimit arces:
Interea volucer motis conterrita pennis
Fama volat, summique petit juga celsa Palati:
Atque hoc Romano attonito fert omnia signa:
Jam classes fluitare mari, totasque per Alpes
Feruere Germano pefusas sanguine turmas.
Arma, cruor, cædes, incendia, totaque bella
Ante oculos volitant. ergo pulsata tumultu
Pectora per dubias scinduntur, territa caussas
Huic fuga per terras, illi magnis vnda probatur;
Et patria est Pontus jam tutior, est magis, arma.
Qui tentata velit: fatisque jubentibus actus,
Quantum quisque timet, tantum fugit. ocyor ipse.
Hos inter motus populus, miserabile visu,
Quo mens icta jubet, deserta ducitur vrbe.
Gaudet Roma fuga, debellatique Quirites
Rumoris sonitu mœrentia tecta relinquunt.
Ille manu trepida natos tenet: ille penates.
Occultat gremio, deploratumque relinquit
Limen & absentem votis interficit hostem.
Sunt qui coniugibus mœrentia pectora jungant,
Grandæuosque patres: onerisque ignara iuuentus:
Id, pro quo metuit, tantùm trahit. omnia secum
Hic vehit imprudens, prædamque in prælia ducit.
Ac velut ex alto quum magnus inhorruit Auster,
Et pulsas euertit aquas, non arma ministris,
Non regimen prodest: ligat alter pondera pinus,
Alter tuta sinu tranquillaque littora quærit:
Hic dat vela fugæ, Fortunæque omnia credit.

Quid

SPECIMEN BELLI CIVILIS.

Quid tam parua queror? gemino cum Consule Magnus,
Ille tremor Ponti, sæui quoque terror Hydaspis,
Et piratarum scopulus: modò quem ter ouantem
Iuppiter horruerat; quem fracto in gurgite Pontus,
Et veneratus erat submissa Bosporus vnda,
Pro pudor! Imperij deserto nomine fugit,
Vt Fortuna leuis Magni quoque terga videret.
Ergo tanta lues Diuûm quoque numina vidit:
Consensitque fuga cæli timor. ecce per orbem
Mitis turba Deûm, terras exosa furentes
Deserit atque hominum damnatum auertitur agmen.
Pax prima ante alias, niueos pulsata lacertos
Abscondit galea victum caput, atque relicto
Orbe fugax Ditis petit implacabile regnum.
Huic comes it sincera Fides, & crine soluto
Iustitia, ac mœrens lacera Concordia pallâ.
At contra, sedes Erebi quà rupta dehiscit,
Emergit latè Ditis chorus, horrida Erinnys,
Et Bellona minax, facibúsque armata Megæra:
Letúmque, Insidiæque, & lurida Mortis imago.
Quas inter Furor, abruptis ceu liber habenis
Sanguineum latè tollit caput, oráque mille
Vulneribus confossa cruentâ casside velat.
Hæret detritus læua Mauortius vmbo,
Innumerabilibus telis grauis: atque flagranti
Stipite dextra minax terris incendia portat.
Sentit terra Deos, mutatáque sidera pondus
Quæsiuere suum. namque omnis Regia cæli
In partes diducta ruit: primúmque Dione
Cæsaris acta sui ducit. comes additur illi
Pallas, & ingentem quatiens Mauortius hastam.
Magnáque cum Phœbo soror, & Cyllenia proles
Excipit, ac totis similis Tyrinthius actis.
Infremuere tubæ, ac scisso Discordia crine
Extulit ad Superos Stygium caput. huius in ore
Concretus sanguis, contusáque lumina flebant.

Stabant

Stabant ærati scabra rubigine dentes;
Tabo linguæ fluens, obsessa draconibus ora,
Atque sub intorto laceratam pectore vestem
Sanguineam tremula quatiebat lampada dextra.
Hæc ubi Cocyti tenebras, & Tartara liquit,
Alta petit gradiens juga nobilis Appennini,
Vnde omnes terras, atque omnia littora posset
Aspicere, ac toto fluitantes orbe catervas:
Atque has erumpit furibundo pectore voces:
Sumite nunc gentes accensis mentibus arma;
Sumite, & in medias immittite lampadas urbes.
Vincetur quicunque latet: non femina cesset,
Non puer, aut ævo iam desolata senectus.
Ipsa tremat Tellus, laceratáque tecta rebellent.
Tu legem, Marcelle tene: tu concute plebem
Curio, tu fortem ne supprime Lentule Martem.
Quid porro tu Dive tuu cunctaris in armis?
Non frangis portas? non muris oppida solvis,
Thesaurosque rapis: nescis tu Magne tueri
Romanas acies? Epidauria mœnia quare,
Thessalicósque sinus humano sanguine tinge.
Factum est in terris, quicquid Discordia iussit.

SVPPLE

SVPPLEMENTVM LVCANI

LIBRI SEPTEM.

Authore
THOMA MAIO
· ANGLO.

SVPPLEMENTVM LVCANI,
LIBER PRIMVS.

ARGVMENTVM.

Rex Ptolemæus à Cæsare dimissus bellum parat. Oraculum Serapidis. Ptolemæi mors.

PERDIDERANT Freta sæua minas, & ab
   æquore tutus,
Tutus ab insidiis imbellibus, & scelerata
Ægypti rabie consedit littore Cæsar,
Vindictam spirans, tantáque effirbuit ira,
Quantam non Pharij potuit restinguere regni
Exitium. iusta est belli data causa gerendi:
Sed pudor, & magnam premit indignatio mentem
Bella dari tam iustè, aut mollem audere Cano-
  bum
Cæsareas iras, infestáque tela mereri,

Qua

SVPPLEMENTVM

Quæ vix armipotens est ausa lacessere Romam;
Nec damno tantas iras leniore luisset
Quam libertatis jactura, & funere Magni,
    Quod tamen incolumis per tanta pericula Cæsar
Euasit, Superis poteras ignoscere, Roma,
Si sola Ægyptus redivivâ vulnera dextrâ
Et sævos posthac gladios sensura fuisset.
Inferias tibi, Magne, pias hæc bella dedissent
Et gratas Latio. Phariâ de clade triumphum
Victor, placida donasset fronte Senatus,
Templa coronasset votis, plaususque superbum
Spectasset lato currum Romana juuentus.
Hæc patriæ forsan victoria conciliasset
Cæsaris arma sua, ni dira sequentia bella,
Ni Libycæ clades, & tristia funera Mundæ
Victrices alio fœdassent crimine dextras.
    At Nili scelerata cohors, qua sceptra dedisset
Regina Arsinoë, subito mutata rebellat,
Fœmineum Imperium, fastúsque exosa superbos
Eunuchi Ganymedis, & implet castra tumultu.
Nec pauidum murmur; consensu audacia creuit,
Tantáque turba metu pœnarum soluit ab omni.
Nec mora: Delecti ad Tentoria Cæsaris ibant
Inuisa Arsinoë, pacem Regémque petentes,
Et delictorum veniam, dirúmque Photinum
Vt scelerum authorem, & sævum execrantur Achillam,
Qui facinus merita iam tandem morte luissent.
    Ausonius Ductor, quamuis iam feruidus ira,
Pacem optans, Phariáque timens regione teneri
Dum procul Æmathiæ coëant fragmenta ruinæ,
Dum, quas dispersit clades Pharsalica, rursus
Iungantur vires, & castra hostilia crescant,
Castigat primò dictis; mox fronte serena
Dat veniam precibus: nec tanta Cæsaris ira
Dignatur viles populos, impendere totos
Irarum fluctus cupiens ciuilibus armis.

                                                            Nil

Nil nisi Romani Imperij patriæque ruinas
Aut scelera esse suis aut digna pericula satis
Credit, & imbellem Ptolemæum in regna remittit.

Quid tandem, miserande puer, tibi proderit ista
Libertas, quam morte lues, regnique ruina?
Tutior ah longe custodia Cæsaris esset
Quam data libertas; nec cum captiuus agebas
Esse nocens poteras. te sani Cæsaris ira
Liberat ut fieres. Pharia nam nouerat aula
Perfidiam, moreśque tuos, tua crimina sperans
Vt mox iustic adas Cleopatræ victima regno;
Cuius adulterij pretium Nilotica sceptra
Donabit Cæsar, dulcique impendet amori.

Nec Latium versuta Ducem spes ista fefellit.
Namque infelicem Ptolemæum in regna remissum
(Sine Ægyptiaca fuit inconstantia gentis,
Seu Regu vitium) confestim obliuio cepit
Et dextræ fideique datæ; noua bella parabat
Consilijs prauis, & spe delusus inani,
Inque suam accelerat properantia fata ruinam.
Et ne subsidijs accrescant castra marinis
Cæsarea, instructam disponit in æquora classem,
Quà leuis Ægypto disterminat unda Canobum.
Inceptum visa est primum Fortuna iuuare.
Incidit in classem hanc socijs diuisa carinis
Cæsaris una ratis, quæ fortem Euphranora vexit:
Hanc omni Pharia puppes statione soluta
Circumeunt. periit numeris oppressa Triremis.

Regius interea per Deltam Exercitus ibat
Terrestris, multasque via muniuerat arces.
Iam belli molem pulcherrima Delta tenebat,
Delta Ægyptiaci decus atque opulentia regni;
Per cuius virides sinuato gurgite campos
Huc illuc ludit Nilus, gyrisque recurrens
Nunc ambit, nunc implicitis intersecat undis

Pinguia

Pinguia culta suis, & nigra ditat arena.
Huic nomen terra dat littera Delta triformis.
Oceano Boreale latus defenditur, in quem
Infundit sese septeno gurgite Nilus.
Quæ restant latera inde duo, duo brachia Nili
Vltima constituunt. hac inter brachia, quinque
In mare gurgitibus per Deltam voluitur amnis.
 Magnus ab Æthiopum campis nigrantibus amnis
Voluitur, atque vno longè decurrit in alueo
Vsque ad planitiem, qua surgit maxima Memphis
Pyramidum aggeribus totum celebrata per orbem.
Indulsit nimium faciles telluris opimæ
Fertilitas fruges populo, nimiúmque pepercit
Agricola manibus, tanti iactura laboris
Vt fieri possit; moles vt vulgus inanes,
Vanáque Pyramidum miracl.o stupesceret Orbis.
Tot potuere manus steriles inuertere glebas:
Emendare solum, muris circundare terras,
Et tanto imbellem munimine cingere gentem,
Vt non incursum populi timuisset Eoi,
Non Persarum acies, pharetratáque robora Susa,
Nec Macedum arata cessisset præda Phalangi
Fertilis Ægyptus; sed inexpugnabilis armis,
Atque sui iuris seclum mansisset in omne.
 Voluitur à Memphi partito gurgite Nilus,
Extremóque Eurum versus ferit aquora cornu
Ad Pelusiacas arces; at gurgite mollis
Alluit Occiduo littus portúmque Canobi.
Huic dedit antiquum Menelai Nauita nomen,
Littore (si famæ credas) tumulatus in isto,
Cum Pharii iustus tenuit diademata regni
Proteus. eripuit Paridi castissimus ille
Tindarida, & nullo vitiatam crimine seruans

Post

LVCANI. LIB. I.

Post Trojam excisam ferro flammisque marito
Reddidit. hac tellus inter duo flumina Delta est
Diues opum, diues pecorum, latisque colonum
Frugibus exaturans, atque vrbibus inclytæ magnis.
Quid Butum, Butiue lacum, quo gentibus olim
Nilıacis responsa dabat Phœbeia mater?
Quid sanam hospitibus memorem Busiridis vrbem,
Funestásque aras? teue Vrbs pulcherrima, nomen
Cui Venus ipsa dedit? vel te delubra Minerua
Alta tenens Saïs, quam rex Psammiticus olim
Condidit? antiqua iuxta stant mœnia Mendes,
Qua Deus Arcadia Pan pastoralis in vrbe
Relligione patrum colitur. cum matribus illic
(Vt perhibent) capri coïere, & semine misto
Fœdauere vteros. olim sic ille creatus,
Qui pueri nimio Cyparissi ardebat amore.
Ante tamen quam rex Ptolemæus ab vrbe Canobo
Per Deltam transire parat, (nam nota Canobo
Templa Serapis habet) scrutari oracula diuum,
Et belli casus cupit explorare futuros.

  Hic Deus alta tenens molli delubra Canobo
Quem serpentina Nilotica terra figura
Vicinique colunt, non voce oracula reddit,
Corniger vt Libycis colitur qui Syrtibus Ammon;
Non esurue, fameue, velut Memphiticus Apis,
Certa boni, futiue mali præsagia pandit;
Nec Phœbo similis Cyrrhæo, Virginis implet
Concussos artus misera, quam pœna recepti
Numinis, aut pretium mors immatura sequatur;
Erudit at placide humanam per somnia mentem,
Nocturnáque quiete docet; nullóque labore
Hic tantum parta est pretiosa scientia, nullo
Excutitur studio verum. mortalia corda
Tunc Deus iste docet, cum sunt minus apta doceri
Cum nullum obsequium præstant, meritísque fatentur

Nil sese debere suis, tunc recta scientes
Cum nil scire valent. non illo tempore sensus
Humanos forsan dignatur numen inire,
Cum proprijs possunt per se discursibus vti,
Ne forte humana ratio diuina coiret.
 Iamque Sacerdotes Regem in penetralia templi
Duxerunt. Tyrio resplendens sanguine & auro
Stratus erat lectus, quo tu, Ptolemæe, recumbens
Fatidici infelix captas præsagia somni.
Sacratos intrant templi sola illa recessus
Somnia, quæ Deus ipse creat; nam cætera cuncta,
Quæ vel temperies varias, variosue sequuntur
Corporis humores, vel quæ repetita dies
Aut studia, aut cura finxerunt somnia, templo
Exteriore volant multas imitantia formas.
Illic præ reliquis fuscam exhilarantia noctem
Formosa specie, roseisque volantia pennis
Sanguinea apparent, templique in margine ludunt.
His quoque de Veneris campo, placidóque vireto
Mille pharetrati fratres, gens mollis Amorum
Occurrunt noctu, & templo consortia jungunt.
Illic flammatis alis, vel fulguris instar
Nocturnaue facis, per summa cacumina templi,
Somnia de flaua nascentia bile, volatu
Irato strepitant, tanquam hostem quærere semper
Audacem, & satus assueta lacessere pugnas;
Excelsóque parant cœlum superare volatu.
At contra timidè tenebrosa per atria templi
Quæ nigra de bile fluunt, demissius ibant,
Nocturnaque vt aues strident feralibus alis,
Inter busta volant, & fædis sola sepulchris
Inuitant Stygios mæsta ad consortia Manes,
Illic per postes, albatáque mœnia templi
Ignauo incessu, tarda testudinis instar,
Somnia, quæ pituita creat, trepidantia serpunt;
Ne si forte cadant, liquidis mergantur in vndis;

Nam

m semper vana falluntur imagine lymphæ,
ac inter volitant imitantia mille figuris
quicquid agunt homines passim; totidémque serun-
   tur
quot patitur magnus diuersa negotia Mundus,
aut objecta tenet. cedunt hæc somnia cuncta
Diuinis, quæ dat Numen, longéque remota
Non audent templi sacros intrare recessus.

   Nocte fere media Ptolemæi pectora somnus
Vicerat optatus, cùm iam diuina Serapis
Somnia, mutandum Ægypti narrantia regnum,
Miserat. incessu tardo delubra petebat
Bos niger ingenti specie; geminísque micabat
Pelle insignitus stellis; quarum altera tergo,
Altera fronte fuit media. lugubre videtur
Mugire, atque oculis lacrumas effundere nigris,
Confectus macie, tanquam qui pabula nulla
Gustasset mœrens. post majestate decora
Incedit, quamuis pullato fœmina cultu
Turrigero laceros effundens vertice crines,
Atque catenatos tendens post terga lacertos.
Tum, velut inferni plorarent carcere Manes,
Erupit subito tumulis lacrumabile murmur
Ex imis, scindi regalia Mausolea
Vidit, & erupto Ptolemæum exire sepulchro
Lagæum primò, reliquos hunc ordine reges
Pone sequi, misera crudelia fata gementes.
His verò attonitus visis Ptolemæus (ab omni
Nam gelidus trepido manauit corpore sudor)
Excusso somno templum circumspicit omne,
Talia Diuorum quærens ostenta; sed illa
Quæ vidit, clausis, oculis non vidit apertis.
Iamque sacerdotes veniunt, & somnia Regis
Audita horrentes, hinc lamentabile fatum,
Atque propinquantem regni dixere ruinam
Niliaci. tum Diis patriis lustrantur, & aras

                                              Incendunt

Incendunt votis. sed Dij propiore ruina
Te, Ptolemae, prement. casus, miserande, futuroq́
Dum patria narrat, celat tua fata Serapis.
　Interea valido Mithridates agmine nuper
Per Cilicum populos Syriaque extrema coacto,
Ad Pelusiacam properans peruenerat arcem,
Quæ viridem Ægyptum Syria disterminat aruis.
Nam tota Ægyptus claustris munita duobus
Nititur; accessum prohibens arx ista pedestrem,
Vt Pharos æquoreum. tanti sunt mœnia regni.
Sed non egregium omnino Pelusia tardant
Claustra ducem. vna dies arcémque expugnat & vr̄a-
　bem.
Inde rapit celeri Mithridates agmine cursum,
Et se Cæsareis properat conjungere castris.
Hoc metuens equitum præmiserat agmina turmis
Obuia Cæsareis Ptolemæus; dum sibi castra
Colle locat celso, late qui despicit omnem
Planitiem, Ægyptus qua terram effusa paten-
　tem
Explicat. Est proprio Mons vndique robore tu-
　tus:
Difficilem declive solum, præruptáque saxa
Vna parte dabant ascensum: tuta palude
Pars alia est: rapido pars tertia cingitur amne.
Sola angusta aditus ad montem præbuit Isthmos.
　Sed non castrorum tanto munimine tutum
Se satis esse ratus, procul illo arcere parabat
Cæsaris occursum; pontes, aditúsque remotos
Milite custodit præmisso, & disiita longe
Flumina nequicquam (infelix) defendere tentat.
Nam neque Romanis animis fiducia cessit
Contra hostes, contráque locos pugnare paratis:
Virtutem Phariæ nec sustinuere cateruæ
Ausoniam. Cedunt ripis, & terga per agros
Præcipites dantes victoribus omnia linquunt.
　　　　　　　　　　　　　　Contectam

Contectam vidit castris Ptolemaus ab altis
Corporibus terram, rubefactáque cæde suorum
Prata quibus steterant, proprij præsagia fati
Tristia concipiens animo; dum castra petentes
Quos fuga seruauit pauci, non viribus augent
Auxilióve suos, implent sed cuncta timore.
Quorum victores fugientia terga secuti
Instabant; acríque ad Regia castra tumultu
Peruenient; quæ iam Cæsar conamine toto,
Dum fortuna calet, dúmque omnia plena timore,
Impiger aggreditur; nec adhuc victoria certa
Esse videbatur, Pharij dum castra tenebant.
Ite viri, dixit, belloque imponite finem.
Virtutis pretium, mercedem sanguinis, auro
Argentóque referta tenent tentoria Regis;
Niliacas gemmas, Erythræo è littore conchas,
Totque simul Procerum congestas vndique gazas,
Quæ vobis debentur, ait, nunc sumere restat,
Et rapere à victis. Nec prædam quærere tantam
Segnis erat miles; paruam primo occupat Isthmon.
(Sola aditum hac præbens disiungit ab amne paludem)
Illam præcipuè pubes Ægyptia seruat.
Illic concurrunt, oritúrque miserrima cædes.
Hos formido ingens, & si vincantur in armis
Desperata salus: prædæ spes excitat illos.
Illic immensa rabie decernitur; amnis
Atque palus multo fædantur vtrinque cruore,
Semianiméque artus, & saucia corpora voluunt;
Quæ gemino pereunt fato. dúmque hostibus hostes
Conserere manus, alternáque brachia nexu

Z

Robusto tenuere, cadunt in flumina juncti;
Nec furioja illic linquunt certamina; pugna
Contendunt ambo collapsi flumine vana;
Nam victum Stygias sequitur cito victor ad vm-
    bras.
Dumque omnes illa castrorum parte feroces
Concurrere manus Pharia; celsum vndique Cæsar
Contemplans montem, præruptu parte videbat
(Quæ miseris est collis inexpugnabilis esse
Niliacis vifum) nullo custode teneri;
Confestimque leues illuc jubet iro cateruas
Quas Carfulenus duxit. nec dura videntur
Hæc mandata Ducis; scandunt acclinia saxa,
Præcipitémque locum capiunt. mors opprimit inde
Niliacos, poterat minimo vnde labore repelli.
Iam Carfulenus per collem ascenderat audax,
Cúmque leni intrarat Ptolemæi castra cohorte.
Attoniti fugiunt custodes; castra tumultu
Implentur; subitis perculsi casibus omnes
Huc illuc miseri discurrunt; quidve relinquant,
Quidve petant capti non norunt. Cæsariani
(Dum trepidant intus, dum conficit omnia terror)
Acriter instantes irrumpunt vndique castris.
Implorat frustra veniam gens victa; furentes
Nec tenuit Cæsar gladios; mactare nocentes
Imperat, inuifoque orbem purgare cruore.
Pars turba misera Latiis nutrita sub armis,
Et de Romuleis legionibus ante fuisset.
Hos olim è Syria duxit Gabinius audax
Exulis auxilio regis, bellóque peracto
Pila satellitio Phario Romana reliquit.
Tempore torpuerant vires, luxúque Canobi
Cœperunt fracti veteres dediscere ritus,
Atque Ægyptiacos paulatim assumere mores.

                                                    Non

Non procul à castris fugiens conspexit in vndis
Rex miser, haud magno pendentem à fune cari-
   nam;
Et cito conscendens, comites de littore iussit
Soluere, purpureos humeris dejecit amictus,
Ne nosci fugiens poterat. sed dura salutem
Fata negant; misero detracta insignia solum
Hoc Ptolomae dabant, vt vilior vmbra jaceres.
Namque hanc de castris Ægyptia turba carinam
Assequitur fugiens, properántque ascendere cuncti.
Casarei vrgebant gladij post terga; fugasset
Iam timor officium; pauidis reuerentia nulla
Regis erat, nimio dum pondere victa carina
Deficit, & rapidis Ptolemaeus mergitur vndis.

   Plebeio extinctus fato, gelidóque sepultus
Rex, Ægypte, tuus Nilo jacet, vltima tanta
Et miseranda domus soboles. non Mausolea
Excelsis habitant Manes, non Regia templis
Condita, marmoreis aut montibus ossa quiescunt
Lagea de more domus, qua funera luxu,
Diuitiisque solet nimiis violare sepulchra.

   Quam breue crudeles regnum Ptolemae dede-
      runt
Dij tibi! non aliter Pharium diadema gerebat
Hostia quàm tristem gestat moritura coronam.
Sed breuiora tamen si Dij tibi regna dedissent,
Ad styga venisses felicior vmbra, priusquam
Sanguine Niliacas perfudit Magnus arenas,
Depulso qui sceptra tuo dedit ante parenti,
Te nunc occisi, rex ingratissime, Magni
Manibus inferias Caesar (quem demeruisse
Crimine sperasti) mittit; Generíque perempti
Ne possit debere nefas, vlciscitur ipse,
Inque tua titulum pietatis caede requirit.

                              Z 2

Pelleam tendens victor iam Cæsar ad vrbem,
Ne Ducis aduentum tanti, iustásque timeret
Iras Victoris sibi conscia turba rebellis,
Præmittit veniam cunctis, trepidantia soluens
Corda metu; leges populo, priuatáque iura
Se concessurum affirmans, & debita stirpi
Lagæa dudum Pharij diademata regni.

SVPPLE

SVPPLEMENTVM LVCANI,

LIBER SECVNDVS.

ARGVMENTVM.

Cæsar amore Cleopatræ captus in Ægypto moratur, dum L. Scipio cum Rege Iuba bellum in Africa renouant. Cæsar Pharnacem vincit.

PLENDIDA Pellæam celebrant iam festa
    per vrbem,
Et Ducis Ausonij laudes ad sidera tol-
    lunt
Seruati Ciues (dum paßim altaria fumant)
Votáque Diis soluunt. nescis, gens impia, nescis
Cui causa hanc debes veniam, patriæque salutem.
Non hanc semideíve Caues, aut barbara præstant
Numina, queis ritu persoluis vota profano;

Z 3

Nec Ducis inflectunt animum fulgentia tecta,
Non veterum monumenta Ducum, non templa Deo-
rum,
Nec Macedûm cineres Regis, quos Cæsar adorat
Plus aris templisque tuis: sed inania sacra,
Infirmósque Deos facie Cleopatra potente
Protegit, & stupro redimit Memphistica sceptra.
Nec visum est æquum Cælestibus, ut meliori
Deberent causæ tam turpis regna salutem.
  Iamque suis Pharias regnans Cleopatra per urbes
Authorem fati regali splendida cultu
Excipit, & magno celebrat conuiuia luxu.
Atria fulgebant tali laqueata paratu
Qualem magna solent, sed iam ruitura, studere
Regna, quibus veteres, quas longa potentia fecit,
Ostentantur opes, vitiis alimenta futuris.
Sed non diuitiæ, non auro fulua supellex,
Gemmæsiue tori passim, pictiue tapetes
Cæsareos pascunt oculos, nec talia curat,
Dum prope sidereo cunctis splendoribus ore
Præradiat, vultúsque mouet Cleopatra superbo.
Hanc videt, huic oculis & pectore totus inhæret;
Quóque magis cernit, magis ardet; cætera visu
Splendida quæ primo, sordent objecta secundo:
Fœmineus decor augetur, crescítque reuisus.
Purpureas stupet ille comas, & candida colla,
Queis gemmis lux maior inest. abscondere formam
Diuitiæ eximiam, non exornare videntur;
Quamuis non desunt Erythræo è littore gemmæ,
Non spolia Eoi Gangis, non quicquid in vndis
Voluitur Assyriis, aut diues mittit Hydaspes;
Non Arabum ex petris viridi splendore Smaragdus,
Nec lapis auratus, quem dat Mareotica tellus.
Sidereos Adamas radiis hebetatur ocellis,
                                        Quóque

LVCANI. LIB. II.

Quoque minus lucet,formæ magis auget honorem.
Sapphirum pulchro pendentem pectore vincunt
Cærula venarum violaria; labra Rubinus
Non rosea æquaret, nisi primo victa fuisset,
Et pudor angeret quem dat Natura ruborem.
  Ausonius Ductor jamdudum saucius, ignem
Concipit inde nouum, nimioque accenditur æstu;
Nec placidam celare studet, sed pascere flammam;
Quænam (inquit) nostris obstare potentia votis,
Aut quæ fama potest? quid sic durißima virtus
Oppugnata ageret? facies absolueret ista
Iudice raptorem cælo, nam talia quondam
Stupra Deûs summis celebres tribuere poëtæ,
Æthere qui toties posuere Tonantis amicas,
Et formæ eximias fecere Heroidas astra.
Temporibus si visa illis Cleopatra fuisset,
Non coma Niliacæ Berenices aureæ cælo
Fulsisset, pulchræ nec Pleiades astra fuissent;
Non stupri pretium radiantia plaustra tuisset
Calisto, aut Bacchi conjux formosa coronam,
Donec partem aliquam Cleopatra stella sereni
Nobilitare Poli certam dignata fuisset.
Iupiter exemplum mihi sit, quem sæpe coëgit
Sæuus amor magno furtim descendere cælo:
Vel potius nostra absoluant delicta Tonantem,
Cæsereúmque Ioui veniam det nomen amoris.
  Ne, Cæsar, tua vota time; non peruigil ipse
Hesperidum Serpens fulgentia poma tuetur,
Nec nimia formæ est hæc custodita pudore.
Sed puerilis Amor, vaníque Cupidinis ignes,
Pectora qui stimulare solent innoxia vulgi,
Pastorésque rudes vrunt, rurísque puellas,
Non tibi rem peragunt, Cæsar; nec causa do-
  mare

Z. 4

SVPPLEMENTVM

Vulgaris potuit Regina corda superba;
Formosamve tuis Cleopatram amplexibus offers
Dulcis amor Veneris: sed regni insana Cupido,
Majestas, nimiisque optatæ potentia votis.
Hic amor affectus alios Ptolemaidis omnes
Pectore sustulerat. penitus si nullus inesset
Venarum calor, aut artus depasceret ignis,
Lascivos tamen amplexus in Cæsaris isset
Frigida, & Ambitio soluisset tantæ pudorem.
Quæ te causa fidem, Cæsar, violare coëgit,
Visceráque in patria sceleratos impulit enses
Æmathios Latio perfundens sanguine campos,
Illa pudicitiam Regina in pectore vicit,
Prostituítque tibi. nec quisquam Cæsaris altos
Suspiciat posthac animos, cum spiritus idem
Fæmineum impellit pectus. quis Cæsar, eadem
Ambitione nocens facta est Cleopatra. fidelis
Nec manet hic civis, nec conjux illa pudica.

Ne tamen illicito Cæsar videatur amori,
Non patria vicisse sua, (nam Ægyptia tellus
Victa licet, nondum Latia est provincia facta,
Sed sceptro subjecta manet) veritúsque rebellem
Niliacum subito populum, si regna teneret
Fæmina, dum stirpis Lageæ mascula proles
Vivus adhuc, puerum Ptolemæum lustra videntem
Vix bina, Arsinoës, quam duxerat ante, sororis
Conjugio avulsum Cleopatra jungit, & illum
Immaturum annis Phario diademate cingit.
Hunc vocat Ægyptus Regem, Cleopatra maritum;
Defunctíque locum fratris supplere videtur
Conjugio & regno. quid præter nomina vana
                                    Conjugij,

Conjugij, regnique, puer miserande, tenebis?
Quid præter titulos, thalamum dum Cæsar adulter
Possidet, & regnum conjux Cleopatra gubernat?
Nec riualis adhuc fieri puerilibus annis
Cæsareive potes thalami, regnive sororis.
Sed tenera poteris felix ætate videri,
Qua non incesti cognosces gaudia lecti,
Obscœnóque carens fructu, noxáque carebis.
Conjugium innocuum magis hoc est, quò minus aptum;
Conjugis incesti sine crimine nomen habebis,
Et sine curarum retinebis pondere regnum.

  Humenti Nox atra polos inuoluerat umbra,
Inque vicem Phœbi redeuntia sidera cæli
Ornárant varie faciem, cum captus amore
Illicito Ductor Latius, vinóque solutus,
Dulcibus indulget votis, tandémque cupito
Regina fruitur thalamo, pulcherrima lecti
Gaudia degustans. tantum suadere potestas,
Donáque, & illustris gestarum gloria rerum
Fœminea poterant menti. nec crimen inesse
Concubitu nimium tali, Cleopatra, putabunt
Qui Ptolemæorum thalamos, consuetáque iura
Incesta nouere domus, fratrémque sorori
Conjugio junctum, sacra sub nomine tedæ
Majus adulterio delictum. turpius isset
(Quis credit?) iusti ad thalamos Cleopatra mariti;
Vtque minus lecto peccaret, adultera facta est.

  Pœna tamen sequitur; furtiui pignus amoris,
Cæsario infelix, fatis generatus iniquis
Cæsaris Augusti cadet olim victima ferro.
Cæsareos tristans cognata cade Penates.

SVPPLEMENTVM

Tempora dum Phario Ductor dependit amore.
Aufonius, Libycis iterum fragmenta ruina
Theſſalica terris coëunt, qua magnus agebat
Scipio dux belli. cum quo (nam Cæſaris hoſtis,
Quamuis ille truces toties ſub Cæſare Gallos
Strauiſſet) fortis ſtabat Labienus in armis.
Hic ſanctus Cato priuata non concitus ira,
Sed patria imperium, & communia ſigna ſecutus
Militat; injuſtis hic ſtat Petreius in armis,
Oblitus fidei, terris quem Cæſar Iberis.
Donaſſet uixi; & Varus, cui ceſſerat omnis
Affrica, Romanis qua tum ſub faſcibus eſſet,
Quam ditione potens olim Carthago tenebat.
Delectis Libye turmas, & Punica ſecum
Agmina ducebat Varus, fallacia corda,
Membra leues: rubris induti veſtibus ibant
Vt fuſum in bello hac celarent ante cruorem.
Sub Varo populus ſitientibus arida venis:
Cyrene Barceque ſuos ad prælia mittunt,
Quaque Afris Siculos permiſcuit Aea colonos.
Tabraca bellantes Tyrio de ſanguine turmas
Mittit, & antiqua Phœnicum ſtirpe creatos
Dat populos Lybicis dilectus regibus Hippo;
Atque Vtica, & tanto Tapſus poſt inclyta bello.

Aduenit his Libyco regum Iuba maximus orbes,
Qui iam Cæſarea lætum de clade triumphum
Duxerat; infelix cecidit cum Curio fraude.
Deceptus, domino imperium non latius ulli
Contigit. Occiduo de cardine terminat Atlas:
Parte alia Thera, & confinis Syrtibus Ammon.
Vndique diuerſæ gentes, populique remoti
Conueniunt ad ſigna Iubæ fulgentia ſigna.
Medorum antiqua Mauri de ſtirpe tulerunt.
Atque inopes, quis cum mundo commercia ſolis.

Nauſragiis

Naufragiis Nasamones latent. Garamantes iniquo
Sub caelo positi, steriles qui semper arenas
Squallidaque arua tenent solis foecunda venenis.
Cumque his Marmaridae medicas egere cateruas,
Serpentum morsus cantu curare parati.
Audaces Numidae, & fraenorum nescia turba
Massyli, leuibus nouuns qui flectere virgis
Ora ferocis equi; gregibúsque assueta ferarum
Gens Getula viros mittit, qui commixtus iras
Indomitorum ausi sunt irritare leonum.
Autololésque vagi, pedibus qui vincere cursum
Venatoris equi celerem, ceruíque fugacis
Assueti; atque Aiiba vicino sole perusti.
Qui ferrum insamant, sceleratáque tela venenis;
Et membra hirsuta capris qui pelle teguntur
Cyniphij vexere Macae; fortísque iuuentus
Quam Vaga, quamque Vzzita dabat, quam regia
 Zama.
Nutriuit, vexilla Iuba comitantur euntis.
Scipiada, Latiísque Aquilis haec agmina iungit
Rex Iuba; iamque actis intendunt viribus omnem
(Cum primum Zephyro putris se gleba resoluit)
In Latium belli casum transferre futuri.
Sed celer in cunctis, semperque inferre suetus
Nunquam bella pati Caesar, mox irrita fecit
Haec decreta Ducum, bellúmque huc attulit omne.
Heu nimium cito Marmaricis cernetis in oris,
Quem vos Hesperia statuistis quaerere terra.
 Dulcibus interea illecebris, luxúque Canobi
Captus, & afflatus fallente Cupidine Caesar,
Lasciuas ducit Veneris sub numine noctes,
Oblitus Libyae tantas coalescere vires,
Fortunámque suam, & surgentia regna morsusei
Iulibus illecebris, & molli fractus amore.
                                                    Enimosa

Formosa Oechalidos Reginæ dicitur olim
Maximus Alcides, humeros non fuluæ leonis
Terga Cleonæi velant, nodosáue sortem
Claua armat dextram; domitores mille labo-
 rum
Desidia incipiunt duri torpere lacerti,
Nec iam vindicibus pacati viribus orbis
Terrentur Reges: sed plus Iunonis iniqua
Spes sanas facie formosa fœmina iuuit,
Quam poterant ferrata acies, aut omnia terræ,
Aëris, Oceaníque, & Ditis monstra profundi.
  Sed longo Fortuna Ducem torpere veterno
Non patitur tantum, medio nec Cæsaris astæ
Deficere in cursu; siue accelerare ruinam
Romanam cupis inconstans, exosa potentem
Iam populum, & vires nimias quas fecerat ipsa:
Siue Deam pudnit, leges venerandáque iura
Cæsaris ignaua solum debere salutem
Desidiæ, & potius statuisset perdere Marte
Quam sic seruare; vt bellum, quod struxerat
 olim,
Destrueret rursum Imperij fastigia tanti:
Nec plus res Latias facie Cleopatra nocente
Quam gladij vltores, & Thessala castra iuua-
 rent.
  Non tamen à Phariis primo ciuilia bella
Deliciis traxere Ducem, tantumue soporem.
Excussere tuba Latia rex debilis illum
Et cito casurus Pharnaces excitat, vt non
Ipse ruat solus: sed secum nobilioris
Fata trahat populi. sic cum Leo magnus apertis
Dormiuit campis, passim formidine nulla
Hlasi carpsere greges sua pabula; paruus
Forte culex stimulis audacibus ora leonis

 Cùm

Cum pupugit, somno excusso fera nobilis ira
Infrendens magna, postquam protriuerit hostem
Exiguum, nondum vindictum nactus, in omnem
Prosiluit campum, grassatáque sanguine multo
Strauit equos, strauit tauros, armentáque tota
Exigui culicis temeraria facta luerunt.

   Munere Pompeij Pharnaces impius olim
Cimmerium, & pretium sceleris, diadema rece-
   pit.
Natus erat magno Ponti Mithridate, potentis
Qui populis Asia quondam, Graijsque subactis
Æmula Romanis per terras arma gerebat.
Qui victus tandem, & Pompeij viribus omni
Exutus regno, nati impietate nefandi
Proditus est, ceciditque minor sua gloria Magno.

   Pharnacem nimia nunc ambitione tumentem,
Cum paribus dudum signis concurrere signa
Romanásque acies, & tanta robora gentis
In se ciuili nouit conuersa furore,
Quærendi regnum pepulit spes vana paternum.
Quem fallax primo iuuit Fortuna, futuris
Deceptura malis; Vrbisque ad mœnia magna,
Quam debellatis Mithridatis struxerat olim
Pompeius monumentum ingens, deiicit iniquis
Te, Domiti infelix, fatis; ad nota tulerunt
Mania barbarici Romana piacula Manes.

   Lucida iam nouies repararat cornua Phœbe
Ex quo Niliacas deuênit Cæsar in oras,
Reginaque tument vitiati pondera ventris.
Quam verbis abiens solatur Cæsar amicis:
O fortunarum rectrix Cleopatra mearum,
Cæsaris & fatum, qui cætera fata gubernat,
Me nunc bella vocant. crudelis amantibus arma
Crudelisque sibi Pharnaces impia mouit,

                                          Exitiíque

Defendent Aquilæ nostræ, Romanáque signa;
Dum Reges inter famulos Cleopatra superbos,
Et sceptris subjecta suis noua sceptra videbit.
Talia nam (si nota satis mihi Numina) spondet
Hoc bellum Regina tibi. nunc fata sequenda,
Et cito quo ducunt. vteri per cara tumentis
Pignora, ciuilis belli post fata reuertar.
  At blandis Cleopatra dolis instructa, venustæ
Cui niuea frontis tanta est, vt luctus, & ipsæ
Vel lachrumæ deceant, lachrymis sic infit obortis:
Non tanti facio, Cæsar, mea vota precésque,
Vt decreta Ducis tanti mutare valerent,
A quibus humani generis fortuna per orbem
Pendet; queis. stellæ, queis. Numina cuncta vaca-
    bunt.
Audax relligio nimium, Pietásque superba
Censetur, quæ magna optat mutare Deorum
Consilia. ha potius flamma, votísque resistam
Ipsa meis, dulcémque sibi Cleopatra negabit
Cæsaris aspectum, quam tanta negotia, totque
Bellorum laurus tardabit nostra voluptas.
Sed tamen ignoscas paulum si, Cæsar, amori
Indulget Cleopatra suo, si viuere tecum
Exoptat, si castra sequi victricia. non pax
Tutior vlla mihi quam classica Cæsaris essent:
Quo propius bellum sub te Ductore secuta,
Hoc magis à belli fuero terrore remota
Sed iam iussa sequar, Phariísque videbor in oris
Tutela secura tua, magníque putabo
Cæsaris Occiduis Alcidæ à Gadibus vsque.
Eoum Gangem victricem extendere dextram,
A Thule ad populos Austri. tam dissita Mundo
Littora nulla jacent, vt iam diuortia longa
Inter nos faciant, si sit tam Cæsar amando

Quam

Quam vincendo celer. lachrymae sum sponte ca-
 dentes
Combibit ore auido Cæsar, repetitáque jungit
Oscula. Niliacis tandem digressus ab oris.
Tendit in Armeniam Libycis velocior Austris
Pharnacem exquirens; alta hunc prope mœnia
 Zela
Inuenit, & solo conspectu fundit inertem.
Tam cito deuictus pugna non ulla reliquit,
Sed tantum monumenta fugæ; nec fama loque-
 tur
Pharnacis de bello aliud, quam tempore Cæsar
Quod venit, viditque hostes, & vicit eodem.
  Heu quantum famæ Magni fuga detrahit illa.
Pharnacis timidi, dum Cæsariana iuuentus
Mollitiem cernit gentis? non digna triumpho,
Nec titulis tantis iam Pontica regna subacta
Armenósque putant victos. non destruit illo
In bello Cæsar tantum diademata regis,
Sed Magni decus; exultans cùm talia fatur:
O felix Pompei, cui nomina tanta subacta
Degeneres istæ gentes, laurósque dederunt,
Quando ego pugnaces Gallos, fortésque Sicam-
 bros
Vincendo, nullum videor meruisse triumphum.
Fatum bella tibi si transalpina dedisset,
Nostrarum forsan nosses discrimina laudum.
Non hac omnino ciuilia bella fuissent.
  Sed maiora vocant illinc discrimina belli.
Victrices Aquilas. Libycis consedis in aruis
Scipio Romanis cinctus legionibus, hostis
Securus nimium, gelidi cum iam Capricorni
Terga premens, horas contraxerat inde diurnas
Phœbus; & acris Hyems cursum frænarat aquarum;
 Nubésque

Nudáque veſtierat niueis nemora alta pruinis.
Sed præceps Cæſar, quem nunquam in bella ruen-
    tem
Tempeſtas, triſteſue Hyemes potuere morari,
Ter iam Romulea factus Dictator in vrbe
Vela dedit ventis, paullúmque moratus in oris
Sicaniis, iterum Lilybæo à littore ſoluit,
Et prætervehitur magna Carthaginis arces
Semirutas, Clupeámque videns, male littora nota
Damnat, vbi infelix perituris Curio turmis
Appulit. infauſtas oras, V.icámque relinquit,
(Quam Cato tum legum vindex iuſtiſsimus armis
Præſidióque tenet, nomen qui ſumet ab vrbe,
Æternámque vrbi reddet per ſæcula famam)
Inde Adrumetum tendens, vbi Scipio belli
Ingentis Ductor Romanis ſtabat in armis.

SVPPLE

SVPPLEMENTVM LVCANI,
LIBER TERTIVS.

ARGVMENTVM.

Leuia aliquot Dacum prælia. Cn. Pompejus à Catone objurgatus in Hispaniam nauigat. Pugna Thapsiaca, & Victoria Cæsaris describitur.

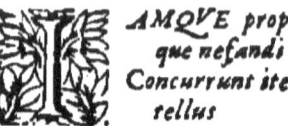*AMQVE propinquabat bellum, Libyáque nefandi*
Concurrunt iterum gladij, quos Thessala tellus
Vidisset. pugna cur, Dij, voluistis in illa
Restare exiguum nequicquam sanguinis vrbi?
Vt flueret torrente nouo, fierétque secundum
Hic ciuile nefas? vna num clade pudebat
          (Quantum

(*Quantumvis magna*) *Romanam excindere gentem?*
Aut vna tanti populi regione jacere
Non est passa graues tristis Fortuna ruinas?
Iam Roma in Libya est. Latij quæ terra triumphos
Spectasset toties, iam tristia vulnera spectat.

   Sed leuibus tantum pugnis contenta parumper
Fortuna, extremi differt certamina Martis,
Tot subito gentes, perituráque millia leto
Condemnare pudet; nec adhuc feralia Thapsi
Arua Iubæ casus magni, vel triste videburis
Scipiadæ exitium, donec coëuntia signa
Ductorum, atque aliquos belli Rhuspina tumultus
Vidit, & exhibuit tanta præludia cladis.

   Scipiadæ à castris Rex (in sua regna reuersus
Quæ longe infestis populatur Sittius armis)
Discedit paullum; plenámque hostilibus armis
Aduenit Libyen, vnâ legione, relicto
Robore militiæ Lilybæo in littore Cæsar.
Nec de more suo dederat mandata relictis
Militibus quo conueniant, quæ signa sequantur,
Quemue petant portum, permittens omnia fatis,
Fortunaque suæ fidem. Cur, Cæsar inique,
Non pudet in minimis toties instare fauori
Fortunæ, & toties casus tentare per omnes?
Non tibi sat visum est, bello quod semper aperta
Res agit illa tuas, & tantos conficit hostes
Cum plena pugnas acie, sine milite ni te
Protegat, & tua prospiciens temeraria cæpta
Dirigat in melius, Ducis objectúmque periclis
Priuatis toties redimat caput? an tibi paruum est
Effugisse Phari insidias, paruáque carina
Nocturni tutum vicisse pericula ponti?

                                                     Cur

Cur Dius, imperium tibi quæ promiserit orbis,
Cæsius exiguis pretiosum absumis amorem?
  Postquam Adrumeti frustra corrumpere fidum
Considium, qui Scipiadæ seruauerat vrbem
Præsidiis, Cæsar tentauerat, ordine certo,
Instructáque redit legione, nec vrbe potiri,
Sed tuto remeare cupit. Sed vix fuga tanto
Induperatori concessa est tuta; frequentes
Considij erumpunt Equites, atque agmina tur-
  bant.
Summaque Ductoris laus est, & Cæsare digna
Rhusspinam saluis potuisse redire cateruis.
Sola vrbes inter Libycas jam Cæsariana
Persugium tenui restat Rhusspina cohorti.
Hinc iterum Ductor satis egressus eisdem
Dum cepit Leptim, & firmauit robore, pene
Amisit rursus reditum. Labienus in armis
Acer erat, validisque vias præcluserat omnes
Insidiis. Virtute opus est, & Cæsare toto.
Fortunaque ejus summa jam tempus egebat.
Et vicere viri virtus, fortunáque. visa
Tempore sunt apto insidiæ; victorque cruento
Perque viros, perque arma viam mucrone reclu-
  dit;
Bisque fugam Cæsar, solam vincendo parauit.
  Tum prope signa Ducum vidit Rhusspina duo-
  rum,
Infestásque Aquilas, Vtica Pompeius agebat.
Hanc Cato præsidiis tenuit; cum sic Cato sanctus
Alloquitur juuenem, & dictis castigat amicis.
Surge animis Pompei, magnum patris assere no-
  men,
Et generis fatum tanti. scrutare remotos
Terrarum tractus, per regnáque dissita quære

Quantus

Quantus erat fama genitor, quantásque reliquit.
Nominis hæredi solo vel nomine vires.
Pompeij nato gladios quæ terra negabit?
Quæ tibi non classes (armis pacata paternis)
Æquora præbebunt? hostis te viribus æquum
Tanta facit fama, & mundo venerabile nomen.
Si libet Occiduos Orbis tentare recessus,
Hispanósque armare truces, tua signa sequetur
Cantaber, & Celtis sociatus nomen Iberus;
Et tota Herculeis pubes à Gadibus, altos
Ad Pyrenæos, extremáque littora mundi.
Si nihil omnino patria miseranda moueret
Afflicta facies, si nil moritura moueret
Libertas, possésque hilaris seruire tyranno:
Te priuata tamen facerent mala Cæsaris hostem.
Si pater arma tuus pro libertate gerebat,
Nullus in Æmathiis plus, quam tu, perdidit ar-
uis:
Sed sibi si genitor campo pugnauit in illo,
Multo sunt tua damna illic majora, tibíque
Abstulit Imperium victoria Cæsaris orbis.
Sed bona, quæ moriens Genitor tibi vera reliquit
Sunt vitæ exemplum, & gestarum imitatio rerum.
Hæc tibi perpetuo, quæ non inuisa potestas
Cæsaris, aut fortuna potest auferre, manebunt.
Labentem Patriam teneris suscepit ab annis,
Nullus adhuc titulis, nullóque insignis honore:
Nec vires habuit nisi quas virtute parauit.
Quantos ille Duces juuenili ardore subegit.
Cum Marij mæstam lacerasset factio Romam,
Et miseram assiduis impleßet cadibus urbem!
Quot tum pro patria felicia bella peregit!
Illius auspiciis audax est Carbo peremptus,
Et cecidit terris Sertorius exul Iberis,

Præclarum

Præclarum Libyco (dignus tunc nomine Magni)
Duxit (adhuc Romanus Eques) de Rege triumphum.
Hæc fecit, nondúmque tuos excesserat annos.
Sed tu cur Libycis resides priuatus in oris?
Vnius auxilium dextra præstare valebis
Hic tantum Patriæ. procul hinc tu collige vires,
Et libertati Ductor succurre cadenti:
Vel dignam tantis Natalibus oppete mortem.
Nil contra iuuenis; sed tanquam Roma Catonis
Ex ore admoneat, promántue Oracula vocem.
Obsequitur citius dicto, & dans carbasa ventis
Digreditur Libycis nunquam rediturus ab oris,
Vt cadat Europa magnus, Ductórque per agros
Tot ferat Hispanos Romanæ vulnera gentis,
Quot prima Æmathiis victoria Cæsaris aruis
Proxima vel faciet Libycis. nimis inuida quanquam
Nobilis, ò Pompei, longe tibi fata negarunt
(Quæ patri dederant) felicia tempora vitæ:
Morte tamen patrem aquabis, magnáque ruina,
Nec fera fatalem vincet Pharsalia Mundam.

   Sicaniis Cæsar vires iam nactus ab oris
Protinus Vzzitæ excelsum prope mænia montem
Occupat. huc ducunt collatis vndique signis
Rex Iuba Scipiadésque suas ad prælia turmas.
Conspectu Vzzitæ bellum iam constitit omne.
Scipio detrectat pugnam; nec dulcia tantis
Vzzitæ fato damnantur cladibus arua:
Quamuis ter Cæsar certaminis acer amore
Instruit armatas acies, ter prouocat hostes.
Sed nullam pugnæ cum spem superesse videbat,
Destituit rursus montem, & læto omine Thapsi
Nocte iter emensus, fatalia venit in arua.
Illic Vergilius valido castella tenebat
Milite, Scipiadæ fidus, causaque Senatus.

Scipiada

Scipiadæ, Regísque Iuba vexilla sequuntur
ad Thapsum, quamuis cladis præsaga futuræ
Æthera non cessant dare signa minacia. lumen
Horridius tenebris præbebant fulgura. stellæ
Insolita visæ; intonuit sine nubibus aer.
Et fragor armorum nocturnas terruit auras.
Ærata mæstus manauit casside sudor:
Et dura attonitis ardebant pila maniplis.
Vix poterant infausta exanime tecta reuelli
Signa solo: noctu Libycorum audita leonum
Murmura sæua. solum Thapsi, montésque moueri
Cœliferúmque Atlanta putant. non lætæ videtur
Vlla auis infaustus bubo, nocturnáque castris
Strix queritur. nec cum Superi mortalibus ista
Prodigia ostendunt, clades vitare futuras,
Sed tantum trepidare docent. feralia Thapsi
Scipiadæ peritura acies iam venit in arua,
Quæ tot damnassent crudelia fata ruinis.

Æquore, quo Siculis Libye disiungitur oris,
Alluitur longo tractu perinsula Thapsus
Quæ spectat Boream: aduersa parte palude
Cingitur: in medio est aditus terrestris ad vrbem.
Hanc Isthmon quamuis non latè extenditur, altum
Diuidit in medio stagnum, binásque relinquit
Angustas vtrinque vias. hac Cæsar ad ora
Exteriora Isthmi peruenerat agmine lato,
Castráque munierat vallis fossáque profunda
Quæ Thapsum spectant: ne for∫an terga suorum
In pugna opprimerent hostes ex vrbe ruentes.

Sed fauces pene angustas obsederat Isthmi
Scipio: Cæsareis aduersáque castra locasset
Magnum opus intendens, si non cita pugna daretur,
Aggeribus structis, ductáque ad littora fossa,
Deceptos illis includere faucibus hostes.

Sed

Sed cœptum celare suum, vel ferre paratus
Incursum belli, pulchro instruit ordine turmas.
Romanas medio legiones ipse gubernat;
Tot varias dextro gentes sua signa secutas
Rex Iuba ducebat cornu; læuumque tenebat
In Libycis Varus, Gallis Labienus in armis
Teutonicisque ferox; alarum frontibus, altis
Aggeribus bello similes stabant Elephantes.
His iuncti Getuli Equites, Numidæque steterunt.
Pone feræ variæ gentes leuia arma gerebant,
Armati iaculis Mauri, pharetrisque veneno
Illita gestabant scelerati spicula Mibæ.
Cæsaris at postquam instructam procedere vidit
Scipiades aciem, clara sic voce cohortes
Incitat: oh Romana manus, spes sola Senatus,
Et patriæ tutela, animis si robora posset
Addere Ductoris facundia, quanta diserto
Argumenta darent miseræ tot vulnera Romæ,
Viribus extincta leges, venerandáque iura,
Ipsáque libertas armis oppressa nefandis?
Si patriæ clades, si publica damna mouere
Nil poterant mentes, cui non Pharsalia luctus
Exhibuit proprios, priuatáque funera? quis non
Aut fratres illic, aut natos mœret ademptos?
Iam nunc vltrices spectant tot pignora dextras,
Tot chari Manes. tanto hic non iustius arma
Induimus quam Thessalicis Pompeius in aruis,
Quanto Thessalicis augentur crimina campis
Cæsaris. accedent tam iusta Numina causa.
Nec, quoniam Emathia cecidit sub Cæsare Roma,
Vos transisse Deos, Romanáque iura perosos
Credite. Pompeio solitum Fortuna negauit
Non Vrbi auxilium; toties lassata triumphis
Priuati, verita est ne, si cecidisset in aruis

Æmathiis

Æmathiis Cæsar, deceptus crederet Orbis
Non Roma sed Pompeio donasse triumphum,
Priuatàque fuisse Deam. non amplius Vrbem
Destituet Fortuna suam, fatísue nefandi
Cæsaris Ausonia sacras succumbere leges
Imperiúmque sinet. non sunt hæc signa Deorum
Iratorum Vrbi (si me non omina fallunt)
Ductorem vobis Libyco pugnantibus orbe
Quod dant Scipiadem. felicia nominis huius
Fata hic, aut Afros non est memorare necesse
(Quos non ulla potest regio nescire) triumphos.
Talia sat nobis sperare est; non minor armat
Nos pietas: Latij nec nominis Hannibal hostis
Cæsare deterior, patria junxere salutem
Cum'vestra Superi. manibus reddetur eisdem
Roma sibi & vobis. virtute accersite fatum.
Communi proprios cum libertate Penates,
Conjugia atque domos istis conquirite campis.
Militis erigitur virtus, animosa cohortes
Ira subit Latias, pugnæque accendit amore.
Nec minus interea vario clamore fremebat
Dissona turba Iubæ, & belli undique signa petebat.
  Cæsar, ut optatum Diis aduenisse secundis
Pugnandi vidit tempus, sic voce cohortes
Incitat audaces: dextris victricibus iste
Vltimus en sudor, qui tot mercede labores
Pensabit digna, qui tot linore negatos
Hactenus, & magna meritos virtute triumphos
Asseret. ista dies quascunque aut Galli laurus,
Aut Rheni gentes, aut victa Britannia debent
Virtuti dudum vestræ, nuperue subacta
Promittunt gentes, inuitis hostibus, omnes
Inuito linore dabit. longéque triumphum
Majorem de rege Iuba victoribus addes.

A 2

SVPPLEMENTVM

Nec dubitare mihi fas est; fallentia nunquam
Signa, truces oculos vides, vultusque minaces.
Victores nouisse suos, fragmenta ruinæ
Æmathia discant. Dixisse plura; repente
Cum fera de dextro cecinerunt classica cornu,
Prosiliuntque acres (nec eas retinere Tribunus
Centurioue potest) ad prælia sponte caterua.
Non inhibet Cæsar, sed laxas fræna furori.
Carcere sic pronus nimium ad certamina currus
Cum forte erumpit, lorisque auriga retentis
Frustra inhibere studet, tandem dat victus habe-
nas.

Vtraque jam tanto concurrunt agmina motu,
Quanto (si longa flexum natura Malæa
Donaret nautis) aduersis bina coirent
Æquora gurgitibus. pulsat fragor æthera, montes
Vndique vicini excipiunt, resonantque furentes
Pugnantem voces. Siculas it clamor ad oras.
Huncque repercutiunt Lilybeïa saxa, timentque
Vel sonitum belli terra retinere quieta.
Non ita pinifero Boreas cum Thracius Ossæ
Incubuit, resonant quassatæ turbine siluæ;
Murmure nec tanto Nilus, cum de Cataractis
Præcipitat duris illisas cautibus vndas
Astra lauans surdas habitantibus obstruit aures.
Scipiada dulcis stimulat vindicta cateruas:
Cæsareas ingens premit indignatio turmas,
Quod noua defuncto succedant prælia Magno:
Inuentusque alius Ductor ciuilibus armis.
Sanguine merguntur campi, vicinaque multo
Tincta cruore palus; & quod tot vulnera rubrum
Emittunt flumen, fœcundam putria terræ
Alligat in glebam, & steriles connectit arenas.
Inter vtramque aciem volitat ferali Enyo,

Lampada

Lampada funestam quatiens. referauerat antrum
Tartareus Rector pallens, vtque arma nefanda
Spectarent, caperentque sui solatia fati,
Inuisas illuc Libyes emiserat vmbras.
Undique consedere aruis, nigraque corona
Infecere diem, versatilis vmbra Iugurtha,
Hannibalis saeui Manes, captique Syphacis.
Qui nunc euersas secum Carthaginis arces
Ignouere Deis, postquam feralia campi
Praelia Thapsusci, & Latios videre furores.
Sed tamen Ausonia ciuilia vulnera dextra
Afra luet tellus, & plus vastabitur, etas
Proxima quam reparare potest. inarata iacebunt
Arua, ruentque suis vacuata ciuibus vrbes.
Quaeque viris coluere, fera nunc rura tenebunt.
Qua Reges olim per gentes iura dederunt,
Tigris erit, Pardusque, & habebunt regna leones.
Innocuus viuet Serpens, & nulla, veneni
Dum deerunt homines, pestis censebitur Orbi.
 Caesareis leuiter percussi pectora telis
In sua conuersis Elephantes agmina frenis
Praecipites rabie currunt. tum robore densos
Indomito turbant cuneos, atque agmina Regis
Prosternunt confusa Iuba. nil arte valebant
Rectores miseri, nil vis; Fortuna regebat
Sola feras, contraque suos pro Caesare misit.
Illi hostes, illi socij, dum nemo gubernat,
Quos fortuna facit. vicinum Elephantibus agmen
Getuli, Numida equites crudeliter illic
Calcabantur humi. vasta pars mole ferarum
Contrita est; fossas pars praecipitatur in altas.
Tunc infelices tutela orbati Elephantum
Tot Libyae populi, & gentes leuia arma gerentes
Caeduntur cumulis passim, iugulisque fatigant

Aa 2

Cæsareos solis ; nec stantes amplius hosti
Hic bellum sed præda manent. hastilibus igne
Duratis quid Bamura iam nuda iuuentus?
Quid leuibus contra Romanos comminus hostes
Autololes iaculis? nil illis ignea planta
Vis prodest, cursúsque leui velocior aura.
Non bene Cynsphiis hirsuti tegmina capri
Pectora defendunt. vix contra Cæsaris enses
Æs ferrúmque valent. implentur sanguine fossæ.
Mæsta madet tellus, & de tot gentibus vnus
Purpureus casis infecit pascua torrens.
Non Iuba per mortes hominum, priuatáque fata,
Sed gentes pariter casas, populosque iacentes
Metitur quantis pereunt sibi regna ruinis.
Nec sua post tantam cladem munita putauit
Castra satis, miseram victis præstate salutem;
Sed cum Petrejo fugiens tentoria cunctis
Splendida diuitiis hosti permisit auaro.
Quæ cito Cæsarei victorum terga sequentes
Diripiunt, opibúsque Iuba, tantísque potiti
Bellorum exuuiis, operum mercede, priusquam
Sanguinolenta fuit victoria plena, fruuntur.

 Sed non tam celeri bellum pro Cæsare cursu,
Qua Latiis stabat vallatus Scipio turmis
Atque pares fulsere Aquilæ, Fortuna peregit.
Hic incerta diu varij stetit alea belli
Hic hæsit fatum, & dubiis victoria pennis
Inter vtrumque agmen visa est volitare: repellit
Viribus hæc acies vires; alternáque dextras
Crimina ciuiles fœdant; dum maxima regnant
Hic odia, hic cades; animos in prælia tanquam
Causa mala augeret; tantóque ardentior ira
Quo scelerata magis. dubitans ostendere fata
Quid tandem Roma fortunare Cæsaris esset.

           Ex

Ex acie tandem Libycæ fugere cohortes
Qua duce sub Varo steterant; dare terga coactus
Dux simul; & tu Gallorum, Labiene, tuorum
Corpora cæsa videns, Thapsi funesta relinquis
Arua gemens; aliis demum ciuilibus armis,
Romanisque iterum seruate furoribus, aruo
Pars Latia cladis Mundano magna jacebis.
Nec fato occumbes (acerrime Cæsaris hostis)
Dum potis est certare suo cum Cæsare Roma.
  Scipio vt aduersas videt increbrescere vires,
Cedentésque suas, nec iam reparabile bellum,
Fluctuat ancipiti diuisus pectora cura;
Ingerat an medios sese moriturus in hostes,
Vt populi caput Hesperii, Ductórque Senatus
Summo in honore cadat felix, Stygiásque per undas
Maxima Romani descendat nominis vmbra:
An speraret adhuc, atque vltra sidere fatis
Ausoniis, tantóque velit superesse dolori.
Decepit tandem fiducia vana futuri
Successus miserum, pulchrúmque excussit amorem
Mortis: vt Æmathia, caput oblaturus superbo
Victori, Magnum spes dira fefellerat olim.
Hos animo casus voluentem concitus aufert
Scipiadem ex acie Sonipes; cum territa passim
Agmina cœperunt toto discurrere campo;
Cedentésque Equites tutas petiere latebras
Montibus Vzzita, peditum pars magna petebat
Castra Iuba, si forte breuem præstare salutem
Defessis alti poterant munimina valli.
Sed postquam se deceptos, & castra cruentis
Cæsareis possessa vident, tum tela cohortes
Victa projiciunt, & inermia brachia tendunt.
Sed nihil (ob rabies ciuilis dira furoris)
Profuit heu miseris submissa cæde nefanda

Sternuntur, quamuis gladios inhibere suorum
Contendit Cæsar frustra, & clamore furentes
Increpuit magno, ciues nunc esse memento,
Non hostes, miles; partum virtute triumphum
Cur feritate noua maculas? hac sanguine sero
Quam paris inuidia est plus quam Victoria nobis.
Sapius hæc mæstus clamat, pars nullaque belli
Ciuilis tum Cæsar erat. sed perdere ciues
Quæ toties poterant, non jam seruare valebant
Jussa Ducis. jugulant miseranda cæde cohortes
Scipiadæ, strictisque odium mucronibus explent
Inuito Duce Cæsarei. & qui jussa per annos
Tot Ducis implessent magni crudelia semper,
Nunc solum, cum justa dedit mandata, rebellant.
Jam vero ingentem pro Cæsare fata ruinam
Sparsissent campis, & tecta cadauere tota
Planities funesta jacet. tandemque sequendo
Defessas Cæsar reuocans ad signa cohortes,
Prospera diuitiis Regum certamina donat.

SVPPLEMENTVM LVCANI,

LIBER QVARTVS.

ARGVMENTVM.

Iuba & Petrejus se mutuis vulneribus in-
terficiunt. Scipionis & Catonis fata de-
scribuntur.

NON funesta tamen clades quas fecerat
  omnes
Terra capit Thapsi, tantaue jacere ruinæ
Angusto potuere loco, quot fata per oras
Thapsiaca spargent ingentia vulnera pugna,
Ne non diuersis famam regionibus olim
Funera tantorum faciant diuisa virorum!
 Rex Juba Petreio & paucis comitantibus vrbem
Ad Zamam Imperij sedem, qua pignora cara
Uxoresque suas, gazasque reliquerat omnes,

Aa 4

Advenit infelix. sed iam clausere rebelles
Zamenses Regi portus, victoque negarunt
Introitus, odium saevi crudele tyranni
Ausi fortuna tandem pereunte fateri.
Nil precibus, miftisve minis, vultuve movetur.
Perdita majestas victor, penditque prioris
Jam Juba sævitia pœnas. oh sera tyranni
Cognitio! dum regna manent, se nescit amatum
Invisumve suis. affectus sola latentes
Servorum pandis Fortuna adversa: sed illa,
Quæ post regna venit, cui nulla potentia juncta
est,
Cognitio torquet miseros; nec reddere grates,
Nec licet ulcisci. seros (& non nisi tantum
Vt doleant) oculos aperit Fortuna tyrannis.
 Exclusi rapido fugiunt per devia cursu,
Et Villam, paucis equitum stipantibus, intrant
Rex Juba Petrejusque simul. tum fessa quiete
Corpora componunt stratis, ægrosque per omnes
Devolvunt animos casus, solamina donec
Vltima lassatis ingens audacia præbet.
Continuo instaurant epulas, plenisque Lyæo
Discumbunt mensis. postquam compressus edendi
Est amor; intrepido tandem sic inchoat ore,
Petreiumque toris Juba Rex affatur ab altis:
En Romane vides quo nos Fortuna redegit:
Sola relicta salus clementia Cæsaris; at non
Nos duo tam fuimus temnendi Cæsaris hostes,
Adversusve illum tam innoxia gessimus arma,
Vt veniam liceat salus sperare pudore,
Oblatasve frui, quæ non dant arma salutem,
Dent libertatem nobis, me certa manebit

Libertas

Libertas ferro, nec dignam credere vitam
Hanc possum votis, ut supplice Rege superum
Intument Cæsar, nec quem vidisset honore
In summo forsan (si vel Pompeius in arvis
Thessalicis olim, vel nostris Scipio terris
Vicisset) me iam captiuum Roma videbit,
Regia præbentem ridenda Quiritibus ora
Ante triumphantes currus, ut victi Syphacis
Atque catenati traxerunt colla Iugurthæ.
Nec Iuba ridendum, nec erit miserabile nomen
Cæsareis. non corda mihi, non tela, manusue
Ad letum desunt: sed te, Petreie suprema
Participem facio famæ, mortisque decora.
Causa reos eadem iunxit, fortunaque victos:
Nunc eadem virtus morientes iungat vtrosque.
Stringe, ensem, & mecum pariter nunc vtere dextra.
Quæramus pulchram per mutua vulnera mortem,
Et libertatem citius quis donet amico
Contendat feralis Amor. Petreius ense
Sic breuiter stricto: Libycorum maxime Regum.
Cujus honoratum per sæcula nomen habebit
Ausonia, hanc laudem cui me debere fatebor,
(Nec pudet Hesperium Ductorem discere, tanto
Rege docente, mori) Latium gaudebit honore
Hoc Genium, ne te captiuum Roma videret,
Quem libertates nostras legesque tuentem
Laudauit toties, sociique infamia Regis
Cæsaris iniustos posset decorare triumphos.
Roma Iuba, sicut Masinissa, nomen amabit,
Nec meliore nota signabit Cæsaris acta
Quam Catilinæ olim, & diri consulta Cethegi.
Dixerat, & totis concurrunt viribus ambo,
Grataque dant, referuntque per ictus vulnera crebros.

Aa 2 Si

Crederet hoc quisquam, tanto conamine, tanta
Pugnatum virtute mori, non vincere? tandem
Petrejus cecidit. retine, Petreje, parumper
Festinantem animam, clamat Iuba, dum comes vm-
  bra
Umbra tua hoc gladio ad Stygias demittitur vndas.
Quis regni posthac confidet viribus? aut quem
Gloria decipiet sceptri, soliiue superbi
Lubrica majestas? cunctis desertus ad vmbras
Nudus eo, nuper Libyco Iuba maximus orbe.
At vobis, populi infidi, & tibi, Zama rebellis.
Sit Latium precor vsque jugum graue, perfidiamque
Hanc vestram domino domino pejore luatis.
Tunc iterum gladio pectus ferit; euolat acer
Spiritus, aeternaeque oculos clausere tenebrae,
   Ecce alios luctus, aliudque per aequora funus.
Nobile Thapsiacis Fortuna vehebat ab aruis.
Scipio Dux belli tanta de clade superstes.
Non dedignatus parua tentare carina
Et sola Libycum pelagus, properabat ad oras
Hispanas, vbi Pompeii ciuilia cogunt.
Rursus in arma viros: sed tempestate repulsus
In portum Hipponis vehitur. se Scipio sentit
Cum naue amissum; nec portum euadere venta
Opposito licuit. clara tum vace dolorem
Testatus clamat: pelagusque ipsaque Procella,
Et conjurati pugnant pro Caesare venti.
Oh vtinam Thapso cecidissem, strage virorum.
Mistus; nec tanto placuisset vita superstes
Imperio, (Ductor summo Romanus honore
Ad Stygias venissem vndas,) aut ante tulissem
Hanc male seruatam potius Pharsalia vitam
  Quam Thapso infelix duxissem bella Senatus,
Vlsaque Scipiadem vidisses Africa victum.

Vos claræ maiorum animæ, quos Africa senſit
Sæpe triumphantes, vt cum Carthaginis alta
Excidio, captuſque Syphax, claraque fugatus
Hannibal ex acie teſtantur, fata Nepotis
Ne pudeat veſtri, miſerandaque bella videre.
Nam neque me Libye vicit: ſed viribus ipſa
Scipiadem, ſeſeque ſuis hic Roma ſubegit.
Cum patriâ patria vincor moriorque cadente
Libertate libens. miſere hunc Numina ventum
Aduerſum; vt morerer, ne ſpe deluſus inani
Optarem forſan tanto supereſſe dolori.
Hiſpanas iterum Romana ad prælia gentes
Pompeii cogant iuuenes, legeſque requirant,
Et libertates: mea tunc fortuna peracta eſt.
Et quanquam hæc armata manus teſtabitur orbi
Me terra potuiſſe mori: placet æquore mergi,
Ignotumque illic funus per ſæcla manere.
Oh nunquam veniat fluitans ad littora truncus,
Ne Libyca condatur humo; victique futuris
Scipiadæ oſtentent monumenta nepotibus Afri:
Tunc latus enſe fodit; nec eo contentus in æquor
Proſilit; emiſſi ſpargit pars tranſtra carinæ
Sanguinis: æquoreos tingit pars altera fluctus;
Migrantique animæ fatum non ſufficit vnum.
Demerſum monſtris iacet, eheu, præda marinis.
Nobile Scipiadæ corpus nec colliget vrna
Flebilis hos cineres; nec tanto nomine dignas
Exequias tibi Roma dabit, paſſiſue capillis
Scipiadem, extremum generis, lugebit ademptum.

   Agmina de campis paſſim fugientia cunctas
Impleſſent magnis Libyæ terroribus oras.
Præſidiis tum forte Vticam Cato nobilis urbem,
Auſoniis tenuit; qui nota clade Senatus
Scipiadæque fuga, victorem arcere parabat.

Hortaturq; ia

Hortaturque suos alacer defendere muros.
Sed frustra; heu nimiam trepidantia pectora sensit,
Et victum fama non visi Cæsaris agmen.
Tum Cato militibus vultu immutatus eodem
Ignouit pauidis. ultro fugientibus ipse
Prospexit, classes portu contraxit ab omni
Vicino, remosque dedit properantibus aptos.
Cunctorumque, suam quamuis projecerat ipse,
Non dedignatur Ductor curare salutem.
Solatus ciues Vtica, & trepidantia verbis
Pectora confirmans placidis, quam certa supersit
Spes illis veniæ, victis clementia quanta
Cæsaris, edocuit. talis cupit ipse videri
Ciuibus, ut qui non donatam à Cæsare vitam
Sperneret. illum etiam, cui non durissima virtus
Affectus celare suos permiserat vnquam,
Quem nullus simulare timor docuisset, aperto
Vel deflexisset rigidi de tramite veri,
Tandem mortis amor cogit simulare Catonem.

   Orbarant homines jam luce silentia Noctis
Inque vicem fessis donarant regna quietem;
Cum gratos cunctis, quos cura dolorque sinebant,
Carpebant somnos: sed non tranquilla Catonem,
Exemit virtus curis mortalibus, alto
Vt jaceat somno oppressus: sed libera mentis
Erigat ut se vis, contempleturque futura
Sæcula, & æternos vitæ immortalis honores.

   Ante tamen contemplatrix quam dogmata vera
Scrutari possit Sophia, moralibus apte
Præceptis purganda anima est; prius ejiciendi
Affectus praui, cunctæque è pectore sordes,
Ira nocens, & luxuries, & fœda libido.
Hos igitur motus animi (purgantia sicut
Corporis humores praua medicamina tollunt)

                                              Moral

Moralis plene educat Medicina, priusquam
Diuinum, summumque bonum scrutarier ausa
Sit contemplando, ne densis pressa tenebris
Mens erret cæca, & vitiis decepta fatiscat.
Sic longa virtute fuit mens sancta Catonis
Purgata; atque illi vita immortalis honorem
Jam contemplanti diuini fata Platonis
Phædonem tradunt. cum lætus talia fatur.
Salue sancte liber Superis demisse Catoni;
Dirige tu cursum, vitaque extrema meantis
Instrue non alium moriturus quæro magistrum;
Nec restare alias voluerunt Numina curas.
Jamque mori certo liceat mihi discere, quid sit
Mors, quid vita fuit, quid erit; num nulla futura
est;
An viuunt animæ post funera: præmia justis
Quæ restent: quæ sacrilegos vindicta manebit.
  Dum contemplatur, mentis se libera tollit
Nec turbata acies, abstractaque corpore vires
Exercere suas contendit pura facultas.
Tunc volitans excelsa petit, nimiumque remotæ.
A terris, quo non oculi, non organa sensus
Corporei penetrare valent, fulgentia cœli
Corpora scrutatur: nec eis contenta, requirit
Splendoris fontem cuncti, lucisque beatum
Principium, æternique Dei vestigia adorat.
Hæc magis atque magis cælestia discere tentat
Contemplans anima: at cæcis obducta tenebris,
Et depressa graui connexu corporis, ipsa
Se non posse videre videt. solatia sola hæc,
Quod meliore frui post mortem lumine sperat.
Immortalem animam spes hæc probat: aut tibi fru-
  stra
Spem dedit omnipotens: frustra te jussit amare

                         Quæ

Quæ nunquam poteris cognoscere, cur Sapientes
Dum terris viuunt spernunt terrena, nec aurum,
Regna, voluptates quærunt, quæ sola videntur
Splendida: sed quæ non cernunt cœlestia tantum
Depereunt, si non cœlestia gaudia tandem
Exciperent; sed non illuc ascendere possunt
Corpora, quæ grauia, & terrenis mista creantur
Principiis, in quæ tandem resoluta redibunt,
In terramque cadent. animæ est cœlestis origo,
Igneus atque vigor, substantia pura, suique
In toto similis; variis nec partibus illa
Composita est; ideo nullo dissoluitur æuo;
Sed sibi corporeo laxata à carcere viuit.

Felices posthac animæ, quas corpora nullis
Fœdarunt vitiis nullaque libidine morsas
Detinuere olim, quæ, dum sub carne latebant,
Contemplatrices abstractæ à carne volarant
Sæpius ad cœlos, cœlis post fata, quibuscum
Fœdera sanxerunt viuentes sacra, locantur,
Æternaque illic lætantes luce fruuntur:
At tenebrosæ animæ, nimium quæ carnibus olim
Demersæ jacuere suis, queis tetra libido
Atque voluptates, solum quas sensus alebat,
In terris notæ, posthac de carne solutæ
Aspectum cœli, cum quo commercia nullæ
Viuentes habuere, timent, nec luce fruuntur:
Sed tenebris dilecta nimis prope corpora semper
Ferales errant vmbræ, mæstæque sepulchra
Bustaque fœda colunt, hinc noctu spectra videntur,
Quæ terrent homines, animæ sunt ista Malorum,
Quæ, quoniam crassæ sunt, corporeæque, videntur.

Quam diuersa (inquit) restant post funera sortes
Credo equidem, diuine Plato, te dogmata vera
Hac ipsum docuisse Deum, Deus ipse sequendam

(An

(Aut Natura homines ratioque innata fefellit)
Propofuit virtutem, & præmia debita iuſtis.
Hæc, quoniam iuſtos iniuſta potentia fraudat
Sæpius in terris, & gens humana rebellat,
Soluere poſt mortem iuſtiſsimus ipſa tenetur.

Funera non metuit Sapiens ſuprema; nec illi,
Qui contemplando toties ſuper aſtra leuauit
Carnoſo abſtractam penitus de carcere mentem,
Corporis atque animæ faciens diuortia tanta
Quanta homini licuit, mors formidanda venire.
Aut ignota poteſt. nam Mors diuortia tantum
Plena hæc, quæ ſapiens toties optaſſe videtur
Et toties tentaſſe, facit, Superoſque petenti
Libertatem animæ clauſtris concedit apertis.
Si ſæpe impatiens vitam projecit Amator,
Atque manu pectus propria perfodit, vt vmbra
   Defunctam Stygias ſponſam ſequeretur ad vm-
   bras.
(Qua tamen haud illo conceditur orbe potiri)
Num Sapientum animæ ſummi quæ gaudia cœli
Depereunt verique boni capiuntur amore,
Quo nequeunt in carne frui, de carcere tandem
Corporeo ſolui, clauſtriſque exire recuſent,
Cum Deus ipſe foras aperit, licitamque meanti
Dat Natura viam. at donec Deus ille creator,
Qui terrena animam primo ſtatione locauit,
Euocat, haud illa ſtatione excedere fas eſt.

Hic dubitans hæſit paulum Cato. non datur ergo
Sponte mori victis (inquit:) nec obire Catoni
Dum dabit iniuſtus Victor mandata, licebit?
Cæſaris expectem gladios, atque in caput iſtud
Ius illi agnoſcam Superi? Dominumque fatebor
Eſſe meum, quem Roma ſuum decreuerat hoſtem,
Quemque ego damnaram. num iuſtum iniuſta dederunt
   Bella.

Bella potestatem? non sic, oh Numina certe
Humanas placuit vobis confundere leges,
Et dare ius sceleri. sed si non sponte Catoni
Proijcere hanc lucem fas est, at crimine vitam
Grandius est retinere nefas quam grande putarem
Esse nefas nobis, turpem producere vitam
Cæsaris imperiis, & regna injusta probare!
Quam Roma damnosa forent exempla Catonis!
Pompeij juvenes, qui nunc ad prælia gentes
Hispanas armant, patriæque impendere vitam
Non dubitant. justa postnæc non credere causæ,
Sed pulchris fortasse volunt desistere cœptis,
Nec libertatem per tanta pericula, per tot
Ærumnas quærent, cum vobis regna probentur,
Et non displiceat duro servire Catoni.
Ah potius fragilem hanc sit fas abrumpere vitam
Quam te, Libertas, violem. sed Numina si te
Nunc tandem jussere mori, tua funera saltem
Prosequar, & Stygias liber comitabor ad umbras.
Non ultra dubitare licet. Tunc pectora dextra
Nuda ferit, moriensque cadit: morientis ad ictum
Vndique concurrunt famuli: labentia tollunt
Membra viri, vulnus resonent: mortique quietem
Eripiunt tantum, dum, quam proiecerat ipse
Tanto animo, heu frustra, contendunt reddere vitam.
Impatiens lucis propriæ Cato vulnera dextra
Dilacerat: mortemque docet non posse negari!

 Cæsar Thapsiaca Victor de clade reversus
Tendit Adrumetum, cum jam victoria passim
Securum præstabat iter. non arma, nec ulla
Insidia clausere vias. ignoscit ubique
Supplicibus: cum nulla videt restare pericla,
Tutaque fortuna facta est clementia tanta.
Inde Vticam advenit Cæsar, fatoque Catonis:

Audiit,

Audito ingemuit: queſtuſque, ob inuidi, dixit,
Cur odio moreris noſtri? vitamque relinquis
Ne non Cæſareæ bonitati injuria fiat?
Heu tibi crudelis nimium moriendo fuiſti,
Vt moriendo mihi poſſes crudelior eſſe.
Durior interitu, quam vita armiſque fuiſti,
Hoſtis es: atque odium noſtri, quod ſanguine noſtro
Non potuiſti vnquam, voluiſti ſanguine ſaltem
Nunc ſatiare tuo, teque ipſum impendere damno
Cæſaris. exitias noſtrum, crudelis, amorem,
Vt luctum facias. mihi quid clementia prodeſt,
Cui non Romani dubitant præponere mortem?
Infelix Magnus ſeſe committere fraudi
Barbaricæ potius quam noſtro elegit amori.
Sed tamen ille ſuas ſperans reparare ruinas
Auxilium infido, non mortem, à Rege petiuit,
Quam tamen inuitus ſubiit. tu ſponte periſti
Inuidiam facturæ mihi. ſed detrahet illam
Inuidiam, & ſpes injuſtæ clementiæ vincet.
Deflebo funus, nati unique amplectar honore:
Nec me crudelem viclo fore ſentiet Orbis.

 Dans veniam Caſar timidis Vticenſibus, agmen
Defeſſum reficit, paulumque moratus in vrbe
Munimenta videns, circumſpicit vndique latam
Planitiem. prope ſilua ſtetit (regionibus illis
Rara nimis) non ampla tamen, quam lentus alebat
Bagrada, qui ſiccas illic connectit arenas.
Horrida ſilua fuit, coniunctis aera ramis
Obſcurum & triſtes excluſi; Solibus vmbras
Complectens, nemus hoc ingreſſus Cæſar opacum,
Antrum immane videt nigro ſqualore repletum,
Et marcente ſitu, quem nox ibi longa creaſſet.
Infecit grauidas erumpens halitus auras.
Attonito terrore loci, tandemque rogauit,

Rem.

Rem notam populis astans Libys incola narrat.
    Hæc, Cæsar, multos iam non habitata per annos
Antra immensa olim monstrum exitiale tenebat
Pestis, & ira Deum, serpens cui sacula nulla
Produxere parem terris: non tanta palude
Lernæa tumuit reparatis anguibus Hydra;
Nec qui poma Draco custodiis aurea; nec, quem
Seruantem vigili Phryxæum lumine vellus
Somniferis tandem domuit Medea venenis.
Nec tu Phœbeis Python confixe sagittis
Tantus eras, populis species incognita primis.
Serpente in tanto potuisset Gorgonis omne
Absumi virus; Libycis nec maius arenis
Hoc monstro, semen si defluxisset in vnum,
Pestifera tabes generasset tota Medusa.
Tam longum sese (centum porrectus in vlnas
Quippe fuit) voluit Serpens per fluminis vndas,
Vt quoties gyris distendis terga solutis
Aduersa prædam potuit deprendere ripa.
Sæpe illic Tigris spumantes oblita rictus,
Atque cruentatæ taurorum cæde Leones
Flumina dum libant, monstri conduntur in aluo.
    Atque vtinam his tantum prædis contenta fuisset
Ingluuies; periere homines, quicunque per æstum
Vmbrosa fessi petierunt tegmina siluæ,
Aut quicunque istos, aduerso numine ducti,
Aduenere viri gelidos haurire liquores.
Nam simul ac nigro Serpens caput extulit antro
Horrendus, totamque implerunt sibila syluam,
Attonitos timor inuasit; non vlla salutis
Spes manibus, non vlla fuga. deprendere prædam
Distendit subito toto se corpore Serpens:
Sæpius in flumen, monstrum vitare nefandum,
Desiluere viri: sed non præstare salutem

                                         Flumen

Flumen cis potuit,nantes correpsit in vndis,
Nec mergi licuit miseris,pejora manebant
Fata illos,monstri obscœna conduntur in aluo.
  Sic impune diu Sylua grassatus in ista
Egressus tandem est,& se ad majora parauit.
Quid pecudum strages,quid singula fata virorum
Persequar? haud vacat hic priuatas dicere clades.
In populos furit,& totis cum gentibus atrox
Bella gerens;ausus Romana lacessere castra est:
Cum primum turmas Libyes ad littora duxit
Regulus Ausonias,& in his consederat aruis,
(Quis mihi de tanto credet certamine)solus
Inuasit totas acies,exercitus ille,
Qui sibi promisit Libye, & Carthaginis alta
Imperium,quem tot gentes,mundique timebat
Tertia pars,vno vix se defendit ab Angue.
Dux capere arma jubet,nec solis ensibus illic,
Aut pilis,sed ballistis,qua mœnia summa
Et turres quaterent,monstro noua bella parari.
Protinus insonuere tuba; tunc erigit alte
Se,dirumque caput Serpens attollit in auras
Vndique despiciens campos,tantusque videtur
Quantus is est geminas cœlo qui diuidit Arctos.
Tunc asper sauit; Stygias de gutture diro
Exhalans nebulas,& flammea lumina torquet.
Squamea cum voluit sublatus terga,putares
Excelsum ad pugnas castellum sponte moueri.
Distantum longe subito se immittit in ora.
Hos morsu,afflatu necat hos,hos tollit in altum,
Vt casu interimat miseros; totasque cohortes
Sternit humo,latas cauda dum verrit arenas.
Consternuntur equi passim,frænisque rebelles
Inuitos saui dominos Serpentis ab ira
Dum fugiunt campo portant,cessere manipli,
                                    Tergaque

LVCANI. LIB. IV.

Cæsaris impleßent, Vtica discessit ab Vrbe,
Et victi per regna Iuba victricia ducens
Agmina, regalis famosa ad mœnia Zamæ
Peruenit. Ducis hic Petreji animosa Iubæque
Funera cognoscens, animo tam tristia fata,
Fortunæque vices summa miseratur amaras.
Tunc Vrbe exceptus Zamenses laudat, & illis
Præficit imperio Crispum. Maurusia tellus
Romula de tanto facta est Prouincia Regno.
Inde Vticam remeans, ventis dans carbasa, Sardoa
Appulit, atque illa paullum tellure moratus,
Tutus ad Ausoniæ peruenis littora Cæsar.

SVPPLE

SVPPLEMENTVM LVCANI,

LIBER QVINTVS.

ARGVMENTVM.

Triumphi Cæsaris quatuor continuis diebus. Templum Veneri extructum. Pompeij Iuuenes bellum in Hispania renouant.

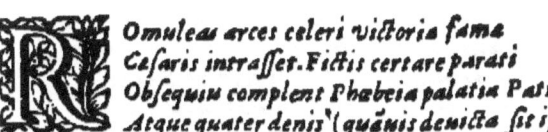Omuleas arces celeri victoria fama
Cæsaris intrasset. Fictis certare parati
Obsequio complent Phœbeia palatia Patres.
Atque quater denis (quãuis denicta sit ipsa
Illo Roma die) decernunt vota diebus.
Cæduntur Tauri, gratoque altaria thure
Cuncta calent. nec tot sunt templa ornata coronis,
Cum Latio audita est olim victoria felix
Scipiadæ,

Scipiadæ, & fusus Zamensibus Hannibal eruis.
Aut cum Teutonicis intrauit mœnia victor
Exuuiis Marius, non plus felicibus armis
Externisue unquam lætata es, Roma, tropæis,
Quam nunc amissa pro libertate triumphas.

　Tum iusto, meruit quem Gallia victa triumpho,
Dilatoque diu, iungunt Decreta Senatus
Tres alios, veteres vt possit Cæsar honore
Obscurare Duces, pompasque excedere cunctas ;
Vtque triumphales vtroque à cardine laurus
Ornarent pariter currus : Australibus illa
Splendida diuitiis, Borea generosior ista
Robore & exuuiis : vt pictis mista Britannis
Agmina Niliaca incedant, vt sole perustos
Mazaces albo comitentur corpore Sueni :
Vt Galli Armenis iuncti, Maurisque Sicambri
Spectentur pariter populis : longeque remotæ
Tot possint Gentes, & quas commercia nunquam
Iunxissent, Latiis iuncta nunc ire catenis,
Communemque simul vincta deflere ruinam.
Vt cunctos pariter fontes, captiuaque Tibris
Flumina Cæsareis videat depicta tabellis.
Inde catenati lugens Germania Rheni
Fata sui sedeat : Nilus septemfluus illic
Cornua fracta gemens : frænato vt gurgite Gallis
Inde suis Rhodanus, Mauris hinc Bagrada ploret.
Nec maiorem ullo sese Vrbs Romana triumpho
Fortunamque suam potuisset cernere, si non
Ipsa triumphata partis pars magna fuisset.

　Tot clarus titulis, tot bellorumque superbus
Exuuiis, Tyrio Cæsar spectabilis ostro
Mœnia sublimi intrauit Romana Triumpho,
Quadriiugis vectus niueis, quos pascua mittunt
Clitumni lata, & sacra victoribus vnda.

　　　　　　　　　　　　　　　　　Dicite

Dicito Calliope, quot gentes quattuor illis
Quos Ponto, Ægypto, Libye, Gallisque subactis,
Ducebat Cæsar, spectabas Roma triumphis.
Quam diuersa fuit facies, quam corpore toto
Ornatus populis varius, quam dissona lingua,
Dum fluuios tabulis pictos, dum facta metallis
Oppida, bellorum series, diuersaque pugna
Tot genera ostendit; variè & fabricata ministris
Arma, Ducum exuuias, argenti pondera & auri,
Captaque magnorum portant diademata Regum.
Sed si non tanta dignaris singula pompa
Dicere Calliope, saltem miserabile magni
Vercingetorigis fatum reticere putato
Esse nefas, quem bellantem tot viderat annos
Gallia, collatis toties cum Cæsare signis,
Et toties renouantem acies proauita tueri
Jura, jugumque suis Romanum auertere Gallis.
Hic, quem dura Ducis nimium sententia morti
Damnasset, residens indignabunda pheretro
Dejicit ora: tegit frontem diffusa minacem
Cæsaries; diis iratus, vitamque perosus
Captiuam, domini gladios optare videtur.
  Ecce alia in Phario facies miseranda triumpho
Corda mouet vulgi. incessit Regina catenis
Arsinoë, passis per candida colla capillis,
Et teneras, modo quæ gessere Ægyptia sceptra,
Auratis palmas manicis religata tenebat.
Quamuis Arsinoën non hic sententia mortis
Dura manet, parcit clementia Cæsaris illi:
Aut donat Victor, Cleopatra captus amore,
Germana veniam, Phariamque remittit ad aulam.
Heu quantum, Cleopatra, tibi, si capta perisset
Hic soror, abstulerat crimen Fortuna futurum!
Nam misera Arsinoë donatam à Cæsare vitam

Crimine

Crimine majoris posthac soror impia tollet.
   Maxima sed populi subiit miseratio mentes,
Cum videre Afro pueri captiva triumpho
Ora Jubæ, cujus Libyco rex maximus Orbe
Nuper erat Genitor, qui tot modo regna, tot urbes,
Tot populos lata tenuit ditione remotos.
Quis latius, miserande puer, tam obtusa gerebat
Pectora, quem tua non ætas innoxia movit?
Aut quis te tanto dejectum culmine regni
Immerita hostili præbentem colla catenæ
Non mærens animo vidit? sed cæca futuri
Mens hominum. felix, quæ tam miseranda videtur,
Sors tua, Magne puer, vinclis feliciter istis
Es Juba, quam magni maneant si regna parentis,
Et stet firma tuis tellus Maurusia sceptris.
Illa dies qua te captivum fecerit, illa
Transtulit in melius (quis crederet) illa futuræ
(Tristis visa licet) posuit fundamina famæ.
Moribus Ausoniis primis nutritum ab annis,
Barbarie exutúsque, tua felicia posthac
Tempora constituens orbi, moderamine justo
Commissas olim regni tractabis habenas.
(Nam te post casus tantos ad culmina Regni
Evehet Augustus Cæsar, solióque locabit.)
Præterea excultus studiis, miranda relinques
Ingenij monumenta tui, calamique perennis
Docti fama tibi per sæcula cuncta manebit.
   Sed non Pharnacis captiva Quiritibus ora,
Armeno potuit Cæsar monstrare triumpho.
Ille fuga evasit. vehitur fugientis imago;
Et VENI, VIDI, VICI, tria verba superbo
Portantur curru totum narrantia bellum.
   Romanos animos, plus quam spectacula viva,
Tristia fata Ducum tabulis depicta movebant.

Bb

Illic mæsta videt ciuilia vulnera Romæ,
Et proprias luget clades ; illic sua quisque
Funera Romanus, cognatáque damna recenset.
Inter Barbaricas strages, & funera Regum
Extera, magnates Libya, casósque per Alpes
Gallorum Proceres ; proprio qua pingitur ense
Rex Iuba transfixus conuiuia mæsta cruentans,
Demersúsque sui Nili Ptolemæus in vndis,
Monstrantur Latiæ mortes, absumptáque bellis
Maxima Cæsareis Romana nomina gentis.
Hic cum Rege Iuba Petrejus Afranius illic:
Illic Torquatus moriens, hic Sulla jacebat.
Nec procul hinc oculis agnoscunt flentibus ora
Scipiadæ, puppi jam desilientis ab alta.
Te quoque, Sancte Cato, fodientem viscera dextra,
Et properanti animæ lacerantem vulnera cernunt.
Verum inter Procerum tot mortes vna tacetur.
Nec tabulæ mæstis monstrare Quiritibus audent
Flebile Pompeji fatum, ne tanta triumphos
Tristaret clades, sed mors ea sola relicta.
Quæ tum præcipue populo expectata fuisset,
Altius infixa est quærentibus, & bene cuncti
Iam sine picturis Magni miserabile letum,
Et seriem tantæ possunt memorare ruinæ.
    Quis numerare queat variæ spectacula pompæ ?
Quot campis ludi ? nona quot certamina Circo
Spectentur populis ? quantóque madescit arena
Sanguine nobilium dat quas Hyrcana ferarum
Sylua, aut monstriferis nutrit Getulia campis ?
Quin & nocturna præfulgent vndique pompæ,
Delectántque, parat cum post spectacula Cæsar
Nocte redire domum tot famulante Senatu.
Cum mediam cernunt Elephantes ire per vrbem,
Et lucem gestare : forum via lactea visum est :

                                                         Tot

Tot simul accensis Elephantum terga micabant
Ignibus, atque ibant cælestibus æmula signis.
   Nec tantas Victoris opes spectacula vana
Testantur solum: sed duratura per æuum
Exurgunt opera & seclis miranda futuris.
Nam templum Veneri, domus à qua Iulia nata est,
Aut pius, aut tanta sublatus origine Cæsar
Magnificum extruxit, spoliisque ornauit opimis.
Vt formosa Venus tanto videatur honore
Plus Iouis Vxorem, & Tritonida vincere, quam cùm
Aurea poma illi nemorosa in vallibus Ida
Iudicium Paridis Priamo fatale dedisset.
Plusque Dionea veneratur numina Mundus,
Quam vel Iunonem vel Pallada: dignius orbi
Nomen Iulæ censetur stirpis origo
Quam Superum Regina, aut vertice nata Tonantis.
Interiora auro radiabant limina Templi
Marmorei, aurataque trabes, calataque multa
Arte micant simulachra Deûm, & spirantia signa.
Hic Troia antiqua, & Veneris Phrygiisque videntur
Anchisa thalami, decantatúmque Poetis
Frondescit nemus Idæum, quod debuit olim
Vatibus, hic tantis debens pictoribus Ida.
Hic torus exurgit mollis, quem mater Amorum
Progeniem terris, tantósque datura nepotes
Cum iuuene Anchisa quondam Venus aurea pressit,
Concubitúmque hominis pulcherrima passa Dearum
est.
Æneas iuxta Soboles stat, corpore tali
Formoso, qualis semper florente iuuenta
Exultat Phœbus: frænata aut Tigride qualis
Bacchus odoratis curru descendit ab Indis:
Troius Æneas, cui tantam Musa Maronis
Donauit felix famam per sæcula, quantam

Bb 2

Mæonius Grajo vates præstabat Achilli.
Illic eximia visa est pietatis imago,
Cum bonus Æneas, Troja pereunte, parentem
Grandævum attollens humeris, per tela, per ignes
Hostiles rapuit. non illi Laomedontis
Arsuræ curantur opes, non fulua supellex,
Nec sparsa passim per tanta incendia gaza:
Sed Genitor, Phrygiique lares, & sacra deorum.
Pone patrem sequitur fortem formosus Iulus,
Unde genus nomenque suum gens Iulia duxit.
Condidit hic Albam longam, multosque per annos
Imperio rexit. longo dehinc ordine picti
Post primum Albani Reges monstrantur Iulum.
Donec Iuleam Tullus Rex diruit Albam,
Transtulit & Romæ ciues. hinc ordine rursus
Reges atque Duces Latij, Romanaque fata
Usque ad Cæsares monstrantur tempora regni,
Quo vetus alba iterum Romam vicisse videtur.

   Robore sed quamuis munita potentia tanto,
Cæsaris, & populi plausu firmata videtur:
Nutat adhuc, & plus terris quatietur Iberis
Quam vel Thessalicis, vel Thapsi tristibus aruis.
Maxima adhuc restant discrimina, maxima bella,
Quæ juvenes facient Pompeij nomine tanto
Non indigna. truces vicinos Gadibus illi
Herculeis armant populos. Hispania sedes
Tertia bellorum, & Romani scena furoris.

   Currit ad occasus, extremaque littora Mundi
Jam ciuile nefas, qua sese Hispania pandit
Ultima. non ulli populo majora videntur
(Cum vastus fessos exactu luce jugales
Proluit Oceanus) rutilantis corpora Phœbi.
Atque ideo propiora sua putat incola terræ
Deceptus; tanquam sese illic ætheris alti

                                  Convexum

Convexum inclinet. sed maius ab aquore tanto
Surgentes reddunt nebulæ, densique vapores
Obiectum; radios oculi diffundere sueti.
Hinc non ulla vident surgente crepuscula Phœbo,
Nec fugiente. dies oritur cum Sole, caditque.
  Tota iacet corij speciæ diffusa bovini
Terra Hispana, mari cincta undique, & insula pæne
Facta, nisi gelida quod Pyrenæus ab Arcto
Mons interpositus Gallis disterminat agris.
Facturum tantis montem divortia terris
Excelsum posuit Natura, & vertice cælum
Æquantem summo. nudum est, & gramine nullo
Vestitum, quod Gallorum præpinguibus arvis
Obijcitur Boreale latus: contraque cacumen
Quasteriles terræ campos prospectat Ibera,
Frondosum silvas densas, & pascua lata
Ostendit; tanquam Galli felicibus arvis
Divitias mons iste suas concesserat, utque
Vestiret sese, terras spoliarat Iberas.
  Nubifero, fama si credas, nomina monti
Pyrene miseranda dedit. regnabat in illo
Monte Bebryx Genitor, parvaque excepit in aula
Hospitio Alcidem formosa armenta petentem.
Geryonis. visa est Alcidæ regia virgo
Pyrene, placuitque nimis, deceptaque tandem
Hospitis invicti placido succumbit amori.
Coniugium Alcides miseræ, redusque iugales
Si modo Geryonis victor remearit ab arvis,
Promittit: sed fata negant crudelia sedula.
Nec prius Alcides vincit, quam funere tristi
Pyrene formosa iacet. timet illa Parentem
Iratum; nec iam vitiati pondera ventris
Ulterius celare valet. queribunda pererrat
Frondosas latebras, & vasti devia montis;

Soláque furtiuum sylius deplangit amorem.
Amphitryoniadem falsum, tardúmve vocabat;
Donec plorantis frustra, magníque vocantis
Herculis auxilium leto crudelior ipso
Bellua formosa laceranit virginis artus.
 Amphithryoniades tristem Bebrycis ad aulam
Iam victor rediens, amissa virgine demens
Et formidandus luctu, per lustra ferarum,
Per iuga, perque altri frondosa cacumina montis
Tendebat, sponsa quærens vestigia charæ,
Pyrenénque suam masto clamore vocabat.
Pyrenen silua, Pyrenen antra ferarum,
Et curuæ toto resonabant monte cauernæ.
Ingemuit locus ipse; feræ tremuere, metúque
Montani latuere sures; nec quærere prædam
Immanes audent ursi, torvive leones,
Dum nemore atque iugis graditur Tyrinthius altis,
Sed postquam laceros artus, atque ora puellæ
Deformata sua cognouit, fata Deósque
Multum incusauit lacrumans. tunc oscula charis
Relliquiis repetita dedit; suprémaque plangens
Funera, Pyrenen tumulauit montibus illis.
Diruet hanc (inquit) molem non longa vetustas.
Famáque tum tua maior erit; tumulíque ruina
Augebit tumulum. toto tunc monte iacebis,
Vt iuga tuta tenet Bacchus Niseia sepultus.
Mons erit iste tuum. consensit fama. tenéntque
Pyrenes isti nomen per sæcula montes.
 Pompeij iuuenes instructo milite Gades
Linquentes, bellum omne locant, qua pinguia Batis
Culta secans, sua felici dat nomina terræ.
Oppida cepissent primo regionibus illis
Ategiam, atque Ventin, & nomen clade futura
Funestum Ausoniæ Mundam, & te gratæ Camœnis
           Cordub.

Cordubæ,doctorum curis fœcunda virorum.
Vndique Pompeiis vires Hispania mittit.
Hic præter Latias Aquilas, Romanáque signa,
Quæ Varus,duxítque acer Labienus,Iberi
Pugnaces coëunt. hic trux stat Cantaber, armis
Qui vitam impendit solis,gens nescia pacis
Aut sicca mortis, ferro præuertere sueta
Imbelles annos: decus esse abrumpere vitam,
Naturáque putant segnem donare senectam.
Augurij sacri, diuinarúmque peritam
Flammarum pubem diues Gallecia mittit.
Callaici veniunt, qui, dempto Marte, laborem
Non vllum nouere viri. nam semina sulcis
Injicit, & duro glebas inuertit aratro
Fœmina, dum manibus peraguntur bella virorum.
A Minij ripis patrij venit impiger Astur,
Auriferíque Tagi fulgentia signa ferebat
Incola, deciduum consuetus cernere Solem.
Et Vasco insuetus galeis, & Concanus audax,
Qui se Massagetum dura de stirpe fatetur
Cornipedis consuetus, equi potare cruorem.
Geltiberi,bello qui corpora cæsa suorum
Igne cremant, credúntque nefas si forte jacentum
Exanimes fera vel volucris depascitur artus.
A ripis rapidi veniunt Sucronis, & omnes
Hispanægentes, quæcunque aut funera Magni
Ulcisci, aut Latios cupiunt nutrire furores.

SVPPLEMENTVM LVCANI,

LIBER SEXTVS.

ARGVMENTVM.

Pugna naualis cum tempeſtate deſcribitur, funeſtum Mundæ prælium. Cn. Pompejus Varus,& Labienus interfecti ſunt.

XCIPIT Oceanus ciuilia bella priuſquam
Hiſpanas tangant terras , & triſtia Pon-
tus
Pompejanarum geſtat præludia cladum.
Qua Tarteſsiacas extremum littus ad oras
Extendit Libye, Pompeij nomine Varus
Æquora cuſtodit : pro Cæſare Didius illuc
Claſsibus aduenit, vicinaque littora vtrinque
Æquoris

Æquoris angusti bello videre furorem,
Et terris tumuere suis. vix pugna coorta e ſt
Cum variis subito tumuerunt æquora ventis.
Fluctibus insurgit totum mare ; plusque pericli
Quam gladii hostiles tempestas atra minatur.
Et Tingitanis primo ruit Auster ab oris,
Corus ab Occiduo pelago, violentus Itero
Littore surgebat Boreas, & flatibus undas
Reppulit adversis. variis vexata procellis
Æquora confusos tollunt ad sidera fluctus.
Nil aliud dubio flatu voluisse videtur
Quam turbare mare , & sceleratum abrumpere bel-
  lum.
Æolus, aut mediis undis utramque, priusquam
Sanguine civili madeant, immergere classem.
Sed rabiem Oceani vicit, ventique furorem
Bellandi vesanus amor; tantisque ruebat
Militis impietas ad prælia dira procellis,
Quantis Mercator, quamvis avidissimus, undis
Æquoreas tentare neget; nec vellera Parmæ,
Indum ebur, aut rubro pretiosas æquore conchas
Auderet tali ratibus conquirere cælo.
  Iamque propinquabant classes , validisque lacer-
  tis
Sulcatas vertere undas, tonsisque secabant
Excussis: fluctu spumabant cærula cano.
Innumera pariter tolluntur ad æthera voces.
Nec jam remorum sonitus, clangorve tubarum
Audiri poterant : hominum clamore premuntur:
Sed remos , vocesque hominum, sonitumque tuba-
  rum
Bacchantes venti, tempestatesque sonora
Exuperant. nimbis pariter iaculisque diurna
Lux periit, densis & inhorruit unda tenebris.

B.b 5.

Tum rostra haud visis sonuerunt obuia rostris.
Occurrunt aliæ proprio conamine naues:
Hostibus objiciunt alias agitata procellis
Æquora, & inuitas forsan concurrere cogunt.
Nauibus elidunt naues, hominumque furori
Additur ira maris. cunctos geminata pericla,
Dissimilesque metus urgent caligine tanta.
Dum pugnant alii, pelagi sarcire ruinas
Contendunt alii, & propiorem auertere mortem.
Nec iam pugnantes pro Cæsare Didius audax
Hortari poterat, nec in ordine vertere classem:
Non Pompeianis Varus mandata valebat
Militibus dare: nec voces fragor æquoris vllas
Iam sinit audiri, ventis, fatoque relinquunt
Omnia, & attonitas classes Fortuna regebat
Prælia committens. rostro perfossa carina
Subsidet, & fatum nescit cui debeat, hosti.
An tempestati, nec sola fragoribus auris
Terretur: sed nox oculis obducitur atra.
Nec tamen est tenebrosa satis: sed tristius illis
Exoritur lumen tenebris, & fulgura ponto
Crebra micant, lucisque reposcere regna videntur.
Quam Sol non potuit depellunt fulgura noctem.
Illic dum tumidis forte oppugnatur in vndis
Pompeiana ratis, nec se defendere contra
Hostiles valet incursus, & capta videtur,
Vendicat iratum pelagus sibi: gurgite pinus
Mergitur, & rapuit victoribus vnda triumphum.
Ast alias iam possessas victore carinas
Obruit, & cito devictos vlciscitur æquor.
Contra vtramque diu classem Fortuna videtur
Pugnare, atque odiis vexare hostilibus ambas.
Finiuit tandem dubij certamina Martis,
Ostenditque quibus cœli pelagique labores

Ipsa

Ipsa excidisset tantos. victoria classis
Cæsarea iam plena fuit, quam Didius audax
Erubuit vento aut pelagi debere procellis.
 Amissam Varus classem videt. obruta ponto
Pars jacuit: pars victores possessa vehebat.
Reliquias secum fugientibus inde carinis
Cartaja ad portum vexit, ratibúsque relictis
Emensus tellure vias, hinc castra petebat
Pompeij juuenis. toto tunc milite frustra
Mænia Pompejus munita obsederat Vlla.
 Interea cursu celeri (quo bella solebat
Conficere) Hispanas properabat Cæsar ad oras.
Quem Roma egressum dena bis luce Saguntia
Excipit, Vrbs fidei clarum per sæcula nomen,
Et crimen quondam Superum. quod non nisi mag-
 no
Deleri excidio potuit Carthaginis altæ.
Urbis ad Occiduum nitidis it Duria Lymphis
Culta rigans vicina, atque in Mare tendit Ibe-
 rum.
Sed Ducis haud tanti cursum vel Duria tardat,
Vel rapida Sucronis aqua, montesve corusci,
Queis faciunt dites argentea nomina venæ.
Inde rapit cursum flavæ per littora Bætis.
Et procul egressus totis te, Corduba dives,
Obsidione premit turmis, non spe potiunda,
(Præsidiis vrbem validis nam Sextus habebat)
Sed trahat obsessa vt Pompejum à mœnibus Vl-
 la.
Quod juxta evenit. namque obsidione relicta
Pompejus totis sectatur viribus hostem
Jam pugnæ cupidus; sed non certamen iniquo
Cæsar inire loco statuit: verum agmine moto
Progressus, Salsi non magnas transilit vndas,
         Areguamque

Ateguamque capit subita feliciter arte.
  Ategua amissa, veritus Pompeius Iberas,
Fortuna quassante fidem, ne perderet vrbes
Et reliquas, vni properat committere pugnæ
Spes omnes, viresque suas, hostemque secutus
Ocyus, ad Munda fatalia perwenit arua.
Castra locat tumulo modico, qui desuper omnem
Planitiem late despectat, Cæsaris vnde,
Ante oculos positas potuit numerare cohortes.
  Nulla hic anguria, aut tanta prænuntia cladis:
Prodigia implerant campos aut æra; nulla
Vel per inane faces, vel dira arsere cometæ.
Non signis examen apum, liquefactæue pila
Fulmine; non volucres, non exta minacia terrent.
Plus tamen hic mærent omnes, metuitque silentes
Turba Deos, tanquam clades immanior omni
Ostento his campis, & inenarrabile damnum
Immineat Mundæ tacito portenta timore
Quæ nulli fecere Deûm, sibi quisque creabat,
In Pompeianis per mæsta silentia castris.
Ancipites errant animi. nunc improba vota
Concipiunt, & spes diras, vmbrasque videntur,
Horridaque ante oculos mortis simulachra futuræ
Cernere: lymphata rursus formidine pallent.
Nec quamuis sperare nimis fortuna vetabat.
Cæsaris, exoptant victas producere vitas.
Danda tamen venia est illis, cum Cæsaris audax,
Bella timet miles, Latium qui sæpe cruorem
Hauserat; & patria toties in viscera fortes
Incipiunt trepidare manus. exercitus Orbis
Ille triumphati domitor, victorque Senatus
Romani, qui tam præceps in bella ruisset
Thessala, Thapsificisque ausus præuertere campis.
Jussa Ducis, iam iussa timet, sonitumque tubarum;

N 5.

Nec sibi desuetum potis est celare timorem.
 Sed minus vt vulgi pauidos mirere tumultus,
Tristis ad hac Cæsar funesta prælia Munda
Ipse venit. consueta deest fiducia, nec frons.
Illa Ducis est, ex qua toties felicia belli
Ante tubas hilaris tulerat præsagia miles.
Lubrica fortassis mæsto tunc pectore dona
Fortuna expendens, quantisque agitata procellis
Sint humanarum metuenda cacumina rerum,
Per tot Magnorum quas fecerat ipse ruinas,
Formidare suam discit. felicia Magni
Tempora dinumerat; totque inuiolata per annos
Prosperitas, similisque sua, Pharsalia donec
Tam longas euertit opes, in mente recursat.
Et Magni casum, postquam fastigia Magni
Attigerat, jam visa leui Fortuna minari.
Hæc mæste reputat Cæsar, mentemque labantem
Corripit, iratus tacite; tandemque cohortes
Alloquitur vultu cæcum celante timorem.
Bellorum Comites, qui mille pericula, mille
Vicistis plusquam Herculea virtute labores,
En vobis toties truncata repullulat Hydra,
Ultimus hic labor est; infirma atque vltima col-
  la
Exerit; hic virtus eadem, quæ prima recidit,
Et robusta magis, resecet postrema, nec vltra
Crescere ciuilis permittat semina belli,
Qua post tot clades imbellis Iberia nutrita
Sauciet hac nobis pacem victoria, totus
Exarmatus erit post hac certamina Mundus.
Sed qui sunt, qui bella parant? qui Cæsaris enses,
Et toridem bellis victricia signa lacessunt?
Destituet plebs ista Ducem non sponte secuta,
Sed casu. num Pompeij pugnabit amore.

Quem

Quem non nouit adhuc? num vanam nominis vmbram
Plusquam Cæsareas vires, quas nuper Ilerda
Vincentes vidit, populus formidat Iberus?
At vero si qua est Legio Romana sub armis
Pompeij; rudibus constat tyronibus, aut his
Qui vobis victi fugientia terga dederunt,
Et veterem adducunt secum ad noua castra timorem.
Quæ toties victus faciet jam prælia Varus?
Hispanisue geret Labienus transfuga plusquam
Aut prius Æmathiis, Libycis aut gesserit arvis?
Ite mei comites, belloque imponite finem.
Dixerat; at nulla excipiunt clamore cohortes
Verba Ducis, nec stridentes accendere possunt
Dejectos animos litui, conceptaue cornu
Classica; nec quanquam ad pugnam de colle propinquo
Decurrunt Pompejani, procedere campo
Longius, aut rapido (vt mos est) occurrere cursu
(Tum primum trepidus) veteranus Cæsaris audet.
Quod simul vt vidit, magna inflammatus ab ira,
Deseritisne Ducem, & facies nece Cæsaris (inquit)
Vos timor emeritos hodie? simul arripit hastam
Ductor, & aduersos solus defertur in hostes.
Obstupuere illi, quibus hæc miracula, miles
Cæsareus timidus, temerarius ipse, videntur.
Vix oculis primo credunt; mox in caput audax
Undique pila volant. donec, vincente pudore,
Non virtute metum, cunctis exercitus armis
Ad Ducis auxilium procurrit, & impia tanta
Tunc rabie, quanto detrectauere timore,
Bella gerit, redimat Romano, vt sanguine culpam,

Et

Et dira faciat funesta piacula cade.
At primo pugna gentes vtrinque furore
Diffugiunt, solis peragendaque bella relinquunt
Ensibus Ausoniis; alius nec egebat Enyo,
Pallida nec plures Alecto optabat. in omne
Suffecere nefas hæ dextra. hic constitit atrox
Pugna; pares vrgent acies, animique, paresque
Irarum stimuli, magnis hortatibus ambo
Inter spemque metumque Duces discurrere primæ
Caperunt, frustraque suos impellere, donec
Lassati excedunt pugna : collemque propinquum
Ductor vterque capit. diri hinc discrimina belli,
Totque cruentatos enses, tot stragis acervos.
Dum tristes spectant, vix formidare vacabat,
Vix sperare, Duces subiit miseratio sola,
Feralisque timor, ne non victoria mæsto
Ulla, sed ambobus lugenda tragædia campo.
Restaret, Latiusque illic precumberet Orbis.
Ultima Cæsarei restare pericula credunt :
Et Pompejani post hac sperare recusant
Prælia. pugnaces animos agit æmula virtus.
Utque magis stupeas , cunctis incognita bellis
In totis subito sunt orta silentia campis
Dum media fervent rabie;nulloque virorum
Audito clamore, manus movere furentes.
Ad Pompejanas tandem Victoria partes
Se trahere est visa, & paulatim cedere retro
Cæsarei cæpere; fuga vix Centuriones
A turpi retinere queunt. cum fortia Cæsar
Pectora denudans stricto sic ense profatur:
Non tibi jam Fortuna levis, qua condere summa:
Exoptas potius quam condita summa tueri,
Irascor; satis ampla mihi,quæ nulla tacebunt
Sæcula, fecisti, fateor. transferre favorem.

Jam

Lum te, Diua; decet, mundo ne ignota potestas
Sit tua, meque Deum deceptus crederes orbis.
Dixerat; & certa fodisset pectora dextra.
Sed Fortuna (velut prope summa pericula mater
Stare sinit puerum interdum, ut majora timenti
Gratius auxilium veniat) submittit alumno
Unde minus speratur opem. nam castra Bogudes
Extra aciem positus, præda perductus amore
Pompejana petit. contra hunc ad castra tuenda.
Ex acie educit Labienus quinque cohortes.
Perdidit infelix Pompejum hic casus, & omne
Mutauit belli fatum. pro Cæsare falsus
It timor, & cunctis Labienus terga dedisse
Creditur; illa suos debellat opinio, spemque
Cæsareis creat. errorem monstrare, metumue
Tantum inhibere studet frustra Pompejus; acerba
Prodita diffudit casu miseranda juuentus.
 Infelix Varus toties demissus ab armis
Cæsareis, quem tot per clades fata tulissent,
Iam male seruatam cupiens abrumpere vitam
Irruit in medios enses, in vulnera lætus.
Mille ruit moriens; post tot certamina cladi
Huic superesse pudet, cumuloque deesse virorum.
 At miser ut totis rediens Labienus in armis
Pompejanorum vidit fugientia signa,
Erroremque simul fatalem audiueras, amens.
Me miserum exclamat! tanta, fortuna, ruina
Me facis authorem? per me crudelia fata
Ausoniam subigunt? hac hac fuge prodite miles,
Hoc aperi pectus, tristemque ulciscere cladem:
Aut pœnas sument pro vobis Cæsaris enses.
Tum vero, ut Leo Getulis in saltibus ardens;
Qui venatorum telis cingentibus, ultro
Assilit in ferrum, sese ingerit ipse periclis,

Et cupide letum gladio molitur ab omni.
Tandem vita fugit Stygias irata sub umbras.
　　Iam stragis cumulos & ineluctabile damnum
Viderat infelix tumulo Pompejus ab alto,
Et quamvis lucem damnat, sperare iuventus
Integra persuadet ; necquicquam à tristibus aruis
Aufugit, heu terra statim moriturus in ista.
Sed fratrem Hispanas abscondent fata per vrbes,
Cæsaris vt possit post mortem tristia rursus
Bella, & Romanos olim renouare furores.
Impia iam cædes oritur, passimque per agros
Palantes cadunt insano ardore furentes
Cæsarei, & tanto saturant crudelius iras
Victores, quanto plus tristia bella timebant
Ante tubas du lum. nec iam fugientibus vllam
Vicina latebræ, vel Pompeiana salutem
Castra dabant miseris, infirmaue mœnia Mundæ.
Nam cito diripiunt victores castra ; citaque
Vi Mundam expugnant ; dum (quod vix vlla tace-
　　bunt
Sæcula, vel credent forsan) pro cespite fossas
Corporibus complent, faciuntque cadauera muros.
　　Nec solum ante tubas, sed post hæc prælia tristis
Cæsar erat; quanti victoria constitit illa,
Et quam mæsta fiet ciuilis gloria bello
Sero animum subiit. misera nunc vulnera Roma,
Nunc sua, Victorisque nefas crudele recenses,
Inuidiamque simul ; victricem pœna coactus
Fortunam damnare suam; qua clade triumphum
Obruit, & tanto mersisset sanguine Lauros.
Talia dum mæsto voluebat pectore Cæsar,
Pompeii caput abscissum Cenonius affert.
Ingemit, & tanta lachrymis agnoscit obortis
Fata domus ; subiit magni Genitoris imago,

Aqua

Atque Ægyptiaco miserandum in littore funus.
Quærenti futum juvenis Cenonius infit:
Cum modo Pompeius Munda funesta per arva
Tot stragis cumulos, tot corpora cæsa suorum
Infelix vidit, nec iam reparabile damnum,
Vectus equo celeri Carteia ad littora fugit,
Ut portum nactus notum, dare carbasa ventis
Posset; at insidias veritus, nostrosque sequentes,
Littora deseruit rursus, sylvamque propinquam
Consilii incertus petiit. nos terga secuti
Instamus, sylvamque oculis scrutamur opacam,
Quærentesque diu frustra, sub tegmine fagi
Umbrosa tandem defessum, & vulnere claudum
Pompeium aspicimus solum, (proh tristia sortis
Humana specula, & pompæ documenta caduca!)
Pompeium illum (inquam,) qui tecum ô maxime Cæsar,
Tot modo stipatus legionibus, & comitatus
Gentibus innumeris, tam longo tempore fatis
Pugnavit dubiis, iam cinctum milite nullo
Vidimus. ut tradat se hortamur; at ille minaci
Intrepidus vultu, nunquam me Cæsaris inquit.
Captivum, victum quamvis, Fortuna videbit.
Abscissum videat caput, & cervice revulsa
Hæredem agnoscat Magni. nec dedecus illud,
Quod fatum Genitoris, erat mihi Roma putabit.
Non tam vile tamen caput hoc, certamine nullo
Ut vobis tradatur, erit. dum tela supersunt,
Non gratis moriar. tum pugnam ingressus iniquam
In mediosque ruens, sine spe, sine viribus, omnes
Nos pariter sola adinitus virtute lacessit.
Nec vitam, quam tanto animo proiecerat ipse,
Servandi nobis conceditur ulla potestas.
Invasit ferrum ceciditque in vulnera latus,
Et tandem invito mortem sibi vendicat hoste.

Tum

Tum Cæsar lachrymans, generosum quærite truncum,
Thuriferis collecta rogis componite membra
Cum capite, & dignam tantis date manibus vrnam.
    Digressus Munda Cæsar securus ab omni
Bellorum strepitu victricia signa per vrbes
Sustulit Hispanas, iam Gades, Corduba diues,
Hispalis, atque omnes, quascunque interluit vndis
Betis Anasue suis, victori tradere sese
Non dubitant Vrbes. populi, gentesque remotæ
Sub juga jam veniunt, abjectis Cantaber armis,
Callaicusque ferox, & Celta, atque impiger Astur
Exposcunt veniam, pacemque à Cæsare quærunt.
Nil terris olim venerabile nomen Iberis
Jam valuit Magni. cunctos Fortuna clientes
Transtulerat; solus jam possidet omnia Cæsar.
Nec mirum obtineat terras si solus Iberas,
Qui sine rivali Romanas obtinet arces.

SVPPLE

SVPPLEMENTVM LVCANI,

LIBER SEPTIMVS.

ARGVMENTVM.

Honores Cæsari à Senatu decreti. bellum in Parthos parat. conjuratio in Cæsarem. Prodigia. Cæsar in Senatu occiditur.

*AM se post clades tantas, tot vulnera gentis*
Ausonia, & strages populorum, absumpse-
rat ipsum
Civilis furor, & terris pax alma refulsit.
Defessis iterum rebus sperare quietem
Cœperunt populi, non tristia bella timebant,
Omnia dum tenuit Cæsar, nec in orbe potestas
                                    Altera

Altera, nec fueris communis Roma duobus.
Hunc supra inuidiam Fortuna exexerat; huius
Regnum amat, ut intuim, populus. nam quem magis optent
Custodem pacis quam qui fortißimus armis,
Semper erat, nulloque unquam deuictus ab hoste.
Plebs libertatem, sola contensa salute,
Romula proiecit; nec post tot prælia pacem,
Quamuis cum Domino veniat pax ista, recusat.
   Nec solum vulgus domino seruire paratum
Cæsaris imperium votis amplectitur: illud
Et Procerum pars magna cupit; tranquillaque Patres
Tempora lassati exoptant; quos (fulgura summos
Ut feriunt montes) feriunt discrimina sani
Præcipue belli, & gaudens feralis Enyo
Sanguine nobilium semper. nec nomen inane
Jam libertatis (dudum ipsa euersa fuisset)
Sanguine iam retinere student. vix ipsa videtur
Libertas tanti. neque ficto Cæsaris augent
Obsequio titulos. sed vero pectore tantos,
Ne sibi Rege minor videatur Cæsar, honores
Decernunt, quantos nequeat priuatus habere.
Perpetuum Dictatorem, patriæque parentem
Appellant Patres; denos ut Consul in annos
Designaretur statuunt: altaque Curuli
Ipse ut supremus Romana censor in vrbe
Veste triumphali indutus, lauroque sederet
Perpetua ornatus. nec non de principe Numen
Vt fieret victor, donans altaria, Sacra,
Altaque templa, quibus pulcherrima juncta Dearum
Illius astabit statua Clementia sacra.

                                            Cæsareo

Cæsareo faciunt Vestales nomine vota.
Et quo quæque die victoria contigit illi
(Ciuilis quanquam) celebrantur festa per urbem.
Crederet hoc aliquis, cum sint feralia fastis
Et Trebia, & Cannæ Romanis nomina; Munda,
Thessalia, Thapsique dies jam læta vocentur
Tempora! Pompejique necem, functique Catonis,
Scipiadæque albis designet Roma lapillis.
Nullus restat honor, quem non assumere possit
Jam sibi, victoris tanta est concessa potestas.
　Quid nunc imperio securam Cæsaris urbem,
Et tandem optata, pro libertate, quiete
Lætantem, possit ciuilia rursus in arma,
Rursus in horrendas populos impellere clades?
Quid tantas Victoris opes, stabilitaque regna
Eruere? an non tum facile est suprema tueri
Quam dare Diis Superis? an non mortalibus ulla
Firma datur, nullisque malis violanda potestas?
Nullane livorem poteris transcendere virtus?
Nec tantum meritis spatium est, quod non capit ulla
Inuidiæ rabies? oh summis lubrica semper
Et minitans statio! non te tua plurima virtus
Securum Cæsar præstat, non robur in armis,
Non bonitas, tantasque æquans Clementia vires.
Supplicibus frustra veniam, victisque salutem!
Exulibusque urbem permittis, Romula frustra
Imperia exornare studes, dum legibus Orbem
Emendas prudens, aut oppida diruta condis
Magnificus. tantis jamdudum extincta ruinis
Per te stat Carthago, novisque impleta Colonis
　　　　　　　　　　　　　　　Exurgit,

Exurgit, muribus non iam metuenda Latinis.
Tu quoque restauras, Latiisque habitanda Corinthi
Mœnia das Bimaris; nec famam authoribus ullam
Detrahis antiquis; sed adhuc retinere vetusta
Nomina permittis totum vulgata per orbem.
 Non tamen hac fatum avertunt, nec regna tueri
Usurpata diu possunt. non mentibus vlla
Conciliare iugum generosis munera possunt;
Nec libertatem Clementia pensat ademptam.
Invidia stimulos ergo vt lenire furentis,
Et capite insidias, quas maturare quietem
Non nescit, Cæsar factis avertere possit,
Nec non externo maculas abstergere bello
Civiles; cum iam Crassi vindicta perisset
Debita iamdudum Latio; iussu ille Senatus
(Ne patrum imminui videatur sacra potestas)
Decretoque toga, mandari Parthica bella
Suppliciter petiit, felix vt more retento
Romulei antiquo populi, legionibus iret
Tessera. sicque alacri compellat voce Senatum:
Si mihi, conscripti Patres, quæsita potestas
Esset, vt immansfævæque tyrannide solus
Regnarem; vt quodcunque iubet furor impius, aut mens
Ægra metu, aut suadet luxus, vel prava libido
Exequerer: tanto non tempore dissimulata
Consilia, & furia latuissent pectoris huius
Iamdudum gladios sensisset Roma nefundos.
Sed non nos vitiis famulantia gessimus arma,
Nec factura vrbi, sed detractura tyrannos.
Libertatis erit custos victoria nostra,

Et

Et legum.nec si non hæc perspecta fuissent
Numinibus,nostra fauissent numina causæ.
Cur grauis aut metuenda, Patres, sit nostra pote-
stas,
Quæ vitam tot deuictis dedit hostibus, & tot
Exulibus reditum? quis iussu Cæsaris vnquam
Dum siluere tuba,iugulatus concidit bestia?
Scipiadæ chartas post Thapsi bella cremaui
Non lectas,ne quos Victor deprendere possem,
Et punire hostes.potius quam cæde tueri
Nobilium hanc vitam,nescire pericula nostra
Elegi.nec non inuitus(Numina testor)
Ciuilem sumpsi gladium, dum præmia iusta
Bellorum bello conquirere,proque triumphu,
Quos tot trans Alpes annos, Pontúmque Britan-
num,
Et Rhenum merui vincendo,vincere cogor
Rursus,; & inuidiam his armis, quibus ante feroces
Edomui Britonas,Suenos,Gallósque domare.
His iisdem forsan, vobis mandantibus,armis
(Si non in patriam paucorum iniuriâ bellum
Vertisset) Latiis Babylon spoliata tropæis
Iamdudum nostros leniisset clade dolores,
Vltimáque Ausoniæ tremuissent Bactra Secures.
Hæc iam bella mihi Numen peragenda reliquit.
Ad Parthos,Patres,si vos decernitis,ibo ;
Et simul ac Tauri de cornibus aureus exit
Phœbus,ad Eoas victricia signa pharetras
Conuerram. Ausoniaas Aquilas, amissísque signa
Aut referam aut moriar ; dignis aut cladibus vltus
Tunc erit,aut caso comitatus Cæsare Crassus.
Assensere Patres : placuit tam nobile bellum,
Et tantus Ductor. cui Parthica bella Senatus
Nequicquam mandat. cœptis ingentibus obstant

Fata;

Fata, nec Ausonia decus hoc, nec Cæsaris armis
Concedunt, iterum redeunt ciuilia bella.
Et populi abrumpit tristis Fortuna quietem.
Sola quies iam Cæsar erat, cum Cæsare rursus
Pax Romana perit, cuius mors dira pianda est
Cladibus innumeris, laceroque cruentior orbi
Quam tot viuentis feralia fuissent.
  Fata Ducis mortem accelerant, pars magna Senatus
Coniurat trepidi ; nec qui de parte stetissent
Aduersa solum, & noti iam Cæsaris hostes
Spurius, & Naso, Rubrius, Seruilius audax,
Donatusque semel venia Ligarius, atque
Cæcilius : sed qui vulgo creduntur amici
Illius adiungunt sese ; Trebonius inter
Hos fuit, & Casca, & Cimber ; nec Cassius acer
Defuit insidiis, qui libertatis adempta
(Quamuis Vrbana Prætura à Cæsare nuper
Donatus) vindex nunquam non esse volebat.
Iungitur his Decimus notissimus inter amicos
Cæsaris, Ingratus, cui trans-Alpina fuisset
Gallia Cæsareo nuper commissa fauore.
Non illum coniuncta fides, non nomen amici
Deterrere potest, nec adhuc sat firma videtur
Coniurata manus, quamuis pars tanta Senatus
Totque simul Proceres sanxissent fœdera dira:
Te quoque flos iuuenum Latiorum, & nobile nomen
Brute, petunt cœpti socium, cædisque nefandæ
Participem ; vt tanta pietatem obtendere culpæ,
Et dare ius sceleri posset venerabile Bruti
Nomen apud populos, hic libertatis adempta
Et patriæ vindex natalibus esse videtur
A Superis designatus, tua, maxima Brute,
Progenies, primus qui nomine Consulis annos
Signasti Latios, pulsis ex vrbe tyrannis.
Vrbis erat Prætor Brutus : cui Cassius arctis
Iunctus amicitiis (vt eodem iunctus honore)

C c

Edidit : òh Cassi, frustra quod numina nobis
Imposuere iugum, iam detrectamus acerbum.
An libertatem Superi, causamque Senatus
Tot damnauerunt bellis, tot cladibus, vt iam
Insidiis possint, & proditione tueri ?
Ah potius bello pereat, quo creuit, aperte
Libertas populi Latij, quam cæde dolosa,
Fraudibus, & gladio occulto videatur egere.
Talibus insidiis hostes, ciuesque nefandos
Vincere Romani duxere ignobile prisci.
Incerta potius patriam permittere belli
Fortuna voluit, quam sic te tollere, Pyrrhe,
Fabritius. nec non, quamuis Sertorius audax
Hostis erat patria, turpis Perpenna vocatur
Proditor à cunctis. quis tanto sanguine Sullam
Carnificem imbutum positurum regna putauit ?
Quis tamen occultis tantum mactare tyrannum
Insidiis conatus erat ? quis Cæsaris audet
Præferre Imperio crudelia tempora Sullæ,
Ni furias præferre Deis audebit ? vt illi
Degeneres nimium Proceres, pauidique vocantur
Qui tantum subiere iugum : sic Cæsaris ista
Virtuti & meritis ingrata vocabitur ætas ;
Plusque senes illi damnabunt crimina nostra
Tempora qui sæui meminere immania Sullæ.
Sed me præcipue miserum qua cuncta notabit
Posteritas fama, quem tanto Cæsar amore,
Totque sibi meritis semper deuinxit ? iniqua
Est mea sors ; liber nequeo gratusque manere.
Oh vtinam tunc, cum plebeia casside tectus
Cæsaris intentus iugulo per tela ruebam,
Thessalica Brutus cecidisset strage, priusquam
Donasset vita victor ; tunc liber ad vmbras
Venissem Stygias ; vel si pia Numina dextram
Hanc bene rexissent, vno feliciter ictu
(Ni sibi Pompeius regnum quoque victor in illo

Quæsisset campo) libertas parta fuisset.
Expecta,oh Cassi,quid tandem Numina nobis,
Quidve hostes facient Parthi? Cui talia contra
Cassius ; exoptes Parthis si Brute triumphum
De Latio,patria es factus,non Cæsaris hostis:
Quod procul auertant Superi.rationibus errat
Brute tuis : ingrata vocas quæ iusta vocabit
Posteritas: & dum vis non ingratus haberi,
Impius es.nec,quæ patria sunt debita,donis
Priuati debere potes.corrupta vocatur
Hæc non iusta fides.quo plus te dona ligarunt
Illius,hoc magis es patriæ iustusque piusque.
Heu quantam,tibi si non esset Cæsar amicus,
Detraheret famam facto Fortuna merenti!
Cum plus priuatis affectibus indulgere
Quam patriæ seruire tua te crederet Orbis.
Si tamen exemplis opus est, illum aspice priscum
Brutorum generis,libertatisque parentem,
Romanos primus qui nomine Consulis annos
Signauit.proprios natos dum regna fauebant,
Supplicio affectos spectauit fronte serena.
Exuit ille patrem Brutus,dum ciuis haberi
Vult pius.an tibi plus sunt munera Cæsaris,illi
Quam Natura fuit ? sed iustior vltio nostra
Tempore iam facta est.pro libertate vetusta
Tot confirmata magna per sæcula Roma
Quid nunc egisset Brutus,qui talia fecit,
Cum noua libertas,& Reges nuper abacti ?
Hac postquam iuuenem flexisset Cassius arte,
Cum Decimo Proceres reliqui venere,dataque
Acceptaque fide sanxerunt fœdera dira ;
Et libertatem amissam,quam sanguine tanto
Tot bellis frustra quæsissent,quæque Deorum
Decretis nunquam reditura reliquerat orbem,
Cæsaris infanda decepti cæde requirunt.
   Iamque propinquabāt Mariis tibi,maxime Cæsar,
Fatales

Fatales Idus ; nec tanta instantia possunt
Funera Dij celare ; dies nec Vatibus illa
Auguribusque venire potest ignota ; loquuntur
Hoc solitæ volucres,hoc exta minacia fatum.
Has Idus frustra monuit Spurinna timendas,
Sol quoque mœsta dedit tanta præsagia mortis ;
Lugenti similem,madida nunc Iride cinctum,
Nunc caput obscura tectum ferrugine Solem
Attoniti videre homines ; pecudesque locutæ.
Destituere amnes cursum ; terræque cauernas
Spiritus erumpens detexerat.Imbre tumescens
Eridanus subito vicinos merserat agros :
Et subito ad ripas rediens per prata reliquit
Innumeros angues,& prodigiosa nigrorum
Corpora Serpentum: totidem prope Tibridis ora
Destituit pisces restuum Mare littore sicco.
Cæsaream propiora necem sed signa notabant.
Nam quos victor equos finito Marte sacrarat
Cæsar,& emeritos bellis permiserat alto
Depasci nemore,& per dulcia rura vagari,
Ante necem Domini multis luxere diebus.
Non illis amnes,non illis pascua curæ ;
Sed lachrimis prata humectant.eademque cruentam
Præcedente die,cum lauti regia ramum
Ore auis exiguum volitans gestauerat,illam
E syluis volucrum crudelis turba secuta est,
Et Pompeiana captam lacerauit in aula.

Horrida prodigiis aderat nox vltima vitæ
Cæsareæ ; diris turbata Palatia monstris
Excutiunt somnum cunctis,& flebile totis
Ædibus auditur murmur,patuere reclusa
Sponte fores ; raucum dederant crepitantia Martis
Arma sonum ; mastisque canes vlulatibus implent
Atria ; ferales effundit sæpe querelas
Stryx nocturna suas,infaustaque carmina Bubo.
Morpheus intrauit media iam nocte cubile

Quo Tyrio formosa cubans Calphurnia lecto
Carpebat magno teneros cum coniuge somnos.
In faciem occisi vertens se Cæsaris astat
Ante torum misera, lacerata veste cruentus;
Vulnera mille patent, qualem te crastina, Cæsar,
Lux populo ostendet, diris exterrita visis
Ingemuit, & lachrymans Calphurnia brachia somno
Per lectum prensura virum mouet; inuenit illum
Incolumem; sed vix (nam iam turbata soporem
Excussit) putat incolumem; vix sensibus ipsa
Credidit, attonita tam somnia fixa manebant.
Oscula dat mœsta Cæsar, causamque doloris
Quærenti, visum narrat Calphurnia triste.
Quod dū narrat, adhuc trepidat, lachrymasq; recētes
Effundit; pectusque vlnis amplexa virile
Sidereis, orat ne vana hæc somnia credat,
Neue ostenta Deûm contemnat; Martis vt Idus,
Quæ male tunc aderant, & quid Spurinna moneret,
Quidque alij vates, reputet; nec iam sua tantis
Præmonitus signis nescire pericula vellet.
Vtque manere domi placeat; lucemque sequentem
Hanc vnam, si non propria donare saluti,
Coniugis at saltem vellet donare timori.
Hispanas iterum, dum tanta pericula restant,
Dimissas nuper monuit reuocare cohortes,
Et stipatores fidos, non esse pauoris
Sed pietatis opus Diuorum ostenta timere.
Cui Cæsar contra: plus me Calphurnia luctus
Et lachrymæ mouere tuæ, quam tristia Vatum
Responsa, infausta volucres, aut vlla dierum
Vana superstitio poterant, ostenta timere
Si nunc inciperem, quæ non mihi tempora posthac
Anxia transirent? quæ lux iucunda maneret?
Aut quæ libertas? frustra seruire timori
(Dum nec luce frui, nec mortem arcere licebit)
Cogat, & huic capiti, quod Roma veretur, Aruspex

Iussa

Ius dabit, & vanus semper dominabitur Augur.
Si mortem mihi Roma paret, dubiane saluti
Proderit vna dies? aut cur differre laborem
Quam nequeo vitare necem? semperne timere
Exoptem potius quam certa occumbere morte?
Cur tamen insidias timeam? cur Romæ salutem
Non potius nostram exoptet? partaque quiete
Cæsaris imperio post tot ciuilia bella,
Post rabiem tantam lassatus gaudeat Orbis?
Pax mundi mea sola salus; nec è Cæsaris enses
Stringentur rursus, rursus lacerabitur Orbis,
Mæstaque Romano tingetur sanguine tellus.
Sed si non homini satis esset cura diei,
Ni nocturna alias facerent insomnia curas,
Dic mihi, nam Morpheus nobis contraria misit
Somnia, quibus potius credes? hac nocte volasse
Ad cælum, dextramque Iouis tetigisse, serena
Et maiestate indutus sedisse videbar.
Quid nisi fausta, & magna mihi hæc (si credere vellẽ
Talibus omnino) portendere somnia possunt?
 Iam Iubar Auroræ pallentia vicerat astra.
Prosiluit stratis Cæsar, mœstaque reliquit
Coniugis amplexus; magnaque capacia turba,
Et tantos pariter mox exceptura clientes
Magnifico splendent excelsa Palatia cultu.
Festini Proceres, magnique ad limina Patres
Luce salutatum prima venere, domumque
Admissi implerunt. animus non omnibus vnus.
Cæsareo quidam vere lætantur honore:
Pars alia Inuidiæ stimulis agitata nefandis
Quem mactare parant, falso venerantur honore,
Et funesta animis, linguis dum fausta precantur.
Ante alios Decimus, cui fallere nomen amici
Præcipue dederat, Ductorem, sæpe morantem
Incitat: & spretis hortatur adire Senatum
Prodigiis, tandem patrum famulante caterua

Cc 4

Progreditur Cæsar,quamuis ostendere cædem
Venturam Superi non cessauere minaces.
Progreditur tamen,atque (oh mira potentia fati)
Dum transit,chartam oblatam,quæ nomina tanta
Coniuratorum,facinusque ex ordine totum
Detegit,ante sinu,quam sit perlecta,recondit,
Funestamque intrat fatis vrgentibus ædem.
Cæsaris intenti iugulo stant vndique Patres
Et coniurati Proceres ; altamque Curulem
Circundant.primo aspectu cecidere parumper
Audaces animi,& fortes tremuere lacerti.
Iam pæne inceptum damnant.armare videtur
Ingens fama Ducem,maiestas laurea frontis,
Terribilis decor,& gestarum gloria rerum.
Nunc fortunæ viri nimium comperta,fauorque
Perpetuus Superum terrent.nec quantus in armis
Cæsar,vt audaci stipatus milite turmas
Fuderat hostiles toties,totiesque per omnes
Terrarum tractus victricia signa tulisset,
Mentibus occursat : sed quanta pericula solus
Vicit,Fortuna tantum comitante Deisque,
Qualiter Ægypti insidias,Pontique procellas
Nocturnas,sæuosque intra sua castra tumultus
Militis irati euasit.cur iam caput istud
Numina destituant ? versant dum talia,rursus
Pectoribus vindicta redit,pellitque timorem
Libertatis amor nimius.Primusque Curulem
Tullius accedens tanquam pro fratre rogatum,
Purpureum ex humeris subito diuellit amictum.
Mirantique Duci primum prope guttura vulnus
Dat Casca.haud impune quidem ; nã brachia Cascæ
Transfigit Cæsar primumque vlciscitur ictum,
Prosiliens alio tardatur vulnere,donec
Circumstare videt strictis pugionibus omnes,
Sentit se Cæsar funesta indagine cingi.
Et qui ferratas acies,densasque cateruas

Rupisset

Rupisset toties campo,tutamque per hostes
Fecerat ense viam,nulla virtute togatas
Insidias vitare potest,obuoluit amictu
Tum caput,& vultum,dum Martia pectora præbet,
Tot manibus fodienda; tegit,reprimitque querelas
Ne tantam possit gemitu corrumpere famam,
Interea tacito secum hæc in pectore voluens,
Hoc saltem,Fortuna,placet,quod nulla superbo
Victori capitis nostri est concessa potestas,
Nec Domini iussu pereo,mactatus iniquis
Insidiis,quas Roma mihi subiecta parauit,
Occumbó Princeps Orbis,numerumque Deorum
Aucturus posthac,tandem per vulnera mille
Spiritus erumpit: sauis qui semper in armis
Inuiolatus erat,violata victima pacis
Hic cadit: atque toga,quam bello laserat,ædes
Ipse suo moriens perfundit sanguine Cæsar.

FINIS.

VARIANTES LECTIONES
CODICVM,

Quibus vsi Theod. Pulmannus & Greg. Bersmannus.

LIB. I.

12 Placuit,	licuit.
13 potuit terræ pelagique,	terræ pot. pel. pot. pelagi terr.
14 hauserunt,	suderunt.
19 jam S.	nunc S.
23 Tunc,	Tum.
26 tenentur.	tenetur.
28 multosque,	multos.
31 erit, discindere,	erat. descindere.
35 deis,	diis.
37 ipsa,	ista.
44 debet,	debes.
48 flamigeros, conscendere,	flammiferos. transcendere.
50 iuuet,	iuuat.
51 Cedetur, iurisque tui,	Credetur. jurique tuo,
54 aduersi, mergitur,	auersi. vergitur, vertitur.
58 tene med.	tene in med.
60 Tunc,	Tum.
64 Accipiam,	Excipiam, Accipio.
66 dadas vires,	vires dandas.
72 Nec se,	Non se.
76 nolet,	nollet.
81 lætis,	lætisque.
94 nec,	ne.
103 frangat,	franget.
107 astum est,	actum.
110 Permisit est,	Permissum.
121 acta,	facta.
130 longóque,	longéque.
131 veteres,	veteris.
134 hærens,	hæret.
139 suo est :	suo.
140 vmbram :	vmbras :
141 At,	Et, Sed.
142 tollant,	tollent.
146 vocasset,	tulisset.
153 fragore,	pauore.
154 præstringuens,	perstringens, præstringens.
158 causa suberant :	suberant causæ.
166 accersitur,	arcessitur, arcersitur.
167 tunc, fines,	tum. funes.
168 sulcata,	calcata.
177 Et cum,	Hinc cum.
178 precio fasces	fasces precio.
181 tempore,	tempora.
183 Cæs. cursu,	cursu Cæs.
192 Tunc,	Tum.
199 sumique &,	sumsit qui.
205 mouet,	tulit.
sic cum seq.	sic in sq. sicut sq.
206 Acstiferæ,	Pestiferæ.
209 iubam, & vasto,	Iubas, vasto &
217 Tunc,	Tum.
auxerat,	hauserat.
218 pluuialis,	pluuiali.
223 tum,	tunc.
234 Hesperiæ.	Hesperies.
	235 hîc.

In Lucani. Lib. I.

225 hic pacem, temerátaqs iura relinquo,	hic pacem linquo, temerataque iura.	360 fas est, voces, 363 hic, 368 Libyæ, 371 vortice, 372 posse, velle,	jus est. causas. hæc. Libyes. vertice. velle, posse.
227 judice,	vindice.		
228 noctis tenebris, & torto,	tenebris noctis. it torto.	381 Castra, 384 disperget, 386 His cunctæ simul.	Signa. disperdet. Hisque simul cunctæ, His junctæ simul.
231 vt ignes,	& ignes, & ignem.		
238 concinuit,	concinnunt.		
239 populi, stratisque,	populis. stratis.	388 ad æth. 390 robore, 391 sonus, aut. ruxs. æthera,	in æth pondere, sonitus rurs.
240 Diripiunt,	Diripuit.		
245 gelidos, alligat,	gelidus. occupat.		
247 tacito mutos. sub pect.	tacitos muto. tacito multos. in pect.		æthere.
249 alta,	missa.	397 Castraque quæ Vogesi, rupem, 398 cohibebant, Lingonas,	Castraque Vogesi. ripam. cohibentia. Lingones, Lingones.
254 ruentem,	ruentem,		
260 jacet,	tacet,		
261 quies, Noctis,	quies populis.		
268 mota,	fata.		
273 tuæ,	tua.	403 Atax, 404 limite, 405 Quaque sub, nomine, 408 Monœci.	Arax. milite. Quique sub, Qua super. numine. Menethi, Meneti.
275 tunc,	tum.		
277 Sed, leges bello,	At. bello leges.		
279 faciat,	faciet.		
282 petuntur,	tenentur.		
287 aut,	haud.		
304 transcenderet,	conscenderet.	410 Vendicat, 414 æstuet, 418 moues, 419 late, Nemossi,	Vindicat. æstuat. monés. lates. Menetis, Nemetis, Nanetis [Turn.]
308 auerso,	auerso.		
311 partesque,	partes.		
313 Catones,	Catonum, Catonis,		
315 satiabunt,	sociabunt.		
319 Ac,	Ad, Et,	420 Atuei, 421 mouet, amoto, 423 Snessones,	Satyri. mouent. admoto. Saxones, Sexones, Saffones, Sauonas, Axones,
324 lassum,	lapsum.		
334 jam te.	tamen.		
335 discedere,	descendere.		
341 me duce,	cum duce.		
349 desunt,	deerunt.		
350 neque, neque,	nec, nec.	424 Leucus, 426 rostrati, 427 Aruerniq; Latio, 330 te laxis, 436 Pictones Immunes subigunt.	Leucas. monstrati. Aluernique. Latiis. laxatis. Pictonus immunis subigit.
351 Detrahimus,	Distrahimus.		
355 diro,	duro.		
357 gerens,	ferens.		
359 Si licet, rector,	Scilicet. ductor.		

437 Cata

VARIÆ LECTIONES

437 Inflabiles Turonas, coërceat.	Inflabiles Tricoros, vel Turonos. coërcet. [alij autem hunc versum postponunt sequenti.] In nebulis.	521 pauorum, 522 tum, 525 terras implerunt, 529 mutantem, 531 denso, 534 de part. 536 decurrere, 540 medio Titan,	malorum. tunc. cœlum, terram implent. nutantem. tento. è part. discurrere. Titan medio.
438 nebulis, Meduana,	ripis. Meduuille, Meditana.	542 gentesque, 552 Thebanos, tum,	gentemque, Thebanusque. tunc.
439 Andus,	Addus.	555 Calpé, summunique	Calpe, summoque imp. At-
440 Genabos,	Menabus. [alij autem hunc versum omittunt.]	impl. Atlanta.	lante. [Iac. Bononiens.]
442 Ligur, decora,	Liger. decore.	556 Indigetes, 561 Tum,	Indigenas. Tunc.
444 placatur,	placatus.	565 tum,	tunc.
446 Taranis,	Taranus, Tharanis, Tarami. Tarani.	566 mouet, 567 Sanguinei, 569 Tum,	monet. Sanguineum. Tunc.
448 dimittitis,	demittitis, extenditis.	574 Stridentesque comas, Agauen,	Stridentemque comam. Agauem.
453 datum:	datum est:	579 auris,	vmbris.
458 despicit,	despicis, aspicit.	580 & med. 584 fracto Marium,	in med. Marium fracto.
461 animæque capaces,	animique rapaces.	586 Aruns,	Aruons, Arians.
462 ignauum,	ignauum est.		Lunx. Lucæ.
463 crinigeros, arcere,	cirrigeros, Lips. vrgere.	588 monitus volitantis, aëre,	motus erramis. aëra.
464 petitis Romain,	Romam petitis.	590 Protulerat,	Pertulerat.
474 turmas,	turbas.		
475 illabitur,	labitur.	594 pomœria, cingere,	pomaria. jungere.
479 ferusque,	feroxque.	596 ritu sequitur,	sequitur ritu.
481 Hunc, Alpesque,	Tunc, Nunc. Alpemque.	599 Tum,	Tunc.
485 auctore,	actore.	600 Cybelen:	Cybelem.
486 nec,	non.	602 festis,	festus.
487 Percussū,	Perculsum.	604 Et tollens,	Attollensque.
490 Tum, & quæ, metuenda,	Tunc. vel quæ. metuendo.	606 Circumeunt, dispersos,	Circueunt. diffusos.
491 vrgent,	vrget.	fulminis l. Colligit,	colligit l. Fulminis.
505 conjunxve,	conjunxque.		
506 aut	haud.		
508 tunc,	tum.	608 nomen,	numen.
515 externis,	extremis.	609 Electa cer.	Electa à cer. lundere.
519 murmure,	nomine.		
520 non, non,	non, non.		

IN LVCANI LIB. I.

fundere,	Erecta cer. effundere.
613 victum, collum	collum, victum.
614 largo,	laxo.
615 nigrum	dirum.
621 minaces,	minantes.
623 paruusque,	prauusque.
631 fas, monetis,	ô. mouetis.
632 neque,	nec.
633 viscera,	pectore.
634 Dei,	Dij.
637 omina,	omnia,
642 cum lege,	sine lege.
943 sidera,	omina.
644 orbi,	vrbi.
645 matura,	natura,
646 an toll.	aut toll.
647 segetes,	segetem.
648 infusis,	effusis.
654 latuisset,	jacuisset.
656 toto,	toti.
657 suis,	tuis.
662 hebet,	habet, abest.
663 cur,	cum.
664 feruntur? Ens.	feruntur? Ens.
669 & Sup.	ô Sup.
672 tantum jam,	tu tantum.
673 plebem,	turbam.
681 ô Phœbe, quæ, manusque,	me ô Ph. quo. minasque, Sabell.
684 Quæ ma.	Quo ma.
686 dubiam, Syrtim. æquora,	dubiæ, Syrtis. æquore.
687 Arentemque,	Ardentemque.
689 atque aëriam, Pyr.	æque acriamque. Pyr.
690 Abripimur,	Arripimur.
691 peraguntur,	panguntur.
692 partes iterum,	iterum partes.
695 lasso, defecta,	lapso, laxo. deserta.

LIB. II.

5 visum,	visum est.
9 Fixit,	Finxit.
12 fors,	fors,
16 Vrbi,	orbi.
20 Tum,	Tunc,
21 Erruit,	Errabit.
24 famulorum,	famularum.
26 exanimes, jacentes,	exanimos. minaces.
27 dolor, metus,	metus, dolor. [Micil.]
31 Affixere, limine,	Adfixere. limite.
32 vocari,	precari.
37 genas,	comas.
40 Et,	Nec.
41 cum vic.	dum vic.
48 arma,	armis.
49 Acharneniis, Medica,	Achlmeniis. media.
50 Massagetas,	Massagetem
55 hic vert.	hinc vert.
56 vacet, manus,	manus, vacet.
57 ignes,	ignem.
58 fulmina, æther,	flumina, aër.
59 Sæue, vtrasque,	Siue. vtrosque.
61 Vrbi,	Orbi.
62 moueri.	mouere.
64 at mis.	& mis.
71 laxæ,	lassæ.
76 hosti est conc.	hosti conc.
81 Non, fas est,	Fas, non est.
82 multas,	multos.
83 mortes,	mortem.
88 delatus,	delapsus.
93 deis. ibi.	diis. sibi.
94 redit,	dedit.
100 cucurrit?	recurrit?
12 reuocatum est p.	reuocatum p. reuocatis p. 106 nec,

VARIÆ LECTIONES

106 nec.	non.	200 cæli ter-	terræ cæliq́ue.
primo in l.	primo l.	ræq́ue,	
limine,	limite.	207 tanti fe-	tantique fedet.
109 Ipfe,	ille.	dit,	
110 vifum	vifum L	208 mifer]	mifceri vulne-
eſt l.		tot mil-	ra.
lenti,	lente.	lia,	
111 magna,	multa.	209 piguit,	timuit.
perit,	ruit.	211 in corpo-	cadauera.
116 decorum,	decorum eſt.	ra,	
117 nedum,	necdum.	212 & ſtr.	pro ſtr.
118 funera,	funere.	213 interru-	interrupit.
119 vacet ?	vacat ?	ptis,	
121 Difcefsif-	Decerpiſſe,	aquas,	aquis, aquæ.
ſe,	Dilcerpiſſe,	214 nam,	iam, dum Gr.
	Deceſsiſſe.	216 ad H.	in fl.
130 Septimus	Sept. hic ſeq.	218 redeunt-	redduntque,
hæc ſeq.	Sept. exfe-	que,	reddítque.
	quitur.	219 elucta-	obluctatus.
133 homini,	hominis.	ctus,	
137 tralata,	tranſlata.	225 agitant,	agitat.
141 dumque,	iam, dumque.	multo-	multúmque.
Iam,		que,	
putrida,	putria.	226 majore,	maiora.
142 excefsit,	Excedit.	230 alio,	alios.
144 foli poſ-	poſſent ſoli,	234 percuſsit,	perculſit.
ſent,	foli poſſunt.	237 cum ver-	conuerteret.
146 ruit,	furit.	teret,	
150 cui cer-	ceruix qui.	240 virum,	virûm,
uix,		cafusque	caſus vrb.
156 Difsiluit.	Deſilit, Deſi-	vrb.	
	lult.	245 Dirige.	Erige.
158 ſul,	ſibi.	Dirige	Dirige : me
159 defilit,	Difsilit.	me. dub.	dub.
161 congeſta,	conjecta.	certo tu,	tu certo.
162 latet,	jacet.	246 fequantur,	fequentur, fe-
170 vetitif-	vetitis.		quuntur.
que,		247 erit,	eris.
172 recifum,	refectum.	249 placuit	ducibus pla-
174 cul,	cum.	ducibus,	cuit.
triſtes,	triſtis.	253 ruinæ,	ruina.
180 Dirum,	Durum.	257 corrupti,	corruptis.
181 execta-	exſectáque.	258 longæ,	longe.
que,		260 Ne tan-	Nec tamen,
188 pondere,	corpore.	tum,	Non tan-
194 recifos,	receptos.		tum.
195 Vnius po-	Vnius & pop.	261 nec pila,	ne pila,
pulum.		263 eat,	erat,
mortis	noctis.	264 nolet,	nolit, nol-
196 Tunc,	Tum.		let.
198 occumbe-	fuccumbere.	ab iſto,	In iſto.
re,		267 ages,	agas.
			268 lapſu,

IN LVCANI. LIB.II.

168 lapsu,	motu,	351 Sunt,	Sint.
270 ventus,	flatus.	356 accliuis,	acclinis.
272 summa,	magna.	359 TraLata	Translata vitat
lætę,	lætæ.	vetuit,	vetat.
276 ipse,	ille.		Translataque
284 habe,	habes.		vetat.
289 velit,	valet, volet.	361 haud,	aut.
spectare,	spectasse.	365 Sic, vt,	Sicut,
290 ipse,	ille.	cultus,	vultus.
292 Complo-	Compressas.	366 hoc est,	hæc est.
sat,		367 celatur,	velatur.
293 signa,	bella.	372 horrifi-	horriferam.
294 Deducti-	Diductique.	cam,	
que,		373 duroque,	nulloque.
295 hanc,	hinc.	377 studiisque	studiis odiisq;
296 Dacas,	Sacas, [Mi-	odiisque.	
	cyll.	380 Restitit,	Obstitit.
	Daas al.	381 vitam,	causam.
299 tumulum,	tumulos.	384 magnique,	magnoque.
jubet,	vocat, juuat.	387 Veneris-	Veneris.
303 prose-	persequar.	que,	
quar,		394 Hæc pl.	Heic pl.
306 liberet,	liceret.	mouentis,	mouenti.
308 pressere,	vt press.	397 nullo qua.	nulloque à.
310 peruius,	præuius.	399 propius-	propiusue
311 cæde,	clade.	que,	
313 pendere,	perdere.	400 coercent,	coercet.
314 sæua,	læva.	402 Dalmat.	Delmat. Sabel.
316 tuentem,	teneremm.	403 Fontibus	Pontibus h. v.
317 hic, jugu-	jugulus, hic.	h.v.immen-	im.Pontibus
lus,		sos.	immensos b.v.
laborum,	malorum.		Montibus.
319 quin pub.	quin? pub.		[Gror.]
320 nec si,	nec non.	404 spargit,	sparsit.
323 Ne sibi,	Nec sibi.	406 Chrustu-	Crustiniumq;
324 mouit,	monuit.	niumque,	Crustinumq;
327 Phœbo.	gelidas Phœ-	junctus,	juncto.
gelidas,	bo.	Iapis,	Iapis, Iaspis,
330 Connu-	Conjugij.		Sapis.
bil,		407 Sennaque,	Scenaque, Cen-
332 è sang.	& sang. ex sag.		naque, Sena-
335 concusa-	contusaque,		que.
que,		408 soluit,	voluit.
340 lassis,	lapsis, laxis.	409 fractasque	fractas dissol-
343 Connu-	Conjugij.	euoluit,	vit, fractas de
bij,			uoluit.
344 nec du-	Ne dub. longo.	411 vmbrasse,	vibrasse.
biū longo,	Nec lōgo dub.	416 Non Mi-	Nec minor.
345 primas, re-	tedas, primas.	nor,	
das.		418 Non mi-	Nec minor.
346 sociam,	comitem.	nor,	
347 laborum,	laboris.	425 radens-	rodensque.
348 relinquar,	relinquor.	que.	
			426 Cu-

VARIÆ LECTIONES

426 Culta,	Tecta.	710 recta ferrum,	ferrum erecta,
427 procurrit,	percurrit.	513 spes,	pars.
429 deuexasque excipit,	deuexas aspicit, deuexasque aspicit, deuexasque accipit.	514 retenta,	recepta.
		515 ipse,	esse.
		519 ciui,	est ciui, cui sit.
		521 ille,	ipse.
433 antris.	vndis.	graues,	grauesque.
436 repelleret.	Impelleret.	522 petes,	petam,
		523 in med.	& med.
437 elisa,	excisa.	527 admixto,	inmisto.
444 nec tam,	non tum.	529 morturi,	morituri.
445 populetur, & igni.	populentur, & igne.	530 cohortes,	cateruas.
		534 popularibus,	populantibus.
447 fauore,	furore.		
456 tellus pulsu,	pulsu tellus.	539 petat,	petit.
		541 Nec mag. parauit,	Heu mag. parabat.
tridentis,	stridentis.		
458 nouo,	Noto.	542 in tecta,	vi tecta. [Ascen.]
459 cum cesserit,	concesserit.		
		544 miseranda,	miranda.
461 ferebat,	gerebat, tenebat.		
		553 Crassus victor,	victor Crassus
463 sui,	suum.		
466 Auximon,	Aximon, Anximon.	554 Spartacus,	Sparticus.
		557 hæc iterum,	hæc iterum.
469 Esculea	Asculea.	circa,	circum.
470 Deuertitque,	Diuertitque.	558 disces,	dices, dicet, discus, discant, discet, discent.
472 nudatam commissæ,	commissæ nudatam.		
473 Luceriæ,	Luceriç, Nuceriæ.	560 ne vos,	non vos, nec vos.
fortissima,	firmissima.	561 senior,	melior.
474 His sedeat castris,	His castris sedeat.	562 perducere liber,	perducere, liber.
475 subducta,	seducta.	564 cupit,	cupis.
479 pugnax Domiti,	Domiti pugnax.	565 parat,	paras.
		569 Gallia,	Gallica.
481 campo,	campis.	570 quod fug.	quos fug.
491 nequicquam,	nequiquam.	571 incerti stagna prof,	incerti magna prof. incercertàque stagoaa prof.
492 Nam prior è campis,	Namque prior campis.		
495 fluuiis,	fluuiisque.	577 exactum,	exhaustum.
497 vllo,	illo.	579 Angustaque,	Angustamque.
502 Trans ripam validi torserunt,	Torserunt validi trans ripam.	585 Phasidos,	Phasidis.
		587 nusquam,	nunquam.
505 pondera,	mœnia.	588 timet,	timens.
508 traxere,	duxere.	591 Heniochi,	Emothi.
509 alta,	ante.	593 mollisque	mollesque Sophene,

In Lvcani Lib. II.

Sophene,	Sophenæ, mollésque Sofenæ,mollísque Sophone.	666 Eryx,	Athos [Sabel.]
		670 Tunc placuit,	complacuit.
		671 imniensis,	Immersis.
595 Quod socero, bellum,	Quid socero, bellum.	673 Construxisse,	Constituisse.
597 Nec, matura,	Non motura.	675 super Hellesponti,	Ponti super Helles.
599 mittere,	ponere.	677 deferret,	differret.
604 Nec redit, repleta,	Non redit. recepta.	678 multo,	magno.
		681 curis animum,	animum curis.
608 Appula,	Apula.	682 spargatque per æq. bellum.	peragatque per æq. bellum,bellumque per æq. spargat.
609 Brundusij, concedit,	Brundisij. conscendit, concessit.		
611 Creta profugos,	profugos Creta.	684 maris p.c. rates.	rates p. c. maris.
613 Hanc, arctum,	Hinc. arcum.	689 neu buc.	ne buc.
614 æquora,	æquore.	690 Neu tuba, præmonitos, perducat,	Ne tuba , Nec turba. permonitos. deducat.
615 claudit quæ,	quæ claudit, qua claudit.		
618 Exciperet, lassásque,	Acciperet. laxásque , lapsásque.	693 taciti,	tacitas.
624 Epidamnus,	Epidaurus.	696 pauidi classis,	classis pauidi.
634 Huc,	Hæc, Hinc.	697 pandentes, deducunt,	pendentes. diducunt.
637 Sason,	Sanson.		
635 sobole è,	sobole ex, subole è.	700 Quam,	Qua.
		705 fato,	fatis.
636 Pharios, concute,	Parthos. excute.	706 cornua,	litora.
		710 qua, Chalcida,	quæ. Colchida.
637 nec Ph.	ne Ph.		
638 vtraque,	in vtraque.	711 paratas,	paratæ.
641 Mæotica,	Mæotida.	712 in littora,	in littore, ad littora.
642 Et quid, nota,	Sed quid. nota.		
643 seres,	seres.	717 Rapta, subducta est in.	Rupta. subductáque m.
645 At, Latios,	Et. Latio.		
646 arua,	arma.	Argo,	Argo est.
647 Macetumque,	Macedumque.	722 sessi, 726 toto,	flexi. victor.
650 pacis,	segnis.	728 Desciuit,	Cessauit, Deseruit.
651 primo tot	tot primo.		
654 dejectis,	depulsis.	734 procul hoc vt in,	procul hoc, & in , procul hinc, & in.
657 actum credens, superesset,	credés actum. superaret.		
		735 Abscódat,	Abscondit.
665 Obstruit,	Obruit.	736 seruetur,	seruatur.

Lib. III.

VARIÆ LECTIONES

LIB. III.

2 tenuere,	mouere.
3 fluctus:	portus:
7 dubios,	medios.
9 tum,	tunc.
15 Eumenidas,	Eumenides.
vestris,	nostris.
17 laxantur,	lassantur.
23 Innupsit,	En nupsit.
trepido,	trepido.
26 vestro,	nostro.
31 nunquam tibi,	tibi nunquam.
32 generum,	genero.
33 Abscindis,	Abscidis.
35 trepidi,	tepidi.
dilapsa,	delapsa.
36 Dei,	Dij.
minentur,	minantur.
37 malorum,	laborum.
38 Et, quid,	Ecquid.
41 demerserat,	dimiserat, demiserat.
45 malo,	velo.
50 ferant;	ferunt.
neque,	nec.
52 tunc,	tum.
54 vanos,	varios. Mod.
58 alunt,	alant.
61 & med.	aut med.
68 superat,	superant.
70 annum,	amnem.
71 victor,	ductor.
72 trahens,	trahit.
73 In vrb.	ad vrb.
75 præmittere,	promittere.
76 potuit belli,	belli potuit.
81 non const. vsquam,	nec const. vnquam.
83 Tam,	Iam.
non mal.	nec mal.
85 Pontinas,	Pomptinas.
95 admissus,	admotus.
101 omnia festa,	omina fausta, omnia fausta.
102 Non,	Nec.
105 educta,	producta.
111 possent obsistere,	possint resistere.
115 Saturnia,	Saturni.
118 Vsque adeo, solus ferrum,	Heu adeo. ferrum solus.
120 sed pars,	& pars.
124 nisi,	sine.
sacro,	nostro.
125 violata,	violenta.
127 Sæua,	Scæua, Scal.
nouerunt,	vouerunt, mouerunt.
prælia,	funera. Ascens.
128 neque,	nec.
133 Cæsar,	ô Cæsar.
His,	Is.
victor,	ductor.
137 honor,	honos.
139 non, si,	si non.
141 nondum foribus,	foribus nondum.
143 simulare,	seruare.
tum,	tunc, cum.
150 auertant,	auertas, auertet, auertent.
154 Tunc,	Tum.
155 tunc,	tum.
156 intactus,	nec motus, non actus.
160 regi,	regni.
167 Egeritur,	Eruitur.
169 totum Magni,	Magni totum.
171 vires dat,	dat vires.
174 Bœoti,	Bœtij.
175 Cadmeaque,	Cadmeia.
177 Sicanlis, tunc,	Sicanias. tum.
178 Trachinius,	Trachinus.
184 dilecta, arma,	delecta. armis.
185 Gnosusque,	Gnosisque, Gnosiosque, Gnossusque.
187 Oricon,	Orithon.
190 Colchis, &,	Colchus &.
191 Et Penei,	Penel.
192 vomer proscindit,	proscindit vomer.

193 pri

IN LVCANI LIB. III.

193 primo,	primum.	Mæotidos,	Mæotidas.
194 littore,	gurgite.	279 negat.	negant.
197 tunc,	tum.	admittere,	exmittere,[Be-
202 consue-	assuetus.		roaldus.
tus,		280 Sithoniæ,	Sidoniæ,Esse-
Cone,	Chone.		dones.
202 affluit,	abluit.	284 Memno-	Mizonijs.
203 Mysiá-	Mæsiáque.	nijs,	
que,		286 Perses,	Xerxes.
perfusa,	profusa.	287 classibus,	cladibus.
204 Idalis,	Aeolis.	vnum,	imum.
207 erectis,	& rectis, è re-	290 mistura,	missura.
	ctis [Berf.	293 Marmari-	Marmaridos.
	vel] erep-	cas,	
	tis.	294 pater,	dedit.
210 qua cul.	& qui cul.	296 semel,	simul.
215 Damascus,	Damascos.	299 rapto,	rapido.
219 Certior,	Gratior.	302 signata-	sacratáque
222 contexere,	contingere.	que,	[Mod.]
227 extremæ,	extremæ.	305 Pacifico,	Pacifero.
228 justa,	juxta.	306 Cecropiæ,	Cecropidæ.
jam non,	non jam.	307 externis,	extremis.
332 impellit,	impellere.	308 Massiliam,	Massuliam.
334 vinci se	se fassus ab	309 Coprensa,	Compressa.
fassus ab or-	æquore vin-	327 spargere,	mittere.
be est,	ci est.	329 nobis hæc,	hæc nobis.
335 fontem,	Pontum.	334 vt in,	& in.
	ponte. [Berf.]	335 quo ven.	qua ven.
339 coloratis,	coronatis.	336 cum tanta	si tanta vocant,
340 viuique,	vinique.	vocent,	
344 nunc cul.	non cul.	338 Nec mom.	Non mom.
346 Coastræ,	Choatræ,Coa-	339 à sed.	è sed.
	træ.	340 tralatas,	translatas.
349 Tunc,	Tum.	343 perfringe-	præstringere.
Olostras,	Orestas, Ore-	re,	
	tas.	345 auersis,	aduersis.
350 Carmanos-	Carmanos-	346 effossam,	euersam.
que,	que.	348 carpere,	corpora.
deuexus,	deflexus, iam	349 hic pop.	is pop.
	flexus.	350 gessit	quod gessit.
352 ibi,	vbi.	quod,	
354 nisi,	ni.	351 rapti ma-	matrum rapti.
lapso,	flexo.	trum,	
356 rapido	tollit rapido.	356 cũ turbato,	conturbato.
tollit,		359 ad ax.	in ax.
357 edit,	edet.	361 munere,	numine.
358 incertum,	incertum est.	362 robora,	robore.
359 aquis,	aquæ.	363 Occurrant,	Occurrunt.
367 Bactros,	Braccos.	365 rebellent.	rebellant.
370 Heniochi,	Emolchi.	368 Tunc mi-	Tunc &.
376 hunc,nunc	huc, nunc il-	hi,	
illum,	luc.	tantum,	terra.
377 torrens,	rerrens.		378 disci.

Variæ Lectiones

371 disceris,	diceris.	450 casum nemoris,	cæsi nemoris, cæsi est nemoris
374 Conspicit,	Concipit.		
376 paruum diffuso,	paruo diffusum.	457 hæ null.	& null.
378 tutisque,	tutis.	463 Grajo, ferro,	ferro Grajo.
379 Consurgit,	conscendit.	464 neq; enim,	nec enim.
381 Tunc,	Tunc.	465 tenso,	tensz.
382 diuersos vasto,	diuersos vastos.	466 quiescit,	quieuit.
384 perduxit ad,	produxit ad, produxit in.	469 ponderis,	verberis.
		471 adjuta,	adjuncta.
385 Longum, fortesque &,	Summum, fortes &.	475 armisque,	armis.
		477 missa,	tela.
389 Aeternûq; nec ipso,	Extremumque. neque ipso.	478 Graijs,	Græcis.
		479 Aut fac.	Haud fac.
391 virum,	vnum.	484 incensa,	accensa.
400 connexis,	connexis.	485 defesso,	defenso.
404 sacris feralibus,	diris altaribus.	487 procedit,	processit.
		489 nunc, vertere,	tunc. vortere.
405 Omnis &, arbos,	Omnisque. arbor.	491 Incussus,	Incussu, pulsus,
407 Illis,	Illic.	498 coruscas,	coruscis.
410 Fulgura, præbentibus,	Fulmina. prædantib. [Berf.] ferietibus, al.	499 Nocturni,	Nocturnis.
		405 spatiosa,	tenebrosa.
		506 ingentia,	rigentia
		510 mari,	vitis.
411 tum,	tunc.	520 Classis:	Puppis:
417 timeant,	metuant.	521 maturinos,	maturinus.
418 cauernas,	latebras.	523 posito,	pulso,
421 Roborumque amplexos, circumfluxisse,	Robora complexos. circumfulsisse circumfinsisse.	524 bello jacuit,	jacuit bello
		526 pubes,	puppes.
		531 æquore,	æquora.
		533 fronte,	classe.
422 cultu populi,	populi cultu.	542 tum, verrunt,	tunc. verrunt.
423 deis,	diis.	545 puppim,	puppem.
426 immisso,	immenso, immerso, Berf.	547 proris,	roftris.
		549 repugnat,	repugnant.
		551 tractus,	cursus.
		552 hæc, reppulit,	hoc. retulit.
427 priori,	priore.		
431 terrore,	torpore.	553 lacessere,	capessere.
433 librare,	vibrare.	564 percussa capta,	percussa & capta.
435 Effatur,	Affatur.		
436 subuertere,	submittere.	566 tecto,	toto.
348 pauore,	timore.	571 aduersos,	auersos.
439 superorum &,	Superumque &,	572 vndis,	vnda, vndam, vndas.
441 Tum primum,	Tum primo.	573 obducto cocrescut,	obducti concreto.
443 gemuere,	tremuere.	575 conserta,	conserta, Sabel.
449 Et,	Nec.	577 Hauseruntq;	Auseruntque.
			581 quod

In Lvcani. Lib. III.

581 quodcunque,	quocunque.	viscere,	viscera
pondere,	milite·	659 remis,	remi,remos.
583 Romana ratis vallata,	Romana manus vallata, vallata ratis Rom.	recedunt.	reducunt.
		660 Disjectum,	Dejectum.
		perfosso,	percusso.
584 dextrum lęuumque,	lęuum dextrumque.	663 ad aux.	in aux.
		664 prensarent,	pensarent, pressarent.
586 Tagus, aplustre.	Lagus, amplustre.	altius,	arctus.
591 sparsitque, vulnera,	spargitque, vulnere.	666 turba,	turma.
592 huc,	hac.	668 A man.	Et man.
puppim,	puppem,	670 omni fusis,	omnis fusis, omni absusis, omni effusis, Bers."
Telonis,	Gelonis.		
598 Pila,	Tela.		
600 erumpere, puppim,	irrumpere. puppem.	671 contorsit,	commisit.
601 immissum,	immensum	672 hi,	hic.
609 pectine,	pectore.	tortum, aplustre,	totum. amplustre,
611 Injectare,	Injactare, Innectare.	673 Auulsasque,	Euulsasque
612 nixu,	nisu.	rotant,	rotat.
616 procurrit,	procumbit.	. excusso,	expulso.
618 Iam clyp. conditur.	Et clyp. conditus.	remige,	milite.
		676 teli,	telis.
619 pectore,	corpore·	677 Visceribus,	Vulneribus,
622 tum,	tunc.		
623 lassos,	lapsos.	traxere,	cepere.
624 quicunque manebat,	quæcunque manebant.	vulnera,	viscera.
		678 Oppressere,	Compressere
625 membris,	neruis.		
626 puppim,	puppem.	679 cum torserit	contorserit
629 At,	Sed.		
630 repleta, desedit,	completa, descendit.	683 at facil.	ac facil.
		685 flammas superant vndæ:	flammam superant vndæ: superant vndæ flamas
631 contorto, vertice,	cum torto vortice.		
632 discedunt,	descendunt.		
634 Illa,	ille.	586 ferus,	ferox.
639 venis,	neruis.	687 recipit,	reperit.
642 dimissa,	demissa.	690 Qua,	Quæ.
644 At tumid.	Et tumid.	692 ictu,	jactu.
647 Dum nim.	Cum nim.	693 Exercent	Exertant.
648 Incumbit, relinquit,	Incubuit, reliquit.	694 sænus,	sæuum.
649 pondere,	robore.	697 Phoceus,	Cepheus.
654 fixere,	feriere, adfixere,	700 Adductum,	Abductum, Sabel.
656 obtritis,	obstrictis.	sensrat,	senserit.
658 Ejectat, permistus	Dejectat mistus per.	701 compressum peni-	compressum penitus

VARIÆ LECTIONES

tus dedu- diduxe- 11 lenique, monimenta.
xerat, rat. 13 Ilerda, leuique.
702 in vndas, ad vndas. 17 minore, Hylerda.
705 credit dū, dum credit. 18 leuat, minori.
710 excuſſa, excuſſe. 20 prendente, locat.
712 expulſi, excuſis. 26 piguit, pendente.
713 procum- porumpum. 28 tum, puduit.
bunt, procurrunt, 30 præſtant, cum, dū, tunc,
difſiliunt perſtant.
715 membris ſenſit mem- 35 tutam ca- totam caſtris,
ſenſit, bris. ſtris, caſtris tu-
719 ingentem, ingentis. tam.
720 defunctū, defectum. 39 ſequentis, ſequenti.
722 mittit, miſit. 40 vacabat, vacauit.
725 pondere, Pectore. 41 & fixo, infixo.
726 diuerſa jam victa 42 ſtirpeſque, ſtipeſque.
victæ jam, diuerſæ. 44 equitem- equiteſque.
728 ceſſurus, ceſſiſſet. que,
730 non mil. jam mil. ſuccedere, ſubducere.
732 ad pup- ad puppem, 45 præducere, producere,
pim, in pup- procedere.
pim. 50 Pigro, Primo.
ſpiranteſ- ſpirantes. 57 delapſæ, dilapſæ.
que, 59 tunc, tum.
734 Diſtentis, Diſtenſis. 60 refulſit, reluxit.
toto, tento. 64 ſentit. ſenſit.
735 ſubit, ſubit. 66 fuſcator, fruſtrator.
vaſtæ. late. 67 Impulerat, Intulerat.
737 & jam, etiam. 68 nubes, nubeſque.
languen- labentia. 72 jam, ſunt.
tia, 75 terram, terras.
743 Deis, Diis, 76 preſſæ, ſparſæ.
ſenilem, ſenile. largos, longos.
746 volnera, viſcera. 77 fluunt: ruunt:
747 Semiani- Semianimuſ- 78 exſtinguit, moriuntur, ex-
miſque, que. ſtingunt.
748 inifsi, merſi. fulgura, fulmina,
749 Polluerat, Polluerit. nimbus. nimbis.
750 Præcipiti Præcipiti ſal- 79 Hinc, Hic.
ſaltu, le- tu.& letum, 85 tum, tunc.
tum, Præceps: & è font. ex font.
letum gau- 85 vias: viam:
dens. tam largus tunc largis al-
751 Feſtinan- Feſtinanſque. alueus ueus amnis.
tem, omnis,
757 quantus, quanti. 87 campo, campis.
90 Non pec. Nec pec.
92 occultos, occultis, agris.
LIB. IV. agros,
100 ac tec. & tec.
2 nocentem, nocentum, ru- 101 Detulit, Depulit.
bentem 102 equos, aquas, [Cæter.]
3 momenta, monumenta, 103 ſentit, ſenſit.
104 ſnb

IN LVCANI LIB. IV.

104 subtexta,	subjecta.	198 permisto,	permixto.
106 ima,	vna.	201 steterint,	steterant.
108 non quicquam,	nec quicquam.	204 renouata,	reuocata.
109 ignes.	testus,	207 ad pr.	in pr.
110 parens,	pater.	109 junctosque,	junctos.
112 Et tu, impendas,	Vt tu, infundas.	229 at vob.	hac vob.
113 emiseris,	immiseris.	230 pugnabitis	pugnantibus.
116 Laxet iter,	Laxetur.	231 Sed,	Et.
119 effunde,	infunde, dissolue.	232 Funera,	Fœdera.
		242 abstinet, ira,	detinet. ora.
123 clarior, aër,	rarior aër, clarior æther.	244 in nocte,	nocte, in nube
132 puppim, inducta,	puppem induta.	245 nostra,	monstra.
		246 pectora,	corpora
133 supernatat,	supereminet, supereminicat.	251 Et scelerum,&c.	[Hic versus in MS. tertio deinceps loco sequitur.]
137 trajecta,	transjecta.		
139 timens, ripis,	tenens. riuis.	254 Cæsar, quamuis,	quamuis, Cæsar.
141 Ac,	At.	255 neque, aruis,	nec. armis,
142 scisso, riuis,	fisso. riuus.	257 nec tantum est æ. gestum.	tantum nec in æ. gestum est.
145 diffisus,	diffusus,		
148 Cæsar colles,	colles Cæsar.	259 pollura,	spoliata
151 ruens,	furens.	270 hostes,	hostem.
153 gelidosque à,	gelidos à	272 tendere,	currere,
		274 non vllo, constet,	jam nullo. constat.
158 caus,	causa.	sanguine,	vulnere.
160 potito,	petito.	275 jugulo,	bello.
161 Nec,	Ne.	276 inuisas	contemta.
172 Deprensum,	Depressum.	277 non,	nec.
		278 Incumbet,	Incumbens.
175 Rupit, trãscedere,	Rumpit. transcurrere.	279 hic feruor,	iste furor.
177 propinquum:	propinqui.		
179 Nec. agnouerat,	Non. agnosceret, cognouerat.	282 Substituit, nox,	Sustinuit. mox.
		283 miscendæ mortis,	miscendi Martis.
183 gemis?	times?		
184 Nec,	Non.	284 cadit,	fugit.
185 ipse,	esse,	286 mobile,	nobile.
186 dat bello,	dent bellum.	288 Abduxere, si cons.	Adduxere. sic cons.
187 ferat: cessa:	ferant:cessa: ferant,cessa.	289 manus. tum,	manum. dum.
189 Nunc,	Huc.		
196 & miles castris,	in castris miles,& castris miles,	291 astrinxit,	abstringit, adstrinxit. astringit.
permistus,	permixtus.		

VARIÆ LECTIONES

	git, adſtrin-	398 oneris,	hominis.
	git.	remiſit,	remiſi.
293 abſtruſa-	obſtruſaque.	399 fauor:	pauor.
que,		400 auctor,	actor.
294 Nec,	Non.	404 ſerit,	ſerit.
296 ad ir.	& ir.	405 excurrit,	diſcurrit, de-
299 recti,	recti.		currit.
301 nec,	neque.	406 Curetum,	Curitum.
303 Tunc,	Sic.	408 extrema,	extremis, oris,
305 poſſent	ſiccos poſſent,	ora,	
ſiccos,	ſiccos poſ-	411 proſerit,	proſilit.
	ſit.	413 attonſo,	atonſo.
311 immota,	Immunda.	415 aduerſę,	adoerſo.
jacet,	manet.	417 neque	nec enim.
omnis in	hauſtus in om-	enim,	
hauſtus,	nis.	418 ſed fir.	non fir.
318 tenera,	tenerę, medul-	427 Tunc.	Tum.
medulla,	lę.	declinibus,	cedentibus.
322 Dictęis,	Dictęis, Beroal.	433 vndę,	orę.
327 anguſtat,	guſtabat.	435 creſcat	dum creſcat.
328 dura,	longa.	dum,	
329 ſiti,	tamen.	438 Claudat,	Claudit.
333 axe,	axem.	439 Aut dum,	At cum, Ac
334 Qua,	Quam.		dum.
335 deprenſus.	depreſſus.	attollat,	attollit.
338 Auctor,	Actor,	442 preſſo, ro-	noſtro, preſſo.
342 omnia,	omina.	ſtro,	
345 rapiendo,	capiendo.	447 Impulit,	Impedit, Impe-
346 ſola, cau-	cauſa, ſola: ma-		tit.
ſa,	gna, cauſa.	448 innectere,	adnectere.
348 nec,	non.	451 laxas,	laxe.
351 moramur.	moramur.	454 adducto,	abducto, Sabel.
357 des,	da.	459 rupes,	raptus,
ſeſſis,	victis.	460 vorticis,	verticis.
inermem,	inermes.	464 Circueunt,	Circumeunt.
359 felicibus,	feliciter.	ac lit.	& lit.
361 ne tecum,	tecum ne.	466 ferro.	ferri.
363 facilis Cę-	Cęſar facilis.	469 deprenſa.	depreſſa.
ſar,		472 atra,	vmbra,
364 vſum,	vſus.	473 lucem du-	dubiam lu-
366 decurrit,	percurrit.	biam,	cem,
396 diſcurre-	decurrere.	474 Tunc,	Tum,
re,		pauentem,	timentem,
372 ſibi poſcit,	ſuſcepit.	477 anguſto in	anguſto temp.
375 terra,	turba.	temp.	
377 Diſcite,	Dicite.	482 ſperaueris,	ſuperaueris,
378 petat.	petit.		ſpumaueris.
384 Innocuuſ-	Innocuiſque.	483 momen-	momenta.
que,		tum,	
385 potitos,	petitos.	487 hinc abeſt :	omnis abeſt :
386 vnquam,	nunquam.		omnis abit.
388 vſis,	vſu.	489 Vt cum,	Aut cum,
397 deductos,	diductos.	permiſtis,	permixtis.
			tela

In Lvcani Lib. IV.

	tela,	bella.	
490	conferta,	conſtrata, conferta,	
			peam, Clepheam.
493	Dei,	Dij.	588 Bagrada, Bacrada.
494	ſummis,	à ſummis.	595 Nec, Non.
495	diuerſo è lit.	diuerſo lit. diuerſo in lit.	iuſta, vaſta.
			596 ferox, ferax.
496	quod,	quid.	597 non, nec.
498	ferro,	bello.	598 Hoc quoque tam, Hoc quanquã
503	Abſcindit laudi,	Abſcidit. Laudis.	600 defecta vig. renouato, defeſſa vig. renuocato.
505	timeatque,	teneátque.	
			604 Aſſuerũt, reſumit, Aſſuerant. reſumit.
509	quo,	quod.	
510	veniam,	vitam.	606 Libyes Libyæ.
515	Emittántque,	Permittántque,	609 Quanuis, Quanquam.
			613 perfudit, perfundit.
518	Permiſſum eſt, fari,	Permiſſum. leti, mortis.	616 infudit, infundit.
			618 grauibus fruſtra, fruſtra grauibus.
519	Dei,	Dij.	
520	ſuſtulit,	ſuſtinuit, extulit.	620 nec, neque.
			627 arctat, artat.
523	flexóque,	flexo.	639 cum ferret, conferret.
524	ſubiſſent,	ſubirent.	
525	mergere,	vergere.	644 Egeritur, Erigitur.
528	tum Th.	cum Th.	647 credere, terra, condere. terræ.
535	Promiſſo,	Permiſſo.	
537	ſimul,	manus.	650 terras, terra.
538	manus,	ſimul.	651 ſumitere, permittere, promittere.
540	ipſe,	ille.	
542	Ecquis,	En quiſquis qui, Burſ.	652 medium, medio.
			660 primũ tenuit, tenuit primũ.
544	nec,	non.	669 Libycæ, Libyæ,
548	vnis,	imis.	671 regna, regni.
550	Emicuit,	Commicuit.	674 At, Et.
553	miſſa,	emiſſa.	iacet, iacent.
554	impleruˉt,	complerunt.	675 Diſtinet, Deſtinat, Deſtinet.
557	nimiumque,	nimiúmque.	
562	jugulis pr. manũ cum,	jugulo pr. manus. jugulos pr. manus. ſic.	exuſta, exuta.
			677 Autololes, Antolopes, Et Dolopes, Autolop. Aut Dolopes, Autolop.
563	incurrant,	occurrunt, incurrunt.	
566	Non,	Nec.	678 tum con. tunc con.
568	deſpectũ,	deſpectant.	681 Mazax, Mazas,
576	Percipiet,	Percipiunt.	682 Maſſylis, Maſſalia.
579	ne quiſ.	nec quiſ.	688 dabat, parat.
580	vitæ,	morti.	691 regnum, regum.
581	tunc, aruis,	tum, armis, oris.	697 captus, raptus.
			693 ſegni, cernit.
586	Clupeam,	Clypeam, Cli-	700 Cernit, Segni.

D d

VARIÆ LECTIONES

	munia,	806 poten-	potentes.
703 campum miles,	mœnia, miles campum.	tes. 807 ciuesque,	& ciues.
705 Eripe,	Erige.	816 secula,	fœdera.
pugna,	pugnæ.	821 nostros,	nostri.
cum,	dum.	823 series,	acies.
voluntas,	voluptas.		
706 prenso,	prenso &.		
716 belli,	rebus.		
717 Sit rebus s. suis,	Sit s. suis belli.	**LIB. V.**	
719 incautus,	incauto.		
726 Obliquansque,	Obliquumque, Obliquusque,	8 munia,	numina.
vanae,	varias.	11 externis,	extremis.
727 Effusæ,	Effusi.	16 excelsa,	è celsa.
733 late, campis,	campis, late.	19 tectis,	castris.
decurrere,	discurrere.	28 Veiosque,	Veios.
741 conspecti,	conspexit.	39 Libyæ,	Libyes.
743 Effusam, aciem,	Effusas. acies.	41 signa, 42 Deis,	magna. Diis.
745 medios a. projecit in agros,	mersos a. dejecit in hostes.	43 vobis, 44 exhausto, 50 honos,	nobis. exacto. honor.
748 Obstupuit,	Obstupuit.	53 Massiliæque,	Massaliæque.
750 Quippe vbi,	Quippe ibi. Quippe ibi.	54 Sadalem,	Sadalam, Salldam.
752 terens,	tenens.	Coryn,	Cotim.
spargitque,	sparsitque.	58 Et tibi,	En tibi.
754 arui,	artus.	61 Permissum sæ.	Permissum est sæ.
755 arentia,	horrentia.	64 ereptum est, so.	Ereptum so.
762 neque, illis,	nec. villis, vlli.	69 multosque ob.	multos ob.
763 profertur, hostem,	perfertur. hostem.	71 semotus,	submotus. summotus.
765 emisit,	immisit.	76 Eminuit,	Emicuit.
771 steterunt, sed,	steterant, &.	77 Tu quoque v. s. deductus,	Tu quanqua v. s. ductus.
776 & pon.	ac pon.	Tu quoque v.	Tunc quoque v. vnam.
778 Ac, si,	At si.		
781 Constrinxit,	Constrixit.	79 premerent,	premeret.
782 teruntur.	tenentur.	83 Pæan,	Phœbus.
785 dabat:	dedit.	85 ibi,	vbi.
786 lapsum, & se.	lapsus, se.	88 terram,	terra.
797 sperare,	superare,	90 proferre,	conferre, præferre.
800 arce,	arte.	91 Contactusque,	Contactumque,
801 dabas,	dabat.	92 jubet,	canit.
			Ipse,

IN LVCANI LIB. V.

Ipse,	Ille.	Phœbeaque,	Phœbeiaque, Phœbeia.
94 quæ,	quem.		
96 conne-	connexa,	171 Erectis,	Ereptis.
xa,	conue-	174 solo,	solum.
	xa.	175 Vteris, &	Vteris ; & sti-
104 Vindi-	Vendicat.	stimulis,	mulos.
cat,		& stim.	ac stim.
illic,	vlli.	flammas,	flammasque.
107 sedem to-	sedem tu-	176 Accipit,	Accipis.
tas,	tas, sedes	178 premunt,	prement.
	notas.	180 Nititur,	Mittitur.
110 sterilis,	steriles.	186 Excerpsit,	Excerpit.
113 timue-	tenuere.	189 tam mag.	te mang.
re,		190 tunc.pr.	tum pr.
114 negata,	rogata.	192 tunc,	tum.
115 fruun-	feruntur.	196 vasta,	in vasta.
tur,		197 obstruxit,	extruxit, ob-
121 Immo-	Immotas,		trusit,ob-
tos,	Non mo-		strinxit.
	tas.	199 veri Pæan,	Pæan veri.
124 Deis,	Diis.	200 suprema,	sub prima.
128 Limi-	Lumine.	206 furorum,	furoris.
ne,		208 tunc,	tum.
129 futu-	futura.	vatis,	fatis.
ri,		209 exclusa-	expulsa-
130 quid	quæ sp.	que,	que.
sp.		211 ille,	illa.
132 pressitque	pressit	217 post R.	per R.
Deum:	domi-	222 tum p.	tunc p.
	num.	223 Phœbi tri-	tripodas
134 Pytho,	Python.	podas,	Phœbi.
139 Carmi-	Carmina.	233 Rhamnus,	Ramnus.
ne,		235 cursum	cursu nutanti-
142 cum	tunc tor.	mutantibus,	bus.
tor.		237 Cæs. re-	remeabat Cæ-
150 Institu-	Inuictam,	meabat,	far.
ctam,	Instru-	240 nam,	iam.
	ctam.	247 maiora,	peiora.
ment.	sac.ment.	248 venditat,	vindicat, ven-
sac.			dicat.
furore,	fauore.	249 vllo,	Illo.
151 falsa,	fata.	250 è stab.	ex stab.
154 horro-	errore.	251 Despice-	Respice-
re,		ret,	ret,
157 sentit,	sensit.	252 truncus	manib. trun-
159 antris,	antro.	manib.	cus.
161 Tandem	Tandemque	256 constrin-	confringe-
conterrita,	exterrita,	gere,	re.
162 abducta,	adducta, ob-	259 quippe	sed quip-
	ducta	ipsi,	pe.
167 irrupit,	Irrumpit.	264 Quolibet,	Quod liber.
170 serens,	gerens.	268 Rhodano,	Rhodanoque.
		274 parum ?	parum esse

Dd 2

VARIÆ LECTIONES

278 Juro liceat,	liceat duro.	376 Taras,	Thoras, Tarac.
279 galeam,	glebam.	377 Salapina,	Salpina, Scalpina.
293 Cilæ,	Iciet.	Sipus,	Sippus, Sipph°.
294 fperes,	fieres.	379 Dalmatico,	Delmatico. Satel.
301 di mitere,	dimittere.	185 tanto,	nostro.
307 infanda,	nefanda.	388 voluit gladüs,	gladüs voluit.
Cæfar,	certe.	397 primum,	primo.
310 heu Cæf.	ô Cæf.	398 careat tantum,	tantum careat.
311 tuis?	fuis?	399 faftos,	faftis.
313 laffare,	laffere.	402 flammifera,	flammigera.
316 fultus,	fulti.	406 Tranfcurrit :	Tranfierat :
328 fequantur,	fequantur, fequentur.	407 Brundufij,	Brundifij.
331 Auferat,	Auferet.	409 vifum eft rap.	vifum rap.
333 defecta,	defpecta.	410 exiffe,	hæfiffe, exire.
334 noftros,	veftros.	419 furens, & Graia,	ferens, Graiaque.
335 curfus,	currus.	420 è litt.	à litt.
338 Nô magis, decrefceret,	Num magis. defcenderet, decreuerit.	423 perdimus,	prodimus.
341 premit,	premet.	434 ligata,	ligatæ.
343 paucis viuit,	vluit paucis, paucis viuet.	439 nec per.	non per.
344 noftro fub,	fub noftro	440 latente, fonante,	fonante latentem.
347 relinquit,	reliquit, relinquens, relinquet, relinquent.	441 fcindit,	findit.
		447 Caffbus,	Claffibus.
350 Nec, tradit, fua,	Non. tradet. mea.	448 Illio,	Illic.
		454 vires,	rabies.
352 Deis,	Diis.	456 diem,	dies.
354 Iefsis,	victis, prefsis, lafsis.	459 fluctuque,	curfuque.
		451 vidit iunctis, confistere,	iunctis vidit. confidere.
358 Tradita n. v. ignaui,	Tradita n. v. Ignauis.		
359 auctorib°,	actoribus.	462 Genufus, Apfus,	Genfius. Hapfus.
360 terræ :	terra :	463 Aplo,	Hapfo.
361 fufidûque,	Infandumque.	465 Genufum,	Genefum.
362 ftabunt,	ftabant.	466 neuter, laffat,	neutrum. laxit.
363 ferire,	redire.		
354 rua,	dura.	474 infaufti,	infelti.
357 in jito,	& nianco.	475 proplus,	proprius.
358 pourt,	tinec.	479 tum,	tunc.
359 vicit,	vincit.	481 malorum,	laborum.
370 præticit, eaies.	præbuit. enfem.	487 rupti, belli,	belli, rupti.
372 tam diro,	iam diri, tam diri.	484 num,	non.
374 Brûdufiû, hanc,	Brundifium. hinc.	498 videbat, Deis,	videbit. Diis.
375 Hydrus,	Hydrups.		

IN LVCANI LIB. V.

	at,	ac.
500	incautas,	incertas.
	tenebras,	latebras.
505	Parta,	Parua.
512	Transiluit,	Transiliit.
	tacite q.	tacite est q.
513	primisque in.	primis in. primusque in.
518	inuersa,	inuerso.
524	tepidæ,	trepidæ.
527	casas,	casam.
	tura,	tanta.
531	tum,	tunc.
533	laxa iuuenis,	iuuenis laxa.
535	manibusque,	manibusue.
536	Ne,	Nec.
539	tum,	tunc.
545	Spectanteis,	Spectanteisque.
547	Aut,	Haud.
	medii,	medio.
550	nubem,	nubes.
552	qui pro.	quod pro.
559	potius pelagus,	pelagus potius.
560	fatur,	fatus.
566	flatusque,	fluctusque,
568	Tum,	Tum.
	trepidæ,	trepide.
569	paret,	parat.
	Zephyros ne in.	Zephyros in. Zephyrus n. in.
	Euros,	Eur', Austros.
570	puppim dubius,	dubi' puppim.
571	Nubibus, & cælo,	Nubilus. è, cæli.
572	Cori verrent mare.	venient Cori in mare. Cori venient mare. Cori veniunt mare. Cori serient mare.
573	Hesperias,	Hesperiam.
574	Desperare,	Desperasse.
576	ne,	nec.
	sit,	sit.
580	causa hæc est iusta,	iusta hæc est caussa, caussa

		est hæc iusta, iusta est hæc causa.
581	Vectorē,	Victorem.
583	perrupe,	prorumpe.
586	nec lon.	non lon.
587	sæuo dabitur,	dabitur sæuo.
588	nec,	ne.
	manum :	manus.
589	tum,	tunc.
593	Quid,	Quod.
597	concita,	congesta.
600	erexerat,	erexerit.
602	concidat,	pareat.
603	vick,	vincit.
604	abstrusas,	obstrusas.
605	perfert,	profert.
608	cessasse,	cessare.
609	iaculisse,	iaculsse.
610	Crediderim :	Credideris.
615	Ah,	Ita, A.
616	illa,	ille.
617	vllo,	illo.
618	ex orbe,	en orbe.
620	Mortiferos,	Mortiferos.
622	Adiuuit, regnoque,	Adiuuat,& regno.
625	Tunc,	Tum, Nunc.
	astra,	astris.
628	pallore,	squalore.
629	accipit,	excipit.
630	currunt,	current.
631	desiliit,	desilit.
632	Tum, tremunt,	Tunc. tremunt, fremunt. Aicūf.
633	Insonuit,	Intonuit.
	laborant,	laborat.
636	Deis;	Diis.
637	tanta,	tantum.
640	è sum.	à sum.
643	qua parte, celat,	quacunque. celet.
	arenam,	arenas.
644	cumulos,	tumulos.
647	puppim,	puppem.
648	valet in fluctus:	valet in fluctus
	vic.	vic.
649	vento.	ponto.

Dd

VARIÆ LECTIONES

184 Tunc,	Tum.	292 ob septū,	obsessum.
compressus,	depressus, com-	294 Encela-	Enceldo
	prensus.	dum sp.	sp.
186 crasso,	casso.	Noto,	Notum.
189 premit,	petit.	cum tota,	sic tuta, cum
200 Hunc,	Aur.		tuta, cū mota.
201 Sūmoneat,	Promoueat.	297 nube,	nocte.
202 pectora,	pectore.	299 mitti ciui-	dimitti ciui-
204 tot,	In tot.	libus,	bus.
208 Getulus	Sic Libycus	301 tenuit,	timuit.
densis,	densis, Sic,	ac,	&
	Libyæ sessi	304 Cæsar,	victor.
213 facta,	fixa.	305 pio.	suo.
214 Gortynis,	Cortinis.	309 Marmari-	Marmoricas,
216 læuum,	læui.	cas,	Marmaridas.
217 rumpit,	rupit.	nudus pres-	pressisset nu-
226 de sang.	è sang.	sisset,	dus.
229 suppres-	suspensum, su-	310 placasset,	placaret.
sum,	premum.	311 Catone.	Catonis.
dolorem,	furorem.	313 Exire è	Exire medijs
230 ait,	jam.	medijs,	Exire ex,
ferrum:	bellum:		med. Exire
231 ponite,	imponite.		& med.
236 simulatis,	simulantis.	314 aduerso,	auerso.
237 recto,	rectum.	315 lacero,	Latio.
tenentem:	prementem:	317 sui,	suo.
	trementem.	diuertere,	deuertere,
244 putastis?	putatis?	Magnum,	Magnum.
245 vobis mi-	minor est vo-	318 Hortati pa.	Hortatu, pa.
nor est,	bis.		Hortantur, pa.
246 effatus,	est fatus, affa-		Hortari, pa.
	tur.	319 Ausoniam,	Aemoniam.
248 hic,	hoc.	320 reddam	patriæ red-
249 tota fuge-	fugerent to-	patriæ,	dam.
rent,	ta.	videbit,	jubebit
250 nam,	non.	323 aciem,	acies.
251 dabat.	dedit.	328 Ah,	Ha, A.
252 defectum,	defessum.	ne quid	bello ne quid.
256 nudum,	nudo.	bello,	
261 non tu,	nil tu.	330 conuertit,	conduxit, con-
263 repulsas,	reuulsus.		tendit.
264 Intra clau-	Inter castra, In-	331 Candaula,	Gandauia.
stra,	tra castra.	336 opponit,	opposuit.
265 Euris,	Austris.	337 rabidique,	rapidique.
270 laxas,	laxat.	339 aduersos,	auersos.
273 totos,	totos.	Zephyros,	Zephyrum.
275 tum,	tunc.	Iapyga,	Iapida.
282 ipsa,	illa.	340 maturato,	maturino.
286 tremente,	fremente.	præcidit,	præcindit, pro-
287 Circeæ	subducit Cir-		scidit.
subducit,	ceæ.	346 vndis,	vnum.
291 emisit,	immisit.	347 discessit,	discedit.
agmen,	arma.	352 Ptelcos-	Teletisque, &
			que.

IN LVCANI LIB. VI.

que,& Dorion.	Doridon.	425 Deli, Pythia,	Delii. Phicia, Cynthia.
354 pharetris:	sagitis:	426 Nec,	Non.
359 rapuisset,	rupisset.	427 Ore,	Aere, Silua.
360 discessit,	discedit.	431 Detestanda,	Detestata.
365 Euenos,	Pimetis, Eimenos, Euneus, Euneos,	Deis,	Diis.
367 Malliacas,	Melliachas, Malliachos.	432 Mouerat,	Nolterat.
		436 licentia,	scientia.
368 Amphrysos,	Amphrissus.	440 ibi,	vbi.
370 ventos,	vento.	441 Deis,	Diiv.
372 it,	&.	442 aduenerat,	exexerat.
374 Asopos,	Esopus.	447 vnquam,	vsquam.
Phœnixque,	Peolsque, Ald.	448 Auocat:	Aduocar,
Melasque.	Melaxque,	449 Tunc,	Tum.
376 Titaresius,	Tytharessus.	450 soluat,	soluant.
381 patuerunt amnibus,	patuere paludibus.	455 perficiunt,	proficiunt
		464 Axibus,	Artibus.
382 Bœbicio,	Bebricio, Bebrycio, Brebicio, Bœbaico.	455 nuac,	tunc.
		467 iisdem,	hisdem.
		470 rursus,	rursum.
383 pressum,	Impressam.	471 turbante,	cessante.
385 Et,	Ac.	puppimque,	puppemque.
386 semiferos,	magniferos.	476 submissio,	summissio.
387 Pelethroniis,	Pelotroniis.	478 Scythicæ,	Scythiæ.
effudit,	effundit.	480 Reppulit,	Depulit.
		481 concussit, axem,	percussum, axes.
388 Monyche,	ò Moniche.	482 vergens,	vrgens.
389 Oetæo,	Aetnæo, Eothoé, Etheo, Oetheo.	nisu titubauit,	nisi titubauit, titubauit nisu.
390 Rhœcæ, inuerteret,	Rhœtæ. subuerteret, euerteret.	483 percussum,	concussum.
		484 Prospectúmque,	Perspectúmque.
393 Teque,	Cumque.	488 fouent,	fouet.
395 Martis,	belli.	489 cruo,	antro.
398 Exiliuit: frænosque,	Exuerit. ferrumque.	492 labor,	pauor.
		494 est,	est?
401 Terrepum,	Tyrrhenum.	499 illis,	illic.
402 Itonus,	Ionos, Ithonos, Ionus, Ionas, que,	504 Inseretetque,	Inserretque.
410 immisit,	admisit, dimisit,	505 tantos, deprensa,	magnos, depressa.
Aloeus,	Aleus, Alous.	506 Donec, &c.	[Post hanc versu in quib. sequitur hic:] Addidit exceptas Lunæ de nocte prui-
412 incumbes,	incerrens.		
415 horam,	iram.		
416 palà est.p.	palam.p.		
424 venturisque,	venturis.		

VARIÆ LECTIONES

	nas.	601 Quos petat è nobis,	Quos spectat nobis, Q. os p. à nob.
507 scelerum ritus,	ritus scelerum.	tibi,	mihi.
hæc,	&.	602 dignum quod,	dignum est quod.
carmina,	crimina.	604 vulgatæ,	vulgato.
515 Non Sup. non,	Nec sup. nec	607 Inuitos, conceditur,	Innatos. contenditur.
vetat.	vetant.	610 abrumpimus,	arumpimus.
520 fulgura,	fulmina, flumina.	613 ictu,	actu.
524 litanteis,	litantes, latentes, [Beroal.]	615 sed si,	at si, & si.
526 quæ,	quoque.	616 facilesque,	faciles.
532 letum	lectum.	617 Ad verum: tel.	Ac verum tel.
533 ardentiaque ossa,	ardentia ossa.	621 tepidique,	trepidique.
534 illa,	ipsa.	622 ne m.	nec m.
541 Immersitque,	Immergitque.	630 rigidi,	gelidi.
543 laqueum, nocenteis,	laqueos. nocentis.	631 Inuenit & vocem defuncto,	Inuenit defuncto vocem.
544 rupit :	rumpit :		
548 tabi,	tabis.	632 pendent iam,	Pendentia, pendent tunc.
550 quæcúque, nudum,	quodcunque. nuda.	633 reuocasse,	reuocare.
558 sic ven.	si ven.	636 Auerno,	a terno.
562 primæuo corp.	prim. è corp. prim. à corp. prim. ex corp.	645 Phœbo non peruia t.	non peruia Phœbo t.
		649 mæstum mundi,	mundi mæstum.
565 fingens,	figens.	650 metuunt,	metuant.
566 compressaque,	compressaque,	653 Aspiciat Stygias, an quod,	Aspiciat, an quod Stygias.
567 gutture,	In gutture.		
568 infudit,	Infundit,	descederit,	descendit ad
573 suetique,	assuetique.	655 operitur c. soluto,	aperitur c. remoto.
574 Effractos, vagati,	Amfractos. vagantes, vaguri.	656 Et, substringitur,	Sed. distringitur,
579 ne Mars,	vt Mars.	658 definum,	deflexum.
581 Pollutos,	Polluto.	659 timores :	dolores.
582 Consperfos,	Compressos.	667 tunc,	tum.
585 auertere,	aduertere, auellere.	670 sinistro,	finistra.
		671 timori est,	timori.
586 acquirere,	admittere.	672 diræ,	duræ.
587 quid,	quod.	673 cerui pasti, medulla :	Pasti cerui. medullæ.
589 prior,	prius.		
591 deuertere,	diuertere.	674 puppim,	puppem.
592 mihi noscere.	cognoscere.	675 ocheneis,	echinus, echinus.
596 perculsa, parata est,	perculsa. parata.	679 Libyci,	Libycæ.
599 exprime,	eripe.	683 Et quibus os dirum,	Et quib° os durum, Et dirsum 686 con

In Lvcani Lib. VII.

	quibus os.	771 tenet,	decet.
686 confundit,	confudit.	discedit,	discedat.
689 nocturna,	nocitura.	772 duraque,	diraque.
690 strident,	stridunt.	778 Respexi,	Aspexi.
691 cautibus,	cautibus.	781 infernam,	æternam.
699 Elysios,	Elysii.	superunt.	rapuerunt.
700 nostræque,	nostrique.	arma qui-	secula pacem.
vltima	maxima.	etem.	
704 Tracturæ,	Fracturæ.	786 Lustrales,	Instabiles.
709 dedi, &	dedi, laui.	789 sobolem,	sobolem.
laui.		major,	& major.
710 Si quis,	Si quisquam	797 Aeternis	Aeterni chaly-
qui vestris,	nostris.	chalybum,	bis, Aeternis
717 nostri modo-	nostri modo.		chalybis.
do,	modo nostri.	799 Poscit,	Noscit.
718 m: rentur,	geruntur.	810 abluit,	abluit.
721 Exanimes,	Exanimesque.	814 arvis :	armis :
723 & ruptas,	irruptas.	815 Ille,	Ipse.
724 Ah,	Ha	817 Libyam-	Libyen.
mortis	munus mortis.	que,	
munus,		818 Distribuit,	Distribuet.
726 satis,	sati.	819 nihil,	nil.
727 immotum,	innatum.	824 Tum,	Tunc.
729 rumpit,	rupit.	825 venit,	vadit.
731 agitis,	agitas.	826 linquit,	liquit.
732 jam vos	ego vos jam,	829 intra,	inter.
ego,	at ego vos		
	jam		
733 Stygiás-	Stygiósque.	**LIB. VII.**	
que,			
734 custos,	cuncta.	1 vocabat,	vacaret.
739 terræ, quæ	quæ se, terræ.	3 currúm-	cursúmque.
te,		que,	
740 Ennæa,	Ethnea.	7 Magno,	Magni.
743 ruptis.	tutis, totis.	9 visus,	est visus.
	Sens.	13 fauentis,	fauentum.
746 concussa,	excussa.	14 ætate,	ætlate.
ceruit.	creuit.	16 quæcúque,	quacunque.
748 Indespe-	Inspectata.	22 magni,	Magni.
cta,		omina,	omina.
vobis qui	qui vobis.	28 somnos	somnos popu-
751 gelido,	tepido.	populi,	lis? populi
753 subrepens,	subrepsit.		somnos.
756 repulsum	repulsum.	31 fructum,	annuus.
est,		42 ferent,	ferunt.
757 Ereptúm-	ereptumque.	43 edere,	odore, egere.
que,		45 turba,	turbæ.
simul,	semel.	47 pugnæ, miss.	pugnæ miss.
rictu.	nictu. Sens.	maxima,	vltima.
959 Iam,	Sed.	50 admouet,	admonet, ad-
761 astrictam,	stricta.		moues.
767 cantata,	cuncta.	53 patiens so-	soceri patiens,
769 somnum,	senium.	ceri,	
			58 cum

VARIÆ LECTIONES

58 cum vobis, vertere,	vobis cum. perdere.	154 fulmina,	fulgura.
59 Propositum,	Prop. est.	155 immensásque,	immensásque.
64 tremuit,	timuit.	156 typhonas,	Phitonas, Sithonas, Pythonas.
68 te, Magne,	Fortuna.		
69 Fortuna,	te, Magne.	157 ingesto, fulgure,	injecto, fulmine.
72 Humani generis,	Humano generi.	158 Excussit,	Exclusit.
73 lente,	lentum, tarde.	159 ereptáque,	erectáque.
74 à transf.	te transf.	160 sulfure,	fulgure.
77 sua,	tua.	162 Vixque reuulsa, &c.	[Hic versus cum duobus sequentibus in quibusdam non reperiuntur.]
80 quocunque velint.	quodcunque velim.		
82 quisquam	quilque.		
87 inquit, cunctis,	cunctis, inquit.		
88 nil. vi.	non vi.		
91 tamen,	quidem.	165 discussa,	dispersa.
93 subactum,	coactum.	172 nimioue,	nimióque.
94 violatæ,	Romanæ.	174 mergi,	mersus.
100 mortésque,	moriémque.	176 Barbeida,	Boëtida.
		178 galeísque,	gladiísque.
102 His,	Iis.	179 Defunctósque	Defunctos
108 gladio,	gladiis.		volitare patres, & san-
109 malunt,	malum?		
114 Pugnatur,	Pugnatur.		
120 invis. bac clade.	invis. clade, invis. bac cæde.		cunctas san.
		180 volitare,	vlulare.
		182 pectora,	vulnera.
122 fors, feret,	fors. fert.	183 tumultu,	tumultus.
		185 manebat,	vocabat.
129 ore,	ore est.	186 trepidasse,	trepidare.
130 Mortis venturæ est, fac.	Mortis venturæ, fac. Et mors ventura est, f.		
		189 est fid.	In fid.
		191 quid perdat, nescit in,	nescit quid perdat in, q. perdat, nescius.
	fato,		
137 finem,	fines		
vllos,	illos.		
139 nil,	nl.	198 Aëra, obsistere,	Aethera. obsidere.
cotibus,	cautibus.	199 Prospexítque, lumen,	Perspexítque. numen.
141 Erigitur,	Exuitur.		
143 aptat,	ardat, optat.	200 Solis,	Solus.
145 rabidos,	rapidos.	204 Spectari è to.	Spectari to.
147 Et rubuit,	Erubuit.		
148 recoxit,	retorsit.	207 nepotum,	nepotes.
149 ægida,	ægide.	210 cum bella leguntur,	dum bella leguntur, dum b. gerentur.
150 Pallenza, fulmina,	Pallanea. fulgura.		
152 Fortuna,	natura, ventura.	214 radiatus,	radiantis.
153 æther,	aër.	215 persudit,	perfundit.

In Lucani Lib. VII.

216 Non tem.	Nec temp.		tis,
217 cornus,	cornu.	303 paratur,	parata est.
218 tum, bello,	tunc. belli.	305 hoc politum.	oppositum.
220 tradita,	dedita.	309 Mors,	Sors.
223 Libyco,	Libyæ.	310 victo r. hoste,	victum r. hostem.
226 sed pl.	& pl.		
228 ferro,	regno.	313 in victos,	inuictos, & victos.
229 Illuc,	Illic.		
232 Illic, cetras,	Illuc, Illinc. Celtas.	315 credit, vestra,	credunt. nostra.
244 Casuram & fati sensit,	Casuram fati sensit.	317 Cum tenuit,	Continuit.
		318 Vos tamen hoc,	Ast ego vos, Vos autem hoc.
	Casuram & fatis sensit, Casuram fatis sensit, Casuram sensit fati.		
			quisquam, quamuis.
		324 seu nullum, pignus.	siue ulluun, seu nullo. pectus.
248 sperare,	superare.	325 imputet,	imperat.
250 mundi,	regni.	329 cuncta,	plura.
251 fatum, accersite.	fata. arcessite.	331 Sunt a viris celeres,	Sunt a Ceresque viris. Sunt a viris celeris. Sunta, viri celeres. Sunt a virisque Ceres.
258 emerito, vos,	emeritos. nos.		
260 nocentem est,	nocentem.		
261 flammisque,	flammaque.		
262 gladiosque exoluite culpa,	gladioque exoluite culpas, gladioque exolu. culpam, gladiisque exolu. culpas.	caplunt. 333 nulla: permittut, 335 locasset, 336 in pr. 340 timere, 342 prouectus,	rapiunt. nulla, permittuntque. locasset. ad pr. tenere. prævectus, peruectus.
268 nihil,	nil.	343 diem,	dies.
270 delecta,	dilecta.	344 effundite,	diffundite.
273 moto,	toto.	345 ferri,	belli.
280 triumphi,	triumphum.	351 sancire,	sentire.
282 minimo, quisquam,	nimio. quiique.	353 reducesque,	reducesve.
283 Hesperiis,	his superis.	359 Declosque,	Declosve.
286 quorum,	quarum.		
289 fallar,	fallor.	363 comprensum,	compressum, compressum est.
294 natantes,	minantes.		
295 tela ruentes,	bella furentes, cæde furentes	cæli,	cycli.
300 populi, licebit,	populus. libebit.	364 sumus,	simul.
301 Quone,	Quove.	367 at pl.	& pl.
302 permisti-	promittitis.	373 domini,	dominum.
			374 popu

VARIÆ LECTIONES

374 populum, populus.
379 Volucret, Volucret.
    nifi, ni.
385 concur- procurrunt.
    runt, concurrent.
    motu, motu !
386 Irarum : Irarum metus,
    metus, hos, regni
    hos re- spes,
    gni, spes,
390 Obruet, Obruit.
393 teɛɛ, teste.
394 Laurenti- Laurentanúf-
    nófque, que.
395 quod non, quo non.
    nifi, ni.
396 queftúf- queftus.
    que,
    Senators Senatus.
397 carpfit, carpit.
    rerum, regum.
398 Putria Putrida defti-
    deftituit : tuit:cr. Putria:
    cr. deftituit cr.
400 nafcimur, nafcitur.
401 Nec, Non.
    nec, non.
402 vincto, iuncto.
406 tanto in tanto tép.tãto
    tempore, in corpore.
407 poffet, poffit.
414 tremores, timores.
419 Oftendat, Oftendit.
    quo, quæ.
429 Daas, Dachas, Da-
    chos, Dathas.
    Dacas.
431 femper fæuas femper.
    fæuas,
434 Ac, Ha.
    negatur, vagatur.
440 legum, longum.
446 rapiantur, rapiuntur.
448 fulmina, fulgura, cla-
    cædes, des.
449 petet, petit.
    petet, petit.
450 mináteis? minantels
451 Cafsius, Cafus ?
    feriet, feriat.
452 Abftulit, Impulit, Intu-
    lit.
454 dabit, dedit.

456 quantam, quantum.
    terris, fas eft. fas eft, terris.
461 diremti, redemti.
462 Inde ma- *Hi duo verfus*
    num fpectât, *variè leguntur.*
    vultufque *In quib.* Quo
    agnofcere fua pila cá-
    quærunt, dât, aut quæ
    Quo fua pilá fibi fata mi-
    cadant, aut nentur, Inde
    qua fibi fata manum fpe-
    minentur, ctant, tempus
                 quo nofcere
                 poffent.
                 In quib. Quam
                 f.p.c.aut quá
                 f. f. minen-
                 tur,
                 In quibufd. Inde
                 manus fpe-
                 ctant, vultuf-
                 que agnofce-
                 re quærunt
                 Quo fua p.c.
                 aut qua f. f.
                 minentur,
                 In ꝗꝟb. Inde
                 manum fp.
                 tempus quo
                 nofcere pof-
                 funt, Quo f.
                 p. c. aut quæ
                 fibi fata mi-
                 nantur, *vel,*
                 quæ fibi fata
                 minentur.
                 Medinu, Vnde
                 manus fpec-
                 tant, vultuf-
                 que agnofce-
                 re poffunt,
                 Quo fua p.c.
                 & quæ f. f.
                 minentur.
                 In quibufd. Vn-
                 de manus
                 fpectent, vul-
                 tufque ag-
                 nofcere pof-
                 fent.
466 libuit, licuit.
467 conftrin- conftringit :
    xit : contraxit.
                 gelidúfque

IN LVCANI LIB. VII.

	gelidusque,	gelidus.	540 Syrique, ..sque.
468	Percussa-	Percussa, Co-	541 populus Romanus erit
	que,	mota.	Roman⁹ erit. populus.
469	parata,	paterna.	ortus, ortus.
471	sensum,	sensus.	546 perfude- profuderat.
	morti,	mortis, meæi.	rat,
474	Cæsar te-	ductor bella.	548 Non illic Illic non regũ
	la,		regum aux. aux. Non heic
475	vlla,	illa.	aux. regum.
476	conceptz-	concentaque.	549 togatz : rogatz:
	que,		554 bellis li- liceat bellis.
477	tendit,	condit.	ceat,
478	irrumpit,	irrupit, & ru-	555 Ah, Ha, Ac.
		pit.	556 gessisti, gessistis, gesta-
482	gemitus,	fremitus.	sti.
483	Oetysque,	Ossæque.	557 furoris, furorum, ma-
	gemunt,	fremunt.	lorum, furor-
485	innume-	in numerum.	que.
	rum,		560 Inspicit, Conspicit,
486	figere,	affigere.	manent, manant ihis eu-
487	omnia,	omnia.	tem versus in
489	Sed,	Et.	quib. p. si posi-
490	odiis,	studiis.	ta sequantl.
491	ducit.	duxit.	562 presso, presso.
493	Iunxerat,	Duxerat, Vin-	563 bella, tela.
		xerat.	568 veluti quatiens velu-
495	tenebat,	timebat.	quatiens, ti.
498	catenas,	catervas.	570 stimulet, stimulat.
499	turoque,	tutumque.	currus, cursus.
500	arma,	arua.	571 scelerum scelerum, cæ-
503	Cæsare,	sanguine.	& cædes, desque. scele-
504	vergens,	vertens.	rũ est,cædes,
506	diduxit,	deduxit.	574 subicit, subigit.
510	Illic, mis-	Illinc, miscens.	575 confunde- contundere.
	cet,		re,
512	saxa,	tela.	579 qui sit, quis sit,
	solutæ,	sagittæ.	legum: regum.
513	liquefac-	liquescere.	584 legum : regum.
	tæ,		586 côtectus, contentus.
514	soluto,	soluti.	588 spes ô, ô spes.
516	aer :	æther.	589 tanti ge- generis tanti.
518	maculant	chalybem ma-	neris,
	chalybem,	culant.	592 istic, Istinc.
519	æther,	aër.	593 intentus, attentus.
521	Tum,	Tunc.	594 culmen, columen.
524	Immittit,	Emittit, Emi-	reguntur, premuntur.
		sit, Immisit.	595 Egressus, Ingressus.
	motis,	motum.	598 cominissa, nõ mista, Sabri.
525	tenendi,	tenendi.	599 eminult, emicuit.
532	secuta est,	secura.	602 Succu- Succumbit.
535	potest,	valet.	buit :
537	fontes,	fortes.	604 ac ven. & ven.
538	ossibus,	hostibus.	605 versant, volumẽ, sol-
			607 Suc

VARIÆ LECTIONES

607 Succeſſor, Succeſſor. ventem.
613 te ſædo, ſævo te.
614 graueis, duci.
615 Cum moriar, Cum morior, Dum morior.
616 preſſere, texere, vertere.
619 viſcera vulnus, vulnera ferrum.
621 demiſſo, faucibus, dimiſſum. in faucibus.
622 ictu, ictus.
623 cadunt: cadunt. qui pectora telis, quis pectora relaſ ʋ l, telo. qui pectore tela, Mod.
624 Tranſmittam, aut, Tranſmittat, vel, Tranſmiter, vel, Mo. affixerit. defixerit.
625 emiſſus, emiſsis.
628 Abciſum, Abſciſſum.
631 nulloſque, nullos.
635 ſanguis ibi, ſanguis vbi, ibi ſanguis, ſanguis tibi
640 totum m. proſternimur tuum. toto m.p. ſuo totu m.proſternitur tuum.
641 Vincitur, ſeruiet, Vincimus. ſeruiet.
643 regnum, pauide, num, regno. pauidi. non.
647 tranſiſſe, traxiſſe.
648 tota vix, tanta vix, vix tota.
656 poſt ſe viuat, viuat poſt ſe.
658 voluitque, vouitque.
659 alt, S. Iam S.
664 Obruat? Obruet? Obruit? Obruis?
668 ſatum ſatus.
671 Sed, ſtrato milites, At. miles ſtrato.
674 Nequicquam, Nequiquam, Nec

675 quoque, quicquam. modo.
676 probatum, probatum eſt, negatum, negatum eſt.
677 Tunc, Tum.
680 non ſt. nec ſt.
685 læto, lætos.
690 Ac teſtare, perſtet, Atteſtare. preſtet, perſtat
692 Pharioque à g. Pharioque g. Pharioque ia g. Phario quæ g.
693 maxima pugnæ. magna ruinæ. maxima turbæ.
694 Pompeii, Pompeius.
697 Oſtender, Oſtendit.
698 iſtud, illud.
699 Proſpectaſſ, Proſpectare, Perſpectaſſe.
704 ſub Phario, & à Phario.
705 patiere, patiare.
707 veta, vetes.
708 adoret, adiret.
715 læto : præmittunt, lento. promittunt.
716 ſe clad. de clad.
719 fata, redire, bella. referre.
720 aut vrb. ac vrb.
721 præſtate, præſtare.
722 cumulo, tumulo.
726 vera, Magne, Magne, vera.
734 dum conf. cum conf.
735 ac M. aut M. haud M.
736 Hoc foret, Non foret.
739 nec, neque.
741 è gent. ex gent.
744 præcedere, procedere.
746 rapiantur, rapiuntur, rapientur.
nec plura lotutus, ſic milite inſ- fo.
749 cæſos,

In Lvcani Lib. VIII.

749 cæfos, duces,	cæcos, deos.	806 generi,	generis.
751 volunt,	ruunt.	808 videat,	vt videat.
754 implerunt,	impleuit.	810 An, refert :	Aut. defert.
755 expulit,	extulit, expluit, expulfit.	815 tuam, vocabit,	animam. locabit.
756 Quodque leg.	Quod leg.	816 eant,	eruat, sunt.
757 putabunt,	putabant.	817 Non, iacebis.	Nec, latebis.
758 desponderit,	disponderit.	818 Fortunæ,	Fortuna.
760 rapit, capit impia,	petit. rapit omnia, rapit: capit infima.	819 Tu, gentes,	Tum, manes.
761 somnos: vacuúque,	somnum. stratúmque.	822 Has trahe,	Has bibe, Ab strahe.
764 somnique furentes :	somnóque fruentes:cæsum.	823 Pharsalica,	Pharsalia.
765 pectore,	pectora.	825 Non,	Nec.
768 putes,	putem, putat, putant.	828 vrsi, obscæni,	vrsæ. obscænæ, obscæna.
769 infectúmque,	infestúmque.	830 sentit.	sensit.
770 superam,	superum.	831 castra;	bella,
771 meritis,	miseris.	834 Istis, nunquam, se tanto,	Iis. nusquam, tanto se.
774 figuras :	figuram.	837 arbor.	arbos.
775 cadauera,	pericula.	840 lassis,	laxis.
778 vidit,	radit.	844 Degustant,	Degustantque.
780 fureret, aut cum desisset,	fugeret. aut cum desciisset, aut deseruisset.	845 nimbique,	nimbúsque.
		847 Thessalica, quotanto,	Thessalia, Thessaliæ. quid tantum.
		851 surget,	surgat.
782 victrix,	victrix.	860 funem,	puppem.
784 Et qu. pœnæ misero,	Heu qu. misero pœnæ.	861 arator,	aratro.
		864 permittere,	committere.
785 infestáque,	ingestáque.	866 Ac,	At.
Tartara,	corpora.	870 quid totū absoluitis,	qui totum soluitis.
791 sidentes,	sidétes, depressos.	871 vnda; Pachyni,	ora. Pachinni.
spectat,	exspectat.		
792 numerat populos,	populos numerat.	## Lib. VIII.
793 iacentem,	iacentes.		
795 Et lustrare oculis campos,	Lustrare & cápos oculis, Sed lustrare ocul. camp.	5 Implicitásque,	Implicitas.
		7 venit,	serit. redit.
801 hostes.	hostem.		8 summo.

VARIÆ LECTIONES

8 summo, lapsus,	lapsus, summo.	81 adhuc,	ab hac.
9 pretium,	facinus.	86 correpta,	correcta.
10 tantæ,	tantum.	90 duxit,	innxit.
11 quantum,	quantam.	103 atque,	ac.
14 castra,	rura.	107 flectuntur,	plectuntur.
16 Occursu,	Occursum.	108 confundit.	consudit.
18 Auctor,	Actor.		
19 cunctis,	cunctisque.	109 Tunc, pleno iam,	Tum. iam pleno.
20 orbem,	vrbes.		
21 longi pœnas,	pœnas longi.	114 renisant,	renisens.
24 sentit.	sensit.	116 tibi s. magis,	magis s. tibi.
27 Deiectum, piget.	Deuictum. pudet.	120 noto, reparandū est l.	notum. reparandum l. bellum.
30 Affuit, præuertit,	Affluat. præuertat.	fatum.	celorum.
31 Dedecori est s.	Dedecori s.	121 templorum,	[Hunc versum plerique
32 parata?	suprema?	124 Accipe, &c.	libri non habent.
35 &, fluctibus,	ac. flatibus.		
38 Cilicū dominus,	dominus Cilicum.	131 non paruo,	paruo non
39 vector, correpsit, aluum.	rector. correxit. aluum.	133 vltra in litora puppim.	vllo In littore puppim, vllo in littore puppes.
41 iubes, tum,	ubes, tunc, nunc.		
44 somnus:	somni:		
46 currens,	curris.	136 Materiā,	Materiem.
47 fluctus, murantia,	fluctu. mutantia.	140 Regemque,	Regemque.
48 vides,	videns, videt.	141 præstas, nam,	præstes. nunc.
49 fato, audes.	facto. audet.	143 meorum:	malorum:
53 luctus?	fletus?	148 solum: æthera,	locum: æthere.
54 times,	times?		
55 Prosilult	Prosillit.	153 populus: quamquam vix,	vulgus: quamuis Non, vix.
57 Canitie, vestes,	Canitiem. crineis.	155 Iam, tanto,	toto.
58 nox,	vox.	deuinxit.	deuicit
59 animam,	animum.	159 ad ig.	In ig.
61 decepta iacet.	depressa iacet, deiecta iacent.	161 Pomp. in pect.	Pomp. pect.
63 propius samulæ,	famulæ propius.	164 iacentis.	iacentes. iacentem.
64 fata,	fatum.	166 Proiecit,	Deiecit.
66 pectore,	corpore.		
75 nec,	neque.	168 secundi,	sequenti.
77 decerret,	discerret.	171 ad hæc,	ad hoc.
78 nunc,	nam.	177 Surget,	surgit.
			179 descen

In Lvcani Lib. VIII.

179 descendet,	descendit.	248 Telmessidos,	Themesidos.
181 tendet,	tendit.	249 Copensat medio pelagi.	Compensat medio, pelago
183 perge,	pergo.		
184 tanget, Syrtim.	tangit. Syrtes.	Pam.	Pam.
186 contra cui,	cui contra.	251 Phaselis,	Phasele, Phalese.
189 pelago cœloque,	cœlo pelagoque,	254 hinc,	hic.
191 tunc,	tunc.	255 Dipsanta,	Dipsonta, Dipsunta, Dimpsanta, Diplana.
192 at ille,	& ille.		
194 puppim,	puppem.		
195 Asiæ,	Asiæ, Sacine, Syriæ, Sasinæ, Lasinæ.	256 hoc,	hinc, huc.
		259 Synedris,	Sinedris, Celendris.
		260 mittitque rates, Silenus,	mittit puppes. Sillnis, Selinis, Salinis, Selirus, Silenis.
asperat,	asperet.		
197 aliterque,	altumque.		
198 spectante,	Inspectante.		
		261 cœtu,	cœtum.
199 non sic,	nec sic.	265 nouis,	meis.
200 orbem,	axem.	266 arstis,	armis.
202 Ostendit terras Titan,	Ostendit Titan terras,	269 Libycæ, ruinæ,	Libyæ. carinæ.
203 Emathia,	Hæmonia.	270 plenis &,	& plenis.
204 primusque à l.	primus à l. primusque ab l.	271 pulsum, leuiore,	pressum. liuore.
		274 tueri,	iuuare.
		276 pendite regna,	pandite signa.
205 procerũ,	comitũ, currit.		
213 Qũ,	Quo.	277 Libyen,	Libyam.
214 securum à Cæs.	securum Cæs.	278 Quænam,	Quem non.
		279 proceres, arc.	vobis arc.
215 Nec,	Ne.		
217 mutare,	motare.	280 Exprom̃ pondera,	Exponam, pondere.
218 nobis,	vobis.		
220 astricta,	obstricta.	285 multusque in,	multus in.
224 decurrere,	discurrere.	290 ingenti,	ingentem.
227 rapidus,	trepidus.	291 seducunt,	educunt.
229 Iam,	Nam.	292 Et polus,	Proh pulus.
231 Solusque è,	Solusque ex, Solus & è.	293 nostro,	nostrum.
		296 Nec,	Non.
		301 audetque, In,	audeat. ad.
232 nec,	nunc.		
235 obstricta,	astricta.	302 pharetras,	sagittas,
		304 saturatur,	satiantur.
240 raptos,	raptos.	306 sæuis,	læuis, ferri,
242 dominis,	domini.	309 tellure,	ab tellure.
244 scopulos,	populos.	311 nil,	nihil.
		316 pie,	pium
246 Coo,	Eoo.	reuolues,	resoluens.
			319 ortu

VARIÆ LECTIONES

319 ortu!	orbe!		est.
322 lætius,	lectius, læuius.	396 Nec,	Non.
324 geras,	geram.	397 num.	non.
tantam c.	tantas c. gen-	nobis.	vobis.
gentem,	tes.	400 nefandi,	nefandi.
326 concur-	Concurrant.	401 nurus?	nurus.
rent,		402 vllos,	vllis.
327 Crassum,	Crassos.	horret,	audet.
sentit,	sentit.	404 lassat,	laxat.
332 secundū,	secunda.	tota,	vna.
333 Emathiā,	Emathia.	405 regum,	fratrum.
334 reliquit,	relinquit.	matres,	matrum.
337 Auersósque,	Auersósque.	407 Oedipo-	Oedipodioni-
		dionias,	das, Oedi-
338 locos,	deos.		podionas.
339 causa,	causæ.	413 simulata,	simulante.
obtendi-	ostenditur.	415 ceu,	seu.
tur,		debita,	dedita.
armis.	armis?	420 quod,	neque.
342 auditum,	audito.	421 quod vo-	si vobis, si no-
355 Perdit,	Perdet.	bis,	bis.
nullos,	nullósque.	422 incurre-	concurrere.
358 sequen-	sequente?	re,	
tem?		425 Susa,	Sufis.
		426 jacerent,	jaceret.
361 aut,	haud.	427 paci,	pacis.
362 genti est,	genti.	428 Thessalia,	vincit.
364 Martis,	mortis.	429 Vicit,	Cæsarei pos-
366 Labitur,	Ibitur.	430 Cæsareis	sunt g.
368 Medica,	Media.	possun g.	triumphi.
370 nulli su-	nullo supera-	triūphis,	
perabilis,	bitur hoste.	431 Non,	Num.
hosti est,		tibi, quam	tibi, cum pri-
372 conscen-	conscendit iu-	primum,	mum, pri-
det mon-	ga montis.		mum, ribi
tis iuga,			cum.
374 vorticis,	gurgitis.	transsibis	transsibis ad a-
375 perfusus,	profusus.	Araxem,	xem, transi-
376 Exiget,	Exigit.		bit Araxem.
378 Haud,	Aut.	432 confixa,	infixa.
sequente,	sequenti.	433 Ingeret,	ingerat.
382 vnquam,	vsquam.	has vo.	ad vo.
384 Et, q.s. ve-	Vt q.f. valent.	434 nudæ,	& nudæ.
lint,		435 tum,	tunc.
385 virorum	virorum.	437 duces,	du.is.
est,		439 ista,	Istas.
387 vacuęque,	vacuáque,	442 projecta,	protenta.
pharetræ,	pharetra.	443 aruáque,	armáque.
390 venisse,	misisse.	450 ne iura,	nec iura.
391 toto,	tanto.	451 speraue-	superaueris.
vt,	in.	ris,	
393 ac vilia,	ciuilia.	454 spes,	sors.
395 leuior,	melior.	455 habet!	habes!
pœna est,	pœna, pœnæ	464 Hæc,	Hic.

462 trans

IN LVCANI LB. VIII.

462 transfu- so.	transuerso.	553 curru.	vectus.
453 Casium,	Cation, gratū.	554 Inuectus,	In curru.
455 tetigit,	tenuit.	560 negarat,	negante.
468 vno,	vna.	561 Magnus,	Magnus &,
471 carbasa,	sidera.	&,	
475 domus:	manus r	562 longa,	longum.
478 vana,	vna.	564 cellæ,	cella.
479 vixerat,	vexerat, duxe- rat.	557 vetet,	vetat.
		aduerte- re,	appellere, auertere.
481 jactauit,	jactanti.	568 nisi,	ni.
483 damnare,	damnasse.	575 cedit,	cessit, cecidit.
485 laudata,	laudanda.	classem- que,	sociósque.
487 terra,	terræ.		
489 pendere,	prendere.	579 metuit,	timuit.
491 inuisa,	iniusta.	clades,	classes.
493 dum fa.	cum fa.	580 longéque,	longóque.
494 volet,	vult.	581 & in,	sed in.
498 neu te,	neu nos, nec te.	582 sed, surda,	tum, dura.
500 piget,	pudet.	584 iterumne,	iterúmque.
505 vmbris,	armis.	586 non,	num.
506 fugit ora,	sed & arma.	puppim,	puppem.
509 omnia,	omina, agmina	587 latebris- que,	latebrísque
514 nostra,	vestra.		
516 Pharsali- ca,	Pharsalia.	588 à ter.	è ter.
		590 Effudit,	Effundit.
520 paraui,	parati, paratur.	591 Attonito- que,	Attonitósque,
521 viscera,	pectori.		
523 feruntur,	ferentur.	592 classis,	puppis.
525 Te ne,	Tu ne.	601 hæc,	hoc.
525 non cer.	num cer.	vacasset,	vacaret.
526 refugo f. m. Nilo?	refugi f.m. Ni- li?	602 tam, fugasses?	quod. fugasset.
532 quæ,	quem.	604 ciulle,	crudele.
536 lætatur,	lætatum.	611 aluum,	aluum.
537 Insueto, jubere,	insolito. licere, libere.	612 tum strin- gere,	tunc stringe- re, con- stringere.
538 Permit- tunt.	Permittant.	615 præbere,	præstare.
delectus,	dilectus.	617 Posset,	Possit.
539 excurrit,	exultat, occur- rit,	618 At,	Sed.
		619 Perfodit,	Effodit.
541 gladiis- que cari- nam,	cladúque cari- nā, classi- que ruinā.	consensit,	consentit.
		620 Despexit- que,	Respexítque.
545 vllus ne in cl.	nullus ne in cl. vllus ne cl.	628 Aucto- rémque, quacun- que,	Auctoremne. quocunque.
547 seruate,	præstate.		
548 præstate,	præbete.	629 manum,	manus.
550 ruinam,	ruina.	630 nullíque,	nulláque.
551 haud,	au.	631 Deo,	Deo est.
			vbus

VARIÆ LECTIONES

vita ?	vitæ :	702 illum,	illo.
635 amans,	ament.	703 vno,	imo.
637 fæuum,	fæuam.	704 Immunes,	imununem.
638 nefas,	necem.	706 Deorum,	malorum.
640 auia,	obuia, inuia.	712 Pharias victor,	victor Pharias.
642 alij, quifquis,	tanti. quidquid.	714 ne,	non.
644 prolpiciens,	proficiens.	715 Cordus,	Codrus.
649 nullis, abſterrita,	nullíſque. exterrita.	716 Idalio, Cinyræz,	Icario, Cynarez, Cyrenæz, Cyrinæi, Cyneræi, Cinerei, Cyrenæ, Cyreni, Cirene.
650 quod reg?	quem reg.		
653 Vita digna fui? munere,	Digna fui vita? vulnere.		
655 aptate,	aptare, artare.	Cypri,	Ponti,
660 fui, accerſero,	fui? arceſſere.	717 Inſauſtus, 720 ad lit.	Infauſti. in lit.
663 ſonent,	ſonant, ſonuent.	724 nunc, 727 effudit,	nam. infudit.
	Sabell.	734 cantu triſti,	triſti cantu.
ferro,	ferrum, Sabell.	ignem,	ignes.
665 nibil,	nil.	735 ambiat,	ambigat.
667 ipſo,	illo.	737 effundat,	effundit.
671 Colla quoque,	Collàque in.	741 à munere,	à funere, in funere.
673 non dum,	nec dum.		
674 abſciſſa,	abciſa.	742 à lit.	ab lit.
676 opere, ſecundæ,	operis, ſecundi,	745 membris,	flammis.
		746 Subducis,	Subducit.
677 Pompeji,	Pompejo.	747 Pompeio,	Pompeij.
678 ô ſum,	prob ſum.	748 violat,	violet.
679 verenda,	verenda eſt.	hoſpita,	vltima.
681 compreſſa,	comprenſa.	752 ſatur ?	ſatus ?
682 Viuunt,	viuit.	753 Peruolat,	Præuolat, Euolat.
686 Fortunat. Romana.	Romana t. fortuna.	754 dimouit,	ſemouit.
		760 Ductor,	Victor, Auctor.
688 ſceleri ſupereſſe fidem,	ſceleris ſupereſſe fidē, ſupereſſe fidem ſceleri.	761 nullo,	nudo.
		763 auerte,	aduerte.
		764 fas,	lus.
		772 buſti,	buſto.
689 raptóque,	raptóque.	773 reddere mortis,	mortis reddere.
690 Adſiccata,	Exſiccata.	777 Magnus diſtillat,	diſtillat Magnus.
693 ſororis,	ſorori.	779 promiſſa,	præmiſſa, permiſſa.
694 ſeruetur,	ſeruatur.		
695 extructo, monte,	obſtructo. in monte.	781 Quam, crimine poenam,	Quid funere culpam.

In Lvcani Lib. IX.

784 I modo,	Sis modo,	iubebit,	Auertet ? iuuabit, libebit, licebit.
786 rapit,	capit.		
788 restinguit,	restringit, restinguit, restinxit.	890 est pro numine,	es pro nomine.
789 tum,	tunc.	891 Fortuna iacens.	Fortuna, jacens.
rerectos,	reuulsos.	augustius,	angustius.
790 arenam :	arenas :	862 ab æq.	in æq.
791 Inscripsit,	Inscribit.	863 negarunt,	negarant, negarent.
799 est tumuli,	tumuli est.	864 fusco venerantur,	fusco venerentur, Tusco venerantur.
802 Magno lapis ?	est Magno lapis ? Magni est lapis ? Magni lapis ?		
		fulmen.	nomen nume.
803 Arua,	Rura.	865 mansura,	mensura.
804 erremus,	hæremus.	sepulchri,	sepulcris, futuris.
805 nullas Nili,	Nili nullas.	868 mortisque,	mortique.
806 tam,	iam.		
sacro,	claro.		
807 monimétaque,	momentaque.	**LIB. IX.**	
815 Contentum,	Contemtum.	5 axibus,	apsibus, *Schill.*
patriæ multos,	& multos patriæ, multos patriæ.	6 Quodque patet,	Quoque iacet
		8 vitæ,	vita.
		9 æternos,	internos, *Schill.*
817 vllis,	illis.	11 vero,	puro.
818 Fastorum,	Fatorum.	12 miratur,	miratus.
alta,	arta.	15 Emathiæ,	Emathios.
819 & exstructos,	& structos.	30 mundi dominū facerent.	dominum mūdi facerent, dominū facer. mundi.
821 Depressū,	Impressum.		
823 fato,	fato est.	31 isset,	esset.
828 retentus,	retento.	35 Excepit, pop.	Excipit, & pop.
831 accepimus,	recepimus.	27 Nec,	Non.
836 perisli :	piasti :	28 Nec,	Nil.
838 excipe,	accipe.	29 Ipse,	Ille :
840 Inuisa,	Inuersa. *Schell.*	sua,	sui :
841 Quis sacris,	Qui sacris.	34 fugientia,	fulgentia.
vrnam ?	vmbram ?	35 victas,	junctas.
844 reuulsos.	remissos.	36 Maleam,	Maleamque.
846 cum poscere,	compescere.		[Hic autem versus cū sequenti non est in quib.
847 Austris,	astris.		
849 nimiis,	nimbis.		
851 exustam,	exaustam.	39 præcludere,	percludere,
852 imbrifera,	vmbrifera,	40 rapinas,	ruinas.
857 Aduertet ?	Auertet ?	42 neq; enim,	nec enim.
			43 Ausonio,

VARIÆ LECTIONES

43 Aufonio,	Aufoniæ.	134 credens,	credes.
44 Teſtatur,	Teſtaris.	136 vulnera,	funera.
Libye,	Libyæ.	noſtri,	patris.
magiſtro,	marito.	137 vrbes,	vrbem.
45 Cum,	Tum.	138 fublimia,	deformia.
47 præceps,	precibus.	141 Phariæne,	Phariioe, Pharizque.
49 illæ,	illi.		
52 repulſus,	reciſus, reuulſus.	142 Diſtulerint,	Diſtulerat,
54 iuſti,	vſti,	144 crimina,	carmina.
56 gelidos,	geliloſque.	147 Effudit,	Effundit, Diffudit.
57 laceros,	laceroſque.		
59 cunctis,	variis.	148 è ſic,	ex ſic.
infundere.	effundere.	150 nunquam,	nuſquam.
60 tepida,	trepida.	154 Mareotide,	Meotide.
64 Obtulit,	Abſtulit.	155 euulſus,	auulſus.
67 nunquam,	nuſquam.	157 ſepulcra s	ſepulcri :
69 aut vlla,	anne vlla.	158 Euoluam,	Inuoluam
70 toto pectore,	toto in pectore, tanto pect.	159 lino,	Nilo.
71 non imis.	quia nominis.	161 Deis,	Diis.
73 Nunc tamen hic,	Num tamen hinc, Hunc tamen hinc, Non tamen hinc.	163 tenebis,	tenebit.
		164 gen. pop.	pop. gen.
		165 in vndas,	ad vndas.
		169 nulli,	nullo.
		176 geſſerat,	fecerat.
		185 buceta,	buxeta
75 reſedit,	recedit,	186 vmbram,	vmbras.
79 terens,	teneus,	191 (inquit)	(dixit)
83 Peluſia,	Peluſinaque, [Hic autem verſ⁹ in quibuſdâ proponitur 78. in al. 79. in al. 81.]	multo,	multum.
		192 non vlla,	nulla.
		196 Quæque,	Quodque.
		202 clarum,	carum.
		206 Nunc &,	Et nunc.
		208 victo,	leto,
		210 potuiſſes,	potuiſſet.
85 namque hæc,	nam hæc.	213 Da,	Fac.
reliquit,	relinquit.	219 Cum, Tarchon in motu,	Tum. Tarchon motus, Tarchodimotus.
87 fatalis,	fatali.		
90 Cæſaribus,	Cæſareis.		
96 animos,	meos.		
97 faciet,	faciat.		
104 vulnera,	funera.	222 pacate,	placate.
105 contuſa,	concuſſa.	223 Vadis in,	Tendis in, Tendis ad, Vadis ad.
109 obducit,	obduxit.		
111 complexa,	compreſſa.		
112 conluctum,	luctum, fletum.	224 Iam pel. tum,	In pel. tunc.
114 exurgens,	inſurgens.		
117 ratem,	rates.	226 regentem,	Caronem.
118 moderatior,	moderantior.	227 Pompeij,	Pompeius.
		229 prætulit,	protulit.
121 Aſpexit,	Vt vidit.	232 erit finis,	finis erit.
122 medias,	& medias.	nec.	non.
130 rura,	regna.	241 honor :	honos :
131 Hoſpitij,	Hoſpitiis, Officiis.	quem clades,	clades quem
			243 re,

IN LVCANI LIB. IX.

145 te, fata, neque,	tua fata. nec.	302 sperat, 303 primam,	superat. primum.
245 sparsit,	spargit.	304 pelagi	terræ pelagi-
249 Quo,	Quod.	terræque.	que,
252 Insiluit,	Insiliit.	311 plenior,	planior.
253 Actum, &c.	[Hic versus cũ sequenti in quibusdam non legitur.	315 radios, 319 propulit, 323 illato, 324 Tum, quarum, malo,	radiis. protulit. inlato, inalto. Tunc. quorum. velo.
259 Quod, morientisque, quod,	Quid. morerisque. quid.	328 suffixit, 331 mari, 332 cæsis, prementem:	suffigit. mari est. cessis. frementem.
261 vacante,	vaganti, vagante, vacantem.	333 ventis liber.	liber vent.s.
262 rege,	lege.		
263 vestro potuit,	potuit vestro, potuit nostro.	337 yma, 338 impactum breuibus,	ima, impactis breuibus, impactum breuius, impactumest breuius.
266 è dom.	ex dom.		
269 vlla, putet,	nulla. putat.		
276 libet?	iuuat?		
277 Magni coniux,	coniux Magni.	sæuit. 340 vincit,	sæpe. vicit.
279 feret,	ferat.	341 aruis,	vndis.
280 sciat,	sciet.	342 iam,	nam.
281 se mea,	me sua,	345 secuta est,	secuta.
282 cæde,	clade.		
283 Ignauum,	Ignauf.	348 pontus,	portus.
285 effetas,	effectas.	349 murmura,	litora.
288 tum si, increpat,	at Phrygij. vt crepat, increpet.	350 patrio quæ, 356 venis: 358 spoliatis, 359 famam qui,	patrio quod, patrióque è, ripis. spoliatur. qui famam.
290 Florigeri, sparsi,	Floriferi. sacri.		
293 Inculcata,	Incunctata,		
295 seriéque, laborum,	seriémque. malorum.	361 graues, fuluo, germine,	grauis. flauo. gramine.
296 lassatur,	luxatur.	367 Rettulit,	Detulit.
299 Pœnáque, de victis sola est. Catoni,	Pœna est deuictis sola est, deuictis solum. Catonem.	tyranno, 370 Sed, 371 Catonis, 373 terra, 375 imber, ignes:	Erishœo. Sub. Catoni. terram. imbris, æstus:
300 Libyci,	Libycis.		
301 sed iter, negabat,	sed tunc. vetabat.	377 temperaret,	temperat,

g c

VARIÆ LECTIONES

379 castra, secutis,	signa. secuti.	455 At nō imbriferam, cum torto,	Et non vmbriferam. contorto.
386 Libyen veniant,	Libyā veniant, veniāt Libyen.	456 In flexum,	Inflexus.
387 positum,	oppositum.	plurima,	maxima, vltima.
389 perducere,	producere.	458 errantia,	certantia.
390 Hî. sint,	Ii. sunt.	463 violentior,	violentius.
391 quæ,	qui.	469 quia,	quod.
392 putant,	putent.	471 quia,	quod.
395 primusque,	primosque.	474 externa,	extrema.
405 potest, turbam, malorum,	potes. turba, turma. laborum.	475 delapsaque, 477 demissa, 482 metuensque, rapi, constrinxit,	dilapsaque. dimissa. timuitque. mori, constringit. rapi, perstringit.
406 deceat, calentes,	doceat. pauentes.		
408 Irreduceque,	In reducemque.		
409 sacrum paruo,	paruo sacrum.		
411 rerum Libye,	Libye rerum.	484 nixu,	nisu.
412 at si,	aut si.	491 Effuditque, miranda,	Effunditque. miseranda.
413 Pars, nec,	Par. neque.	495 nouere, vias, tota,	mouere. viam. nota.
414 primis, à Gad.	quamuis. ab Gad.		
415 flexu,	flexo.	499 Incensusque dies,	Exarsitq; dies, sac deinceps addunt sequentia: Jam mundi splssior Ignis, Jam plaga, quam nullam Superi mortalibus ultra, A medio fecere die, calcatur, & humor in Notô omnis abit, manant, &c.
416 Oceano,	Oceani.		
417 abit,	adit, abis.		
419 discedit,	distendit.		
420 Libycæ,	Libyæ, Libyes.		
421 rura,	iura.		
426 Et, Maurusia,	Sed, Sic. Maurisia.		
428 citri, vmbra,	cedri. vmbris.		
432 proiecta,	porrecta.		
441 illic,	illi.		
445 tellure,	sentire.		
447 nam lit.	nam in lit.		
448 excipit,	accipit.		
449 noret, ortum,	noceas. illum.	501 quam vix è puluere.	qua visa puluere, quā vix in puluere.
450 Libyæ,	Libyæ. scopulusque.		
		502 Corripies, patulum galeæ confudit,	Sustulit, & galeæ conuexū infudit, Sustulit, & galeæ
	repulsum.		
	se turb.		504 tenens,

IN LVCANI LIB. IX.

	conuersum infudit.	574 facimus non,	agimus nisi non.
504 tenens,	ferens.	nec,	ne elegit.
505 nie ne,	ne me.	576 nec legit,	Estque.
506 putasti?	putastis?	578 Est ne,	vbi.
508 pœna tu,	tu pœna es,	nisi,	quodcunque.
ista,	pœna es ta. ista es.	580 quocunque,	
513 aut,	vt.	583 pauido,	timido.
vibrans,	librans, vibrat.	cadendum,	cauendum.
516 donaria,	altaria.	584 profatur:	profatus:
519 est, nul.	& nul.	587 gerens,	gerit, regit, tenens.
520 morumque,	moremque.	590 Carpentone,	Carpentoque,
524 tepida Berenicida,	trepida proremptida, tepida Ptolemaida, [Berf.	591 latices,	laticis.
	abstulit, attulit.	593 &,	sed.
525 extulit,		595 vlio,	illo.
526 putria,	putrida.	597 Libyzque,	Libyesque.
528 Sic,	Hic, Hoc.		
530 compellitur,	complectitur.	604 Tunc,	Nunc, Nunc, [Mo.L.]
531 hunc esse locum,	hoc esse soli.	Deum,	Deum es.
536 Carcinos,	Carcinus.	605 nulla Superi,	Superi nullam.
537 nec,	non.	613 Ne,	Non.
539 in Arcton.	ad Arctos.	614 admisto,	emisso, admixto.
540 Te,	Et.	615 sat, dente,	sat, in dente.
541 semper,	summo.	617 Libyæ,	Libyes.
542 maris,	mari, tibi.	618 vnuam,	vudas.
544 miserat Eos,	misit Eous.	619 exundet,	exudet.
545 hortator,	hortatu, orator.	623 cauta,	suna.
		625 calegrem,	cadentem.
556 directa,	discreta.	632 Feminæ qui,	Feminæo cui.
562 duræ,	& duræ.	soluti,	solutæ.
saltem,	semper.	634 subrecte,	surrectæ.
564 quem,	quas,	636 cunctis impune, Medusa:	cunctisque impune resoluit.
565 è pect.	de pect.		
568 sed longa differat,	sed longa? an diff. nec longa an differt, longa an auferat. seu longa an diff.	637 Quod,	Quis ferocto lumine vidit, vidit se lum. recto.
		638 recto se lumine vidit,	
		639 dubitatis,	morientia.
569 bono?	bonis?	646 Cetosque,	Cetoque, cetoique, Cetusque.
571 & nunquam,	vt nunquam, & nusquam.		
572 inseret,	Inserit.	647 cœlo pelagóque,	pelago cœloque.

Ee

VARIÆ LECTIONES

648 obducere,	abducere,	bæna:	Amphisicea: Phareas: Parias: Pharias.
652 visus patiens,	visum est patiens.	721 Pareas:	
654 Illa,	ipsa.	729 Pestiferos,	Letiferos.
656 Phlegræo,	Phlegræos.	733 Nec vobis, &c.	[Hic versus in quibusdam non extat.
657 Erexit,	Vertetat in.		
658 è med.	in med.	736 videns,	videt.
664 fuso,	cæso.	739 sensus dentis,	dentis sensus.
665 Gorgonis, auerso, volatu:	Gorgones. aduerso. meatu:	743 Ebibit, circum,	Et bibit. circa.
673 Defenduntque, protenti,	Defenditque. protentis.	744 torrere,	torquere.
		747 non mœsti,	mœsti non.
675 trepidum Pallas, tremente,	Pallas trepidum, Pallas trepidum. trementem.	748 quin,	ne.
		749 totísque,	totúsque.
		757 non &,	non libi.
		759 tumentes,	timentes.
677 Lata,	Iacta.	761 Cato: discere,	Cato: dicere, discedere.
678 lunati,	hamati.		
679 spirasse,	spirare.	764 fixo,	flexo.
682 aduersi,	auersi.	765 arenis,	arenæ.
684 sic rapta, fugit,	rapta sic. subit.	768 rupta,	rapta.
685 pensabat,	prensabat.	769 nudum est, corpore vulnus.	nudum, est nudum. vulnere pectus.
686 Aethera, scinderet,	Aëra. ascenderet, sinderet,		
689 respiceret?	conspiceret?	772 Liquitur, distillant,	Linqnitur. destillant.
694 vagi,	sult.	773 Dissiluit,	Dissoluit.
695 effugit, vmbram,	efficit. vmbra.	774 toto de,	de toto.
696 nulli,	nullo.	777 textura,	junctura.
701 leuauit,	notauit.	778 abstrusum,	obstrusum.
702 crassi g. venenal,	crasso g. veneno.	781 fluunt,	fluit.
		782 cadet,	cadit.
704 Ipsa,	Illa.	789 subit,	subiit.
706 pudor?	modus?	709 Marsi, torridus,	Marsi. perfidus.
707 mercem,	merces.		
708 At non,	Et non.	795 tollente,	pollente, torrente,
709 Squamiferos,	Squamigeros.		
		796 mersus:	morsus.
711 tractique,	tectíque.	797 auctum.	actum.
713 pingitur,	tinguitur, ringitur.	798 exundat,	exultat.
		799 tantos,	tanto, tantum.
716 Ammodytes,	Hammodites.	800 Curuauere,	Curauere.
717 Scytale,	phitalis.	Iam non,	nec iam, non Iam.
719 surgens,	vergens.		
Amphis-	Amphisbæna:	808 totis se es,	totis es.
			803 bis,

IN LVCANI LIB. IX.

813 his,	iis.	874 nunc,	tunc.
816 dolore,	cruore.	876 euoluimur	euoluimus or-
820 diro,	duro.	orbe:	bem:
Sabinas,	Sabæas.	877 ipsa est,	ipsa.
822 sterilis	steriles è, ste-	878 fati,	fatis.
se,	rili se.	882 nuda,	nudur.
823 immisit	emisit. (Iac. v.	884 fatis:	miseris.
(Iaculum	A.) serp. im-	vocatur,	vocatus.
vocat A-	misit iacu-	888 al. in pe-	al. pectore.
frica)	lum, volat	ctore,	
serpens.	Africa s.	896 misti,	mixtis, mix-
824 transfactá-	trajectáque,		ti.
que,	transfacti.	899 terram,	terras.
tempora,	corpora.	900 externæ,	extremæ.
825 ibi,	vbi.	903 in ortus:	ad ortus.
828 Murri,	Muri, Murris,	908 donatis,	donatus.
	Mauro, Mau-	909 contenta,	contemta.
	ra,		
829 tela,	membra.	913 Primum,	Primo.
831 demittit,	dimisit, dimit-	quas,	quam.
	tit.	914 Expug-	Expugnat.
832 miserabi-	mirabile,	gat,	
le,		917 costos,	costus.
leti,	fati.	919 sonat,	sonans.
833 tutus,	viuus.	thapsos,	thapsus, ta-
putaret,	putauit.		psos, taxos,
834 vires,	virus.		taxus.
835 recto,	torto.	927 tum,	tunc.
837 Solpuga,	Salpiga, Scalpi-	928 nec dat,	nec dant, ne
	ga, Salpyga,		dent.
	Salpuga, So-	929 aut,	haud.
	lipugia, Soli-	minimum,	nimium.
	pagna, Sal-	931 fugit,	perit,
	piuga, Vila-	audit,	exit, audet.
	ter	933 Tunc,	Tum.
840 Suspecta,	Quis picta.	934 & siccat,	exsiccat.
843 Expositi,	Exposita, Ex-	935 Extra-	Extractámque.
	positis.	ctámque,	
837 Quisve.	Quisque.	936 superaue-	superauerat.
848 arua,	arua.	rit,	
854 nil,	nihil.	937 veneni,	venenum.
855 Natura,	Fortuna.	938 leuior tā-	melior tan-
querar:	querar.	dem,	dem, tandem
858 venenis,	veneno.		leuior.
861 orbem,	oram.	942 illis,	illic, illi.
867 ista,	istinc.	943 terram,	terras.
868 jacet,	lacens.	944 redire,	reuerti.
quam,	quæ,&.	nemorum	rara nemo-
870 hoc,	hæc.	raræ,	rum.
cœlum:	cœli: letum.	tollere,	attollere.
872 viden-	calentem,	945 culta,	visa,
tem,		948 quieta,	quietam,

Ee 3

VARIÆ LECTIONES

950 clade,	sede, cæde.	1004 laxante,	laſſante.
953 legens,	premens.	1007 ibi,	vbi.
in vnd.	ad vnd.	1008 incerto turbatas,	incertas turbato.
955 Eroas,	herous.		
956 pelago,	pelagi	1009 Accipit: regnis,	Perſpicit. maris.
abſtulit,	attulit.		
958 arcto,	arctat.	1015 Et, quod,	Et quid.
961 Rhœtion,	Rhœteum.	1016 terræ pelagique, labores,	belli pelagique. laborem.
964 exuſtæ, memorabile,	exhauſtæ. venerabile.		
967 Aſſaraci,	Aſſarici.	1017 armis,	aruis.
968 laſſa,	laxa, lapſa.	1019 Magnus quærens.	quærens Magnus.
969 etiam,	& iam.		
970 ſcopulos ſiluaſque, latentes,	ſiluas ſcopuloſque. patentes.	1021 tecum, percuſſum eſt ſang.	totum. eſt percuſſum ſang. percuſſum ſang.
971 iudex ſederit antro:	vindex ſedit in antro: iudex ſedit in antro.	1022 Accipe, cruore,	Suſcipe. labore.
975 Xanthus,	ſiccus.	1025 crede,	redde.
979 Hereeas,	Hectoreas.	1026 voluere,	valuere.
980 ſato,	leto.		
982 ſacræ Cæſar, ne,	Cæſar ſacræ. non, nec.	1027 facill nobis quod,	nobis facili quod, facili quod nobis.
985 me téque,	te méque.	1028 depulſo,	depulſóque, pullóque. [Berſ.]
986 damnabitur,	damnabimur.		
987 vetuſtas,	poteſtas.	1030 famam,	famæ.
988 congeſtu,	congeſti.	1040 putans,	poteſt.
989 Turiteremos,	turiferos.	1041 quam la.!	quid la.
993 Phrygius, virorum,	Phrygiis, tuorum.	1042 generi mauult,	mauult generi.
994 abſtruſo,	obſtruſo.	1044 Calcarat,	remiſſum. Calcauit.
995 clariſſimus,	cariſſimus.	1047 Huncciuc,	Hunc &.
996 vos, priori,	non, priore.	1052 Tangeris,	Angeris.
998 Reſtituā, &c,	[Ante hunc verſum in quib. hic extat:] Conſtituam ſparſas acies, replebo ruinas.	1053 alij, 1058 bene, 1061 te non paſſa, perfide, 1062 audes, 1063 Acquiriſque, ſimulati,	aliis. bone. non te paſſa, perfida. audet. Adquiritque. ſimulato,
1003 Prxuehitur, reliquit.	Prouehitur. reliquit.	1064 funeſta,	funeſte.
			1069 Non,

In Lvcani Lib. X.

1069 Non,	Hæc.	46 Parthoque,	Parthisque.
1073 fetimus aruis,	mouimus armis.	48 nunc, Arcton,	non. Arcto.
1077 hoc,	toto.	50 cedamus, in,	cedemus. ad.
1078 vlla, duorum est.	vna. duorum.	55 Iam Pelufiaco,	Iamque Pelufina.
1081 vos me,	vos mer.posse.	58 Intulit,	Impulit.
1082 paratum,	paratum est.	59 Latio,	Latij.
1083 hospitium,	hospitium est.	61 Iliacúsque,	Iliadumque.
1085 merui, poterat,	credi. poterant.	63 illa,	ipsa.
		69 Ptolemaïda,	Ptolemeida.
1089 condite,	credite.	71 ignis,	ignes.
1091 iusto, tura,	victo. membra,busta.	74 Thessalicæ,	Thessaliæ.
1093 vnam, vnam.	vrnam,vnam.	75 Admisit Venerem curis,	Ad Venerem misit curas.
1098 Deis.	Diis.		
1100 Affectus abs te,	Effectus à te, Affectus à te.	76 partus?; 81 non sibi, 84 Quem,	natos. ne sibi. Quam.
1105 fletus, comitem, querenti,	infletus. comitum. loquenti.	85 est ô, 87 æternum, depulsa, paternis,	est mi ô. externam. expulsa. parentis.
		88 Si, restituat,	Ni. restituit.
Lib. X.		89 Complector, tu gentibus,	Complectar. tangentibus.
2 calcauit Cæsar,	Cæsar calcauit.	90 prima,	sola.
8 Ne, haberet.	Nec. habebit. amaret. habebat.	94 thalami, ipse,	thalamus. ille.
9 fertur fecurus in vrb.	securus fertur. ad vrb.	95 Sit, amet:	si. amat:
14 tum, timorem,	tunc. pauores.	96 nil, 97 habere,	nihil. inire.
15 vetusti,	venusti.	99 quantosne, tumores,	tantosne,quantosue. timores.
21 iacet: terrarum,	iacet terrarum.	104 Nequicquam,	Nec quicquam.
22 totum,	tantum.	106 iudice,	Cæsare.
25 sibi, si, vnquam,	si, sibi. nunquam.	107 pacta, emta est;	pacta. emta:
28 fines,	vires.	112 Extruat,	Extruet.
34 quod,	per.	114 Nec,	Non.
35 pariter populos,	populos pariter.	118 vili,	Nili.
38 obstitit,	obfuit.	120 Et suffixa,	Et suffecta,

Ee 4

VARIÆ LECTIONES

	Et suffulta, At suffecta.	177 Deis,	Longævum, Diis.
121 crebro,	crebra.	181 si Cec.	ni Cec.
123 micant, Tyrio, fucco,	micant Tyrio, fuco, lentum, [In quib. autem ante hunc versum hic reperitur:] Hictorus, Assyrio cuius pars maxima fucco.	186 Superisque, 187 Fastibus, 189 malim, 190 latentes, 193 Prodere, ad hoc, 197 cœlicolis, 201 anni. 204 Tethin, 206 fulmina, 211 rapidos,	curisque. fascibus. mallem. latentis. Edere. ab hoc. cœlicolas. ævi. Tethym. flumina, rabidos, rapido.
124 diu, virus	diu virus.	212 Exerit, &,	Excierit.
127 Tum,	Tunc	214 quæ cum,	quem cum.
128 distinxerat, ætas:	distinxerat. ostrum:	217 Justus, auctusque,	Justus. actusque.
129 flauos.	fuluos.	219 Veterum, quo	veterum est quod, quæ.
130 nullas, aruis,	nullis. vndis.	221 testis, tibi,	testes. sibi, mihi.
135 lanugine,	fuligine.	222 calidique, tube,	calidisque labe.
136 toris,	illic.		
137 fucata,	fuscata.		
138 sceptris c. suis,	sceptro c. suo.	225 neque,	nec.
140 gerit,	tulit.	226 nec,	neque.
141 perlucent,	prælucent.	232 ne,	neu.
142 compressum,	comprensum est.	235 adest: 236 declinet Phœbus,	adit: Phœbus declinet.
143 extenso,	expanso, extemplo.	237 posset?	possit?
144 sectos,	sectoique.	238 parens, decurrere,	potens. discurrere.
146 Nec,	Ne.	239 Zephyros. quoque,	ventos, flatus. quos.
149 sic licet.	scilicet.		
150 quæsisse,	præsisse.		
153 Sordidus, Hetruscis.	Sordibus. ex Tuscis.	240 adscripsit,	adscribit.
156 dedit,	gerit.	241 aëre longa,	aëra magna.
161 Excipere,	Accepere.	244 rumpentis,	rumpenteis.
164 certas,	certas.	245 Assiduè, flatus.	Assiduo, flatu, [vel] fluctu. Assidue, fluctus.
167 externa, terra:	externæ, terræ: extremæ, terræ:		
171 Martis Phariis,	Phariis Martis.		
175 Linigesum,	Lanig: um,		246 objice

In Lvcani Lib. X.

246 objice ponti,	obice mundi.	329 In constat molibus.	It cod. jam molibus, iam molibus, stat moutibus.
248 putent.	putant.		
249 hac,	hic.		
253 Per tac.	In tac.		
254 perfert.	proferr.	receptis,	quietis.
258 polumque,	polofque.	330 apertáque,	apertáque.
260 digerat,	degerit.	Memphis,	Nymphis.
261 hoc,	hunc.	331 verat,	timer
262 jus,	fas.	332 tuta,	tauta.
269 Et Ph.	Hæc Ph.	securi p. trahebant,	securus p. trahebat.
272 quos,	quem.		
275 calentem.	carentem.	334 tam sacra,	sacra iam, sacra tam, sacrata.
276 occasum,	occasus.		
277 currus,	cursus.		
279 in ort.	ad ort.	335 A sc. nihil.	Ah sc. nil.
286 Qua.	Quæ.		
287 consurgis.	cum surgis.	337 Deæ, furorem,	vmbræ. furores.
290 Cursus in, occasum, flexu, & ort.	Curris &. occasus, flexus. In ort.	338 viles,	Pharias.
		339 parat,	paret.
		340 belli, & vin.	belli, vin.
		347 ferire,	feriret.
300 adferre,	efferre, perferre.	349 perferre.	præferre.
301 Concessum,	Concessum est.	352 retento,	retentum, retecto, relicto, [Berf.]
302 latè tibi, rupto,	tibi latè. rapto,	355 prodita,	perdita.
		357 dominæ thalamos? nuber,	thalamos dominæ? nupfit, nubit.
305 mitigat,	vindicat.		
307 Inde pl.	In pl.	360 senem,	ducem.
308 Præveheris,	Proueheris.	368 vt sat.	& sat.
		369 è nub. credet,	ex neb. credit.
310 tibi.	sibi.		
312 populis.	populos.	370 per te, quod,	per re, & quod.
313 Philæ,	Physæ.		
314 Pontum,	Ponto.	380 è pul.	à pul.
316 rantas,	totas.	381 tegentem,	tegente.
319 Ac,	At.		
321 fremunt, ac multo.	tremunt' ac multo in, à nullo.	383 opes, ac reg.	opus, & reg.
		384 ingentis fail,	ingentes facti.
322 Inuictis, canescit.	Inuitis. albescit.	387 bauftus,	ictus.
323 Abaton,	Abatos.	388 præstare,	spectare.
324 sentit, percussa,	sensit. percussa.	395 tu par.	iam par.
		397 Superi,	Superos.
326 Quod,	Qui.	398 lentus,	segnis.
328 negant: vt alta,	negent. & alta, Io alta.	399 parère,	præhere.
		400 Vt mos,	Et mox.

VARIÆ LECTIONES

nec,	non.	473 Res mini-	Aestimat, Ae-
401 rapit,	parat.	ma,	stimet.
403 mentes,	mentis.	ponenda,	hæc ponenda.
408 ibi fas,	vbi fas.	479 Inque d.	Iamque d.
vbi maxi-	ibi maxima,	482 Nec fl.	Non fl.
ma,	vbi proxima,	483 diuisa,	diuersa.
409 Aere,	Aera,	485 vicem,	ducem.
417 placitum :	placitum est :	490 constantia	fiducia mentũ
generi so-	soceri generi-	mentis.	
cerique,	que,	491 tinctas,	tactas.
418 bella,	iura.	492 immitti,	imittie.
419 Roma-	Romani.	bella,	vela.
nam,		495 summis-	summæque.
420 Et nisi,	Et ni.	que,	
422 districta,	destricta, di-	496 prope,	quoque.
	stincta.	æquore,	æquora.
426 confusa,	infusa.	497 Iamque,	Hinc.
permissa-	permistique.	498 Incubuit,	Incumbit.
que,		quæ,	quæ,
427 ferri,	belli.	499 longis,	crebris.
428 contem-	contenta.	ignem :	ignes :
ta,		500 Et clad.	Vt clad.
429 famulis,	populis.	501 tecta,	terga.
430 illum,	Aptam.	502 ætherio,	aërio.
433 dilatus,	prolatus, de-	503 solo,	toto.
	ductus.	504 clausa	paulum clausa.
435 calentem :	calente :	paulum,	
437 Nec,	Non.	505 auxilium	auxilio popu-
iunctos,	iunctos.	populos,	lum.
439 Latusi-	Iactuíque.	506 in som-	In somnis.
que,		nos,	
at,	sed.	507 feliciter,	felicibus.
440 Diffisus,	Diffusus.	509 Tunc,	Hinc, Cum,
446 rabidos,	rapidos.		Nunc.
447 Non,	Nec.	513 excursus,	& cursus, in-
448 Mulci-	Mulcifer.		cursus.
ber,		514 Cæsaris a.	Cæsar & a. vt
449 qui nu-	nuper qui.	aditus &,	vidit, Cæsar
per,			a. aditus
451 sperare	superare ve-		a.
vetante,	tantem.	515 permisit,	non fatum me-
452 promisit:	permisit.	nec pœnas	riti pœnas-
454 Obrui-	Obstruitur,	inde,	que, non
tur,			mortem me-
456 spatium	non solum.		riti pœnas-
non,			que, nunc
458 ceu,	vel.		fatum meri-
462 morti,	mortis, ma-		ti pœnas-
	tri.		que.
465 tela,	arma.	516 non qua,	qua non.
466 suo,	suum.	517 rabido,	auido, ra-
468 tentare,	tentasse,		puit.
472 usque,	nec.	ferarum :	leonis :
			518 cernis

In Lvcani Lib. X.

518 ceruix gladio,	gladio ceruix.	540 nec, aceruo,	non, aceruis.
532 summo,	nullo, multo.	543 Optaret ne,	Optaretve,
534 Molis, exiguæ,	Solus. exiguo, exilio.	respexit in agmine,	respexerat ogmine, respexit sanguine.
536 subiti,	subito.		
537 prætexunt,	protexunt.	544 Epidamne,	Epidauro, Epidaune.
539 vix.	non.		

INDEX

INDEX IN LVCANVM.

Batos insula Nili inaccessibilis ad primū catarrhacten. 10,323 abscisum caput. 7, 628
abducere, id est, auertere. 6,451
abducunt ossa cutem. 4,268
abeo. extremo vrbis amaræ plenus abit visu. 1, 508. abire in medium. 4,491. abit in vultus pestis. 6,96. abire in feras discerpium, id est, discerpi à feris. 7, 842. abit Orbis maior in Asiam.9,417. abeunt montes in nubes. 2,626
abluere tabo. 6,669
abnegare, id est, denegare. 3,263
abrotanus, herba nota, quâ serpentes fugantur. 9,921
abruptum, id est, separatū. 9,308
abrupta viarum. 10,317
abscondere nefas. 2,735
abscondit fretum classes. 3,47
absoluere, id est, culpâ soluere, liberare. 7, 870. absoluere ciuile bellum, id est, probare, non improbare. 2,350
absterrere ardore, id est, ab ardore, 5,139
abstinere naues terrâ. 9,1010
absum. abest menti fauor. 4,399
Absyrtos, insula maris Adriatici sub Illyrico. 3,190
Abydus opidum ad fauces Hellesponti in Asia. 2,674.6,55
accerserē fata magni. 4,484
accipere, acceptum prono milite bellum. 1, 392. accipere latē, 2, 273. accipiunt bella nocentem, 2, 259. accipere in campū totas habenas, de equo. 2, 500. accipiam mortem iint epidus. 5,658. accipere, contrariū jussioni. 7, 92. accipere œnas. 8, 97. accipere exemplum, id est, sequi, imitari. 9,179
Achæmeniæ Susæ, quasi Persicæ, ab Achæmenide tribu ê quâ reges Persiarum. 2,49. Achæmenii campi, Persici, Persis. 8,214
achates, gemma versicoloribus venulis distincta. 10,115
Achelous Thessaliæ fluuius. 6, 363
Acheron fluuius Infernalis, eiusque portitor Charon. 3,16
Achillas, præfectus militiæ Aegyptiæ, designatus occidendo Pompeio. 8,538. eum occidit, 618. caput eius ad Ptolemæum desert, 675. solicitatur à Pothino in cædem Cæsaris. 10, 350. copias contra Cæsarem raptim ducit, 398. & seqq. cædem Cæsaris differt in diem sequentem, & cur ? 425. missus ad se Cæsaris & Ptolemæi nomine legatos occidit, 471. ab Arsinoë interfici jussus. 523
Achilles æquoreus, à matre Thetide deâ marinâ. 6,350
Acboreus sacerdos Aegyptius fautor Pompelj apud Ptolemæum. 8,475. eum Cæsar percontatur de astrologiâ, antiquita

quitatibus Aegypti, & præcipuè de ortu & cursu Nili. 10, 173. & seqq. ille de quæsitis ad longum respondet. 194. & seqq.

acies cognatæ. 1, 4. ardentes, repercussione Solis. 2, 482. dubiz. 4, 389. effusæ. 4. 743. impulsæ. 5, 757. rectâ fronte venientes. 10, 438

aciem inferre. 5, 498. proiicere in agros. 4, 745. effundere in hoste. 6, 292. capis tollere. 6, 653.

aconitum, herba venenosa, quâ Cereri spumâ aspersam fabulantur. 4, 325

Actius Varus. vide Varus.

actus, id est, res gestæ. 5. 659. 8, 807. In actus subrepsit. 2, 390

actus belli. 9, 294

actu rapido. 9, 31. violéto. 9. 472

actum nihil cum quid agendum superest. 2, 657

acus Nilotis. 10, 142

ad hoc æui. 10, 195

adamas, lapis durissimus, ignis & ferri contemptor. 6, 801

addere animis ignes. 7, 559

adducere funem anchoræ. 3, 700

adedere latus montis, de fluctibus. 6, 267.

ademptus rebus, id est, mortuus 9, 205

adesse, id est, auxilio venire. 9, 911

adest in prælia totus Cæsar. 5, 742

adferre nefas in castra, id est, nefarium venire in militiâ. 2, 98

adhæret gladius dextræ. 4, 248

adire ex æquo aliquem, id est, vt parem. 8, 232

aditus patet ad verum. 6, 616. aditum habere famæ. 8, 74

adiuuit ferrum suo pondere, ex ictu in telum procumbens. 3, 725

admittere gaudia. 2, 373

admittere, id est, immiscere. 10, 75

admissum æquor, aut admissus fluuius. 3, 421

admonitæ tument gustato san-

guine fauces. 4, 248

admouere horas morti. 7, 50

admotum, id est, instans, propinquum. 4, 480

admotus Superis, de tauro mactando. 7, 165

adorare, id est, supplicem esse, se dedere: formula. 6, 243

Adria opidum à quo Adria, Adriacæ vndæ, Adriaticû mare, id est, Mare Adriaticum, quod & Superum. 2, 407, 615, 625. 4, 404, 5, 614

aduersis rebus non deserendus is cui adhæsum prosperis. 8, 534

aduersus ictus Solis. 7, 214

aduertere terræ, id est, appellere. 8, 567

aduertere, id est, ad se trahere, inuitare. 8, 857

aduentu hospitis, id est, nuncio de aduentu hospitis. 8, 478

adytum, adyta, templorum sepulcrorum, locorumque sacrorum recondita loca & secretiora. 5, 85. 9, 153. 10, 43, 180. adyti penetrale. 5, 146. adytis dignæ voces. 9, 565

Aeas Thessaliæ fluuius. 6, 368

Aegæ opidum maritimum Ciliciæ. 3, 227

Aegæum mare, Aegææ vndæ; mare quod Asiam à Græciâ dirimit. 1, 103. 5, 613. pro quocunque mari. 2, 665

æger moræ. 7, 240. omnibus venturis. 6, 424

Aegis Palladis, id est, scutum vel lorica Palladis, in qua caput Medusæ. 7, 569

Aegoceros, id est, Capricornus, signum cæleste. 9, 537. 10, 213

Aegyptus Africæ, seu, vt alii, Asiæ regio nota. 2, 387. 7, 710. 8, 501, 546. 802. 9, 164. 10, 4, 59. 359, 474. eius situs, munimenta & commoda. 8, 444. regio plana. 2, 417. ob inundationem Nili nullis pluuiis indiget. 8, 829. eius infima ad ostium Pelusiacum. 8, 464

Aegyptia littora. 9, 1005. rura. 10, 312. vada. 8, 540

Aegyptus

INDEX

Aegyptia fides. 8,624
Aegyptij Astrologiæ periti. 1, 640.magiæ.6,449.eorū dii etiā feræ & aves quædam. 10,159. imo & obscæna nonnulla. 8, 478.eorum structuræ & luxus. 10,111. & seq.
Aemus, mons Thraciæ; sed Lucano ferè semper pro monte Thessaliæ.1,680. 3, 197.5,3.6. 576.7,174. 480. 10, 449. hinc Aemonia, Aemonia terra tellus, pro Thessalia. 3, 191.6, 442.7,858
Aemonia silva. 8,2
Aemonius, pro Thessalico.6,394. 7,825
Aemonides, pro magæ Thessalicæ ; & Aemoniæ artes ; quia multæ in Thessaliā magæ aut veneficæ. 6, 480, 486. vide etiam Hæmus.
Aeneas auctor gentis Iuliæ. 5, 991
Aeolidæ Thessaliæ populi. 6, 384
Aeolius trident.2,457.Aeoli saxi carcer,id est,antrum regis ventorum Aeoli.5,609. Aeolia rabies,id est,venti vel flatus impetuosi. 9,454
æquates moenia turres, videlicet exteræ ab obsidentibus extructæ. 3,456
æquare aliquem visu. 1,641
æquata membris vulnera. 2, 177
æquatum ad pondera. 4,58
æquo Marte.3,585.ex equo adire. 8,132
æquinoctialis circulus vel linea. 5,24,25
æquinoctium autumnale.8, 467. 10,218,227
æquinoctium vernum. 4,56
æquor notatum amore , id est, Leandri & Herus , Hellespontus. 4,56
æquorei metus, à ventis. 9, 447
aër ater,spatium quod inter terram & ætherem. 4,74,9.5
aër imminens. 7, 516. iners sedens.6,649.motus cadavere. 7, 830.piger, non mutus conclusus, 6,607
aër,pro odore. 10,167
aër stridulus elisus lituis. 7, 475
aër sagittæ stridens. 9,827
aër violentior,ventus. 5,717
aër,vltimà productà. 1,90
aëra pennis ducere. 9,730
æris conflandi inuentor Ithonus. 6,405
æstas altior.6,335.æstas canduit. 1,214
æstatem vmbra sibi mitigare, id est, calores vmbrà vitare. 10, 305
æstus maris, & ejus causæ quæsitæ. 1,410.& seqq. sidere lunari increscit. 6,479
æstus maris rejectus carminibus magicis. 6,480
æstus bimaris. 8,566
æstus agens se declivibus vndis, id est,refluxus. 4,427
æstu commeans mare. 5,445
ætas edax.7,397.Impensa laboris,509,968. firma. 2,631.puerilis innocua. 8,450
ætas vincimur. 7,641
æterni Martis, is qui induruit & assueuit bellis. 8,223
æther ad austrum deuexus respectu nostri aut Romæ. 3, 250
æther constrictus. 4,51
æther currens. 7,424
æther imus. 9,8
æther perustus , Zona torrida. 9,433
Aethiopes & Aethiopia regio Africæ supra Aegyptum.8,830. 9, 651.10,293
Aethiopes capillos habent sursum inflexos & contortos. 10, 115. cultores Iouis Ammonis.9,517. nigri ob continuos calores. 10,221
Aethiopia sub nullo Signo Zodiaci posita,nisi quod Taurus protenso pede eam spectet. 3, 253
Aetna Siciliæ mons perpetuo ignem

IN LVCANVM

igne flagrans. 1, 44. 5. 99. 6, 295. 10, 448, ignes non recta sursum, sed in latus versus Italiam ejaculata, in malum omen. 1, 545
æuum æui leges. 2, 82. ad hoc æui. 10, 195
æuum annosum. 9, 395. perpetuum. 7, 131
æui breue dedecus. 2, 217
æui longi fama. 9, 548
æui senium. 4, 812
æuo languidus. 1, 504
æuum longius ingentes animos deft uit. 8, 27
ævum totum' mundi, id est, æ rnigas perpetuum. 7, 640
æuum venicas in Orbem, id est, futurum. 7, 390
æuum agere. 8, 243. dare id est, æternitatem. 9, 980
ætites lapis sonans, quia concauus & alium inclusum habere videtur, in nido aquilæ reperitur. 6, 676
effectus ensesque suos sub jure Pothini habet. 10, 95
affinis, confinis. 3, 270
affixit Lycidam vncus. 3, 636
afflictæ res. 4, 796
affundi, submittti supplicem. 7, 71
Afranius & Petreius pari jure duces Pompeiani in Hispaniâ. 4, 4. eorum castra super montem vicinum Ilerdæ. 4, 17. ejus se dedentis pro exercitu ad Cæsarem oratio. 4, 338. & seqq.
vide etiam Petrejas.
Africa tertia pars Orbis: ejus situs & descriptio. 9, 411. & sequentibus. 9, 854, 874.
vide etiam Libya.
Africa plena incommodis & malis. 9, 405. sitiens, id est, sicca & calidissima. 1, 368. irrigatur & secundatur Boreâ nubes in meridiem cogente. 3, 67. elephantum ferax. 6, 208, cur ferax animalium venenatorum. 9, 619. & sequentibus, in eâ maximæ eclipses Lunæ. 9, 693
Africa prouincia sub regimine Actij Vari. 4, 666
Afri mapalia in quibus habitant circumferre soliti. 4, 684
Africanum bellum Cæsaris cum Scipione. 7, 692
Agamemnon, fraterni vltor amoris. 3, 366. ejus classis mille nauium. 3, 287
Agaue Pentheum filium, aprum putans dilacerauit: postea ad mentem rediens caput rogis imposuit, dolens quòd non plus posset filij sepelire. 1, 574. 6, 359. 7, 780
agere æuum. 8, 244. flagellis. 6, 730. gemitus. 7, 489. intentum paci. 3, 53. Martem, bellum gerere. 4, 2. otia. 2, 295.
agere se. 7, 524. tempora. 7, 441. terraque marique. 1, 307
agere in flexum. 9, 456
agere diem, de sole aut naturâ. 7, 201
agere sinus, de aqua. 5, 620
agit mecum rebus secundis fortuna. 1, 310
agit omnia præceps fatum. 6, 98
agit, se flumen, * 4, 588
agi stimulis mortis. 4, 517, studiis partis. 4, 348
acta res Neroni, id est, incommodum Neronis. 1, 45
actum nihil cùm quid agendum superest. 2, 657
agger gemens ad ictus. 6, 137
aggeris struendi ex terrâ virgultisque, & latera trabibus compingendi ratio. 3, 396
agger subitus. 1, 517
agitare sata sua. 8, 138
agitare mentes serie laborum, item actu belli. 9, 294, 295
agitare pharetras. 3, 185
agitat discordia manes. 6, 780
agitat

Index

agitar mens. 6,415
agitant grauiora metus. 2,225
agmina longâ serie hærentia. 1,492
agmina rapere. 3,299.4,717
agmina seruilia. 2,93
agnoscere Superos, id est, deorū fauorem. 4,255
agri depasti igne refouentur. 9,183
agri emeritis dati. 1,344
agri pressi, vallis inter montes. 6,143
alæ, copiæ militares. 1,440
Alani Scytharum populi, 8,223. 10,454
Alba Latij vrbs in monte Albano, ab Iulo siue Ascanio cūdita, vnde Iliaca dicta. 1,198. 5,400. 9,992. ad eam quotannis consules ibāt ad peragendas ferias Latinas, ex instituto Numæ. 3,82. Albani lares. 7,594
Albis Germaniæ fluuius. 2,52
Alcides, Hercules. 1, 577.4, 611. 6.396,1.9,366
alea fati. 6,7
Alexander Magnus, felix prædo. 10, 21. In Babylone mortuus. 10,46. Alexandriæ sepultus. 8, 694. 9, 154. 10, 39. misit in Aethiopiam qui indagarent fontes Nili, frustra. 10, 272. ad Gangem magno vinci se fassus ab Orbe est. 3,234. eius exemplum periculosum mundo: invehitur porrò in eum Lucanus per digressionē. 10,25. & seq.
Alexandriæ sepulcra regū erant magnorum molium. 8,695
Alexandriæ Regiæ descriptio. 10,111. & seqq.
aliena toris tempora, 2,351
alij, & diuersi, opposita. 5,781, 783
alimentum satis est fluuiusque Ceresque iis qui bella gerunt. 4,381
Allia fluuius non longè ab Vrbe ad quem cæsi Romani à Gallis. vnde dies illius cladis Inter nefastos habitus. 7,409

Alligare terras circulre, continere; de Oceano. 10,255
alligare ripis amnem, intra ripas coërcere. 10,116
alligat torpor artus & animum 4,190
allocutio militaris ex aggere aut suggestu è cespitibus structo. 5,116
alloquium, colloquium. 10,174
Almo, fluuiolus non longè Roma. 1,600.
alnus, aquoso solo læta arbor, & nauibus fabricandis vsitata veteribus, 3, 442. alnus, pro naui. 1,437.& passim. pro trabe aut sublica pontis. 2,486. 4,422
Aloeus Thessalus, cuius filij Otus & Ephialtes gigantes montes alium alij imponentes cœlum subuertere voluerunt. 6,410
Alpheus Elidis fluuius, per subterraneos meatus creditus in Siciliam venire, & Arethusæ misceri. 3,177
Alpis, Alpes, montes Italiam à Gallis Germania disterminantes. 1, 183,302,304,481,688. 2,419,535,630. 3,299. Alpiū tremor. 1, 553. Alpes (id est, niues Alpium) resolutæ. 1,219 alta mës.6,228. alta nocte.6,170 altè inserere, animo aut menti. 9,572
altum, mare. 8,16
altum, intimum. 8,690
altus cruor. 1,319
Amanus, mons Ciliciæ. 3,144
amare in vicem. 1,61
Amasis Aegypti rex, quo regnāte xx millia vrbiū in Aegypto fuisse perhibentur. 9,155
ambire, circulre. 10,40. ambire pectore, circumplecti. 8,67
ambitionis furor cæcus & insula. 10,147,156
ambitiosa fames. 4,376
Ambracia ora, Ambracius sinus ad Ambraciam oppidum in Epiro. 5,654.
amburbale sacrificium. 1,593
ametare habena iaculum. 6,221

amicos

In Lvcanvm.

cinicos miseros nemo facile eligit. 8,535
amınodytes, serpentis genus arenis concolor. 9,716
Ammônis Iouis templum in regione Cyrenaicâ, locis arenosis, vnde Syrticus Ammon. 10, 38. eius situs & ritus. 9,511.& seqq. pro Cyrenaicâ regione. 3,292.4,673
amnes sursum acti arte magicâ. 6,473
amnis per se mari non cognitus, qui in maius flumen incidit. 6,371
amnis violenti vorticis. 8,374
amoliri onus humeris. 5,335
amomum, frutex Assyriæ, cuius vua in vsu vnguetoru. 10,168
amores belli ciuilis. 2,325
amor, coitus, amori quoque iusto restitit robur. 2,379
amores populi. 3,54
amor. stimulis maioribus ardens rupit amor leges. 4,157
amor sacer Orbis, concordia. 4,191
amoris côiugalis potêtia. 5,727
amor artibus magicis conciliatus. 6,451,460
amor fluxit in præcordia. 6,460
amphisbæna, serpens vtrinque caput habent, vt distingui nequeat ei* pars anterior. 9,719
Amplusfa, Phocidis vrbs. 3,172
Amphitryonides, Hercules. 9,644
Amphrysos fluuius Thessaliæ, ad cuius ripas armenta Admeti regis Apollo pauit. 6,368
amplexus, iunctosque amplexibus artus Separat ense. 4,209. in amplexus tendere effusas palmas. 4,176
ampliare Orbem. 3,176
Amyclas nauta à Cæsare adigitur tentare transfretationem in Italiam, etsi dissuadens; sed frustra. 5,519.& seqq.
Anauros, Thessaliæ fluuius, nullas auras aut nebulas exhalans. 6,370
anceps vario fauore, 2,448. successibus. 4,390. futuris casibus. 9,582. ancipites casus. 4, 771. ancipites animi. 9,46
Anchisæ thalami, silua in quâ Anchises cum Venere coiuit. 9,971
ancilia Numæ è cœlo delata aut delapsa. 9,478. ea gestantes per Vrbem salij, qui è Patribus eligebantur. 1,608. 9,479. ea vento forrasse aliunde delata. 9,480
Ancon, Ancona, Piceni Vrbs & portus. 2,402
ancoram adducere. 3,700
Andi, Andes, Galliæ ad Ligerim populus. 1,438
anfractus opacus. 4,160. maris. 5,416
angere animum curis. 2,681
angustare. 4,327.5,232
angustum tempus. 4,477
anhelare rabiem Typhonis, de monte sulphureum vaporem emittente. 6,92
anima. cum morte leui luctans. 3,578. diuulsa, corpore duplici vulnere transacto. 3,591. potens. 8,762
animæ discursus diuersa in membra meantis. 3,640. animæ (vitæ) dulcedine capi. 9,393. animæ singultus. 8,683
animam seruare sub vndis. 3, 697. trahere. 3,578. colligere in artus. 2,623. egerere. 3,718. morti credere. 3,751. arctare, & claudere. 4,370.8,59. producere. 4, 796. expellere. 7, 622. continere. 8,616
animæ omniū hominū eodem abeunt. 7,815. vel beatorū colliguntur in orbes æternos. 9,9. animrū immortalitas credita Druydibus. 1,454. animæ capaces mortis. 1,461
animus. sert. 1,67. alligatus. 4, 290. ingens in extrema sata. 7, 679. est. 9,189
animi tumultus. 7,779
animum angere curis. 2,681. cō firmare. 4,149
animi faciles morti. 4,506. degeneres

INDEX

aeres versant pejora. 6, 417.
truces sua pectora pulsant. 7,
128. ancipites. 9,46
animis sensus nihil est à morte
relictum. 3,339
animis ignes addere. 7,559
animis fatúque suis dignu.8,347
animos dare. 2,572. magnos gestare.4,285. robore complere.
5,412. ingentes præstare.8,266
meliores habere.9,96. incendere virtute.9,407.mollis turba hos animos! 8,544
animaliû figuris sēsus mentis expressi ante inuentas literas.
3,223
animalia morsu aut veneno noxia magis viva & mortua vsui. 6,486
Anio Latii fluv. in Tiberim labens. 1,582
annales Latii,Romani. 3,309
Annibal.1,31.305.4,790.8, 286.
jussit Paulum Aemilium Cos.
sepeliri. 7,799
annonæ cura habēda in primis ei
qui fauore plebis quærit.3,55.
annus, messes annuæ. 9,437
annus magnus. 3,70
annus exhaustus. 5,43
anni leges,tempora. 9,875
annum devere agricolæ. 3,452
anni cuncta moventes. 6,21
anni per coss. distincti. 4,379
anni à consule nomen habentes,
pro tempore libertatis. 7,441
anni vergentes,&,in senium vergentes.1,129.2, 105. anni robusti. 8,282
anni extremi cardinis.7,381.fracti. 8,476
annos perdere. 4,482
annos debentia fata. 6,530
annis omnibus, vnquam. 7,388
annosum ævum. 9,359
Antæus Terræ filius,tyrannus in
Africâ Tingitanâ, hospitum capita postibus affigens. 2, 164.
gigas magnæ proceritatis. 4,
593. viribus defectus contactu
terræ reficiebatur.4,598, 604.
ejus domicilium,cibus, exercitium.4, 601. & seqq.ejus cum
Hercule lucta. 4, 612. & seqq.

sursum eleuatus comprimitur.
4,645. & seqq.
Antæi regna,locus in Tingitanâ,
nisi sit ipsum opidum Tingi ab
Antæo conditum. 4,590,655
ante dare pœnas scelerum faciendorum. 2,75
antennæ sustigere vela. 9,328
Antipodes. 9,878
antiquus imagine,majorum imaginibus nobilis. 7,357
Antonii oratoris(qui calamitates
futuras prædixerat) caput in
mensam epulantis Marii illatum. 2,128
C. Antonius M. frater obsessus
classe Pompeji in orâ Illyricâ,
fame premitur. 4,408
M.Antonius (qui post Triumvir)
Vrbe cum Q. Cassio pulsus,ad
Cæsarem se confert.1,266.cum
parte copiarum Brundusii relictus, à Cæsare sæpe evocatus.
5,478. Brundusio solvit. 5, 703.
Nymphæum appellit. 5, 720.
Cleopatræ amore infesus.10,70
Anubis Aegyptiorum deus canino capite pictus. 8,832
anxius,venturis. 7, 20. ad euentum. 8,592
Anxuris arces,Tarracina Campaniæ opidum. 3,84
aperire,ostentare. 10,148
apertus orbis gentibus, deductis
præsidiis. 1,465
apes dispersæ ad alvearia revocantur tinnitu æris. 9,285
apex in summo Flaminis pileo,
virga lanata. 1,604
Apidanos fluvi Thessaliæ. 6,373
Apis,deus Aegyptiorum (qui &
Osiris)maritus Isidis(quæ & Luna) repræsentabatur boue ; qui
certos annos cùm vixisset , in
puteum demergebatur ; aliusque in ejus locum substituebatur. 8,479.9,160
aplustre ornamentû navis;aut vt
putant quidam,,temo clavi. 3,
586.671
Apollo.1.64.Pythona draconem
matri suæ Latonæ puerperæ à
Iunone custodem appositum
sagittis conficit.5,79. armenta

IN LVOANVM

regis Admeti pauit ad amnem
Amphryson. 6, 368. vide etiam
Phœbus. Titan. Pan.
Aponus fluuius in agro Pataui-
no, à quo balnea Aponi. 7,191
Apeninus mons altissimus. 2,196.
ejus situs, flumina, &c. 2,399 &
seqq. olim ad Pelorum vsque
Siciliæ se protedés. 2,436.3,63
Appia via transit per paludes
Pontinas. 3,85
Appius euentum belli ciuilis ex-
ploraturus consulit oraculum
Delphicum. 5,68. quod respondet : Nihil ad te hoc Romane
bellum; Euboeæ cellam obtine-
bis. 5,194. ille hoc malè intelli-
git, moriturus in Cœla Euboea.
5,214. & seqq.
Appulia, Appula regna, regio
Italiæ ad mare Superum fertilis. 2,608. 5,403. 9,183
Apsus Macedoniæ fluuius. 5,462
aptare frænorum habenas. 7,143
aptus terris, &, nauibus. 8,122
aqua facili° putrescit quà aër, 6,93
aquæ, profluminibus. 10,228
aquæ inertes, stagnantes. 6,107
aquæ tutæ, portus. 9,1007
aquarum dominus, Mercurius
planeta. 10,214
aquarum subterranearum fontes
& scaturigines. 4,299. & seqq.
aquas trahere. 7,822. ducere. 10,
251. aquæ jejunia. 4,331
Aquarius, Signum cœleste. 1,653.
9,537
aquilæ pullos suos nouiter ex-
clusos, si visu radios solis pati
possint, retinent; sin minus, nido
exturbant. 9,902. in aquilarum
nido lapis repertus (aëtites) in
vsus magicos. 6,676
aquila signum primarium legionis Romanæ. 1,7, 244. 3,330.
aquilæ, pro ipsis legionibus. 1,
339. 477. 5,238. 6,139
Aquilo, ventus Septentrionalis
(vnde & Scythicus.) 2, 51. 4,
457, 584. 5,417, 603, 720. Aquilones veni sicci. 4, 50. Aquilo
Europæ serenitatem; Africæ
pluuias conciliat. 3,423

Aquilo extremus, pro regionibus
Septentrionalibus. 1,51
Arabia, Arabes, regio & populi
Asiæ inter Sinum Persicum &
Mare Rubrum. 2,590. 4, 64 7.
514. 10, 291, 312
Arabum beatæ gentes, Arabiæ Felicis incolæ, cultores Iouis Ammonis. 9,517
Arabū quidā, quorū regio intra
Tropicū Cācri & Aequinoctia-
lē, auxilio veniētes Pompeio,
vt amphiscij mirati cis Tropicū
vmbras nunquā sinistras ire. 3,247
Arabes sub regibus. 7,442
Arabum portus. 8,854
Arabum volucer serpens. 6,677
aræ è cespite. 9, 938. aræ sacro-
rium feralium. 3, 404. aris dignus, dignus qui pro deo cola-
tur. 9,601
Arar, &, Araris, Galliæ fluu. Lug-
duni in Rhodanum illabens. 1,
434. 6,476. perse lenis, præceps
actus arte magicā. 6,476
aratro cessans solum. 3,451
aratro à vaccā & tauro tractō designatus locus condendæ vrbis.
7,430.
Araxes Armeniæ fluuius. 1, 19. 7,
188. 8,431
arboris medulla. 4,318
arbores, malus & antennæ nauis.
9,332
arbustum palmarum. 3,216
arca plebeii funeris, lectus vel
sandapila vilis. 8,176
Arcadia Peloponnesi regio. 3,178
Arcas, pro Mercurio. 9,661
arcanum ferale. 6,440
arcana curarum. 8,279
arcana Ditis. 6,514
arcana dare, aperire. 9,554
arctare animam. 4,370
arctarunt naues mare, præ multitudine. 9,35
Arcticus polus. 1,53
Arctophylax, Bootes. 8,180
Arctos, Vrsa sidus ad Polum Se-
ptentrionalem geminā, major
& minor. 1,458. 2, 586. 4. 70.
8, 175. 9, 539. 10, 48, 220.
hinc Arctos, Arctoum frigus,
Arctoæ

INDEX

Arctoæ gentes, terræ, partes, pruinæ; Arctoi fines, Arctoæ arva, Arctous orbis; pro, Septentrione & regionibus ac gētibus Septentrionalibus. 1, 302,482, 534. 3, 74. 5, 268, 343.6, 661.8, 363. 9, 422. 10,250.
Arctos populis Auſtralibus mergi aliquando videtur. 3,251
Arctoum bellum, Gallicum. 3,89
Arctoum latus Imperii, expoſitum gentibus Septentrionalibus. 8,424
arctus. in arctum ſe cogere. 2, 613
arcus cæleſtis. 4,80
arcus exſtructi ſpoliis hoſtilibus, triumphales. 8,819
arcum ſolvere. 7,515
ardea altiùs evolans tempeſtatis nota. 4,554
ardua fides, in rebus arduis. 8,282
area belli. 6, 60. area ſtabilis navalibus bellis. 3,513
arenæ munera, amphitheatri. 4,708
arenivagus. 9,941
argenti conflandi ratio in Theſſaliâ reperta. 6,404
Argo prima navis. 3, 193. puppe inter Symplegades eliſâ evaſit. 5,715
Argolicus tyrannus, Euriſtheus. 9,167
Argos oppidum Achaiæ. 7, 452. olim etiam in Theſſaliâ vrbs. 6,356. pro totâ Græciâ. 10.60
argumentum, indicium. 8,869
Argus oculatus à Mercurio occiſus. 9,664
Argus quidam à Tyrrheno cæco in pugnâ Maſſilienſi telo cæſus. 3, 720. ejus pater ſenex eo viſo jugulum ſibi confodit, & in mare inſilit. 3,726
Aricia cix. ſtadia diſtans ab vrbe Româ cui vicinū nemus Dianæ Scythicæ (cujus ſimulacrum eò delatum) ſacrum. 3,80.6,74
Aries, Signum cæleſte, quod cùm ingreditur Sol, incipit Ver: dicitur autem reſpicere ſidera, quia pingitur reclinato capite. 4,57.9,534
aries, machina bellica impellendis muris ex trabe, capite ferreo munitâ. 1, 384. 3, 490. 6,35,200.8,377.
Aril Scythiæ populi Lucano. 3,281
Arimaſpi, Scythiæ vnocula gens, auro comas circumligans, vt quæ aurum ex arenis colligūt. 3,281.7,736
Ariminum Flaminiæ oppidum, clauſtrum Italiæ, à Cæſare occupatum. 1,231,253
Arisbe Troadis vrbs. 3,204
arma, in arma furens.2,439.arma retentare. 2,514. dare. 3, 315. invenit arma furor. 3,671. arma ferialia. 2, 260, 374. arma non priuata. 2, 533. in arma ducere.9,227.arma ſua tradere partibus. 5,350
arma ſequi. 7,272. miſcere, confligere. 1, 421. pati & ferre cominus. 10,438
arma è cælo delapſa prodigij loco aliquando habita, cùm vento aliunde fortaſſe delata ſint. 9,475
arma. nullum furor egit in arma. 2,254
arma relicta à militibus miſſionem obtinētibus. 4,382.5.326
armorū curæ. 3,53. 5,504. quies. 2,651
armorum damnum eſt, niſi rebellent qui vinci potuère. 3, 366
armis prodeſſe. 3,317
armis nullis accedere, neutri partes ſequi. 8,531
armis vti. 4,578
armato omnia dat qui juſta negat. 1,348
armatura leuis. 7,508
armamenta nauium. 9,329
ars pelagi, naualis. 3, 560. artis opem vicere metus. 5.645. armis erat caput enſe rotare. 8,673
Arſacides, & Arſacidæ, reges Parthorum & Parthi, ab Arſaco

In Lvcanvm.

fuco orti. 1, 108. 8, 218, 233, 307, 409. 10, 51

Arſinoë Ptolemæi ſoror junior elabitur ad hoſtes Cæſaris, & præſ.itur rebus Aegyptiis. 10, 521. Achillam occidi jubet. 521. Ganymedem copiis præficit. 531

artus omnis. 6, 754
artus alligati. 4, 290. adſtricti 8, 67
Armenia, Armenii, Aſiæ regio & gens 2, 594, 639. 3, 245. 7, 281, 542
Armenii arcus. 8, 221
Armenium jugum, Parthicum. 9, 237
Aruerni, Aquitaniæ populi, à Trojanis oriundi. 1, 427
arundo, ſagitta. 6, 214. 9, 827 ab arundine dulces ſucci, ſaccarum. 3, 237
Aruns Etruſcus, aruſpex. 1, 585. ejus ſacrificium. 1, 606. & ſeqq.
aruſpicina. 6, 427
Aruſpicû monita de futuro bello ciuili, & aruſplcinæ ritus. 1, 584. & ſeqq.
aruum attonſum. 4, 413. arua manus poſcentia. 1, 29
aræ juris. 7, 593
Aſia tertia pars Orbis. 2, 674. 6, 817. 9, 972. 10, 30. ab Europa ſeparata freto Helleſponti. 9, 957. item Tanai flumine. 3, 274. par magnitudine Europæ & Africæ ſimul. 9, 417. diuitiis potens. 3, 162. 9, 1002
Aſopos Theſſaliæ fluuius. 6, 374 aſper, acutus. 6, 186
aſperare (acuere) ferrum vinclis, ad vincula facienda. 6, 801. aſperare vndas, de freto. 8, 195 aſpis, ſerpens cujus collum veneno tumeſcit, quo icti torpore & ſomno extinguuntur. 9, 610, 701. In Africa & Aegypto potiſſimùm reperiuntur aſpides. 9, 704. deluſæ vmbra caudæ ichneumonis, deuorantur. 4, 725. Romani venales adportatæ. 9, 707

Aſſaracus, Aeneæ proauus. 9, 967 aſſertor. 4, 214
aſſueſcere ſatis, aſſuetum facere. 5, 776
aſſuetæ vocari. 2, 33
Aſſyria, Aſſyrii, regio & populi Aſiæ celebres. 6, 52. auro abundant. 4, 296. peritiſsimi Aſtrologiæ. 6, 429
Aſſyriæ dies noctesque. 8, 292
Aſſyrii caſus, Aſſyria clades. Aſſyria fata, pro clade Romanis à Parthis illatâ. 8, 92, 234, 416. Aſſyria pax cum Parthis. 8, 427
aſtra, fixa polis. 9, 12. impellere, inducere noctem. 7, 451. percuſſa à die. 8, 778. quati viſa. 5, 564
Aſtræa. Virgo, Signum cæleſte. 9, 535
aſtromantæ. 6, 429. conſulti de bello ciuili. 1, 639
Aſtures, Hiſpaniæ citerioris populi. 4, 8 aſylum. 1, 97
Atax, Galliæ Narbonenſis fluuius è Pyrenæis ortus. 1, 403
Athamanes. Epiri, vel, vt alii, Aetoliæ populi. 3, 188
Athenæ, vrbs Græciæ celeberrima, parum populoſa temporibus Cæſaris. tamen auxilia mittit Pompeio. 3, 181. quo nomine gratiæ iis actæ. 5, 52. à Philippo rege olim ſubiugatæ. 10, 29
Athenienſes monitu oraculi Delphici placato Minoë rege à ſterilitate terræ liberati. 5, 110
Athos Macedoniæ mons. 2, 677
Atlas (qui è gente Titanum erat) conſpecto capite Meduſæ mutatus in montem. 9, 655. qui ad Occidentem Africæ. 1, 555. 4, 672
Atlantis ſilva, Mauritania. 10, 144
Atlantis cadens, ſidus Vergiliarû occidens. Vergiliæ Atlantides à patre Atlante. 5, 4
atra lacertos planctis. 2, 37
Attalicæ veſtes. 2, 357
attendere. 8, 623
attonitus metus. 8, 591 attoniti tumultus

Index

tumultus animi. 7, 779. attonita mens. 5, 476. attonitæ tacuere domus, 2, 22
attonsum aruum. 4, 413. 6, 84
Aturus Tabellorum in Aquitaniâ fluuius. 5, 420
auctor, deus. 9, 575
auctor, narrator, nuncius. 8, 18
auctus, augmentum, incrementum. 9, 797. 10, 117
audax spondere casus secundos. 7, 246
audere. ingentia. 6, 796. conuicia. 9, 187. nil fortiter ausa. 5, 322. audendi fidem facere. 1, 467
audendo magnus tegitur timor. 4, 704
audire, obedire, sequi. 9, 931 hinc, audientes naues manum magistri. 3, 594
aditus, auditio, auscultatio. 10, 183
auditus, famâ notus cuipiam. 8, 342. 361
Auernus lacus in Campaniâ profundissimus. 2, 668. Diti sacer; hinc etiam dictus lacus Infernalis & Stygius, item pro ipso Inferno. 6, 636
auferre. abstulit campos eques. 4, 262. pro perficere. 7, 505. auferre omen. 4, 664
Aufidus Appaliæ fluuius. 2, 407
augeri vetitus, qui augeri nequit. 8, 82
augures. 1, 601. 6, 428
aula nemorum. 1, 569
auidus pensare moras. 9, 1001. auidum confundere. 6, 696. auidum solum. 2, 71
anis feta. 6, 676
aues nonnullæ ab Aegyptiis pro dijs habitæ. 10, 158
aulâ exeat qui volet esse plus. 8, 494. aulæ insignia. 8, 239. aulæ veteri non tutò creditur. 8, 450
Aulis, Bœotiæ portus, ex quo flante Noto egredi difficile. 5, 236

Aulus quidam Pompeianus à Scæuâ occiditur. 6, 238
Aulus quidam Etruscus, signifer in exercitu Catonis, à dipsade ictus, miserè siti extinctus. 9, 737. & seqq.
auræ diuinæ particula in nobis. 9, 573
aura nocturna, nebula. 2, 423
auræ populares, 1, 132
auræ frondem præbentes. 3, 410
auræ serpentis. 4, 726
auræ infectæ halitu magarum. 6, 522
aures ferire vlulatibus. 2, 33. aures surdas conuertere. 6, 443
auroræ periphrases. 1, 231. 261. 2, 326. 719. 3, 521. 4, 734. 6, 828. 7, 45. 8, 202. 778. 10, 434
aurum. solus amor auri mortem non timet. 3, 119. non deest prolato ieiunus venditor auro. 4, 97
auri conflandi ratio in Thessaliâ primum reperta. 6, 404
auro impresso, intertextum. 9, 176
auro positi, aureis loculis conditi. 9, 210
aurum, semen belli. 3, 150
aurum absconderat trabes, trabes erant deauratæ. 10, 113
aurum Deorum, donaria aurea. 8, 121
Ausonia, & Ausonia ora, & arua, pro Italia. 1, 216. 5, 378. 497. 6, 319. 7, 436. 8, 845
Ausonium æquor, 9, 43
Ausonidæ, Romani. 9, 999
auspices. 6, 428. adhibiti in nuptiis. 2, 371
auspiciis patriæ, ductuque Senatus. 9, 22
Auster ventus, Meridionalis. 1, 54. 234. 498. 2, 454. 3, 1, 68. 523. 5, 379. 7. 11. 6, 27. 9, 334. 339. 479. 10, 222. pro ipso Meridie. 7, 250. in Austrum deuexus æther. 9, 250

Austri

IN LVCANVM.

Auſtri ſerales, peſtilentes. 8, 847
Auſter in Africa terris parentibus magis nocuus quàm mari. 9,449
Auſtri regna, regiones Meridionales. 9, 320. item ſub Auſtro proiecta regna. 8, 442. Auſter mollis, terræ Auſtrales tepidæ. 7,833
Auſtrale cælum, pars cæli verſus Meridiem. 8,18:
Autumnus, in Autumnum Sol declinans. 10,235
Autololes, Mauritaniæ populi. 4, 677
auxilia vndè Pompeio miſſa. 3, 169. & ſeqq.
auxiliares exterorum copiæ infidæ partibus bello ciuili. 7,526
auxiliare numen. 6,524
auxilium non forma domus. 10, 119
auxilium omne iacet, nullum auxilium ſupereſt. 8,334
Auximon Piceni oppidum à Cæſare occupatum. 2.466
axis geminus mundi, & , axes mundi.6,464.7, 422.axis inocciduus. 8,175
axis medius,linea æquinoctialis. 2,586.3,69.10,287
axis iunctus equis Solis, Zona torrida. 9,852
axis Cancri, Tropicus Cancri. 4, 333
axis mundi Heſperius, Occidens, Hiſpania. 3,359
axes aduerſi, vltra Meridiem. 9, 876
axes ſtellati, aſſeres cuſpidibus præfixi. 3,455

B

Babylon, Aſſyriæ primariæ vrbs, primò Chaldæis, inde Perſis, tandem Parthis ſubdita. 1, 10. 6,449.8,225,300.426. Babylonia mœnia, muri Babylonis lateritij à Semiramide exſtructi, miraculum mundi.6,50. Babylone mortuus Alexander. 10, 46
Bacchæ, ſemine in furorem actæ, ſacerdotes Bacchi. 5,74
Bacchus, deus.1,65, pro vitibus. 9,433.pro potu & vino.1,609. 4,379.10,172
Bactra, Medorum regio ad Oxum amnem, pro Parthis.8, 299.423
Sacros Scytharum Aſiaticorum flumen. 3,267
Bæbius diſcerptus. 2.119
Bætis, fluuius Hiſpaniæ ad Occidentem vltimus. 2,589
Bagrada flumen Africæ. 4,588
Baleares inſulæ ſub Hiſpania, fundâ bellicoſæ. 3, 710. hinc Balearis funda, & , Balearis tortor habenæ. 1,229.3,710
balliſta, machina eiaculandis maioribus telis,item Lapidibus, & facibus, hinc balliſtæ turbo 2,687.3,465.6,200
balteus, cingulum nouæ nuptæ gemmis inſigne. 2,362
barba genis increſcens. 2,376
barbaries, barbaræ nationes. 8, 812
barbaricæ alæ. 1, 476. barbarici ritus. 1,450
barbara ritu ſacræ. 3,403
babarus nullus tanti facit Romanorum diſſidia, vt vel minimum ſanguinis in alterutras partes impendere velit. 7,282
barbari (Mitridates, Iugurtha, Iuba) hoſtibus ſequentibus fontes & flumina veneno infecêre. 4,319
barbarorum portentoſa & inceſtuoſa Venus. 8,397. & ſeqq.
Bardi, Gallorum poëtæ.1, 449
baſiliſcus, ſerpens ſibilo ſolo necans, & herbas aëremque inficiens, diademate quaſi rex inſignitus. 9.724,828.& ſeqq.
Baſilus ſuppetias C. Antonio it. 4,416
Bataui, Belgicæ populi in inſula Rheni, tubis in bello vſi. 1,433

Belgæ

INDEX

Belgæ, Galliæ Transalpinæ tertiam partem incolentes populi. 1.426
Bellona, dea belli, quatiens flagellum sanguineum. 7, 568. eius sacerdotes cutem sibi secabant. 1,565
bellum pro acie. 7, 523. bellum iudex. 1, 227. bellum in littora tractum. 2, 712. bellum (in egestate) multis vtile. 1, 182
bellum suspensum. 4, 531. non multâ cæde nocens. 4, 2. sine hoste, ciuile. 1, 682. hic constitit, hæ sit. 7, 547. nullo sanguine coastans. 4, 274
belli actus. 9, 294. area 6, 60. casus & cruentus ancipites. 5, 753. 5, 67. belli contagia. 3, 369. fatum, 5, 636. fortuna. 4, 402. 6, 593. lus. 9, 195. sedes. 2. 393. voces, id est, sonus & clamores prœliantium. 7, 175. belli vsus. 4, 364. 10, 512. belli formidine totâ, omnibus copiis. 10, 536. vulnera. 5, 1. 6, 205
bello dare clasica. 4, 186
bellum committere. 7, 472. transferre. 7, 57, 296. transmittere. 6, 582. in regna vocare. 8, 530. in bellum quemque suæ causæ rapiunt. 2, 251
bello obstante (visui) id est, aciebus, turbâ militum. 7, 651
bella bellis conserta. 2, 442
bella ferialia. 6, 397. prospera. 4, 588. bella, nullos habitura triumphos, ciuilia, quia de ciuibus triumphare, nefas. 1, 12
bella mihi geram. 5, 357
bellorum cæca nubes, aut, nox. 4, 244, 488. prospera, aut aduersa. 7, 684. fabula. 4, 200
bello naualì ensis plurimum valet. 3, 570
bellum contra Sex. Pompeium. 1, 43. Mutinense. 1, 41. Alexandrinum. 7, 692. Africum Cæsaris. 1. 39. 6. 306, 309, 311. 7, 691. contra Pompeij filios in Hispaniâ. 1, 40. 6, 306, 693. Perusinum. 1, 41.

Actiacum. 1, 41. 5, 479
belli ciuilis Cæsaris cum Pompeio causæ apertæ. 1, 67. & seqq. eius altiores causæ. 1, 259. & seqq.
belli ciuilis calamitates longâ digressione sub personâ senis exemplis Syllæ & Marij recensitæ. 2, 67. vsque ad 232. alia in calamitates è bello ciuili ortas digressio. 7, 387. & seqq.
bella ciuilia causa vastitatis Italiæ. 1, 24. 7. 387
bellorum ciuilium auctores, iniuriâ (siue, ironicè, beneficio) Deorum inter Deos accensiti 7, 455
bello ciuili dux ipse suorum militum socius. 5, 290. bello ciuili victor spolia diis dicare aut triumphare iure non potest. 6, 260. ciuile auertite bellum. 2, 53
bella ciuilia summum nefas. 2, 286. non bene committuntur copiis exterorum auxiliorum. 7, 516
bellua Libycæ terræ, elephas. 6, 207
Bessi, Getis vicini populi. 5, 441
bibere auro murrháque, aureis murrhinísque vasis. 4, 380
biblus, iunci species in Aegypto. 3, 222
bidental. 1, 606. 8. 864
bimaris æstus. 8, 566
bipennis, securis vtrinque acuta, 3, 431
Bistones Thraciæ populi, & Bistonius, Thracius. 7. 569, 826
Bistoniæ aues, grues. 3, 200
Bistonius turbo, aquilo. 4, 767
Bistonius tyrannus, Diomedes rex Thraciæ. 2, 163
Bituriges Galliæ populi. 1, 423
Bœbeis palus in Thessaliâ, Ossæa ab Ossâ monte. 7, 176
Bœbicij Thessaliæ populi, 6, 382
Bœotia, Græciæ regio in qua Thebæ.

In Lvcanvm.

Thebæ. 3, 174 bonus vir cogi nequit. 9, 569. semper beatus. 3, 71
bonus in commune. 2, 390
bonus, vel, melior hortando vulgo. 7, 240
Buotes sidus, Arctophylax. 2, 722. 10, 289. mergi ex parte videtur populis Meridionalibus. 3, 252
Boreas, ventus Septentrionalis, Coro oppositus. 1, 389. 2, 646. 3, 69, 523. 4, 61. 5, 217, 379, 543, 601, 606, 721. 6, 341. 390. 7, 364. 8, 183. 9, 37, 418, 480, 695. 10, 221, 289. purus insurgens cælo. 5, 705
Bosporos duplex: Thracius, in quem influit Euxinus Pontus. 8, 178. 9, 958. Cimmerius, in quem Mæotis palus. 3, 277. 5, 436
bracceæ laxæ. 1, 431
brachia iactare profundo, nare. 3, 652. brachiorum planctus in funere. 2, 24
brachia, agger protensus, vt castrorum, &c. 3, 387. 4, 266
breue dedecus æui, breuis vita ignominiosa. 2, 117
brevia, loca in mari vadosa. 9, 338
Briareus, vnus gigantū qui Ioui bellum intulere. 4, 596
Britāni, notissimæ insulæ populi. 2, 572. victi à Cæsare. 3, 78
Bromius, Bacchus. 5, 73. 8, 801
bruma, 1, 17. 5, 24
Brundusij, opidi Calabriæ in extremitate Italiæ, origo & descriptio. 2, 609. & seqq. 5, 374, 407, 589
Brutus (Iunius) primus consul, auctor libertatis. 7. 440. eius anima fingitur lætari ob Brutum suæ gentis, futurum percussorem Cæsaris. 6, 791. eum mortuum matronæ Rom. per annum integrum luxere. 7, 39
Brutus (Decimus) classi Cæsarianæ ad Massiliam præfectus. 3, 524. & seqq.

primus victoriam naualem auspiciis Cæsaris obtinuit. 3, 762
Brutus (Marcus) percussor Cæsaris. 8, 610. 9, 17. 10, 341. in consternatione publicâ magnanimus. 2, 234. Catonem (vt cui d.ix Cato solus erit) consulit quid sibi in bello ciuili agendum sit. 2, 236. & seqq. excitatur ab eo ad partes Pompeij. 2, 325. auspex secundi coniugij Marciæ cum Catone. 2, 371. ad eum in prælio Pharsalico satagentem digressio. 7, 586. & seqq.
Bruti vltores > vindices libertatis. 5, 207
Brutorum vota. 10, 397
bubo mali augurij. 5, 396. 6, 689
buccina diuidit horas, in vigiliis castrorum. 2, 689
bucetá, pascua boum. 9, 185
busti robora, pyra, rogus feralis. 2, 157
Byzantion, vrbs Thraciæ ad Bosporum, quæ post Constantinopolis. 9, 958

C

Cadauer. tabe soluatur an rogo, non refert. 7, 809. cadauer patritium. 7, 598. victurum. 6, 640. cadauera fugere letum. 6, 531. cadauera peragunt partem cædis. 2, 205. turbâ compressa stantia. 4, 787
cadauerum condiendorum ars apud Aegyptios. 8, 688
cadauerum combustorum cineres, ossa, vestesque, &c. in vsus suos applicant magi. 6, 533
cadauera à magis in varios vsus dilaniantur. 6, 538. ex luporum faucibus ab iis erepta. 6, 550
cadere. sub Euro. 1, 141. in transtra. 3, 543 in haustus. 4, 311. in cibos pecudum. 6, 111. cedere, pro, mori. 9, 583. cadit nemus in classem. 1, 306. cadit ira. 4,

INDEX

284. cadens suo robur.3,729, cadunt vulnera.3,568. à manibus cecidêre suis. 3,668
Cadmus Bœotiæ incola. 3,173
Cadmi femen, dentes serpentis, quibus proiectis viri armati prognati sunt. 4,549
cæca manus.3,722,cæca mens futuri fati.2,14.cæci casus.6,598.
cæcus Mars,bellû dubiû. 7,111
cadere viam ense. 4,43
cædes. peragere cædes.3, 3,580. in cædes inuitis.8,600. cædes potius quàm pugna,hinc iugulis,hinc ferro bella geruntur.7, 533.in cæde natare. 7,294
cædiû varia genera.7,618.& seq.
cælum signiferum, Zodiacus.7, 363,8,172
cælum,pro aëre.6,89,93,516.nocens,pestiferum.7, 798. induit se vulture, plenum fuit vulturibus.7, 834. in noctem pronû, 4, 28. cæli clementia gentes emollit.8,366.cæli flammæ,fulgur.5,405.cæli nox.5, 627. cælum volubile.6,447. cælo mori, ob aëris constitutionem, vt feruentem,&c. 9,854
cælû merges sidera,Occides.4,54
cæli plagæ. 10, 186. cardo extremus. 4,73
cælo desusum reddidit æquor, arcus cælestis, 4,82
cælo duce.9, 847. cælo tegitur qui non habet vrnam.7,815.cælo tonante, cùm adhuc Iupiter regnet. 8,551
cærula(aquas maris) verrere.3,542
Cæsar ab Iulo & Troianis ortum trahens. 3,213. qualis, & cum Pompeio collatus. 1, 143. & seqq. vetitus triumphare de Gallis. 7,256. annum antè confusum ad eam quâ hodie adhuc obseruatur, formam redegit. 10, 187. bellum humani generis. 7.73. ei hostes deesse nocet, vt ventus & ignis pereunt si nihil habeant quod obstet. 3, 365. timeri mauult quàm amari. 3, 82. dum plura vincit triumphi veram mate-

riam amittit. 3, 79. eius causâ scelus dicta Lucano. 1, 2, 667. notatur ambitionis, crudelitatis & impietatis in patriam. 7, 551. & seqq. præceps, impatiens quietis.2,650,eius fortuna. 9, 243. semper vsus feliciter præcipiti cursu bellorum.10,508.quare ipse stans,id est, moram trahere coactus, pro victoriâ reputatum Pompeianis. 2, 490. ex Cleopatrâ prolem suscepit. 10, 77.in animâ eius pendens populorum salus.5, 685. à Cassio & Bruto aliisque quibusdam Senatoribus occisus.7, 451,596, 781. In numerum Deorum relatus à Romanis,templaque & aræ ipsi dicatæ.8,635,861. vt stella fulgere visus, quæ ipsius anima creditu. 7, 478. sedes ei in Inferno à Lucano adficta. 6,800.
Cæsar æmulus Pompeij. 1, 123. priorem ferre non potest. 125. Rubiconem transit.220.Ariminum occupat. 231. eius oratio milites suos ad bellum ciuile exhortantis. 299. & seqq. in quâ Pompeio exprobrat vsurpatam potentiam & alia facinora 314. & seqq. auxilia vndique,& quænam, euocat Romam petens.1,395. & seqq. firmatus exercitu per Italiam spargitur. 466
Cæsar gaudet sibi viam facere occupandæ Italiæ. 2, 439. & seqq.occupat Hetruriam. 462. Vmbriam.461. Auximon. 466. Esculum. 469. Luceriam. 473. Corfinium obsidet.478.& seqq. quod ei cum Domitio deditur. 507.Domitium incolumem dimittit.511.Brundusinû portum occludere conatur obsidendo Pompeio.660.& seqq. admittitur post abitum Pompeij à Brundusinis. 704
Cæsar post Pompeij Brundusio discessum res suas variè ordinat.3,47.& seqq.mittit Curionem in Siciliam. Valeri-

In Lvcanvm.

In Sardiniam.64.Romam venit, eiusque ad adspectum Romæ verba. 91 conuocat Senatum. 103. ærarium spoliare parans à Metello tr.pl.impeditur.115.& seqq. eius ad Metellum verba. 134.& seqq. rapit omnem pecuniam publicã.3,153. & seqq. Romã discedit in Hispaniam. =98.in itinere à Massiliensibus non admittitur. 301, 373. eorum bellum deprecantium ad eum oratio. 307. eius responsio.358.Massiliam obsidet.375. lucum ad Massiliam abscindi iubet. 426. trepidantibus militibus ipse præit.433.moræ impatiens, relicto ad oppugnationem Massiliæ Trebonio, in Hispaniam pergit.453. eius ad Massiliam naues ex rudibus arboribus confectæ.512.ezque graues & statariæ pugnæ aptæ. 556.eius classis in prælio progredientis series.529.pugna naualis.538.& seqq.victoria. 762 Cæsar in Hispania bellum gerit non quidem cruentum, sed magni momenti.4,1. castra locat in colle vicino Pompeianis. 17. iubet collem occupari. 31. in eum præoccupatum ab Afranianis frustrà suos nitentes lato circumdatos equitibus recipit. 44. eius castra ob inundationem Cingæ & Sicoris & crebras pluuias, periclitantur.88. decrescente inundatione iubet cymbas conficere, Sicorim in riuos deriuari, & pontem instrui.130.& seqq.cognito Petreium & Afranium Ilerdã recessisse,raptim traiecto Sicori,eos insequitur. 148. & preuenit. 168. eius milites cum Pompeianis conueniunt, & iussu Petreij scelerate multi interficiuntur.175. & seqq. Pompeianos Ilerdam redire volentes equitatu suo præuertit, & in siccis collibus obsidet. 262. deditis ignoscit, & missionem concedit. 363.

Cæsar ex Hispania redux milites suos tumultuantes inuenit. 5, 237. qui missionem ab eo importunè flagitant.261. & seqq. ille eos intrepidè adit.301. & alloquitur. 319. & seqq. pacatos,auctoribus seditionis securi percussis, Brundusium mittit.374. naues vndique eò cõuenire iubet. 375.ipse ad habenda comitia Romam tendit. 381.Dictator & Consul creatur. 383;comitia habet. 392. Brundusium proficiscitur. 403. Brundusio soluta classe primò maris tranquillitate detinetur, 431. & seqq. pòst vèti fortioris impulsu in Epirum appellit. 455 castra Pompeio vicina ad Apsum flumium locat.461. Antonium cum reliquis copiis Brũdusij relictum minis precibusque euocat. 476. eius querelas in tardantem Antonium. 481. tacitè pòst primam vigiliam noctis è castris exit. 498. mutam excitat, & petit vt in Italiam ipsum vehat.519.illo multum dissuadente,539.sed tamẽ parente, 557.tempestate autem coorta reuerti iterum suadẽte. 568. Cæsar contra nititur.577. tandem reiectus in terram,572. in castra sua redit, & querelis suorum excipitur.679.& seqq. Cæsar Pompeiũ ad pugnã elicere studet. 6,4. cũ hoc frustrà, conatur Byrrhachiũ occupare.15. cũ & hoc frustrà,Põpeiũ magnis operib° circumuallat. 29.& seqq.quauis frumẽti inopia sũ moperè laborans. 106. animaduerso Põpeiũ perrupisse,castra eius adoritur:& intromissus & obseptus,cum clade & periculo recedit. 178.In Macedoniã, aut potius Thessaliam,tendit. 314 Cæsar profecturus frumentatur vbi videt Pompeium in acie descendisse,let° milites suos a: strenuè dimicãdum hortatur.: 235.& seq.prælium in cãpis ?uas salicis cõmittit. 385. & seq

INDEX

cohortes transuersim immittit in equitatum & leuem armaturam Pompeij, vnde consequuta victoria. 521. & seqq. Domitio morienti insultat. 606. milites suos ad castra Pompeij occupanda hortatur, & ducit. 728. & seqq. spectris nocturnis agitatur, vt placet Lucano. 777. cæsos acie Pharsalicâ hostes cremari non iubet. 798. & seqq.

Cæsar post victoriam Pharsalicam, omnibus alijs omissis, primum habet Pōpeium insequi, 9,950. in itinere visitat ruinas Troiæ. 961. & seqq. aras diis Troianis (vt ab iis genus trahens) exstruit, & prosperos bellorum euentus erat. 987. & seqq. septimo die ex quo à litore Troiano soluit, in Aegyptum appellit. 1004. oblato ipsi, missu regis Ptolemæi, capite pompeij, illacrymat; & castigato verbis ministro regio, caput honorificè cremari iubet, &c. 1035. & seqq.

Cæsar amore Cleopatræ delinitus. 10, 71. & seqq. eam Ptolemæo reconciliat. 106. cum Ptolemæo & Cleopatrâ epulatur cum summo luxu & magnificentiâ 136. & seqq. Achorea Aegyptium percontatur de astrorum cursu, antiquitatibus Aegyptiis, & præcipuè de ortu & cursu Nili. 173. & seqq. aduentante cum copiis Achillâ, in regiæ Alexandrinæ parte se munit. 440. obsessus regem Ptolemæum nullibi à se dimittit. 461. Pothino caput rescindi iubet. 515

Cæsar comparatus leoni. 1, 205. fundæ Baleari aut sagittæ Parthicæ. 1, 229. equo in certamine Olympico. 1, 293. Xerxi. 2. 672. Bellonæ & Marti. 7, 568. Oresti & Pentheo. 7, 777. feræ in caneâ côclusæ aut igni in cauitate Aetnæ supresso. 10, 445. Medeæ. 10, 464. milites eius timentes comparati habitantibus sub Aetna. 6, 294

Cæsar & Libertas par velut gladiatorum 7, 696
Cæsareæ domus series. 4, 883
Cæsaris pubes, Cæsariani. 3, 526
Cæsar, pro Augusto. 10, 65
Caïcus fluuius ex Mysiâ in Troadem fluens. 3, 203
Calaber portus, Brūdusiū. 5, 589
Caledonia silua Britanniæ. 6, 68
Calpo, mons Hispaniæ ad Fretum Gaditanum. 1, 555. pro ipsâ Hispania 4, 71.
Calydon, Aetoliæ opidum, cuius rex Meleager. 6, 366
Cambyses Persarum rex, profectus ad quærendos ortus Nili, fame adactus comitum suorum aliquot in aliorum alimentum occidere, re infectâ rediit. 10, 280
Camillus ab exilio reuocatus Gallos vrbe pepulit, vocatus romæ secundus conditor; & pro exemplari virtutis nominatus. 1, 168. 2, 544-5, 28. 6, 786. 7, 358
Campana mœnia, Capua vrbs. 2, 392
campus effusus. 6, 270. campi patentes oculo vix prædente modum. 4, 20. campum explicare. 3, 376. campo pellere. 4, 713
campus conflictus medio posuit Deus omnia campo. 7, 348
Campus Martius, & simpliciter Campus, in quo comitia habebantur, & sæpe pro ipsis comitiis. 1, 580. 5, 392. 8, 685. hinc campus venalis, & certamina campi. 1, 180. item campi clausi prœliani si hoc loco respectum sit ad dediritiorum aliquot millia à Syllâ in Campo Martio crudeliter occisa. 7, 306
Cancer, Signum cæleste, quod ingresso Sole, fit solstitium æstiuum, & longissimus dies. 4, 527. 8, 851. 9, 536. 10, 211, 213, 234, 238. Cancri axis, Tropicus. 4, 333. Cancri brachia, Chelæ, seu Libra. 10, 259
Canda

IN LVCANVM.

Candauia mons & regio Macedoniam seu Thessaliam ab Illyrico disterminans. 6,331
canescere, de fluctibus aquæ. 10, 322.hinc canum mare. 8,722
cani, capilli cani, pro ipsa etiam sæpe senectute. 7,372
canis.canis odorisequi periphrasis.4, 442. canes flebile latrantes.1,548. canes semidei, Anubis. 8,832
canis rabidus hydrophobiâ laborat, & qui ab eo morsus. 6, 671. canum rabidorum spuma vsui Magis. 6,671
Canis, Canicula, Sirius. 10,226
canes Stygiæ, Furiæ. 6,733
Cannæ, In Appuliâ locus cladé Romanorum celebris;aliquando pro ipsâ clade.2, 46.7, 408, 800
Canopos stella Meridionalis, quæ cis Aegyptum non conspicitur. 8,181
Canopus, oppidum Aegypti, à quo ostium Nili Canopicum, quod & Heracleoticum.8, 543. pro ipsâ Aegypto. 10,64
Cantabri, Hispaniæ populi ad Oceanum sub Pyrenæis, vsi breuibus armis. 6,259
cantata vmbra, excita magicis carminibus. 6,767
cantus Hæmonius, magicus. 6, 693
capax mundi, intelligendi arcana mundi, siue res Physicas. 10, 183
capaces mortis animæ. 1,461
capere dolorem.5,760. cepit tot pœnas vnum caput. 2,187
capere, id est, concipere, animo. 1,185
capi dulcedine animæ. 9,393
capilli refugi à fronte, in supera reflexi, vt Aethiopum. 10, 132
Capitolia. 9,79.10,63
Capitolia scandere curru, & curru inuehi, triumphare. 8, 553. 9,539
Capitolium à Gallis incensum. 5,27

Cappadoces Asiæ Minoris populi.2,592.3, 244.7, 541. auxiliares Pompelj. 7,225
Capricornus, Signum cæleste. 9, 537
captiuum trahi. 8,416
Capua,Campaniæ vrbs primaria, à Capy Troiano extructa. 2, 392
capulus,pro ense toto. 7,767
caput.obliquare caput.4,726.caput se ferre recusat.6,97.in caput effundi. 7, 529. caput ense rotare. 8, 673. capitis reuulsi iactura. 8,711
caput fatale. 7,359
caput fibrarum. 1,627
caput fluminis. 6, 379. 10, 191. 233,295
carbasa,vela.2,697.3, 596.5, 421 9,799
carbasa, vestes lineæ quibus vsi Indi. 2,239
Carbo III. cos. à Pompeio in Sicilia cæsus. 2,548
carcer Ditis,Infernus. 6,797
carcer,corpus humanum. 6,722
carcer, locus è quo emittuntur in cursum equi aut currus. 1, 294
carchesia, summæ partes veli. 5, 418
Carcinos, Cancer, Signum cœleste. 9,536
cardo Eous, Oriens.5, 71. extremus cœli.4, 73. medius, Meridies.4,673.occiduus,&, Hesperius Occidens. 4,672.5,71
cardine subsedit tellus. 1,552
cardinis extremi anni, senectus. 7,381
carina, ima pars nauis. 3, 650.4, 418.pro naui ipsâ passim.
Carmani, populus vltra Parthios versus Meridiem. 3,250
carmina magica, eæque Stygia, impia, imperiosa. 6, 444, 452, 497,507,694,766
carpentum. 9,590
carpere summa agmina.4,156.iter, &, viam.6,573.9,408.medullas, de veneno aut calore. 9,741
Carræ Mesopotamiæ vrbs, ad

INDEX

quam cæfus Craffus. 1,105 888
Carthago, vrbs Africæ notifsima, fui exitij folatium habet calamitatem Marij. 2, 91. eius ruinæ. 4,585
Carthaginis proles, Iuba. 8, 384, vmbræ. 4,788
Caryftos Eubœæ opidum non longè ab Euripo. 5,231
cafæ, non funt prædæ ciuilibus armis. 5,526
Cafius, mons ad Orientem Aegypti, prope Pelufiacum. 8, 463, 470. 8, 839. 10, 434
cafsis plebeia. 7,586
Q. Cafsius tr. pl. cum M. Antonio Vrbe pulfus ad Cæfarem fe confert. 1,266
Cafsius percuffor Cæfaris. 7,451
Cafpia clauftra, Portæ Cafpiæ, fauces montium Cafpiorum inter Medos & Parthos. 8,222
Caftalius fons in Parnaffo monte Mufis facer. 9,125
caftella. 6,40
caftigare dolores immodicos. 8, 71
caftra Romana femper vallo munita, etiamdum iter facerent, fingulis noctibus. 1,516. hinc caftris decimis, id eft, decem diebus itineris militaris. 5, 374. item, caftris decem, id eft, annis decem; quia quotannis. in caftris hybernabant. 1,374
caftra obducere. 4,331. leuare colle. 4,16
caftris denfis incedere. 1,478. caftris indulgere. 4, 664. caftris collem infidere. 6,17
caftra nulla fides pietafque viris qui caftra fequuntur. 10,407
cafus. cafus cæci. 6,598. cafu cæco rapiuntur fæcula. 7, 446. cafu pendemus ab vno. 5, 779. cafu monftrante. 9,713. cafus omnia rapit. 7,467. in cafus extremos omnia mittere. 7,239. cafus nulli ancipites fteterunt. 4,771. in cafum cuncta ferre. 6,7
cafus an fit in rebus. 2,113
cafus alieno in pectore vincere, conftantiam alteri infpirare. 9,

catalogus regum & populorum qui auxilia mifere Pompejo. 3, 171. & feqq.
Cataractæ Nili. 10,318
catenæ innexæ mari. 4,450
Catilina conjurationis caput. 2, 541.6, 793 à Cicerone eos. capite plexus. 7,64
Cato Cenforius, qui & Major, Cyprum debellauit. 5,164. femper cenfuerat delendam Carthaginem; ifque fictus mærere futuram mortem Catonis Minoris. 6,789
Cato Minor, qui & Vticenfis, caufam Senatus probauit, etfi infeliciter. 1,128. eius conftantia, & prudentia inftante bello ciuili. 2,239. eum confulit Brutus, vt quem fibi folum ducem eligat. 2, 247. eumque fe non immixturum bello ciuili putat, vt gratum Cæfari futurum fi Catoni bellum ciuile placeat. 2, 276. atque adeò Catonem cenfet nec Cæfaris nec Pompeij hoftem effe debere, fed cujufcunque ex his duobus victoris. 2, 283. Catonis refponfum ad Brutum fuper bello ciuili. 2, 286. & feqq.
Cato vnicus libertatis affertor, 2, 316. ex quo bellum ciuile cepit, nec capillos nec barbam depofuit. 2,374. ftudijs & odijs carens. 2,377. foli ei vacat lugere genus humanum. 2,378
Cato Marciam vxorem refumit, fed fine vllis cerimonijs. 2, 350. & feqq. etiam fine Venere. 2, 379
Catonis mores & fecta. 2, 380. & feqq. in bello ciuili fecuro fibi effe ducit urfas 2, 297. fe, vt parens funus filij profequitur, ad extremum vfque Romæ & Libertati adhæfurum affirmat, 2,297. folus à Pompejo dignus judicatur qui præeffet poft fe partibus. 9,97
Cato Pompejum, quamuis odiffet, fequutus tamen erat vt caufam

IN LVCANVM.

caufam Senatus protegentem. 9,19. poft mortem eius totum fe dedit partibus refouendis, & patriæ caufæ tutandæ. 24. Corcyram adit, & inde cum claffe & reliquijs exercitus in Africam tendit. 32.eius iter. 36. & feqq. oram Africæ præterlegenti obuiæ fiunt naues in quibus Pompeij vxor & filij. 45.& feqq. eius laudatio funebris & encomium de Pompejo. 190.& feqq. eius copiæ, præcipuè claffiarij) Cilices, fecedere parant. 217. & feqq.eorum ad Catonem verba. 227. & feqq. Catonis ad eos verba. 256. quibus illi moti ad officium rediêre. 284. Cato exercitum ad Iubam Mauritaniæ regem ducere inftituit, & Cyrenas occupat. 296. cum Pompeij filijs claffe Syrtes trajicere conatus tempeftate affliclatur. 319. & feqq. in Tritonida paludem rejicitur. 347. relicto igitur Pompejo juniore cū copiarū parte in cultiorib' Africæ, ipfe cū reliquo exercitu ad Iubā regē per deferta contendit. 371. eius iter ingreffuri ad milites verba. 381. & feqq.ei' exercit' in regione Nafamonum ventis arenas impellêtib' valdè vexatur. 444.& feqq. idē folutis in calore vētis veheméti fiti corripitur. 498. & feqq. Cato porrectam à milite aquā rejicit, vt exercitū exemplo animaret. 503. peruenit ad templū Iouis Ammonis. 511. & feqq. eū Labien' hortatur cōfulere de rebus futuris oraculum Iouis Ammonis. 550. eius id facere nolētis ad Labienū refpō. fio. 566. & feqq. in itinere sēper pedes præcefsit, & omnia equaliter cū omnibus perpeffus eft. 587. primus è fonte ferpentib' obfito bibit. 612. eius exercit' querimoniæ de infefto ob ferpētes & fitim itinere per defertā Africæ. 848. & feqq. ei' caftra curā & cantu Pfyllorū, itē igne

ex herbis medicato à ferpētib' purgātur, militefque icti fanantur, &c. 911. & feqq. atque Ita per deferta Africæ per duos menfes vagatus eft. 941
Catone carens vita. 6,311
Catones vana nomina. 1,313
Catonum vota. 10,397
Catulus collegam Lepidum profligauit. 2,347. ei Marius Caji frater inferias miffos. 2,174
Caudinæ Furcæ, faltus abruptus in Appulia, vbi Romani à Samnitibus fub jugum mifsi. 2, 138
Cauſæ fedes oculorum. 2,184
Cauernæ mugientes motu terræ. 3,418
Cauernæ nauis. 9,110
cauernas egerere. 6,294
cauſæ rerum un ab æterno. 2,9.6, 611
cauſa partium. 9,220. cauſā armis obcèdere. 8,339. caufa Senatus. 4, 213. 6, 249. caufa æqua. 4, 230. melior. 4,259. 7,349. caufa fperare verans, iniqua. 10,451. caufas, non fata fequi. 3,303 cautus ab incurfu belli. 4,409
Gayci Germaniæ ad Rhenum populi comam promiffam alentes. 1,463
Cecrops rex à quo Athenienfes & Græci omnes Cecropes. 10, 181. hinc Cecropiæ puppes, Atticæ. 2,612
Cecropia, Minerua, quia Athenarum patrona. 3,306
cedere, fcilicet fuccedere. 5, 502
cedit in immenfum caffus labor. 2,663
celatus nullum diem. 5,200
Celenus, ciuitas Phrygiæ, vbi Marfyas cantu tibiarum (quarū inuentrix Pallas) certare cum Apolline aufus, excoriatus fuit. 3,206
celeufma, vide, [nauticus clamor.]
Celtiberi à Gallis oriundi, Hifpaniæ citerioris populi. 4, 10

Ee 4

INDEX

cenebris, serpens mille inſtar maculis diſtinctus, qui non in ſpiris ſinuoſus, ſed recto limite proːepit. 9,711
cenotaphia. 9,279,180
cenſus omnis pop. Rom. raptus à Cæſare. 3,156
cenſu toto emere, non prodigum tamen eſſe. 4,95
Centauri, ſemiferi, ex nube quam Ixion, pro Iunone compreſſerat orti. 3,198.6,386
centaurion, herba à Chirone Theſſalo inuenta. 9,918
ceperit inde neſas. 2, 538. cepto deſiſtere. 3,144
Cephiſſos flumen Bœotiæ Delphos præterfluens. 3,175
cerp, pro ſauis ſeu alueolis. 9,285
ceraſtæ, ſerpentes quibus cornicula eminent, tergo flexuoſo procedentes. 6,679.9,716.851
Ceraunia, montes Epiri. 2, 626. 5,651.mota, viſa moueri nautis. 5,457
Cerberus, canis triceps, Inferni Ianitor. 6, 665 , 702. cantu Orpheo lenitus. 9,643
Ceres, dea. 4, 412. Proſerpinam filiam ad ſuperos reuocare noluit, quia iam malum Punicum guſtauerat. 6, 741. pro frumento, ſegete aut pane. 3,347.4,96, 381.9,857
cerni horridum. 3,347
certamen mouere, certaminis cauſa eſſe. 3,111
certatum in neſas. 1,4,5
certauere patres de corpore trunco. 3,761.
certus diſcedit.6,771.certus loci, certus quo loco quid ſit.8,110 certior præbere ſtabilem carinam.3,557.certi ſomni. 4, 395. certa mens malorum. 3,17
ceruchi, cornua antennarum; item cauſa in ſummitate mali. 8,177
ceruus longæuus ; aut in Africa non naſcens.9,921. eius cornua aduſta contra ſerpentes, ibid. cerui ſerpente paſti medulla vſui Magis. 6,673

ceruix iacens. 4 , 754. ceruicem reſcindere.9,114.ceruice ſoluta ſtare.9, 603. ceruice vehi. 9, 589
ceſſare Marte. 4,34
ceſſans ſolum aratro. 3,452
Cethegi exerti,&, nudi. 2 , 544. 6,794
Cetos mater Meduſæ. 9,646
cetræ, ſcuta lunata Hiſpanorum. 7,232
Chalcedon opidum in Aſia è regione Byzantii, oſtreorum ferax. 9,959
Chalcis opidum Eubœæ ad Euripum. 2,710.5,227
Chaldæum regnum, Babyloniæ regio. 8,226
Chaldæi Inſignes magi. 6,449
Chaldæi foci, Ignis pro Deo ab iis cultus. 8,338
chalybs inſertus manibus, clauſ crucifixorum. 6,547
chalybs, ſpicula telorum.7, 518. chalybum nodi, catenæ. 6,797
Chaones Epiri gens, & Chaonius mons , in quo quercus oracula reddentes. 3,180
chaos. 1,74.5,634.6,696.9,108
Charybdis mare vorticoſum in freto Siculo. 1,547.4,461
Charon portitor flagrantis vndæ, Infernalis. 3,16.6,704
Chelæ Scorpii, Libra, 1,659. 2, 692
Chelydri, ſerpentes qui anhelitu ſuo arenas quas ſinuoſo tractu ſulcant, ſumantes reddunt. 9, 711
cherſydros , ſerpentis genus amphibium. 9,711
Chios inſula maris Ægæi ſub Aſia. 8,195
Chiron Centaurus in cælum relatus, Sagittarii Signum.6,393. 9,536
cibi pecudum, herbæ.6, 111. cibi quæſiti terrâ marique. 4,375
Cicero eloquentiſſimus Romanorum.7,52. tædio longi belli affectus.65.eius ad Pompeium oratio ad prælium exhortatoria. 68. & ſeqq.

ciere

IN LVCANVM.

ciere nomen. 4,175
Cilicia, Cilices, Cilicum solum, terra, littora; regio & populi Asiæ Minoris. 1,504. 7,222, 542.8,=57,264. 455. piraticæ addicti, & à Pompeio victi, atque in loca mediterranea mißi. 1, 122, 336. 2,616. 4, 449.8,811,9,222.fraudes mari innectere callidi. 4,449
Cilices auxiliares (iustà,iam non piratæ,naui) Pompeio. 3,228. cognitâ Pompeij morte, succedere volentes à Catone ad officium reducuntur; eóque comparati apibus ad alueolos reuocaris tinnitu æris.9,284.& seqq.
Cimbri, Germaniæ populi, qui Italiam inuadentes à Mario victi sunt. 1,254,2,85
Cimber ad occidendum Marium mißus,visâ in carcere luce, & majestate Marij territus, ferrum abjicit. 2,75.& seqq.
cineres mortuorum, vt sacros, mouere nefas. 8,841
Cinga fluuius in confinibus Hispaniæ & Galliæ Narbonensis. 1,432. in Iberum influens. 4, 21
cingere terrâ Syrtim, circuire itinere terrestri. 9,373
Cinna,socius Marij; pro exemplari hominis crudelis & perduellis repræsentatus. 2, 546. 4,822
cinnamum,cinnamomum, aroma nobile. 10,167
Cinyræa Cyprus, à rege Cinyrâ. 8,716
Circius, Septemtrionalis ventus. 1,408
Circæa procella. 6,287
circuire, secum fugientem circuit hastam: de versâ jaculo fixâ 6,233
circulus alti solstitij. 9,533
circulus mutator anni. 10,212
circulus oræ finitor, horizon. 4, 496
circumfluum mari. 4,407
circumfluxisse dracones robora

amplexos. 3,421
Cirrha Phocidis vrbs, nauale Delphorum; aliquando pro ipsis Delphis; aliquando pro oraculo Delphico : hinc Cirrhæa antra,secreta,& Cirrhæ vates.1, 64. 3, 172. 5,95,115. 137.6,408
citius,eo citiùs. 7,430
citrus arbor proferens poma citrea: item alia siluestri cupresso simills,in Mauritaniâ, è qua tabulæ citrinæ.9,428,430.10, 144
ciuis seruati præmium corona querna.1,359
ciuis meus,conciuis. 1,373,
ciuem modicum componere, agere. 7,167
ciuile bellum,vide,[bellum.]
ciuile crimen.7,398.nefas.7,432.
ciuilis Erinnys, furor belli ciuilis. 4,18.
clamor nauticus, vide, [nauticus clamor.]
clamorem suum non ferre,de timidis. 7,274.
classicum,&,classica.1, 238.373. 2,597.6,166.classica jubere.2, 528.dare bello.4,166.concipere cornu. 7, 476. classica cùm mundum quatient. 5,752
classis stans in vndis. 3, 519. in classem cadit omne nemus. 1, 306. classem propellit ventus incumbens. 3,2
classis primò ordine procedens, post vento dißipata, comparata volatui gruum. 5,711
claudere animam. 4,370.laudere indagine. 1 6.42
clausa fides miseris. 9,246.
clausis,aut obsessis,inutiles equi. 4,269
claustra maris. 2,684. mundi. 9, 865
clauum sequi, de naui. 9, 1, 345. clauo flectenti cedere. 3,555
clementia cæli. 8,365
Cleone, oppidulum in Argolicâ regione iuxta Nemeam siluam, in qua versabatur leo ab Hercule occisus. 4,612

INDEX

Cleopatra electa Aegypto à fratre Ptolemæo. 8,500. cui inuisa. 9,1071. Alexandriam venit. 10, 56. multorum malorum causa, et Helena. 10,59. ausa adspirare ad Imperium Romanum. 10,63. supplex Cæsarem adit. 10,81. & seqq. eius cultus luxuriosus. 10, 147. cum fratri reconciliari Cæsar cùm priùs cum eâ consueuisset. 10, 357. regina Aegypti à Cæsare constituta. 8,693
clientes emti. 1,314
Clupea, opidum liberum in Promontorio Mercurij in Africa. 4,586
clypei nudâ crate fluentes. 1,246. clypeum abiecisse militi ignominiosum. 6,203
Cnæus Pompeius fratrem Sex. percontatur de patre. 9,123. intelligens occisum, valde indignatur. 9,145. & seqq. à Catone compescitur. 9,166
coactâ nocte. 7,395
coalescere, de copiis fugatis vires resumentibus. 10,79
Coastræ, Asiæ populus, quorum regio altis siluis plena. 3,246
coccus, vel, coccum, granum tinctorium ignei coloris. 10,125
coërcere, terminare. 4,20
cogere, id est, coaceruare, coadunare. 1,73. 3, 104-7,743. cogere se in arctum. 2,613
cognatæ acies. 1,4. cognatum funus. 6,564
cognita per multos annos. 4,592
coire, certare. 1,129. concordare, conuenire. 8,495
Colchis, Colchinum, opidum Illyrici. 3,190
Colchi populi ad Pontum Euxinum, à vellere aureo noti. 2, 591. vnde Colchorum rura ditissima. 3,271
Colchis, Medea. 6,442. 10,454
colla, id est, capita. 2,160. 9,1012. colla rapere. 4,251
colligere animam. 3,623, iras, &, totam iram. 1,207. 2,91. vestigia. 4,143
collina porta Romana. 2,135

collis, solum leni tumulo excrescens. 4,11. colles sicci. 4,263
Colophon, Ioniæ vrbs celebris. 8, 246
coloni, milites emeriti & veterani in colonias deducti, item, missi ad locum aliquem incolendum. 1,346. 4,397. 7,258
color imperii, species. 9,207
color lucis. 6,828
coluber, &, colubra, serpens in vmbrosis nemorum. 6,489,664. 9,634
colubriferum collum Medusæ. 9, 677
Columnæ Hesperiæ, Herculis, quia ad Occidentem. 9,654
columnæ igneæ in aëre. 7,155
comæ Germanorum rutilæ. 10, 130
Comata, sub. Gallia : Transalpina potissimum, & Transpadana Cisalpinæ. 1,442
comes in fluctus. 3,589
cometes, timendum sidus, signum mutationis regnorum. 1, 528
comitiorum habendorum ritus. 3,192
commercia linguæ. 6,701. 8,348. pacti. 6,493
commeans æstu mare. 5,445
comminus eminus. 4,774
committere bellum. 7, 472. dominos committit asylum. 1,97
committere, coniungere. 3,362
committere satis. 4,517
commodare alicui aliquid in alium. 1,83
communia vestro populo, cum vestro pop. 3,307. in commune bonus. 2,390
compages laterum. 3,397
comparatio Cæsaris cum leone icto. 1,205. fundâ Baleari. 229. sagittâ Parthicâ. 230. equo in certamine Olympico. 291. Xerxe. 2, 672. Bellona aut Marte. 7, 568. Oreste & Pentheo. 777. serâ in caueâ conclusâ, aut igne in Aetnâ suppresso. 10,445. Medeâ 464
Comparatio Popeij cum quercu annosa.

IN LVCANVM.

annosa. 1,136. tygride. 328. tauro victo. 2, 601. habitantibus in Mediterraneis Siciliæ aut Britanniæ. 6,65. marinis fluctibus. 265. Pado inundante. 272 Comparatio silentij Vrbis attonitæ cum agris & mari tempore brumæ. 1, 259. clamoris militaris cum fragore siluarum vehementi vento quassataru. 388. populi ex Vrbe fugientis cum nautâ in tempestate è naui in mare desiliente. 498. Pythonissæ cum Bacchis. 674 Comparatio populi attoniti cũ primo funere. 2, 21. Marij lacerati cum corpore pondere colliso aut iactato mari. 187. Catonis libertati ad extremum adhærenti cum patre filiorum funus prosequente. 297. populi dubiæ fidei cum mari turbido. 454. classis Pompej, Brundusio duabus postremis nauibus tantùm amissis euadente cum Argo naue inter Symplegadas 715 Comparatio militum post inducias ad bellum redeuntium cum feris mansuefactis iterum ad rabiem conuersis. 4, 237. militum præ desperatione primò concitatiorum, post repescentium, cum saucio, qui feruente primùm adhuc sanguine animosus, tepescente torpidus efficitur. 285. Octauij lente Cæsarianis insidiantis cum venatore canes continentis dum fera clausa sit. 437. Opiterginorum se mutuo interficientium cum armatis ortis è dentibus serpentium à Cadmo & Iasone occisorum. 549. Iubæ regis cum Ichneumone. 724 Comparatio ducum aut principũ cum mari, & militum cum fluminibus in id influentibus. 5, 336. maris tranquilli cũ Mæotide & Bosporo galciæ adstrictis. 436. tempestatis magnæ cum diluuio Deucalioneo. Cæo. classis primò ordine procedentis, deinde dissipatæ, cum gruibus migrantibus. 711 Comparatio Scæuæ prosilientis cum pardo. 6, 181. eiusdem telis confixi cum elephante. 6, 207. eiusdem cum vrsâ. 6, 220. Torquati Cæsari cedentis cũ m nauta vela subducente 1, 287. exercitus Pompeiani in prælium Pharsalicum se præparatis, cum Deorũ præparatione in bellum giganteum. 7, 145. nautæ nauem obliquantis cum aurigâ. 8, 199 Comparatio rogorum in Africâ à reliquiis Pompeiani exercitus exstructorum cum iocendiis agrorum à rusticis factis. 9, 182. Cilicum oratione Catonis à secessione reuocatorum, cum apibus ad alueariũ reuocatis tinnitu æris. 9, 284. à sepicti & rabe diffluentis cũ niue aut cerâ liquefactis. 9, 782. intumescentis ex percussione presteris cum aquâ bullierte aut velis inflatis. 9, 798. iaculi serpentis cũ glande fundæ aut sagittâ. 9, 826. Psyllorũ infantes suos morsu aspidis explorantiũ, cũ aquilis pullos suos ad radios Solis exploratio. 9, 902. Cleopatræ cũ Hele nâ. 10, 59 compensare longius iter breuiore viâ. 6, 249 compertum est. 1, 322 complosas manus tenere. 2, 229 componere, committere. 3, 196. componere mentes ad virtutẽ aut labores. 9, 380. componere modicum ciuem, agere, constituere. 7, 267. cõponere vela. 3, 596. compositi in morte. 9, 116 compressius, occlusus. 10, 442 comma simularũ dolorem. 10, 8'9 complosa manus tenere. 2, 229 columen mobile neruorũ. 4, 289 concha pretiosa, in quâ vniques & margaritæ, 6, 678. concha ventosa, quâ pro tubâ vtitur Triton Deus marinus. 9, 349 concinere classica. 5, 238 concipere classica cornu. 7, 475 concipere vota salutis. 5, 5

concine e

Index

concitus equus. 7,677
conclamata corpora. 2,23
concordia salus rerum, &c. 4,189
concubitus excepti legibus. 8,402
concurrere, id est, certare, confligere.8,326. concurrunt prælia. 1,40. concurrent sidera sideribus. 1,75
concussa pectus verberibus, 2,335
condere fatum rebus humanis.7,132.condere terræ.1,607. constitium in alicuius curâ. 9,86
Cone insula Sarmatarum ad ostiū Danubij. 3,200
cōferre, id est, commiscere, committere.1,102.4,803. conferre quæ vincere possent, ad victoriam obtinendam. 7,356. conferre morti. 6,231
conficere. confecerat hostes pauor. 6,131
conficit omnia terror. 7,734
confine duorum locorum. 6,649
confirmare animos. 4,250
conflatum ferrum. 2,95
confodere iugulum. 3,744
confragum. 6,126
congeries ætatum. 5,178
congestum pondus. 3,649
congestus, vs. 9,487
conglobatio exercitus in periculo. 4,777
coniugii onus. 5,725
coniux pars optima. 5,757
connubii precium & merces, liberi. 2,330
conscientiæ tormentum, maxima pœna, 7,471,784.
consciūm. conscia gens nascenti Nilo.1,20. conscius mundi futuri. 5, 90. conscia rati voti, concipiens animo certam spē, 7,34. conscius voti nefandi.7,182
consentire ad ictum, patiente ictum recipere. 8,619
conserta bella bellis. 2,442
consertum telis. 7,520
consilij vox prima qui primus

dicit sententiam. 8,480
consita cultu regio. 9,690
consors studiis. 4.178
conspiratio Crassi, Pompeij & Cæsaris. 1,4,85.3,166.
constare,constatura quantis cladibus fides.2,17.constans mēbris vigor.3,715.constitit eadem vbique fortuna. 4, 402. constitit hic bellum , hæsit.7, 547. nullo constet mihi sanguine bellum. 4,274
consulere famæ.8, 624, in medium. 5,46
Consulibus à Senatu bellum demandatur contra Cæsarem.1,489
Consul Etruscis abductus aratris, Attilius Serranus vel Cincinnatus,ex agro ad Dictaturam vel consulatum euocati. 10,153
Consules noui Kalendis Ianuariis.5,5.ab iis & eorum nominibus anni denominati & in Fastis distincti post eiectos Reges.3, 645.5,390,399.7,441. hinc, ignoto consule , id est, tempore ob antiquitatem ignoto. 4,379
Consulum sedes sacræ.3,105.iis prælati fasces: (hinc & fasces, pro ipsis consulibus.) 10,11
consul menstruus. 5,399
Consules,gentibus subactis,colonias deducentes, succincti aratro locum designabant. 7,430
Consularis potestas inanis reddita. 5,197
consumere locum. 7,461
consurgens pars vrbis celsam in arcem. 3,379
contendere membra. 3, 624. contenta tela.7,563.contentæ fune naues. 2,621.
continere , compescere.4,435. continere animam. 8,616
contingi fœdum. 3,348
continuare colles. 4,159
contorquere.3,671.de vento.9, 472.contortus vortex.3, 631. 4,460

contra

IN LVCANVM.

contra videre. 9,947.
contraria voluens ventis æſtus.
9,333. contrariam ire. 1,77
contus. 6,174
conuellunt verbera puppes. 3, 528
conueniat, pro, conueniret. 2, 173
conuerſæ haſtæ verber. 7,577
conuertere aures ſurdas. 6,444.
conuertere fugâ bellum. 4, 178.
conuexa Olympi. 7,478. conuexa Superùm. 5,5,632. conuexa Tonantis, 9,4
conuitia feſta iu nuptiis. 2,369
conuoluens gentes mare, de diluuio. 5,623
copia rara. 3,693
Cora opidum Latij non longè à Velitris. 7,392
Corcyra inſula ſub Epiro ad confine Maris Ionij & Adriatici. 2,623. 8,37. 9,332
Cordus Quæſtor truncum Pompeij cadauer inuentum rogo comburit, & ſepelit. 8,712. & ſeqq.
Corfinium, Pelignorum vrbs primaria. 4,697. à Cæſare obſidetur. 2,478. & ſeqq. à præſidiariis deditum. 3,507.
C. Cornelius augur Patauij fertur dixiſſe die prælij Pharſalici ſe videre certantes Cæſarem & Pompeium. 7,192
Cornelia Caſtra, locus in quo Scipio Africanus caſtra poſuit non longè à Carthagine. 4,656
Cornelia L. Scipionis Metelli filia, primò P. Craſsi, Craſsi Diuitis filij, deinde Pompeij vxor. 2,349. 3,21. 8, 89, 810, 815, 9,66,277. eam Pompeius durante bello Lesbi ſeponere decernit. 5,722. ipſique conſilium ſuum aperit. 5,739. cui illa reſpondet. 5,761. in Lesbû proficiſcitur. 5,799. ibi ſolicita eſt de marito. 8,41. conſpecto Pompeio ex acie Pharſalicâ fugâ elapſo exanimatur. 8,58.
à Pompeio ob immodicû dolorem corripitur. 8,71. eius ad Pompeium reſponſio. 8,88. cû Pompeio proiecta Lesbo in Aegyptum, in naui expectare à Pompeio iuſſa quid ipſo futurum ſit, 8, 579. eius planctus conſpectâ cæde Pompeij, 8,637. & ſeqq. eius querimoniæ eò quòd Pompeium ſepelire non poſsit. 9,55. & ſeqq. mandata mariti Sexto priuigno aperit. 9,84. exuuias Pompeij comburit. 9,175
cornix ſeſe perfundens ſignificat futuram pluuiam. 5,555
cornipes, equus. 4,762. 8,3
cornu coactum, circulus plenus. 1,537
cornua aciei. 7,365,524. antennarum. 8, 193. claſsis. 3,529, portus. 2, 706. velorum. 5, 427
cornua. flexa, terræ aut rupis portum conficientis. 2,615
cornua (aciei) diducere, extendere. 7,506. explorare, de tauro, 2,603
cornibus tortis, vt arietes. 9, 514
corona aciei. 6,289. corona pro multitudine populi. 2,120
corona è nardo & roſis. 10, 164
corona querna, præmium ob ſeruatum ciuem. 1,359
corona turrita nouæ nuptæ. 2, 358
corpus carcer animarum. 6,722. corpus ſummum, facies, ſeu partes exteriores. 8,68
corpora debent ſibi ſui finem. 7, 811
corpora illuſtrium virorum in funere delata humeris nobilium. 8,732
corpora ſepeliantur, an non, parum referr. 7,809
corpora ſuſtentare epulis. 4, 307. corpora viua eliduntrunci. 2, 206. corpora proiecta negatis tumulis, inhumata. 6,626
correpere in cymbam. 8, 39. in medium

INDEX

medium agmen. 4,777
corripere mœnia. 2, 100. corripientes faces recta. 1,494
corruptus in externos mores. 10,404
corruptus luxare catenas. 10, 57
Coruini, nobilis familia Romana. 7,584
Corus, &, Cori, ventus ab Occasu solstitiali, aliquando etiam pro quouis vento. 1, 406. 2, 617. 4, 67. 5, 572, 599, 606. 7, 125.9,799.1001.
Corycos in Cilicia oppidum, mons & specus, 3, 226. Coryciæ classes, piratarum Cilicum. 8, 26. in monte Coryco prouenit optimum crocum 9,809
Cor insula Samo vicina. 8,246
costus, frutex in Arabia & India, cuius radix contra venena vtilis. 9,917
cotibus exarsit mucro. 7,139
Cotta, Cæsaris legatus a Neruiis cæsus. 1, 429
Cottæ tr. pl. verba ad Metellum collegam qui Cæsarem ærarium spoliare vetabat. 3, 143
Cotys Thracum rex a Senatu laudatus. 5,54
couinus, currus, rostratus Belgarum & Britannorum. 1, 426
Crœsus rex transito flumine Haly a Cyro captus. 3,272
Crassi puer & filius Marianis temporibus a Fimbria quodam occisi, vt vult Lucanus. 2,124
Crassus, cognométo Diues, Spartacum profligauit. 2,554. mura belli ciuilis. 1, 100. ad bellum Parthicum profect' nihil moratus diras Ateij tr. pl. 3,126. a Parthis cum P.ib.filio cæsus. 3,105.8,102,10,51. ipse filiusque insepulti. 1,118. 294.9,65
Crassus (Pub.) Diuitis filius maritus prior Corneliæ, quæ post Pompeio nupta. 8,91,415. cum parte cæsus & insepultus: vide, [Crassus Diues.]

Crassorum clades cur non vindicata a Romanis. 7,431. vindicta potius procuranda quàm bellum ciuile gerendum. 8, 418.& seqq.
Crastinus euocatus in exercitu Cæsaris primus telum in hostem misit prælio Pharsalico. 7,471
crates perpetua, clypeorum connexorum in testudine series. 3, 485
credere, confidere. 1,135. credere animam morti. 3,751. causam Diis. 7,77. deis. 7,705. satis. 1, 227. siluam cani. 4,441.solo.4, 657, 643. vocem dolori, aut, dolorem voci. 1, 258. vna nox muris credita. 1,520
crescere, id est, excrescere, superare.5,25.crescere, de eo quod in alto exstruitur. 9,84: creuit in aduersis virtus 3,614
Creta, insula nota Maris Mediterranei, cuius rex Minos, vnde Minoia.2,611.3,163.9,38.a cétum ciuitatibus dicta Hecatompolis: Ioui dilecta, quem in ea nutritum & sepultum fabulantur. 2,184.8,872
Cretæ, canes Cretenses. 4,441
crimen, habere crimen.8,118.ne, crimen erit, nec gloria. 7, 112. crimen ciuile. 7, 398. crimen Deorum. 2, 288.5,59. 8,800,9, 144. crimen glebarum, instrumenta luxuriæ. 9,425
crinis timendi sideris. 1,528
crines Libyci, nigri: flaui vel rutili Germanorum. 10,129
crocum optimum prouenit in Cilicia.9,809.croci pressura.9, 809
croceum medicamentum tingendis crinibus Indorum. 2, 239
cruci affixa corpora carpunt maga 6,545
cruor altus. 1, 319. cruor stat in temulis. 3,103
crustæ marmoreæ, &, crustata domus marmoribus. 10, 1145
115 Crustu-

IN LVCANVM.

Crastumium Flaminiæ fluuius. 1, 406
crystallina vasa. 10, 160
cubile ad somnos. 4, 603. cubili miscere. 10, 68
cubilia è frondibus. 9, 841
culmen humanum, Dictatura. 7, 594
culmi aduecti, frumentum peregrinum, aduectitium. 6, 85.
culmi in segetem surgentes. 6, 203
culpâ suâ viuere, de eo qui fugâ euasit. 6, 204
culta, agri culti; &, cultu consita regio. 2, 426. 3, 210. 9, 690
cultus funialis. 6, 654. cultus mæsti lugubris. 2, 365
Cumana vates, Sibylla Cumana, 1, 564. libros Romana fata continentes dedit regi Tarquinio. 5, 183. eius carmen hoc, Romane miles Aegyptum caue; Lucanus ad Pompeium refert. 8, 824
cuneus, quicquid è lato in acutum desinit. hinc militum acies coneata, & cunei militum. 6, 184. 7, 497
cunei ordines graduum in theatro, & pro multitudine populi in iis sedente. 7, 12
cupere non priuata. 2, 564
cupidus imponere. 2, 170
cuppæ sustentandis ratibus. 4, 430
cupressus, arbor Plutoni sacra, cuius ramus collocabatur ante domum funestâ nobilium. 3, 442
cura famæ. 9, 1080. cura in somnis. 2, 239. cura laboris. 7, 209. in curâ conditum. 9, 86. cura maxima fuit non perdere fletum. 3, 705. cura fuit implere, &c. 7, 142
curæ armorum. 3, 52. 5, 504
curæ mordaces. 2, 681. in curas venire. 2, 347. curarum mæstus. 8, 165
curarum arcana. 8, 279. pondera. 9, 951
curare, dignum quod quærere cures. 6, 602. curata sunt, curæ sunt. 7, 435
Curetes populi Insulas Inhabitantes Cretæas dictas in orâ Illyrici; Corcyram, vt quidam. 1, 405
Curia pro ipso Senatu, & pro Senatoribus. 1, 267. 487. 3, 108. Curia hospes. 5, 11
Curio Cæsari in bellum stimulos addit. 1, 269. & seqq. venali lingua. 1, 269. vox populi. 1, 270. in Siciliam à Cæsare missus. 3, 59. ex Siciliâ in Africum traiicit. 4, 583. in loco castrorum Cornelianorum castra ponit. 4, 661. territus aduentante Iubâ rege (quem in tribunatu suo spoliare regno tentauerat. 4, 689.) quod non consideret militibus suis, vt non veteranis Cæsaris, sed Corfinii dediticiis; antequam omnes dilaberentur prælio decertare statuit, & primò Varum pellit. 4, 694. & seqq. exercitum contra Subburam ducit, ignarus præsentis Iubæ. 4, 730. equitatu Iubæ circumdatus. 4, 746. & seqq. fugere nolens; fortiter pugnans occumbit. 4, 797, 5, 40. Insepultus. 4, 810. eius elogium, virtutes & vitia. 4, 811. & seqq.
Curius Dentatus, qui de variis populis triumphauit, pauper nihilominus & auro incorruptus: hinc Curiino ligones; curij & Fabricii nomina pauperis æui; pro exemplo frugalitatis. 1, 169. 6, 787. 7, 358. 10, 152
currere magno gradu. 2, 100
currere de æthere. 7, 424
currere clarum, de fulgere. 5, 630
currere per prospera fata. 7, 420
currum retorquere. 7, 3
currus triumphales celsi; &, lauriferi: hinc & currus pro ipso triumpho; item, currus regere, ducere, &c. pro triumphare. 4.

INDEX

pharo.1,316. 3, 77. 5, 332. 8, 810,814.9,79
cursus fati,&, cursum dare fatis. 6,423.7,544
corsus rapere.5,403.cursum frangere longo gyro. 3,555
curuare littora, de mari. 8,178
curuari, id est, extendi, ambire. 3,107
Curules ; pro Aedilibus Curulibus. 3,107
cuspes, &, cuspes æquorea, tridens Neptuni. 5,621.6,396
custodia mentis,id est, obfirmatio, constantia : vel,vt alii, intro custodita cogitatio. 1, 635
custos vndæ Illyricæ, præfectus oræ marinæ Illyricæ. 4,433
cutem abducentia ossa. 4,288
Cyaneæ cautes, insulæ vel scopuli Bospori Thraciæ, Symplegades. 2,716
Cybeles simulacrum quotannis à Gallis, sacerdotibus ipsius, in Almone lauabatur. 1,600
Cyclopes ministri Vulcani dicti. 7,150
Cydones, Cretæ populi auxiliares Pompeij in acie Pharsalica. 7,229
Cyllene, mons Arcadiæ, in quo Mercurius natus,& à quo Cyllenius dicitur. 1, 662. 9, 662. 10,209
cymbæ vimineæ corio contectæ. 4,131. ex papyro in Aegypto. 4,136
Cyniphiæ pestes,Libycæ aut Africæ, à Cyniphe regionis flumine,serpentes. 9,787
Cynosuræ, Vrsa minor, ad quam cursum dirigebant Sidonii. 3, 219.8,180.9,540
Cynthia, luna,1,218.2,577.4,60. 8,721
Cyprus insula maris Ionii, cui imperauit aliquando Cinyras rex, à quo & Cinyrea dicta. 8,456, 506.9,117
Cyrenæ, ciuitas & regio. Africæ. 9, 874. à Catone occupatæ. 9, 237
Cyrtarua, Persarum regio. 8,

226. Cyri ingentes copiæ. 1, 285
Cythera, orum, insula Peloponesi, sub Malea promuntorio. 9,37

D

DAE, errantes, siue nomades, populi Scythici. 7,429
Daci, (&, Dacæ primâ correptâ) Thraciæ conterminj populi : sæpe pro populo fero & barbaro; vt, hinc Dacus premat, inde Getes : Dacæ Getæque : Dacis Getes admistus. 2, 54, 296 3,95,8,424
Dalmatici fluctus, Mare Adriaticum versus Dalmatiam.2,402
Damascus Syriæ vrbs. 3,215
damna mundi. 9,440
damnum armorum, id est, detrimentum quod arma patiuntur. 3,364
damni solatia rependere. 8, 469
damnare, pro,contemnere, detestari, improbare, execrari, reiicere,diffidere.4,270.5,247, 311, 471. 6,413.7,243.8, 25, 317, 328. 9, 858, 1035. hinc damnatus.nefastus.7,309.damnata arma, infelicia, improbata,4,338,360. damnata lux. 4, 534
damnare, pro, obligare, adstringere,addicere rei malæ, tristi aut infelici : vt, loco. 1, 249. 749 busto. 2,733, fato. 3, 22. sacris. infernalibus. 6, 641. morti. 8, 483, 570.9, 87. hinc, damnare noctibus,id est,tenebris obscurare. 7, 452. damnatus lumina. somno. 9, 363. damnari tenebris,aboleri. 9,986
damnare,pessundare. 8,332
damnare nimiæ pietatis. 6, 508. sceleris. 1,406
damnare fortunam suam, animum despondere. 7,649
Danaë à Ioue in imbrem aureum conuersa.

IN LVCANVM

conuerfio ftuprata, mater Perfei. 9,659
Danubius fluuius celeberrimus. qui & Ifter, multos fluuios in fe recipit. 2, 419. multis oftiis fe in Euxinum exonerat. 2, 420,3,202
Dardani, Epiri populi. 3,187
Dardanius colonus, Capys, conditor Capuæ. 2,192
dare.ius fceleri.1, 2. vires in carmina.1,66. ftimulos. 1, 120. libertatem odiis.2, 145. animos. 2,570. lacrymas ciuilibus armis. 3,313. fecretum,3, 314. arma. 3, 315. clafica bello. 4, 186. euentum fraudibus. 4,730. terga aut pectora bello. 4, 468. curfum fatis. 7,544
dare. dare præcipitem. 8,193. dare multa in vulgus. 1, 132. bella priuatæ iræ. 4, 688. peffum. 5, 616. dedimus Romam eò cladis. 7,406. dare gentibus iras. 2,747. do ferre. 4. 806. do cognofcere. 6, 813. datum nofle, &, nefcire. deos.1, 452. dedit fcire. 6, 776
dare, pro, permittere. 7,136
dare arcana, declarare. 9,554
dare ventis, committere. 8,190
dare in medium, cingere: 7, 366
dare nauem in littus, appellere. 8,134
dare vni cuncta, facere in gratiam, commodum, aut juffu vnius. 2,146
debitum fatis. 8,415
deceptis manibus vacuum complexa cubile. 5,809
Decii, pater & filius, pro falute reip. caput fatale vouentes, in confertiffimos hoftes irruentes morte fua Rom. victoriam pepererunt. 2,308.6,785.7,359
decliuia montis: 2,421
decoquere, abfumere. 9,776
decorum alicui. 1,164
decuit fulgens tutela carinas. 3, 511
decurrere effufo paffu. 4,271
decus pelagi, victoria naualis. 3, 762.
dedecus breue æui. 2,117
dedifcere ducem. 1,131
deducti coloni. 4,197
deducere carbafa. 2,697
deeffe.fe deeffe deis, at non fibi numina credit. 5, 499. deeffe ruinæ.6,10.deeffe, non intereffe. 8,630
defectus, id eft, folutus, defatigatus. 2,559.4, 635. 5, 333. 6, 292. 9,401. defectus epulis. 10, 281. defecta furore. 1, 695. defecta membra. 4,600. ilia. 4,757. defecta robore membra. 3,615
defectus Solis. 7,4
defendere, id eft, arcere, prohibere, tegere 9,306.322,673
defendere templum ab auro. 9, 521. defendere aquas fuas, de flumine quod nõ mutatis aquis alium in fe recipit, aut ipfum in alium induit.6,376. defendit fe à mari terra. 9,306
deficere, lafitudine defatigari.9, 401. vide [defectus.]
defixus lumina. 6,658
deflagrare. 4,280
deflectere iter. 3,337
deformis pallore. 8, 55. deformis dolor, turpis. 8,81
degener toga. 1, 365. metus. 3, 149. rogus. 9,4. degeneres animi. 6, 417. latebræ. 10,441
degere vitam inermem. 4,338
Deiotarus Gallogræciæ à Senatu laudatus. 5, 55. à Pompeio ad Parthos auxilia rogatum mittitur. 8,209.& feqq.
delectus fceleri, fub. faciendo.8, 538
Delos infula in quâ nati Apollo & Diana, & in quâ oraculum Apollinis. 6,425
Delphici oraculi Apollinis origo & defcriptio. 5, 70. & feqq. cur ceffet refponfa edere. 5, 111, 131. templum Delphicum à Brenno & à Perfis combuftum. 5,134,
delphinus incertus quò tendat, tempeftatem futuram denotat. 5,552
demiffus

INDEX

demissus pelago. 8,159
demissus vultus. 2,361
Demogorgon, Inferorum omnium infimus & maximè horrendus: qui situ & terrore se habet ad alios Inferos, sicut se illi ad nos hic Medusæ faciem, seu Gorgona, adspicere, & Styga deierare sine vllo periculo potest. 6,745. & seqq.
densantur nubes in imbres. 4, 76
dens in somnis, dentes in somnis draconis à Iasone occisi. 4, 552
dentes imprimere, mordere. 9, 806
dentes niuei, ebur. 10,144
dentes ruricoli, rastrorum aut aratri, quibus terra scinditur. 7,859
dependere, impendere. 8, 101. dependere amori tempus. 10, 80
depositum Fortunæ. 2, 71. depositum pignus. 8,191
deprecor seruari. 9,213
deprensus cantu magico. 6, 505
depressa virtus. 4, 469. 6, 168
deprensum est. 9,531.816
deprensum est ciuile nefas. 4, 172
derogare famam suo. 9,159
destruire in artus. 6, 540. desæuiens ira. 5,303
descendere in euentus belli ancipites. 5,67
deses natura. 9,436
desidere in vndas. 3,630
desidiosus. 9,288
desistere cœpto. 3,144
desolatum. 4,701
desperare diem. 1, 543. viam. 5, 574
despicere mare de monte. 5, 639
despicit Arctos populos. 1,458
despumare in herbas de Lunâ. 6, 506
destruere. 6,734-7,398. destruit vulnera singuli. 5,746. destituit

spiritus fauces. 5,133. destituere ducem, 5,244. destituunt pietas fideique. 5,298. destituunt verba paratam mentem. 5,731
destruere meritum. 9,1041
desuetæ siluis feræ. 4,237
detecto Marte, bello aperto. 10, 346
detrahere dominos Vrbi seruire pararæ. 1,351
detrahere in cladem. 3,22
detrudere, 6,174
Deucalionis temporibus maximum diluuium. 1,653
deuertere acies. 2,470. deuertere cursu. 6,591
deuexus terrarum margo. 9,497.
deuexa mundi. 10,39
deuia terrarum. 4,161. mundi. 8, 209
deuoluere mœnibus agmina. 2, 471
deuotus. 4,272,833,695.8,91. deuotus sacro fœdere. 8,112. deuotus sacri, sacerdos. 10, 176. deuotæ in prælia dextræ. 3, 311
Deus est quodcunque vides, quocunque moueris. 9,580. nascentibus semel dixit quantum scire licet. 9, 575. se eadem lege tenet quâ cuncta coërcet. 2, 10
Deus incertus Iudæorum. 2, 593
Dei sedes vniuersum & virtus, siue animum sapientis. 9, 578. nil facimus non sponte Dei. 9, 574
Deum sequi. 9,557. mente gerere. 9,564. deum facere, referre in numerum Deorum. 9,604. Deo plenus. 9,554
Dei, seu, Dij inferni. 1,634. Dij visa secundem. 1,635. Dei terribiles scelerum. 2, 80, 7, 168. Dei cæli Erebique. 2, 306. Dij melius 1 2,537. 3, 93. Dij secundi veniam meruere. 4, 123. Dei magici. 6, 577. Dij ad primam statim vocem magorum quidlibet concedunt, ne plures audiant. 6, 528. cur & an magos metuant

In Lvcanvm.

metuunt quæſitum. 6, 492. Dei Lethæi, Infernales, à Lethe flumine. 6, 685. Dei Romani, Heroés, 6, 807. Dei, nulli humana curant. 7, 445, 454. Dii tranſire dicti auerſi, aut hoſti fauentes. 7, 647. Dii naſci nec oriri poſſunt. 8, 458. Dii hoſpitales. 9, 131. cinerum. 9, 290. Dii penates Trojanorum. 9, 993. Dei ſecundi. 9, 1098. Dei Aegyptij ferè nonnullæ & aues. 10, 159. Dei noſſi volentes. 10, 185
Deorum ſortis ignarum mortale genus. 3, 312.
Deorum inuidia. 4, 243. 9. 66. crimen. 5, 59. 8, 8, 55. 800. 9, 144. obſequium, fauor. 5, 294. vſus. 5, 598. mors dilata Deûm, immortalitas. 6, 628. doli. 7. 85. monſtra, prodigia, 7, 172. aurum, dona iis oblata & ornamenta aurea. 8, 121. multum eſt in gente Deorum. 8, 125. multum eſt in gente Deorum. 8, 308. Deorum reſpectus. 8, 455. pudor. 8. 597, 605. culmina, & ſedes, id eſt, templa. 9, 819. 10, 15
Deis ignoſcere. 2. 93. 9, 1103. domare quod ſupereſt vitæ, ſibi ipſi inferre mortem. 3, 243. ſe deeſſe Deis, ut non ſibi numina. 7, 499
Deis vim facere, de magis. 6, 446
Deis iraſci. 1, 665
Deis quid objicere, exprobrare 9, 188
Diis omnes hæremus. 9, 573
Deos ſpargere, ſimulacra Deorum. 3, 100. Deos non noſſe quos timemus, auget terrorem. 3, 416. Deos quis enim læſos impunè putaret? 3, 448. Deos agnoſcere. 4, 255. Deus laſſare. 5, 695. exornare armis, trophæum iis erigere. 6, 256. cogere de magis. 6, 446. in Deos conuicia. 7, 725. 9, 187. in Deos tanquam humana non curantes, inuehitur per digreſsionem Lucanus. 7, 445. & ſeqq.

eſſe locis Superos teſtatur ſilua, &c. 9, 523
Deæ vltrices. 10, 337
dextra inurta. 1, 378. violata. 2, 156. dextræ omnia ſperantes. 5, 355
Diana Scythica, cui homines immolabantur. 1, 446. Dianæ Scythicæ regna, lucus vel nemus prope Ariciam, quia ſacerdos eius Rex Nemorenſis vocabatur. 3, 86. ab Oreſte ex Tauricâ Ariciam tranſlatæ; vnde Mycenæa, quia Oreſtes Mycenæus. 5, 74
Dictatura culmen humanum. 7, 594
Dicte, Cretæ mons: vnde Dictæa ſaxa, & littora; item Dictæi coloni, Dictæa manus; Cretenſia, Cretenſes, 2, 610. 4, 322. 6, 214. 9, 38
diducere cornua aciei, extendere 7, 506
diductum robur, 3, 584
dies medius, 1, 16
diem extremum præcipitare. 2, 106
dies perdere. 3, 394
diem admittere. 3, 444
diem vnum donauere patriæ. 4, 28
dies in medium ſurgens. 4, 155
dies nube læſus. 5, 456
dies feſtinata ſatis. 5, 560
dies iſta ierit non paruo ſanguine. 6, 158
dies ſumma, & ſuprema, mors. 9, 208. 10, 41
dies arte magica prolongati. 6, 452
diei obſcuræ periphraſis. 7, 1
dies quo clades inſignis illata Romanis, in Faſtis inter atros notatus, & à clade cognominatus. 7, 409, 410
dies longior, diuturnitas temporis. 7, 845
diem totum mutare, aliud cæli clima ſubire. 8, 217
dies ſtat librata cardine ſummo,
ſed

sol meridianus perpendicularis est. 9,52
dies, pro Sole aut luce, [passim. hinc dies cæli. 9,905. dies nimius, Sol vehementior.9,432. diem agere, item, explicare, de Sole aut naturâ. 7, 201, 202. item, diem medium ducere. 6,571
dies quo prælium committum, aliquo modo pro ipso prælio, ferè vt Francis [Iournée.] 7,92.427
differre semper nocuit paratis. 1,281
differre, diripere.9,142.pro producere. 9,568
difficilis tueri, qui non facilè tuetur aut conteruat, 1,511
difficilia virtuti dulcia. 9,403
diffuso vertice. 3,376
diffusum vinum, conditum. 4, 379
dignus donandâ virâ. 4,147
digerere, id est, dissoluere, consumere. 6,88
dilatâ manu. 8,708
Diluuij Deucalionæi descriptio. 5,622
dimadere. 6,479
dimittere laudibus in longum æuum. 1,448
dimitti marito, repudiari. 5, 765
Diomedes Trax equos suos corporibus hospitum alebat, 2, 163
Dipsas Ciliciæ fluuius ex Tauro monte ortus. 8,255
dipsas, serpens, cuius morsus mortalem sitim incutit. 9, 610,718.738.& seqq.851
Dirce fons in Bœotiâ. 3,175
Dircæa cohors, armati ex dentibus serpentis prognati, qui inter se certantes pariter occubuerunt. 4,550
dirigere. 6, 475. dirigere Libyam, in Libyam. 8,170
dirimere Arabiâ Aegyptum. 10, 312.castris, à castris. 4,33
Dis, Pluto, Deus Inferorum.]1, 455.577.5,433.797. Ditis arcana. 6,554

discedere, id est, separari, findi.6, 347,382. hinc, discedere inter manus carpentum. 2,121. discedunt æquora. 3,632.discessit medium pectus ad lctus. 3, 655. discessit palus in multos amnes. 6,360. discedere in fauorem generi socerique, in partes distrahi. 10,418
discolor, colore ab alio differens. 8,293,722
discordia turbat minimas rerum. 2,272
discordia agitat manes. 6, 780
discrimen. In discrimen mittere.2,599. magnum secula nostra venturi discrimen habent. 4, 192. discrimen mundi gladio permittere. 7,108. discrimine nullo habere. 4,218
discriminare vestes picto auro. 2,357
discursus aquarum. 10,249
discussa vittas. 5,170
discutere salo. 2,685
dispendia siluæ. 8,2
dispensator iusti gladius. 4,248
dissolui alis Cæsareis. 1,440
dissonus. 7,272
disterminare. 1,216
distinere. 4,675
distribuere tumulos triumphis. 6,818
districtus epulis. 10,412
distringere ramos. 4,317
diuersa feror. 1,683
diuersi, oppositum, alij.3,327.6, 782,783
diuersum pelago, contrarium. 3,681
diuidere. diuidit horas buccina. 2, 689. diuisere Deos. 2, 35. diuisum sanguine mare. 4, 22
diuitias numerare. 6,407
diuitiis violatum. 9,520
diuitias ostentare armato, amentiæ est. 10,146. tueri difficile. 7,749
diuortia gemini Ponti. 2, 404, 580

docilis

docilis vicisse. 1,126
doctus quietem ferre. 9, 294.
seruire. 553 82
Dodona silua Ioui sacra in Epiro, in quâ oracula reddebantur. 6,427
Dodones silua, quercus, 3,461
dolendi nobilitas: 8,329
dolor heu semperque dolebit. 6,303
doli Deorum.7,86.doli à Ganymede.10,520. dolis infectum 4,736
Dolopes Thessaliæ populi.6,384
dolor. dolori vox credita, pro. voci creditus dolor.1,258.dolor sine voce.2,21.dolor necdum, sed iam nuctus. 2,237.dolor summis malis seruatus, 2, 41. doloris vox. 5,494. dolorem capere. 5,759. dolorem mente suppressum tegere. 6, 228. dolor verendus, salua majestate. 7,680. dolorem effundere iu lacrymas aut gemitus. 9,146
dominus. dominos detrahunus Vrbi seruire paratæ. 1,351.ad dominum ire. 4,217. domini mentiri. 5, 386. dominum quantâ virtute parasti! 6, 262.dominus rerum.6,595.dominus non dux. 9,241
Domitius Ænobarbus successor Cæsari in Galliâ designatus. 7, 607. pugnax.2,479.7,319,600 Corfinij à Cæsare obsessus. 2, 478. & seqq. à suis militibus Cæsari deditus.2,507.Cæsaris ad eum verba,2, 512. à Cæsare veniâ donatâ dimittitur. 2, 516.7,604. à Pompeio præfectus extro cornu in acie Pharsalicâ. 7, 220. occisus. 7, 600.sæpius à Cæsare victus. 7, 601.Cæsaris ad illum, & illius morientis ad Cæsarem verba. 7,606
domus polluta. 2,252
demus tuta. 10,459
donare, id est, condonare, ignoscere; remittere. 2,477.7,450. 784.9,144,1017,1088

donare. donauere diem vnum patriæ. 4, 28. donare spatium jaculis. 4,764. donare ratibus flexus Maleæ.6,58.donare veniam. 10,70
Donaria. 9,516
Dorion, Thessaliæ ciuitas, in quâ Musæ Thamiram cautorem visu & cantu priuarunt. 6,353
dorsum montis. 2,428
dracones, serpentes alati, quorum formam dij sæpe crediti assumsisse; alibi innoxij; in Africâ perniciosi,& id viribus potiùs quàm venenis; adeò vt tauros & elephantes circumuoluti nexu nodi præstringant.9,728.arboribus circumuoluti. 3,421. eorum oculi Magis vsui. 6,675
Druydæ, magi & sacerdotes Gallorum: eorum sacra, mores, & dogmata. 1, 450. & seqq.
Drusi, popularia nomina; quia Linius Drusus tr. pl. leges Gracchanas asserere conatus fuit. 6,795
Dryopes, Epiri populi. 3,179
dubius. dubium. dubij montes. 3,7. dubiique fugæ pugnæque tenentur.4,156. dubiæ acies.4, 389. dubia lux. 4,473. dubius miles ducibus suis,4,698. dubius Mars. 4,770. dubiæ mentes, 5, 256. in dubio stare. 7, 247. dubius sati. 7,621.in dubiis, rebus dubiis. 8, 341. dubium manet. 9, 19. in dubio terræ pelagique relictum. 9, 304
dubitanda Luca. 4,60
ducere. ducere,id est, producere, protrahere. 1, 670. ducunt naues varios tractus. 3, 551. ducere tempora,5,6.senectam manibus, id est, manuum labore vitam senilem sustentare. 5,535. ducere opus. 6,39. ducere artem in nouos ritus. 6, 509. ducere medium diem, de Sole. 6, 571. ducere colorem

INDEX

rem. 6, 818. ducere in mœnia; populum vagum vrbibus affuefacere.7,429.ducere in arma.9. 227.ducere triumphum. 9,598. 10,154. ducere aëra pennis, volare.9,729. ducere,id est,attrahere,imbibere. 10,124,252.
dumeta confraga. 6,126
durare viuere. 4,519
durare viscera cœno. 6,94
durata ruens malis. 5,798
durus vultus. 2,373
dux. dux Bruto Cato solus erit. 2,247
dux senior. 2,561
dux lussus. 7,79
ducem dediscere. 1,131
ducum in funeribus totus exercitus circumibat bis terue rogum armis demissis vel tractis. 8,735. non ducis, sed militis enses stricti sunt. 5,254. ducis manus,milites, 5,311
Dyrrhachium, Epiri ciuitas, ante Epidamnus dicta. 6, 14. eius situs. 6,19.& seqq.

E

E Mœnibus pondêre. 7,369
eat sic. 2,304
ebulus, sambuco similis subfrutex, cuius fumo serpentes fugantur. 9.916
ebur, dens elephantinus. 10, 119
echeneïs pisciculus qui naui adhærens, eius cursum remoratur,vnde dictus remora. 6,675
Echinades Insulæ ante Actoliam. 6,364
eclipsis Lunæ. 1,539. vnde. 6, 503
eclipses Lunæ in Africa maximæ. 9,693
edere.gemitus edere dolorem,id est, suppressere, concoxere. 7, 43
edax ætas. 7,397
edoctus motus fulminis. 1,587
Edonis,Baccha, à parte Thraciæ,
1,675
efferre arbores, de terra. 9,525
effetæ ceræ,exhausti faui. 9,285
effingere varias figuras. 5,711
effundere. in planum muros. 1, 385.acies in hostem.6,292. totas vires. 7,344
effundi in caput. 7,529
effundere dolorem in lacrymas aut gemitus. 9,146
effusa terra,patens. 4,19
effusæ in amplexus manus. 4,176
effuso passu decurrere. 4,271
effusa acies. 4,741
effusus campus. 6,270
effusa arua. 8,170
efusa solutas comas in vultus.9, 172
egerere querelas. 2, 63. animam. 3,718.cauernas. 6,294
egestas aliquando causa scelerum.1,173.quosdam ad bellum adigit. 2,253
elementorum concordes moræ. 5,635
elephantum ferax Africa. 6,208
Eleus sonipes,equus in certamine Olympico,quod in Elide Peloponneli. 1,294
elicere Epirum,in Epirum. 5,9
elisus aër lituis. 7,476
eluctatus Tyberis in mare. 2,219
Elysij,&,Elysiæ sedés, campi, vel locus in aëre, habitaculum piarum animarum. 3, 12. 6, 600, 699,782
Emathia propriè Macedoniæ regio; sed Lucano sumitur pro Thessalia; qui & Thessaliam sæpè cum Macedonia confundit, & contrà. hinc illi etiam Emathia, pro pro prælio ipso, quod in campis Pharsalicis Thessaliæ accidit; item Emathia clades, procella, ruina, Emathiæ clades,Emathium ferrum, Emathia arma. 7,685. 8, 34,203, 211.360.9,33,245,950, 1217.pro Thessalia autem Emathia, Emathis tellus, & terra; Emathiæ terræ, &, oræ, Emathium littus. 6, 315, 332,580, 820.7,794,798, 860.1, 188. pro acie

In Lvcanvm.

acie Pharſalicâ Emathia acies. 1, 687. 8, 531. pro campis Pharſalicis Emathis Pharſalos, Emathij capi, & agri, Emathiæ campi, Emathia arua, 1, 1. 6, 150, 620. 7, 186, 191, 846. 8, 43, 266. 9, 15, 1045. Item Emathiæ dies, pro die prælij Pharſalici. 7, 427. porrò etiam longius Emathia tecta, pro Alexandria, quia à Macedonibus condita. 10, 58. item Emathiæ arua, pro campis Philippicis. 4, 256
emere aliquem magno pignore, obligare ſibi beneficio. 9, 1021.
emtum velle. 7, 282
emere toto cenſu parum panis, cogente fame, non eſt prodigum eſſe. 4, 95
emereri, mereri. 5, 688. hinc emeritum donum. 1, 357
emeritum, id eſt, ad finem vergens aut perductum, confectum, conſummatum, laſſum, aut quod curſum ſuum perfecit: vt emeriti milites. 1, 344.
emeritæ naues. 3, 520
emerita mors. 3, 622
emeritum ius. 5, 7. emerito Marte, bello debellato. 7, 268
emeriti iter. 9, 735. emenſus ſcopulos Cypri. 8, 461
eminus cominus. 4, 774
emollit gentes clementia cæli. 8, 366
Enceladus gigas qui fingitur ſub Aetnâ ſepultus eructare flammas. 6, 294
Encheliæ, Illirici populus, apud quos Cadmus in ſerpentem verſus. 3, 189
Enipeus fluuius Theſſaliæ non longè à Pharſalo. 6, 173. 7, 116, 224
Enna opidum Siciliæ, vnde Proſerpina Ennæa. 6, 740
enſis, latè vagatur. 2, 101. enſem exigere. 8, 656. enſe caput rotare. 8, 673
enſe potiſsima prælij naualis peraguntur. 3, 570
enſes non ducis ſed militum ſtricti, id eſt, ſunt militum enſes:

qui ſtringuntur, non ducis. 5, 274
enſis ſeu gladius, vera arma viri fortis. 8, 385
eò, relatiuum ad, quò, omiſſum. 7, 420. eò cladis. 7, 406
Eos, Oriens. 9, 544. Eous cardo, aut, æther; &, Eoum cœlum, plaga Orientalis. 2, 720. 4, 66. 5, 71. hinc, Eoum, de terris, aut partibus Orientalibus, aut quacunque re ad Orientales regiones pertinente: vt, Eoa tellus, &, terra. 6, 52. 7, 423, 442. 8, 231. Eoa litora Libyæ, 3, 295. Eoi receſſus. 3, 229
Eous orbis, &, tractus. 8, 289, 365
Eoæ gentes. 4, 352
Eoa ſceptra. 8, 208. Eoi reges & populi. 7, 56. Eoæ fides. 8, 213, 311. Eous furor, Eoæ ſagiuæ, & pharetræ. Eoi, pro Parthis. 2, 55. 3, 93, 186. 10, 47. Eoæ ſortis vulnus, damnum à Parthis illatum. 8, 417. Eoa ara. 6, 680. Eoæ gazæ. 7, 742. gemmæ. 9, 516. merces. 8, 854. Eoi odores, aromata Arabica & Indica. 8, 731
Eous, primâ correptâ. 7, 56, 423
ephebus. 3, 518. 6, 563
Epheſus, Ioniæ vrbs celeberrima. 8, 244
Ephyre, Corinthus, Iſthmus Corinthi. 6, 57
Ephyrea mœnia, Apollonia opidum Epiri, quod ſit colonia Corinthiorum: ſed confunditur à Lucano pro Dyrrhachio. 6, 17
Epidamnus, Epiri vrbs eadem quæ & Dyrrhachium. 2, 624. 10, 545
Epirus, Græciæ regio Illirico vicina ad mare Ionium. 2, 646. 5, 6, 496
epulæ. epulas dare, paſcere. 9, 802
epulas habere leones. 4, 602
epulæ poſitæ non mandante fame. 10, 158

Equites

INDEX

Equites Romani, ordo secundus. 7,582
equites oppositi flumini, quo facilior nat transitus peditibus. 1,221
equi primi in Thessalia o.ti percuſſ. à Neptuno petrâ. 6, 395 in Thessaliâ etiam domiti primùm à Lapithis. 6,399
equi inutile auxilium clausis aut obsessis. 4,269
equi incursus. 4,763. equi moras rumpere. 4,762
equi generosi motus à contrario indicati. 4,750. & seqq. lusus signa. 4,754. & seqq.
Erebus, fluuius Infernalis, plerunque pro ipso Inferno. 1, 455. 2, 306. 6, 513, 635, 731, 738
ergastula soluta. 2,95
Erichtho magarum Thessalicarum maxima, nouæ sectæ magicæ inuentrix. 6,508. & seqq. arte sua satagit impedire ne bellum è Thessaliâ diuertatur. 6, 579. & seqq. eam Sex. Pompeius consulit de euentu bellici ciuilis. 6,589. & seq. cui illa promittit responsum ore defuncti. 6, 605. & seqq. quare inter cadauera eligit recentius ad necyomantiam. 6, 639. in antrum descendit, quod describitur. 6, 640. & seqq. eius cadauer vaticinari coacturæ & cogentis habitus, ritus & verba, &c. 6, 654. & seqq.

Eridanus, Padus, celebris Italiæ fluuius. 2,409
erigere. erigit Italiam Appenninus. 2, 397. erigi saxo, cote acui. 7, 140. erigere mentem. 8, 35. erigere in fasces. 8,270
Erinnys, Furia. 1,572, 687. 6,747. 8,90
Erinnys ciuilis, furor belli ciuilis. 4,187
Erinnys feralis Latio, incitamentum in furores & cædes. 10, 58

Erox turres, Sestus, ab Ex puella ad quam ex Abydo ad natabat Leander. 9,95
errantes domus Scytharum au Numidarum. 1,253
errore implicitæ viæ. 8,5
erroribus nostris addunt crimen Dij, cùm quæ alioqui fieri volunt, ita ordinant vt videantur culpâ hominum fieri 7,59
erumpere remige in aduersos ventos. 9,149
Eryx, mons Siciliæ. 2,656
Esculea arx, Asculum, Picenal oppidum. 2,469
esse, esse superstes. 5,589. esse subictu fortunæ. 5,730. est iratorum Deorum. 7,354. esse ploratorem ab igne. 8,229. esse bonus socer. 9,1038.
&, item, que, continuatio negatiuæ, pro. &, non, nec. 2,42,135. 355,356,357,358, 373.4,751.5, 542.6, 707, 3 10.7, 594. 8, 628. 9, 577. 1036. 10,115
Etesiæ, venti Occidentales, statis temporibus flantes, præcipuè contra Aegyptum. 10,239
Etrusci Aruspiciæ periti. 1, 584
eualere, posse. 1,505. 4,84
euanescere de aromatibus quorum vigor perit. 10,166
Eubœa insula Euripo à Bœotia separata. 2,710. Euboicum latus, Cœla Eubœa. 5,196
Euboicus recessus, Cumanus; quia Cumæ ab Euboïs conditæ. 5,183
Eudoxus Gnidius Ephemerides scripsit (fastus appellat Lucanus) & annum ad Aegyptiorum rationem reformauit. 10, 187
euentum dare fraudibus. 4, 730
Euenus fluuius Thessaliæ, in cuius trajectu Nessus ab Hercule occisus est. 6,366
Euganei colles prope Patauium. 7,192
Eumenis, & Eumenides, Furiæ. 1,57.

IN LVCANVM.

378.2,15.6,664,695.7,169.9, 642
Eumenidum vultus videre, fugere. 7.778
Euphrates, Persidis fluuius, seu Babyloniæ, Tigri permixtus; limes Parthos à Romano imperio disterminans, hinc, ripa Euphratis vetita transiri Parthis; quia se eum non transituros promiserant; is autem instar Nili agros inundatione annuâ secundat: vsurpat vero Lucanus interdû pro Parthis ipsis.2,633.3,256.260. 8,214, 236,290.438.10,33
Euphrate, vltimâ productâ. 8, 358
Euripus, fretum Inter Eubœam & Bœotiam. 2,710.5,235
Europa tertia pars Orbis, Tanai & freto Hellesponti diuisa ab Asiâ.2,674.3,275.6,817.9,413, 872,218
Eurus, ventus Orientalis, & Interdum pro plagâ Orientali, 1,319.2,457,675.3,232,549. 4,61.5,569,608.6,265.9,113, 118, 4:c. in Euro quidquid regnorum, regna Orientalia. 8,812
Euxinus Pontus. 9,960
exactum, peractum. 4, 490.
exactus orbis Lunæ. 2,577
examina apum. 9,285
examinare librâ. 8,467
examinis vultus, 6,658
exarmatus, armis destitutus, vt qui omnes sagittas eiaculatus est. 8,387
exarsit mucro cotibus. 7,140
excantare. 6,686.9,931
excautata mens. 6,458
exceptus sceleri locus. 3,333
excessit medicina modum. 2, 142
excipere maritum. 2,339
excipere, illico subsequi. 10,108
excire stratis. 1,239
excirl in pugnam ad tumultus ob aut per tumultus. 6,11
excitare in amores, 2,325
excrementa manus, vnguium resegmina. 6,559
excrescens leni tumulo solum, collis. 4,12
excubare alicui, pro aliquo, curam gerere. 9,910
excutere turbine.2,244.excutere remos.3,519.excutere ordine. 5, 710. excutere venturos, mores, exquirere. 9,519
exemplum.exempla longè petere. 1, 94. exempla magno timori. 2,67. exemplum mei, 2, 514. exemplum magnum & memorabile. 4, 496. exemplo carens, nulli æuo cognitus. 9, 169.exemplum accipere, imitari. 9,180
exemplar honesti, 9,555
exercere fortunam suam per pericula.5, 302 exercere manus, 3,692
exercitus aduerso Sole resplendet, ob arma lucentia. 7,214
exertus Cethegus. 2,544
exhaurire. exhausta partu. 2, 340.exhauriens Italiam aquis Padus.2,410.exhaustus super multo sudore.4,303.exhaurire virum. 4,622
exigere. ferrum per viscera. 2, 549.exigere, ad finem agere. 8,376.exigere ensem aut gladium. 8,656.10,30
exigere, idest, perficere, immittere. 8,703
exigere somnos. 10,354
exiguæ, paucæ. 3,182
exilis glebis. 3,204
exilium pati. 1,279
eximius feruare. 3,697
exire. per ferrum exit. 1, 212.
exibit multos in annos furor. 1,668. exitur in prælia maiore damno.2,225. exire in irâ, 3, 112, exire super ardua. 6, 139. exire è mediis facis. 6, 317. exiens vox per cœli recessus. 6,445
exire in rectum, contra, ex opposito.7,337.exire de vulnere.7,620. exiens in Austrû, de parte regionis Meridionali. 8,461

G g

INDEX

exitus hic stabit armis. 2,224
exonerare questus. 9,881
exordia rebus nouis. 8,265
expellere animam. 7,622
expensâ Superorum & Cæsaris Irâ. 3,434
expers discriminis. 5,194. maris. 5,412
explere vnam mortem. 6,213
explicare, de campis, pro, extendere in planitiem. 3,377.4,19. 6,477.7, 417. pro, sternere vel prosternere,vt hominem ; explicare virum per membra.4, 629.serpentem.5,81. explicare orbes, de serpentibus. 6,488. explicare diem , emittere, de Naturâ aut Sole.7,203.explicare suos luxus,in ostentationem. 10,109.
explorare. taurus explorat cornua in truncis.2,603. exploratus miles. 4,637.explorare vires hostis.4,731. explorare in hac ceruice fidem tyranni. 8, 582
exponere damnatum caput in cunctas pœnas. 3,107
exprimere verum. 6,599
exsectus virum, virilia. 10,134
exsoluere metus suos. 5,259
extendere serpentem, prosternere. 7,148
extrahit insomnes fabula noctes. 4,200
extremum pœnarum.2, 519.extrema votorum. 8,143
extrema mundi, Mauritania. 4, 669. extremæ terrarum oræ, Hispania.4,1. extremus visus Vrbis.1,508.extremum diem præcipitare. 2,105
exul ingens. 2,730
exusta mundi. 9,382
exuuiæ serpentum. 9,718

F

FAbricius incorruptibilis.3,160
Fabricij & Curij nomina pauperis xui. 10,152
fabula bellorum,confabulatiunculæ militares de rebus à se gestis,&c. 4,200
fabula,narratio historica vulgaris. 8,606
facere.vsum scelerum.2,97.vim. 6,652.cruentè.8,315.partes.9, 97,228
facies,vide,fax.
facies. in faciem cæli redire. 2, 723.facies diri leti. 3,653.pugnæ. 4, 164. in faciem ducum ponere scelera. 4, 253. facies turbæ. 5, 20. facies non stans. 5,214.facies informis , oculo excusso.6,225.facies Erebi,Infernalis. 6,738. morientis. 6, 759.populi sauentis.7,13.loci. 7,788.facies nocens. 10,61,facies inuesta perorat. 10,105
facilis.facile,facilis dare. 1,510. capi.2,656.præbere. 3,683.cedere.6,20. 10,310. facilis erat terror vertere mentes. 2,460. faciles linguæ ad murmura. 1,561.facilis ad iuga.2,714.faciles morti animi. 4, 506. ex facili.4,46.facilis terra,arenosa. 9,469
facinus quos inquinat æquat.5, 290
facultas opum. 4,817
Falernum,pro quouis vino.proprie autem quod in Falerno Campaniæ agro prouenit optimum. 10,163
fallere.falli.aliquem fallere, facere quod non animaduertat. 6,64,68.hinc,fallere, de aquâ admodum leniter profluente. 5, 464. dicere non fallar. 7, 289
fama.petitor famæ. 1,131
fama animos populi Inuadit. 1, 470.belli nuncia. 1,471
fama Cæsaris victum agmen. 2, 600.
fama magno ore locuta. 4,574
famam suam obscurare, secretò progrediendo. 4,718
fama sua viros claros tuetur, 4, 812

In Lvcanvm.

fama vetus. 5,52
fama seria terras remotas. 5,775
famæ nomen. 6,257,604
famā suā venire in secula. 7, 208
famæ pondus, magna gloria. 8, 22
famā & nomine se tueri. 8,276
famā mittere in secula, 8,608
famæ consulere. 8,624
famā aliquem accipere. 8,782
famā nominis. 9,91
famā longi æui. 9,548
fama mortis. 9,754
fama duce. 9,953
famæ mirator. 9,961
fama mundi. 9,1030
famæ cura. 9,1080
fama vestri. 10,185
in famam & secula mittere. 10, 533
famæ vires dat quisque pauendo. 1,485
fama magna paratur veris bonis. 9,594
famosa vetustas. 4, 654. famosa regna. 7,277
fames.seruire lussit. 1,119
ferro fugienda.2, 253. ambitiosa. 4, 376. insana. 7, 413. famem vincere. 2,384
fame non mandante epulæ positæ. 10,158
fames vrbes asserit. 3,57
fames prima semper magnorum malorum comes. 4,93
fames expugnat tuta. 4,410
famulæ dextræ. 4,207
famula turba. 10,117
famulari. 6,368
fas, si fas. 10,63. fas est, pro licet, passim. fasque nefasque. 5,313
fas ibi vbi maxima merces. 10, 408
fasces prælati Consulibus & magistratibus Rom. 2, 19. 10, 11. hinc fasces, Latij, & simpliciter fasces, pro, Consulatu; item fasces ferre, & repetiti. 2, 130, 3,82.5,665.7,428. fasces precio emti. 1,178
fasti, magistratuum gestorum nomina. 8,818

fasti Rom. distincti per Consules. 2,645. hinc fastis redditus, iterum Consul. 8,270
fastiditus. 7,845
fastigia campi. 4,296
fastus Eudoxi, in quarta declinatione, pro, fasti; nisi hic iactantiam & vanas promissiones Eudoxi notare voluerit. 10,187
fateri vires, debiles. 8,537
fatigare cursus suos, de fluminibus. 6,43
fatum, ordo seriesque causarum ab æterno prædestinata, à Lucano, vt Stoicæ sectæ, creberrimè vsurpata vox, modò propriā significatione; modò pro quolibet euentu, nunc felici, nunc aduerso: sæpissime pro morte, aut interitu, fatum varium, varia genera mortis. 3,634
fatum peius. 1,524
fatum cupiens Romam perdere. 2,87
fatum si consulat Vrbi. 3,334
fatum belli in pedites incubuit. 4,769
fatum belli. 5,695
fatum vindex. 10,21
fatum totum Alexandri. 10,45
fatum iniquum, felicitas iniusta & immerita. 10,452
fati momenta. 4, 3. pereumia témpora. 5, 490. alea. 6, 7. cursus. 6, 423. suprema. 7, 640. pondus. 7, 686. fati stantis, id est, qui prosperis fatis vtitur. 8,158
fati iniuria. 8,763.9,143
fatis ingentis esse ad scelus. 10, 384
tu fatum ne quære tuum cognoscere. 6,812
fatum accersere ferro, item, manu. 4,484.7,252
fatum rebus humanis condere. 7, 151. cum fato conuersa fides. 1,705
fato teste. 7,259
fata ferunt, id est, abripiunt aut fauent. 1,393
fata viuacia senectæ. 4, 65. na-

Gg 2

INDEX

scentia infantis. 2,107. homini aduersa, prospera, parant. 2, 133. sinunt. 2, 701. sata hæserunt diu quâ viscera feruent, luctata cum membris morientis. 3, 645. sata inclinant. 3,752. fata, euentus. 4. 49. sata annos debentia. 6, 530. trahentia Orbem. 7, 46. venientia.7,212.transmissa.7, 215.vltima.7,380. secunda 8, 32.Pharsalica.8,516. sata prospera fluxere.8,625. fata segnia,mors ignaua. 9,849

fatorum cursum impellere. 5, 41.fatorum ius.6,824.leges.8, 568

fatis manum injicere. 3, 242. committere. 3,517. fatis propinqui leti traditus.4,738. fatis meis me relinquite. 5,125. fatis vim facere. 6, 652. fatis hæret, prædestinatum est. 7, 35. satis Cæsaris & Pompeij omne cœlum vacat.7,206. satis omnia permittere.7,33.satis præcipitare. 7, 351. dare cursum.7,544. fatis probatum, statutum. 7,676

fata morari, & fata sua morari. 2,581.7,295. fata ferre, id est, pati, habere. 2, 726. 3, 308. fata tenere. 3,392. Cæsar per tot sua fata sequendus.4,392. fata sua peragere. 4,361. 6, 820. fata demittere in præceps. 5, 301. fata sua Deo præbere.5,535.fata læta ferre, læta nunciare.5,781.fata mouere.6,605. fata sua ac publica præcipuere.7,51.in fata redire, iterum fortunam tentare.7,719.ferre animum ingentem in fata.7,679.fata sua agitare. 8,138. fata quærere. 8,215.ô summi fata pudoris !8, 678.In fata Inquirere. 9,559. fata trahere. 9,923

satis Cæsaris omnia euntia. 4, 143. è fatis mediis exire. 6, 313

fata, id est, oracula, fatorum prædictiones. 9,545

fatum celat fauorem dum incertus rei euentus est. 8,359 fatorum an lex immota. 2,11 fata,quo trahunt, virtus secura sequetur. 2,287

fatum futurum an prædicatur in oraculis à Diis, an Diis iubentibus quod prædictum est fiat fatum. 5,93

fata vniuersalia mundi aut totius reipublicæ mutari nulla arte possunt. 6,611 fatale caput.7,359. fatalis hora. 9,87

fauces solutæ. 3,738.fauces abrasæ. 6,115 fauces montium. 4,161 fauor. momenta fauoris. 3, 55. fauore vario anceps. 2, 447. fauor dubius.3,265.sollicitus. 4,399

fax, faces. belli faces, M. Antonius,Q.Cassius tr.pl.& Curio. 1, 162. faces tecta corripientes. 1,494. faces cœlo volantes, aut in aëre. 1,527. 7,155. faces legitimæ nuptiarum. 2, 359. faces arsuras in tecta parare. 2, 542. fax summa rogi. 5,764

secundum nulli bono. 9,696 Felix, epitheton Syllæ. 2,221 felix. felices errore suo. 1, 459. non felix Parthia Crassis. 10. 51

felices coluntur, miseri fugiuntur. 8,487

felicitas virorum magnorum sæpè longiore vitâ destruitur. 8,27

femineum vulgus. 7,39 feminæ summa laus, fidelitas in maritum, præsertim aduersâ fortunâ. 8,75

feminæ in Aegypto non semel regnum obtinuere. 10,91 femorum musculus. 9,771 fera nobilis, leo. 10,445 feræ nonnullæ pro Diis ab Aegyptiis cultæ. 10,158 ferarum latebræ.2,153.lustra.3, 408.magister. 4,242 feralis. ferale. sacra feralia. 1, 616.

IN LVCANVM.

616.3,404. 6,412. arma. 2.
260,574. bella.6,397. ferale
arcanum.6,440. caput.6,511.
feralis torus. 6,536. feralis
vmbra.6,623. ferales laquei.
6,638.feralia nomina. 7,408.
ar aa.7,788. feralis pompa. 8,
733.ferales Auſtri,peſtilentia.
8,847.feralis amictus. 9,109
Feriæ Latinæ, vide, Latinæ.
ferire moriente manu. 4,560
feriri die aut Sole. 6,744
ferox in bella. 4,225
ferre,&, ferri.fert animus. 1,67.
nec ſe Roma ferens.1,72. ferre manum.1,147. fata ferunt.
1,393.ferri Syrtim,&,Libyen.
1,685. ferre ſolatium,habere.
2,91.1,314. piacula. 2,304.
dubiam fidem fortuna fere-
bat.2,461.ferre,id eſt,abripe-
re,auferre. 2,487.7,391. ferre
fata.2,726.3,308.ferre,repel-
lere. 3, 552. ferre partem. 4,
361. ſpectacula læta. 4,784.
ferre poſſe. 4,796. ferre pœnas,ſumere.4,806.9.104.ferre
mentem tranſuerſo torrente.
4,918.ferre moras,pati.5,477.
ferre faſces, magiſtratum ge-
rere.5,663. ferre mala mente
firmâ. 5, 798. ferre cuncta in
caſum.6,7. feſſumque caput ſe
ferre recuſat. 6,97. vulnera
ferre, id eſt, recipere, pati.6,
233.7,638.ferentes nauem ſi-
nus.6,471.ferre thura, ſacrifi-
care.7,42.ferre in præceps.7,
414. ferre regna,regnari. 7,
444. ferre tela. 7,563. ferre
animum ingentem in fata.? 7,
679. ferre voces.8,330. ferre
quietem,quieſcere.9,294.fer-
re regnum,ſub feminæ Imperio regnari.10,92.ferre arma,
inferre. 10,439
fertilis in mortes. 9,620
ferrum. ferrum conflatum, catenæ aut compedes.2,95. ferrum à pectore reuocatum. 2,
101. ferro iuuadere.2,315.
ferrum pectore percuſſum, 4,
562.ferri ius. 5,312. ferri pri-

mo motu, primo impetu pu-
gnæ. 7,278. ferri opus extremum, vltimus labor. 7,345.
ferrum volans, id eſt, jacula
miſsilia. 7,489. ferro vrgeri.
7,582. ferrum inuadere, vel,
ponere. 9, 198. dare ferrum,
ius gladij aut poteſtatem armorum. 10,352
feruere. feruent iam caſtra tumultu. 4,250
ferus in arma. 4,147
Feſcennini luſus. 2,389
feſta menſa.2,123. feſta omina.
3,101. feſta conuiuia, verſus
Feſcennini. 2,369
feſtinans patris anima letum
præcedere nati. 3, 751. feſtinata dies fatis. 5,660
fœtus ſiniſter. 6,670
fœta anis. 6,676
fibræ litantes. 6,524
ficta libertas. 9,206
fidelem viro aduersâ fortunâ
preſſo manſiſſe,ſæpe obeſt.8,
485
fidens ferro, armatum ferro. 8,
303. fidens armorum. 9,373
fides. fides concuſſa.1,181.fides
audendi,fiducia. 1,647. fides
fati.1,524.fides ſuperûm con-
ſtatura.2,17. fides ſola virtutis,Cato.2,243. fides (obæra-
torum) permiſcenda ruina
mundi. 2,254. fides cum terrore pugnans. 2,454
fidem dubiam fortuna fert. 2,
461
fides,id eſt, fiducia, comproba-
tio, 2,628.5,152.7,725. fides
conuerſa cum fato, 2,705. fides renouata.4,104. fides diuina, oraculum. 5, 83. fides
vmbrarum. 6, 433. fidem habere,fidere. 7, 139. præſtare.
8, 141. fides Aegyptia. 8,
624. vult ſceleri ſupereſſe fidem. 8,688
fidem quærere ſceleris, Indicia
certæ veritatis. 9,140
fides vera libertatis, veritas libertatis, ipſa vera libertas. 9,
204.fides,perſuaſio. 10,119

Gg 3

INDEX

fides ardua (in rebus arduis) exigit annos robustos. 8,282
fides nulla eligit miseros amicos. 8,535
fides nulla pietasque viris qui castra sequuntur. 10,407
fiducia, fiducia nostri cursus. 3, 358. mortis. 4,538. fati. 7,275. veneni. 8, 388. rerum. 8, 504
fiducia praeferenda duci militari in exhortatione militum. 7,249
figere terram, infigi terrae. 3, 457
Figulus (P. Nigidius) Mathematicarum scientiarum, Astrologiae praecipuè, peritissimus. 1,639
figurae non vulgatae. 3,415
figuras varias effingere. 5,713
fili torti vertigo ad conciliandos animos. 6,460
Fimbria quidam percussor Crassorum. 2,124
fingere Superos. 5,159
fines, finem tenere. 2,381. finis adest rerum. 9,1:8. finem non sentura potestas. 5,45
finitor circulus oræ, horizon. 9, 496
fixa tentoria Lemano. 1,396
flagellant monstra Infera, infestant. 7,781
flagellis agere. 6,730
flagrant in omnia. 3,390
Flamen. 1,604.
flammea, velamenta novæ nuptæ. 4,361
flammæ. flammisque pepercit. 2,129. flammarum tractus corusci. 2,271. flammæ, pro luce & splendore Solis, Lunæ, & astrorum. 2,721. 9,940. Hammæ, rubor aut calor. 4, 61. flammæ cæli, fulgur. 5, 405. flammæ, amor. 6,453. flammæ funereæ, & flammæ iustæ, rogus funebris. 6, 525. 9, 235. flammæ æthereæ, sidera. 9, 494
flammis (in) sonare. 9,919
flebilis damnis. 7,691

fletu rorans. 7,105
flexu omnia involuens. 1,637. in flexum agere. 9,456
flos genæ. 6,362
florigeri laboris studium, de apibus. 9,290
fluctus recti. 5,417. omnisque in fluctibus vnda est. 5,644. fluctus in nubibus accipit imbrem, hyperbole. 6,629. fluctus decimus. 5,672. fluctus alti, medio mari. 9,330
fluere. fluens tabe. 2,166. fluere mari, in mare. 6,362. fluere de sideribus. 8,172
fluida pestis. 6,89
flumen se agit. 4, 388. flumen fractum. 1,222
flumina ex Appennino in mare Superum influentia. 2,405. & seqq. in mare Inferum influentia. 2,421. & seqq.
fluuiorum inundatio. 4,86
fluuius, pro aquâ, simpliciter. 4, 381
fluuium superare lacertis, nando trajicere. 4,150
fluxa velamenta. 8,367
fluxus & refluxus maris periphrasis. 1,410. eius causæ. 1, 412. & seqq.
Foci Vestales. 1,199
focus gramineus. 4,199
fœdum contingit. 3,348. situ. 6, 515
fœdus. fœdera, regni. 1, 4, 86. mundi. 1, 80. rerum. 2,2. tori, conjugium. 2,342. tori coitus. 2, 378. fœderibus tentare. 4, 512. fœdera tedæ, conjugium. 8,199. fœdera mixti generis, affinitas. 9,1048
fontes infecti à barbaris ad necandum hostes insequentes. 4,319
fontes pro fluuiis. 2, 419. hinc, fontibus solui, fluminibus diuidi, de agro aut regione. 9, 421
fori nautum. 3,630
formam fucata nocente. 10,137
formidine belli totâ, omnibus copiis. 10,536
formido.

IN LVCANVM.

formido, vocabulum venato- / fortuna nulla sufficit præcipiti
rum. 4,432 / viro, 3,150
fors incerta. 2,512 / Fortuna dedit dignas Pompeio
fortis tam est vitare mala, quàm / exequias tot populos auxi-
ea constanter pati si ingruant. / liares. 3,292
7,105 / Fortuna malè de Cæsare mere-
fortis virtute coactâ. 4,798 / tur cum post vota venit. 5,582
fortuna, fortunæ inuidia. 1, 84. / Fortuna plus potest magiâ in
fortuna magna loci secundi / constellationibus publicis. 6,
impatiens. 1,124. fortuna la- / 615
cessens. 1, 256. iusti prætex- / Fortunæ libera est mors. 7,818
tum inuenit causæ Cæsaria- / Fortunæ virtute minor. 9, 569.
næ. 1, 265. secundis mecum / multos seruat Fortuna no-
rebus agens. 1, 309. fortuna / centes. 3,448
ducum pendet. 2,41. fortunæ / Fortuna Prænestina. 2,193
depositum. 2,71. fortuna re- / forum timens. 1,319
diens.2,94. dubiamque fidem / fossa vel agger ægrè tuetur di-
fortuna ferebat. 2,461. teque / uitias à cupiditate hostium.
nihil fortuna pudet? 2, 568. / 7,749
fortuna descelcens.2,728.for- / fossa prærupta. 4, 264. fossæ
tuna pepercit. 3,96.fortunam / pandere. 6,19
tentare mari. 3, 510. fortuna / fossores agrorû Romanorû ser-
plena redit. 4, 121. neque / ui vincti ex ergastulis. 7,402
enim tibi maior fortuna fuit. / fouere côplexu corpora. 4,245
4,256.fortuna labans. 4,390. / frænis legum resolutus. 2,145
fortuna belli non eadem vbi- / frænos vexantia ora.4,751.fræ-
que constitit. 4,402. fortuna / norum habenas aptare. 7,145
seti. 4, 737. fortunæ pudor / frænis conuersis. 7,531
Ptolemæus. 5,59. fortunam / frangere.fractum flumen. 1,232
suam per pericula exercere.5, / frangere guttur.2,154. frangere
302.fortuna minor.4,506. so- / vado (flumine) æquor.2,401
la placet fortuna comes. 5, / frangens Sol aquis radios,1,522
510.fortunæ labor.5,697.for- / frangere mare,id est,compone-
tunæ ictus. 5, 729. fortuna / re,placare.5,705. frangere so-
belli.6,593. fortuna micarum / lum.6,184. aurum flaminis.6,
rerum miles. 7, 250. fortuna / 405.amnem nando. 8,874
hæsit, retardata est. 7,547. / fratres diuersi,contrarij. 3,327
fortunâ esse maiorem, vel / fratres gemini, secundæ gloria
fortunam habere minorem / matris.3.633. tibi frates obs-
se. 7,686. dum fortuna calet. / cenâ de matre dedit. 10,78
7,734.fortuna,pro opulentiâ. / fratrum geminorum Massilien-
743.fortunæ vulnus.8,72.for- / sium inter se similitudo. 3,
tuna dabit portum.8,192.for- / 603.alterum eorum fingit Lu-
tuna Romana.8,686.fortuna, / canus abscisâ vtraque manu
felicitas.9,202.fortuna Cæsa- / nihilominùs corpore reliquo
ris.9,244. fortuna viæ.9,551. / Romanæ naui eô vsque incu-
fortunam prouocare.9, 883. / buisse,donec tam ipsius quàm
fortuna Thessaliæ. 9, 1084. / aliorum in eâ cadauerum
fortuna Cæsaris pugnauit fa- / pondere suppressa mergere-
tum Aegypti. 10, 3. murique / tur. 3,609.& seqq.
vicem fortuna tuetur. 10, / frater superstes fratrem amis-
485 / sum parentibus lugentibus
Fortuna an rerum sit domina.2, / offert. 3,608

INDEX

fraudibus dare euentium. 4,730
fraus caffa. 5,130
fremere fecum incerta. 1,355
fretum, pro mari, paffim.
frigus sterile. 4,108
frondens campus. 6,83
frons. fronte aduersâ conspersus. 7,321. frons prima aciei. 7, 531. frons senatus, reuerentia. 9,207. frons mortis, vulneris, os, foramen. 9,740
frumentum Romam aduectum è Siciliâ & Sardiniâ. 3,67
frustratum pondus ferri. 3,581
fucata formam. 10,137
fuga, fuga furtiua. 1,688
fugâ trepidans. 3,159
fugam tenere, impedire. 3,706
fugâ tenere naualia. 3,255
fugâ rapere. 4,70. fugâ conuertere. 4,163. fugam intendere. 4,262 fugæ furta. 4,417. fugæ tuta. 6,150. fugæ vestigia turbare. 8,4. fugæ libertas. 8,371
fugam alterius moderari, impetum fugientis temperare. 10, 199
fuga ignauum scelus est. 9,283
fugare procul Thessaliâ. 8,602
fugaces ad bella. 1,558
fugere. Vrbe relictâ in bellum fugitur. 1,504
fugiens Sol per ortus, auersus. 1, 543. non te fugiunt, me cuncta sequuntur. 2,575. fugere, de terrâ aut littore fugere vitis prætereuntibus. 9,38. fugiens occurrit hostibus, qui in insidias incidit, aut quem hostis præuenit. 6,298. fugere, abscedere. 9,768. fugit Europa Libyen apud Gades, separatur à Libyâ 9,415. fugere, de occidente Lunâ. 9,941. fugere, celeriter agi. 9,624. fugere, de flore emarcescete. 10,165. fuit, cum emphasi. Pompeiusque fuit, id est, ille qui, vnus hominum qui. 8,705. fulcire ruinâ. 8,528. fulgura captare de magis. 6,520
fulgura crebra Pompeio eueniunt rëdenti in Thessaliâ. 7,154

fulminis descriptio, 1,151. in inferiore aëris regione. 2,269
fulmen tacitum. 1,553. fulmina frangunt nubes. 7,154. fulmina vibrare. 9,513
fulmen vbi ceciderat, terrâ vel cespite, instituto Etruscorum, condebatur, idque Bidental dictum, & religiosum erat, 1, 607. 8,864
fultus super titubantia. 5,251
fuluum germen, aurum. 9,361
fumare sudore. 4,754
funus vanescens. 9,77. spatiosa volumina fumi. 3,505
funda Balearis. 1,229
funiculo asseruatus ignis. 5, 524
funus, funus primum. 2,21
funus longum producere. 2,298
funus cognatum. 6,564
funeris magni heres. 6,595
funus inhumatum. 7,820
funus militare. 6,102
funus plebeium. 8,736
funeris pompa. 8,531
funera pudoris. 4,232
funerales ritus in exequiis virorum illustrium. 8,729. & seq.
funerales planctus. 2,24
funereæ flammæ. 6,63
funerea lana. 2,367
funerex mensæ magarum. 6,557
funesta sacra. 7,167
funestus ignis, funeralis. 9,178
Furcæ Caudinæ. 2,138
furens in arma. 2,419
furens iustâ pietate. 9,147
Furiarû crines, qui angues sunt, furorem instigant. 9,642
furialis. 3,11
furialia arma. 1,199
furialis cultus. 6,654
furor trahit ipse furoris impetus. 1,109
furor Eous incubuit in Latium. 3,94
inuenit arma furor. 3,671
furorem dare in scelera. 10, 337
furto paulo. 2,168
furta fugæ. 4,416
furto raptum iter. 6,131
furtim agmina rapere. 4,717
furtiua.

In Lvcanvm.

furtiua fuga. 2,688
furtiuus ignis, 9,142
fuscator. 4,6
fuscans malas lanugo. 10,135
fusus Oceanus, diffusus. 4.114
futuri odium. 8,155

G

Gablj ciuitas Latij via Prænestina. 7,392
Gablous cinctus, vel, ritus. 1,596
Gabiniani milites, qui Ptolemęu Auleten in regnum restituerant, in Aegypto multi remanserant, in consuetudinem vitæ Alexandrinæ venerant, militabantque Ptolemæo. 10,403
Gades, insula extremæ Hispaniæ, à quâ fretum Gaditanum seu Herculeum; in eâ ciuitas colonia Tyriorum. 3, 279.4, 672.7, 187. 9,414.10,457.cum Gadibus Indi, omnes terræ ab Oriente ad Occidentem. 10, 457
Gætuli, Tingitanæ prouinciæ incolæ in Africa. 4,678.8,208
Galatæ, populus Asiæ iuxta Paphlagoniam. 7,540
galbanum, gummi ex Asyriâ aduectum, cuius nitore serpentes fugantur. 9,916
galeam ferire dicti milites in pugnâ morientes. 5,279
Gallia, regio nobilissima, à Cæsare victa. 2, 568.3,77.5, 264. 7,286
Gallia Comata, ad distinctionem Togatæ. 1,443
Galli auxiliares Pompeij acie Pharsalicâ in hostem sollrum prodiere, Cæsarem. 7,231
Gallica rabies, copiæ Gallicæ Cæsaris. 2,535
Gallica damna, Cotta & Sabinus Cæsaris legati circumuenti.2, 475
Galli, &, Gallica rura, pro, Cisalpinâ Galliâ. 1,248.2,439

Galli, sacerdotes Cybeles sanguinolenti. 1,567,600
Ganges flumen Indiæ vastissimum. 2,496.8,227.10,33,252.
solus aduersus Soli Orienti. 3,230
Gangetica tellus, India, à fluu. 4, 64
Ganymedes eunuchus. 10, 520. præficitur copiis Aegyptiis cōtra Cæsarem. 10,531
Ganymedes, pincerna Iouis, raptus in cælum. 9,972
Garamantes Africæ populi, Na-famones Lucano, vicini Gætulis, versus Tropicum. 4,334. 679.9,480,512
Garamantides vndæ, mare Africum. 9,369
Garganus, mons, promōtorium, & flumen Appuliæ. 5,380.9, 184
gaudet non ferre. 1,403
gaudia admittere. 2,373
gaudia melioris terræ. 9,946
Gaurus Campaniæ mons. 2, 667
Gaza Syriæ opidum. 3,216
gaza, thesaurus. 3,166.7,742
Gebennæ, Aruernorum montes. 1,435
gelare, obrigere. 9,682
Geloni, Scythiæ populi celeritate insignes. 3,283
gelu pigrum. 4,50
gelu, pro quouis frigore. 4, 653
gemere rauca. 5,218
gemens ad ictum ager. 6,137
geminata vox cauernis, resonans. 7,482
geminatum, iteratum. 9,173
Gemini, Signum cæleste. cum in eo Sol est, breues sunt noctes. 4,526.9,536
gemini Martis incursu, terrâ marique. 6,269
gemitus instar immensæ vocis. 7,573
gemitus luporum. 6,688
gemitus agere, 7,482.exprimere pectore læto. 9,1039

Gg 5

INDEX

gemmæ in regionibus Orientalibus nascuntur. 9,516
gemmea pocula. 10,160
Genabos, Genabum, Galliæ in Carnutibus ad Ligerim oppidum. 1,440
genæ flos. 6,562
gener, passim, pro Pompeio.
generis misti fœdera, affinitas. 9, 1049
genitus nocere. 6,485
gens quæque perit peculiaribus suis delicijs. 1,167
gens virorum, fortis, robusta. 8, 385
gentes habere sui juris. 7,55
Genusus Epiri fluu. 5,452
gerit omnia victi, sed ducis. 4, 342
gerere opus. 10,490
Germanorum populi liberi. 7, 435. eorum cæsaries flaua potissimum aut rutila. 10,130
gestare magnos animos. 4,285
Getes, Getæ, Sarmatici populi ad ostia Danubij : sæpe pro quouis populo barbaro & effero nominati. 2, 54, 296. 3, 95.
Getici nerui, arcuum. 8,221
Getuli, vide, [Gætuli.]
Gigantes bellum illaturi Diis, montes alium super alium ponentes vt in cælum conscenderent, à Ioue fulmine deturbati. 1, 16.7, 145, 449. quidam ad conspectum capitis Medusæ, quod in ægide ferebat Pallas, in montes mutati & saxa. 9,617. terrigenę. 3,316. serpente stantes, habentes pedes serpentinos. 9,656
Gigantum nomina qui apud Inferos plectuntur. 6,662
gladiatoria munera. 4,709
gladius. gladij triste minantes. 1, 310. coacti. 3,323. gladius diffusor justi. 4, 248. gladios exsoluere culpâ, victoriam obtinere, quæ facit vt arma, etsi iniustu, iusta fuisse videantur. 7,260. gladius stans frigidus. 7, 501. gladium exigere. 10,31

gladij soluti vi fulminis. 7, 513
glandes fundâ emissæ, liquefactæ spatio aëris. 7,513
glarea. 4,302
gleba vbere. 3,68. glebarum crimen, terrâ nata instrumenta luxuriæ. 9, 425. glebis exilis, sterilis. 3,204
globus densatur, militaris. 4,780.
globi nubium. 4,74
glomerari in orbes. 5, 715. glomeratus. 6,296.7,530
gloria magna, pondus famæ. 8,22
gloria. nec crimen erit, nec gloria. 7, 112. gloria leti. 4, 479.
gloria leti mei donata pelago. 5,655
Gnidos insula maris Carpathij. 8,247
Gnossos, ciuitas Cretę, sagittarijs insignis. 3,185
Gorgones, tres sorores, Phorcynos filiæ, quarum vna Medusa : hinc, Gorgon, facies aut caput Medusæ. 6,746.9,647
Gortyna, ciuitas Cretæ sagittarijs insignis : hinc, Gortynis arundo, sagitta Cretica, 3,186. 6,214
Gracchi agrarias leges inuehere conati, à Senatu oppressi. 2, 167. faces plebis. 6,796
Gradiuus, Mars. 1,660
gradus. gradu magno currere. 2, 100. gradum addere. 4,760. gradus ponere. 9,395
Græcia, regio notissima. 3,170
Græca leuitas. 3,302
Graij, Græci. 2,647. hinc Graium æquor mare Græciæ. 8. 272. nō Graiâ leuitate. 9,302. Graia mœnia, Dyrrhachiū & Apollonia. 5,419. Graia Vrbs, Graij, Graium ferrum, Graia iuuentus, &c. pro Massiliâ (quia colonia Phocæensium) & Massiliēsibus, [passim libro tertio.]
gratis, impunè, inultè. 4,275
grauari dominos. 7, 284. Iniusta regnorum. 5,358
gressus rapere. 3,116

gressu

In Lvcanvm.

grues hieme aduentante ex Thracia (vnde Bistoniæ) In Aegyptum ordine transuolantes trianguli aut V literæ similitudinem efficiunt. 5,711. & seqq. 7,832. gurgite septeno, septem ostijs, de Nilo. 8, 445
guttur frangere. 2,154
gutturnium cryftallinum. 10,160
Gyareus telo affigitur naui. 3, 600
gymnasia Græcorum. 7,270
gyrus. imperfectus. 4, 79. gyro longo cursum frangere.3,554. gyros constringere. 4,781

H

Habena jaculum amentare. 6, 220
habenas totas accipere. 2,500
habenæ Balearis funda. 3,710
habere vultum pacis. 3, 72. discrimen.4,192. nullo discrimine.4,218. obstrictum.6, 494. juris sui gentes.7,55. crimen 8,118
habilis lacessere, tentare, &c. 3,553
habitare Gebennas.1,435.Vejos. 5,28.cauernas. 5,87
habitus oris. 9,1034
hæc propter. 1,584
Hæmoniæ terræ, Thessaliæ ab Hæmo vel Aemo mōte.6,442. hinc Hæmoniæ artes, Hæmonius cantus, & Hæmonides,id est, Magicæ artes, magicus cantus, & magæ; quia multæ & celebres in Thessalia.6,437. 480,486, 590, 694, 765. vide etiam,Aemonia.
hæmorrhois,serpens, à quo icti sanguine toto effluente moriuntur.9,769,805.& seqq.
hærere, hærentia longa serie agmina.1,492. hærere limine, abeundo. 1, 508. hærens bellum.3,453. hærere satis,prædestinatum esse. 7,335. hærens fortunæ,retardata.7,547. hærere,immorari.9,82.hæremus omnes Dijs. 9,573
hæres magni funeris. 6,595
Halys Lydiæ fluuius, quo transito Crœsus à Cyro captus fuit. 3,272
Harpe, gladius falcatus, quo Mercurius Argi, quem Iuno Iūs in iuuencam muratæ custodem addiderat, caput abscidit; cujusque vsum Perseo concessit. 9,662,676
hastæ rectæ,&,obliquæ. 4,774
hastæ conuersæ verbere. 7,577
haud vnum. 3, 466. vide,[non vnus.]
haurire amorem. 10,363
haurire pectus, de Igne amoris. 10,71
haustus obscœni. 4,312
hebenus, arbor In India & Aethiopia (in Meroë Insula Nili) cujus lignum nigri coloris ponderosissimum, quo In ornamentum supellex lignea, item postes & assa ædium ornamenta incruftantur. 10, 117,104.
Hecates pars vltima, Proserpina : nam est triplex ; in cœlo Iuna ; in terris Diana ; in Inferis Proserpina. 6, 700, 737
Hectoris sepulcrum. 9,976
Helenę causa ruinę Troianę. 10, 61
Helice,Vrsa maior. 2,237
Helle filia Nepheles & Athamantes, cum Phryxo fratre, nouercę insidias fugiens,ariete quo vehebatur delapsa, Hellesponto nomen dedit.4, 57.9,946
Hellespontus, fretum inter Sestum & Abydum. 2, 675. 9, 956
Helles portitor, Aries, Signum cœleste. 4,57
Heniochi, Colchorum populi, orti à Castoris & Pollucis aurigis, qui Lacedæmon.j.2, 591.3,270
herba iners,infruglifera. 5,404

Herba

INDEX

Herbæ dubiæ, item, letum minantes, id est, letiferæ, venenosæ. 6,111
Herceæ aræ, Iouis Hercei ara, ad quam occisus Priamus, 9,979
Hercules monstrorum domitor cum Antæo luctatus, eumque eleuatû necat, 4,510. & seqq. cælum tulit. 4,689. Ossam ab Olympo separauit. 6,348. hospitio exceptus à Pholo Centauro. 6,391. ab Euristheo Argiuorum rege missus, dracone custode interfecto, aurea mala sustulit ex hortis Hesperidum. 9,366. Hydram perimit. 4,635. 9,644. sagittas suas domat Philoctetæ. 6,355. ei sepulchrum est totus mons Oeta. 1,800
Herculis Monœci portus in Liguriâ. 1,405.
Herculeæ metæ, Calpe & Abyla montes, inter quos Fretum Gaditanum, siue Herculeum. 3,278,279.
Herculeæ fauces, in confinibus Thessaliæ & Macedoniæ, Thermopylæ dictæ à thermis Herculi sacris. 8,1
Hermus Lydiæ fluuius aurifer. 3,210
Hesiones scopuli è regione Troiæ, in quibus Hesionem Laomedontis filiam monstro marino expositam Hercules liberauit. 9,970
Hesperus, Hesperius cardo, id est, Occidens. 5,71. hinc Hesperiæ gentes, Occidentales. 4,352. 7,741. Hesperiæ autem sunt duæ, Italia & Hispania, & potissimù in Lucano Hesperia pro Italiâ. 1, 29, 224, 404. 2, 196, 410, 433, 441, 608, 614, 703. 3, 66. 5, 266. 6, 322. 8, 189, 285, 768.
Hesperiæ proceres. 10,450
Hesperius furor. 1,293. sanguis. 7,728. miles. 8,826. dux. 10,376
Hesperii agri. 1,381. 2,534. duces. 5,703. portus 5,804. furores. 10,62
Hesperiæ gentes. 2,318. 5,339. 6,585. 10,787. res. 7, 283. segetes. 7,405. clades. 8,351
Hesperium littus. 3,48. fatum. 5,122. nomen. 2,57. 9,760.
Hesperia, pro Hispaniâ. 1,555
Hesperius, mundi axis, Occidens, Hispania. 3,119
Hesperii amnes, flumina Hispaniæ. 4,14
Hesperius (Hispanicus, vel, Occidentalis) Bætis. 2,589
Hesperiæ columnæ, Herculis, quia ad Occidentem. 9,654
Hesperiæ clades, Italicæ & Hispaniæ. 7,871
Hesperides, filiæ Atlantis: eorum hortus à vigili dracone custoditus in Cyrenaicâ regione, non longè à flumine Lethes. poma eius aurea spoliauit Hercules, occiso dracone. 9, 357. & seqq.
Hesus (Mars) Gallorum Deus, cui humanis hostiis litabatur. 7,445
Hetruria (Italiæ regio nota, Hetrusca gens. 2, 462.) fugato Scribonio Libone à Cæsare occupata. 2,462
heu demens! 5,228
heu pudor! 2,708
hexeris. 3,516
hiantes vndæ. 5,642
Hieroglyphicæ notæ ante inuentas literas. 3,223. 10,180
hippomanes. 6,455
hirta toga. 2,285
Hispania, regio nota. 6,306. 10,476
Hispani extremi Orbis. 7,541
Hispania à Cæsare subacta. 5,265
Hispania olim quibusdam locis auri ferax. 7,755
Hispanæ acies, copiæ quæ in Hispaniâ. 1,454
historiæ genus cum maiore natu anteactæ posteris narrant, & quasi per manus tradunt. 4,592
historias legentes affectibus ad res

IN LVCANVM.

res actas mouentur, tanquam si adhuc agenda fiut quæ legunt' 7.210
hoc animi. 10,68
hoc oneris. 4,398
Homerus Smyrnæus 9,984
homines ignari fortis Deorum. 3,719
hominum summi 7,205,585
honestum. honestum rigidum. 2,389. honesti exemplar. 9,565
honesti respectus damnosus regibus. 8,490
honestum, quoties magno sibi constat,lætius. 9,404
honestum omne est. vtile. 9,571
honores mortis. 8,773
honos mortis, laudatio funebris. 9,217
hora. hora vna gentes trahit.7,346. bora fatalis. 9,87
horas diuidit buccina. 2,689
horizon. 9,496
horridum cerni. 3,347
horrifica cæsaries. 7,372
horrisoni flatus. 2,455
horrere. horrere contagia. 3,322. horrens feris altaribus. 1,445. non horruit Alcides Megæram. 1,577
hortari in prælia. 7,370
hortamen. 7,736
hospitii Superi, Dii hospitales. 9,131
hostes follicitare. 4,605
hostilis pars in extis. 1,622
humanum. culmen: Dictatura. 7,594
humanum paucis viuit genus. 5,343
hyzna,animal,de quo mira narrantur : cuius vsus in magicis. 6,672
hybernum serenum, 4,55. sidus. 5,408.
Hybla, Siciliæ mons vbi florum & apum. maxima copia. 9,291
Hydaspes fluuius in Indum influens ; Nysæus dictus, quia Nysam vrbem à Baccho conditam præterlabitur. 5, 236. 8,227
Hydrus, Hydruntum, oppidum Calabriæ ad discrimen maris Ionii & Adriatici. 5,375
Hydra Lernæa ab Hercule victa, secundus eius labor.4,635.9,644.
hydri,serpentes. 9,673
hyems. hyems, frigus. 2, 385. hyemem agere. 1,302
hyemis glacialis periphrasis.4,50
Hyperborei, populi vltra Aquilonem. 5,23
Hyrcania, regio ad mare Caspium, siluestris. 3,268. hinc Hyrcanum nemus.5,268.Hyrcanæ syluæ. 8,343

L

IAcere. jacet omne auxilium, nihil auxilii superest.8,333. pariterque jacentes,2,92.quo jaceat jam scire loco, quo jacere debeat .4,394. jacentes campi. 4,52. jacens regio. 2,416.mare. 3,524.jacere, pro, mortuum, prostratum, esse, aliquoties:
jactare brachia, &, lacertos, id est,nare. 3,651,662
jactatus maris,jactatio. 8,761
jactura capitis. 8,711
jactus præcipites per Inania.9, 107
jaculari se præcipiti pondere.2, 135
jaculum. tentare. 6,79. amentare habenâ,loro vel amento ligare ad circulandum. longius. 6,221. jaculis spatium donare. 4,764
jaculum, ignis longior in aëre instar jaculi apparens ; acontiæ stellæ. 1,532
jaculus, serpens qui se ex alto velut missile vibrat in Arabia &

INDEX

& Africâ. 6, 677.9,720. comparatus sagittæ aut glandi fundæ. 9, 826.
Iader, Dalmatiæ fluuius. 4.405
Ianitor Inferni, Cerberus canis triceps. 6,702
Ianuarii Calendæ. 5,5
Ianus, Deus bifrons: cuius templi limina aut fores occludebantur tempore pacis vniuersalis. 1, 62. ducens tempora, quia nouus annus à Calendis Ianuarij computabatur. 5,6
Iapyx, ventus Occidentalis 6, 339
Ialpis gemma, quæ diuersis coloribus reperitur. 10, 122
Iber. Iberus, id est, Hispanus, à flumine Ibero. 2,54, 549.629. 3,336.5,237.6.258.7,541,755
Iberia. Iberius Orbis, id est, Hispania. 5,143.7,232
Iberus, Hispaniæ fluuius è Cantabris ortus, in Mare Mediterraneum influens, à quo Hispania & Hispani, Iberia & Iberi. 4,23,335.7,15.10,476
Icariæ scopuli, Icaria insula in mari Icario 8, 244
Ichneumonis astus In capiendis aspidibus. 4,724
Ictus. gratus. 4,547. sub ictu fortunæ stare, aut esse. 5, 729, 730. ad ictum consentire, patienter ictum recipere. 8,619. ictus ingerere. 8,645
Idalium littus Cypri ab Idalio oppido & nemore. 8, 716
Idalis terra, Troadis regio. 3, 204
Idume, Syriæ regio, fertilis palmis. 3,216
jejuna plebes nescit timere. 3,58
jejunia aquæ. 4,332
jejunum fibris humanis. 6,70
ignarus fortis. 3,31
ignaua mors. 4, 165, ignauæ manus. 1,51
ignis. Ignibus rapere. 3, 99, ignis supremus, & funestus, rogus. 6, 358. 9, 178. Ignes terreni

obscuri. 6, 502. ignibus sonans.6,662, ignibus permittere vrbes. 7,413
ignis medicatus. 9,915
ignes tugicremi, sacrificiorum. 9,989
ignis perit nullis obstantibus, deficiente alimento. 3,394
ignis Vestalis. 9,993
ignis asseruatus funiculo. 5, 514
ignis præbet agris elementa. 9, 184
ignes medii cœli, 6.337
ignes, de Sole & sideribus. 1, 50,658. 8, 170. 228.9,866.10, 215
ignes, calores vehementes Solis aut Sirij. 8,848.9,375
ignis Libycus, Linea Aequinoctialis. 9,538
ignis, amor. 10,71
ignes addere animis, id est, ardorem, alacritatem. 7,519
ignea virtus. 9,7
ignifer orbis Solis. 3,41
ignorare non videre. 6,345
ignorare frondes, de regione arenosa, 9,525
ignoscere Deis. 2,93.
iguosci. 2,321
ignoto Nilo redire, non cognitis aut inuentis fontibus Nili. 10,282
ignotum cælo sereno, quod nunquam prodit in lucem serenam. 6,516
ignotus pauor omnibus Cæsaris armis, nunquam visi pauere Cæsariani. 6,152
illatrare manibus, de maga, 6, 729
Ilerda opidum Hispaniæ citerioris, non procul à Sicori flumine. 4,13, à Petreio deserta, 4,144
ilex, glandifera arbor. 3,440
Illacæ nauus, Ilii incolæ. 3, 211
Iliaci muri, seu Trojani; à Diis extructi. 6,48
Iliaca domus, pro Troja. 10, 61

Illabi.

IN LVCANVM.

illabi lacrymis conjugis, immori. 5,281
Illyricæ rupis defcriptio. 4, 455
Illyrica vnda, Mare fub Illyrico. 4,433
Illyris.fub.vrbs,pro Epidamno. 2,624
imago Solis.6, 505.fomnii.7,8 pietatis,7,320.terroris. 7, 773
imagine antiquus, nobilis majorum imaginibus. 7,157
imbriferum. 9,455
immaculatus fanguine. 2,736
inimemor pugnæ. 7,525
immenfum in immenfum cedit. 2,663
immergere manus oculis. 6, 541
imminere.infidiari. 8,285
immitis in cædes. 8,600
immittere nauus in hoftem. 7,509. immittere naues citatas Cypro. 8,457
immodicus legibus. 6,796
immortuus. 3,613
immunis, moribus corrupti æui.2,257.immunem præftare.6,764.immune fidus maris non occidens.9, 542. immunis, id eft, illæfus Indemnis. 9,896
impactum.vide,[impingere.]
impar multo majoribus nofle modum.&c. 9,190
impatiens.loci fecundi.1, 124. hominum terra, inhabitabilis.7,866.impatiens deeffe.8, 578.hærere.9,371. impatiens Cereris folum. 9,857
impellere.impulfum,primo ictu euerfum, ftratum. 3, 389. Impulfæ naues remis. 3,527. impellere ad noctem, de vefpere.4,447.impellere curfum fatorum. 5,41. impellere id eft, repellere, propellere. 108.impulfum bellum, id eft, ferè confectum, peractum. 5,330. impulfæ acies. 5,757. impellere, de machinis bellicis.6,36. impellere vallum.

6.123.impellere aftra, inducere noctem. 7,452. impellit terga fuorum. 7,576. impellere in arma. 7,718. impulit ire. 7,747. impellere, de fortunâ. 8,707. impellere, diruere. 10,60
impendere vitam patriæ. 2,382 impenfa ætas labori. 2, 589. Impendere aëra nimbis. 4,112 vota in ventos. 5,491. lacrymas mortibus. 7,618
impendere. impendentia mari caua faxa. 4,455
Imperatorum cognomina fpeciofa, quafi falua Libertate publicâ,inuenta à Cæfare.5, 386
Imperij (Senatûs, Senatorum), cruor. 7,579
imperij color,fpecies, 9,207
impiger ad letum. 4,798
impinger. impactæ fores pectore. 5, 209. quòd te noftris Fortuna impegit arenis. 5, 697.impingere lignum, impellere. 6,137. impingere in arma.6,406.impactum breuibus mare. 9,339
implere.penates. 2,331. parentem, prægnantem facere. 8, 409. implere fe luniae vero, de animâ in fedes beatorum relatâ.9,11. implere vifus. 9, 987
implicitus terrore. 3,432, implicitæ errore viæ. 8,5
impreffum auro, intertextum. 9,176
improba fpes veri, curiofi fcire futura. 5,110
impunè ferre. 1,289
imputare jugulum, mortem. 7,325
Inachus flumen Theffaliæ, 6, 363
Inachia arua, Argiuorum regio (ab Inacho rege) in qua Lerna, & in eâ Hydra, quam peremit Hercules. 4,634
inanis.inane, jura inania. 2,316
inani diffufus fpatio. 3,363.
inania templi. 5,171.
inane

INDEX

inane Inferni. 6,731
Inania cæli. 9,473
Inarime,siue Aenaria, insula in ora Campaniæ, sulphureis exhalationibus plena. 5,10.
incassum ire. 2,263
incautus ab hoste timeri metuens, volens aduentum suum hosti incognitum esse; nolens præter opinionem ab hoste timeri. 4,719
incedere densis castris. 1,478
iocendere mētem, item, animos virtute. 9,407.10.148
incendia siluæ non ardentis. 3, 420
incertum stridere,. 6,623
Incertum pectus. 8,166
inclinant sata. 3,752
inconcussa tenens vestigia. 2, 248
incondita corpora, insepulta. 6, 101
incrementa Lunaria. 10,216
increscere genis. 2,276
Incumbere. incubuit furor. 3,94
incumbens ventus. 3,409.5,718
incumbens fatum belli. 4,770
incursu pectoris tela confringere. 6,161
indagine claudere, 6,42
inde. pectus, summę profunditatis, quo visus pertendere nequit. 6,748
India. Indorū litrus. Indi, regio & populi extremi ad Orientem. 8,343.10,437. India saccari serax. 3,237. Zonæ Indorum gemmis distinctæ. 2,239. crines tingentes Indi. 3,238. carbasa, siue carbasinas vestes gerentes. 3,239. libi ipsi rogū struunt, & mortem præoccupant. 3,240. nigri. 4,678. à Romanis nunquam subacti. 7,428. cultores Iouis Ammonis. 9, 518
In ligus mentis. 8,445
indiga seruitij plebes,. 9,254
indigenæ populi, 3,432
Indigetes Dij. 1,556
indignatus præbere. 8,614

indignata agitare. 1,78. indignatur timere. 10,444
indignum est, id est, iniquum, inhonestum est. 7,74
indignus thalamis meis, dignus melioribus thalamis. 8,95
indixitque nefas. 1,4
indocilis priuata loqui. 5,539
indoles Latia. 5,17
inducere. pro, spargere. 1,610
inducere togam supra membra. 2,386
inducta cymba iuuenco cæso. 4,. 132
induere se, id est, repleri, cooperiri. 7,835
Indulgere. castris. 4,664. morx. 5,733. regno. 7,54
Indus, flumen regioni nomen dans. 3,235
inermem vitam degere. 4,357
iners. cælum, aër nō motus. 6, 89
inertes aquæ, stagnantes. 6,107
inerti herbæ arua tradere, inculta sinere. 5,404
inexpletus. 2,176
infantes vtero matrum à magis exsecti. 6,558
infectum dolis. 4,736
inferiæ. 4,789
inferias vmbris pendere, &, dare. 2,175.10,393
Inferni Dei. 1,634
Infernum nefas. 7,170
Inferi an vlli sint, dubitatum. 9, 102
Inferorum leges. 6,635
ianitor, Cerberus. 6,702
Infernum mare, ad dextrum latus Italiæ, Tyrrhenum. 2, 400
inferre futura animis. 1,478
inferre se rectis. 10,58
informis facies. 6,225
informia regna. 2,7
oframare murmur. 1,810
infula, velamenti genus, seu religaculum coma. 5,144
infula discurrens in postes, id est, appensa postibus, in nuptiis. 2,355
ingens

IN LVCANVM.

Ingens exul. 3,730
Ingentis fati fumus ad fcelus. 10,384
ingerere. ingeret omnis fe belli furtina tibi. 2,263.ingefta cineres mariti. 2, 336. ingerit Emathiam cœlo nocenti, pro, ingerit cælum nocens (aërem peftiferum) Emathiæ. 7, 798. ingerere voces. 8,433. ictus. 8,649
ingignere. 6,439
ingreffa, pafsiuè, quæ ingrefsi fumus. 9,866
inhibere remis naues. 3,659
injuffus. 7,38. injuffa tela, emiffa fine juffu imperatoris. 6,78
Injuria fati. 8,763.9,143
Injufta regnorum. 5,258
Innocuus vitæ. 9,8
innoxius à morfu ferpentum pafsiuè. 9,892
in numerum, augendo numero. 2,111
Innumerum examen, innumera apum multitudo. 7,161. innumerum mifsile, innumera tela. 7,485
innubere. innupfit tepido Cornelia bufto. 3,23
inocciduus axis. 8,175
inops. tcli. 3, 676. vndæ. 4, 264, 292. inops juris poteftas. 5, 398. in dubiis tutum eft inopem fimulare tyranno. 8, 241
Inquirere in fata. 9,559
Infcriptionis fepulcralis feminæ conjugatæ formula. 2,343
inferere. ferrea manus inferit vncus. 3, 635. inferere manus, inferre. 8, 552. Inferere altè, animo aut menti. 9,572
Infidere caftris collem. 6,17
infignia aulæ. 8,239
infopitus, peruigil. 9,357
infpuere. 6,683
inftare fauori Deorum. 1,148
inftaurare prælia. 3,635
inftincta mens facro furore. 5, 150
inftruere nauem militibus & armis. 8,542
Infueta quies vni, id eft, foli cu-

bare. 5,807
iufuetus honor. 8,537
intendere fugam. 4,262
intentus. agere intentum paci. 3, 55.intentus jugulo Cæfaris. 7, 593.foli genero. 9,952
intentus ventus. 9,473
intentum, id eft, imminens, immiffam. 8,568
intermanere. 6,47
iutumefcens tellus, montofa. 2, 398
inuadere. pro, arripere. 1,242.9, 198.inuadere ferro.2, 315. In vafit Libye fecuri fata Catonis, Cato fecurus fatalem fibi Libyen ingreffus eft. 9,410
inuehi Capitolia curru, triumphare. 8,554
inuenit vulnus in vadis, irritum alibi telum. 3,582
inuidere, dedignari. 2,551
inuidere igne rogi miferis, pro, ignem. 7,798
inuidia. aris inuidiam factura parens.2,36. inuidià meà.7,369. inuidià tangi. 9, 982, 1052. inuidia Deorum. 4,244. inuidià Deorum. 9,66
inuidiofus. 9,505
inuigilare, de fpectro aut imagine rei vigilantis memoriæ, aut in fomniis obuerfante. 7,766
Inuita dextra. 3,378
inultum, impunitum. 5,260
in vndis Rheni, ad ripas Rheni, In regionibus ad Rhenum fitis. 4,696
inuoluere. Orbem tenebris. 1, 542.artus.6,588.populos vnà ruinà. 7,89
inumbrare. 4,456
Iolcos Theffaliæ vrbs, ex quà primum foluit Argo, aut Pegafis. 3,193
Ionium mare. Ioniæ vndæ. Ionij fluctus, & fimpliciter Ionium, mare quod ab Aegypto vfque ad mare Adriaticum & Siculum fe extendit. 1, 103. 2. 614. 3, 3.5,614.6,27,3.62.

ira.

INDEX

Ira, iram colligere. 1,207.2,93. iram Superum quærere in exitis.1,617. iræ patuere Deûm. 2,1.iratum stimulos mouere. 2,384. iras premere. 2,521 iras militum tentare.2,519. In iram exire.3,112. ira nobilis. 3,614 præceps. 4,267. cadens. 4,284. defæsiens. 5,303. irarum motus.7,386.iræ violenti gurgitis.10,316.iræque metusque animos tangunt. 10,445
irasci Deis. 8,665
iratus bellis. 7,65
ire. ire contrarium. 1, 77. hoc ibitur ordine belli. 2,224. ire in cassum. 2,263. ire ad mortem. 2,282. sic eat.2,304 ire omnia suis Cæsaris.4,144.ire ad dominos, in seruitutem.4, 217.in ueías.4,241. non paruo sanguine Magni istu dies ierit.6,158.ire, pro, fluere.7,176 ire ferro in pectora cognata. 7,121. it timor in omnes. 7, 544.ire in aliquem. 7,578. in enſes.7,670. in thalamos nubere.8,88.ireper ista si pores. 8,459.ire in tutum. 9,234.ire sub armis, subjugari, 10, 5.it per omnes,quod vulgatur.10 197.in ſcelus it Pharium pœna,quod alioqui pœna est, sit ſcelus,si ab Aegyptiis perpetretur.10,143.ire in iugulum Cæsaris. 10,393,409
irreducem viam carpere. 9,408
inuita tela. 3,580.722
irrita faris. 10,344
irruere cladibus. 7,60
irrumpens fama animos. 1,470
Isapis Flaminiæ fluuius. 2,406
Ilaia fluuius ad Cumenum montem in Rhodanum influens. 1,399
Iſaurus Piceni fluuius. 2,456
Bis,quæ & Io,Inachi filia,à Ione in Aegyptum auecta. 6, 363. Aegyptiorum Dea, eadem quæ Luna: eius sepulcrum apud Memphim. 6,158. recepta in templa Romanorum.8,831.eius templum vetustissimum Alexandriæ. 10,15
Ister, Danubius fluuius in Euxinum influens. 2,50, 418.3, 202.5,477
Isthmos,propriè angustior pars Peloponnesi, in quo Corinthus. 1,101
Istri,Illyrici populi ab Istro fluuio quem accolunt. 4,529
Italia,regio nobilis. 2,701,397, 435, 659. olim contigua Siciliæ.2,435. à qua diuulsa maris vi aut Inundatione. 3,60
Italiæ vastitas imputanda bellis ciuilibus. 1,24.7,392
Italia in potestatem redacta à Cæsare. 5,166
iter. perdere. 2,442. deflectere. 3,337. rupere.4,152. furto raptum.6,122. carpere. 6,573. quærere per arma. 7,498 iter pensare, compendium itineris facere. 9,685
iter emetiri. 9,735
Itonus Thessaliæ rex inuentor auri argentique conflandi, & monetæ percutiendæ. 6,402
Iturzi,Cœlesyriæ populi, auxiliares Pompeio. 7,230,514 Iuba rex Mauritaniæ. 6,309. 9, 213,300,869.10.475.auxilium fert Actio Varo.4,670. priuatim Curioni infensus, & cur. 4, 687. Curionem famâ exiguarum copiarum decipiens, ichneumoni comparatus. 4, 724.Africæ rex dictus à Senatu.5,56.suspectus Pompeio,& cur.8,243,443.à Cæsare profligatus. 10,145
jubere. jussa Vrbs rapi. 1,48]. semel omnia iusserat. 2,548
jubere classica; 2,729
jussus dux. 7,79
Iudæa, regio notissima. 2,593
Iudæorum Deus incertus. 2, 593
juga curuantur mali. 1,695
jugulus,cædes. 7,915
jugulum.

IN LVCANVM.

jugulum confodere. 3,743
jugulo quæsitum. 7,434
jugulum bella gerere, cædi. 7, 333
jugulatorum recens fluens sanguis in vsu Magis. 6,554
Iugurtha à Mario triumphatus. 2,90. 9,600
Iulea gens à Troianis orta. 9, 995
Iuleæ gentis penates. 1,197
Iulia Cæsaris filia, Pompeij vxor. 8, 104. 10, 77. filium abortiit. 9,1049. eius mors. 1, 113. eius imago furialis apparet in somnis Pompeio. 3,10. eius verba. 3,12
Iulus Phrygius, Ascanius. 3, 213
jungere toris mariti. 2,329. in seriem. 7,493
Iuno Monetæ. 1,380
Iuno iniqua Herculi furorem immisit. 1,576.4.617
Iuppiter. 1,35 quid verè,& vbi. 9,580. Deus cæli motor.6,464. an regnet. 7, 447. eius pars magna terris inserta regendis. 5,95. aëris dominus. 4, 112. æther. 9, 4. propriè fulmina gestans. 7,170.tonans. 6,467. eius tela,fulmina.7,197. Iuppiter pluuia. 8.447.9,436
Iuppiter in pluuiam auream conuersus, stupratâ Danaê, genuit Persea.9,659. eius volucer,aquila. 9,902
Iuppiter, Planeta mitis. 1,661. eius officium. 10,207
Iuppiter Capitolinus. ei serta laurea ferre, & sacrificare ob victoriam moris erat. 7,42
Iuppiter Latius,vel,Latialis,qui Albæ colebatur: ei noui Consules quotannis sacrificabant Feriis Latinis. 1,198.5,400.8, 219
Iuppiter Casius, templum Iouis in monte Casio Aegypti. 8, 858
Iuppiter corniger, Ammon. 9, 545. vide,Ammon.
jurare per numina Cæsarum, vt Deorum, soliti Romani. 7, 459
jurata manus in gladios. 9, 850
jus.jus datum sceleri.1,2. jus est, licet.1,276.jura inauia.2,316. ius totius mundi. 2, 321. populus quem sua iura tuentur, populus liber. 3, 151. ius sibi facere in iugulos. 4,821
ius ferri. 5, 312. futorum. 6, 824.
iuris sui habere gentes. 7,55. iuris arx.7,594. ius animi habere. 8,636. inris sui esse. 8, 660. ius belli. 9,195. in iura aliena venire. 5. ius legum,libertas.9,560.ius Catonis,imperium. 9,747. ius habere in quempiam,id est,vim, potestatem. 9, 887. ius, potestas. 9,1054
ius mundi, gentium. 10,471
iustitium ferale, luctus publicus. 2,18
iustitio clausa fora. 5,32
iustitium templi, id est, ferię, intermissio à varicinio. 5, 116
iustum. iusto quoque robur amori resistit. 2,379
iusta prælia. 2,540
iusta nauis non piratica. 3, 228
iusti reuerentia. 9,192
iustum esse, multis obfuit. 8, 484
iuuare,id est,delectare, prodesse. 9,200
iuuat. 4,253. 5,712. 812. 6,495. 7,655,698,794. 8,356, 576.9, 857
juuencus, pro curio bubulo. 4,132
iuuenis natans (prælio Massilienli) inter duo rostra collisus scinditur. 3,652
iuuentus,fulmus nati in tempora Punica. 2,45
Ixion, Centaurorum pater. 6, 186

Kalendæ.

Index

K

Kalendæ Ianuarij. 5,5

L

Labi supernè. 6,376. in vulnera. 7,604
Labienus Cæsari militans, fortis erat & felix ; Pompeio, contrà. 5,346. hortatur Catonem explorare oraculum Iouis Amnonis de euentu belli ciuilis. 9,550
labor mundi. 1,417. ætas impensa labori. 2,563. cedit in immensum cassus labor. 2,663. labor fortunæ. 5,696. labor, id est, cura, solicitudo. 6,492. labores Solis aut Lunæ, pro eclipsi. 6, 505. 7, 4. labor non humilis. 6,602. laboris cura. 7, 209. labor Romanus. 7,512. laboris: florigeri studium, de apibus. 9,289. agitare mentem serie laborum. 9,295.
labor (opus manu factum) humanus vi vel æuo facilè labefactatur. 6,20
laborare. Iustos Fortuna laborat esse ducis motus. 1,264. laborare no. 3,61. laborare, pati laborem. 5, 633. laborare, id est, velle, niti, conari. 7,665. laborare in regna, stabiliendo regno. 9,258. laborare, id est, grauari onere, pondere premi. 9,365. 10,140.
lacerti. lacertis paribus. 5,525. lacertos jactare, natare. 5,661. excutere. 4,386. tendere. 7, 469
lacessere. se dolor ipse lacessit. 2,42. mare lacessitum. 3,193. lacessere pugnam. 3,553
Lacinia templa, promontorium Lacinium in Calabria, in quo templum Iunonis. 2,434
lacrymæ. in lacrymas cunctorum lumina soluit, omnibus lacrymas excitit. 8,107. lacrymis perfrui. 9, 112. lacrymarum vena oculos refugit, lacrymæ non suppetebant. 9, 746
Lælij primipili promptitudo in bellum ciuile, & oratio ad Cæsarem. 1,360. & seqq.
lætus tumultus. 3,102. nulli læta marito. 6,89. lætæ voces. 7, 11. res. 8,534. latè accipere. 2, 271
lætificare. 3,49
læuo volatu vulturis. 7,437
Lagus Ptolemei, qui Alexandro mortuo Aegyptum occupauit, posterisque suis reliquit, pater, vnde, Lagus, pro quocunque Ptolemæo. 10,86
Lagea stirps, item, domus, Ptolemæi reges. 8,692. 10,414. Lagea proles, Arsinoë. 10,522. Lagi regio, arua, rura, regnum, pro Aegypto. 5,62. 8,455,802. 10,4. Lagia regia, Alexandria. 10,527. Lagea iuuentus, Aegyptij. 10,394. Lagæus Nilus. 1, 684
lamenta sonantia. 7,706
lampas, id est, ignis, incendium 5,134
lampades, ignes sine faculæ in aëre latiores. 1,532. 10,505
lana funerea. 2,367
lances, vasa sacrificiis apta extis imponendis. 6,710
languentes stellæ. 1,729
languentia spatio lumina. 4, 169
languidus æuo. 8,504
languida tela. 7,562
languor maris. 5,449
lanugo malas fuscans. 10,135
Lapithæ, Thessaliæ populi, equorum domitores. 6,199
lapis purpureus, pro Sardo vel Porphyrite. 10,116
lapsus grauis sub nimio pondere. 1,76
Lapsum minari. 6,136
laqueata tecta. 10,112
Lares, Id est, Dij domestici, Penates.

In Lvcanvm.

mates. 1,506. sed passim pro domu ipsâ, etiam patriâ.
Lares (simulacra Deorum Penatium) sudarunt. 1,557
largus aquæ. 9,608
Larissa, ciuitas Thessaliæ. 6,355. 7,712. Pompeio profugo omne auxilium offert. 7,713
larix, arbor resinifera. 9,920
lassa radix, vetus & defecta. 9,968
lassare Deos. 5,695
lassatum æquor fluctibus. 5,703
late mihi, pro, me : nisi, mihi, sit, pro quantum ad me. 1,419
latebræ ferarum. 1, 153. scelerum. 4,193
latere in æquore. 1,654
latex, humor. 4,293
Latiale caput, Roma, aut Iouis Latialis templum, quod Albæ, aut etiam ipse Iupiter Capitolinus. 1,535
Latinæ Feriæ, sacra Iouis Latialis, quæ ex instituto Numæ quotannis Consules cum Senatoribus Albæ celebrabant. 1, 550. 5,401. 7,395
Latinum nomen. 7,391
Latium Italiæ nobilis regio, in qua Roma : vnde Latium, Latius Orbis, pro Italia aut Roma. 1,253. 2, 196, 432, 447. 8, 235, 345, 10, 59
Latius, Latia & Latium, pro, Romano, Romanâ : vt, Latius dux. 9,546. 10, 358, 536. Latia turba. 7, 636, 144, 10, 403. Latia arma. 8, 501. Latij fasti. 2, 645. Latij fasces, Consules Romani. 3, 82. Latiæ acies. 4, 8. naues. 9, 1079. Latiæ Musæ, poëma Latinum. 9,983
Latium corpus, concordia Romana. 10,416
Latia vitis, Centurionis insigne in manu vitis. 6,146
Latiæ volucres, Aquilæ legionum. 6,129
latrantes flebile canes. 1,548
latus belli, aciei. 7,523

laterum textura, in corpore humano. 9,777
laudis materia. 8,75
laudibus in longum auum dimittere. 1,448
Lauinium vrbs x. ab Vrbe lapide. 9,991
Laurentum, oppidum Latij, regia Latini. 7,394
laurifera iuuenta triumphalis. 8,25
Laurus Thessalica in Pythiis. 6, 409
laurea, pro victoriâ. 1,122
lauro coronati Capitolium ascendebant triumphantes, laurumque in gremio Iouis deponebant. 1,287
laxæ vestes. 8,367
laxare. laxantur Tartara in poenas. 3, 17. laxare iter fluuiis. 4, 116. sinus veli. 5, 427. spes suas. 5,533. laxare, laxius facere. 6, 72. laxara classis. 3, 548
Leandri & Erûs amores. 9, 954
lectum, electum. 7,142
lectus viduus. 5,806
lectorum strata purpurea & plumata. 10,123,125
Ledæa sidera, Gemini : Castor & Pollux, Ledæ filij. 4,526
legati iure gentium sacri & inuiolabiles. 10,471
legere vestigia. 8,210
legentium historias affectus inclinant in partes. 7,210
legio, quam Pompeius Cæsari post cladem Cottæ in Galliam miserat, & Cæsar ob metum Parthorum remiserat. Luceriæ præsidio relicta. 2, 473
lex. leges. leges & plebiscita coactæ. 1, 176. medias leges perrumpere. 1,322
lege tenere. 2,10
leges xui. 2, 82. Inferorum. 6, 635. legum frænî. 2,145. leges silentes. 1,277. 5,31. legum libera, 6,301. leges sancire sanguine. 7,511
leges

Index

reges, pro libertate & tempore Consulum. 7, 579. 584. 9, 267, 385. 560. legum viscera, Senatus. 7, 579
leges fatorum. 8, 568. lex loci, formæ. 9, 307. leges supernæ. 9, 517. lex mundi. 10, 201. lex pro more, consuetudine. 10, 128
Leges, quæ à Consulibus ferebantur, vt plebiscita à tribunis. 1, 175
leges bello coactæ silent. 1, 277
leges in pace timendæ. 2, 252
leges à Cæsare tolli malint, quàm à Metello seruari. 3, 140
Leleges Thessaliæ populi. 6, 383
Lemanus, lacus per quem transit Rhodanus. 1, 396
Lentulus Spinter Asculum deseruit. 1, 469. eius copiæ ad Cæsarem deficiunt. 2, 470
Lentulus socius coniurationis Catilinariæ. 2, 543
Lentulus Consul initio belli Ciuilis. eius oratio ad Senatores in Epiro. 5, 16. præfectus sinistro cornu in acie Pharsalicâ à Pompeio. 7, 217. eius Pompeio auxilia à Parthis petere dissuadentis verba. 8, 328. & seqq.
lentus parere. 10, 397
lenti visum est. 2, 110
Leo, Signum cæleste. 1, 655. 9, 517. 10, 210, 234, 306. Leonis solstitiale caput. 6, 337
leones iniectis in oculos vestibus capti. 4, 686
leones blandi Magis. 6, 487
Lepidus Consul conatus rescindere acta Syllæ, à Pompeio & Catulo in Alpibus victus. 2, 547. 8, 808
Lepidorum familia nobilis Romæ. 7, 583
Leptis minor, Libyphœnicum Africæ vrbs, solo fertili. 9, 524, 948
Lernæ sagittæ Herculis, quia sanguine Hydræ Lernæ tinctæ. 6, 392
Lesbos, insula maris Aegei sub

Troade, in quâ Mitylene vrbs, in quam bello Pharsalico cesserat Cornelia Pompeij vxor. 5, 725, 744. 8, 40, 108, 123, 131, 135, 139, 144, 204, 587, 640
Lethe, Lethea ripa, flumen Inferorum, obliuionem inducens, vel obliuio ipsa. 3, 28. 5, 221. 6, 769
Lethe, Africæ fluuius, ob similitudinem nominis cum Lethe Infernali etiam creditus obliuionem parere. 9, 355
letum in vulnera sparsum. 5, 591
letificum, mortale. 9, 991
leuare. leuat spes mentes trepidas. 1, 523
leuare Orbem populis. 2, 275
leuare terras monstris. 4, 610
leuare se terrâ. 6, 756
Leuca Appuliæ opidum. 5, 376
Leucas, Leucadius vertex. promontorium Epiri, vbi Actium, & sub quo Leucadius sinus, seu, gurges, sinus maris Ambracij, in quo prælium nauale inter Augustum & Antonium. 1, 43. 5, 479. 7, 872. 8, 38. 10. 66
Leuci, Belgicæ populi, boni jaculatores. 1, 424
leuior auxilio, releuatus liberior. 9, 938
leuis armatura, sagittarij & funditores, &c. 7, 508
leuitas Græca. 3, 102
Leuus quidam in exercitu Catonis ab aspide ictus somno periit. 9, 815. & seqq.
libamina. 4, 198
liber. liberum. legum liber. 6, 301
liberum nasci, aut, mori. 7, 375, 376
liberum fortunæ, à fortunâ. 7, 818
liber culpâ. 8, 647
liber meatu de vento cui nulla sunt obstacula. 9, 455
libertas pro licentiâ. libertas data odiis. 2, 145. libertas fugæ. 8, 37 L.

In Lvcanvm.

8, 571. scelerum. 8, 491 loquendi. 9,558
Libertas publica. vritur armis. 4,578. partes pro Libertate. 9, 29. Libertate saluâ potens. 9, 593. libertas ficta. 9,206. Libertas sibi Orbem reddens, pro, Libertas Orbi reddita. 10,25
Libertatem ad extremum prosequi constituit Cato. 2,303
Libertas populi seruientis libertate perit. 3,145
Libertatis vmbra velle quod imperatur. 3,146
Libertas numquam bene pro pace datur. 4,227
Libertatis minor cura Diis quàm vindictæ. 4,808
ob Libertatem amissam querelæ. 7,432
Libertatis assertor Senatus. 7, 580
Libertas & Cæsar tanquam par gladiatorum inter se certantium. 7,696
Libertatis spes, rerum vltima. 8,453
Libertas vera exstincta à Syllâ & Mario; sed etiam species ejus à Cæsare. 9,206
libet. 9,852
libidinis portenta. 6,414
Libo (Scribonius) fugatus à Cæsare ex Hetruriâ. 2,462
libra examinare. 8,467
Libra, Signum cæleste, quod ingresso Sole fit æquinoctium autumnale. 4.58.8,467·9,534. 10,227
Liburni. Libyrna terra. Illyrici populi, vnde naues Liburnicæ. 4,530,6,58
liburnæ, biremes. 3,534
Libya. Libye. Libycus Orbis. Libyssa, & Libyca terra. Libycæ oræ, sedes. Libyca arua. Africa tertia pars Orbis. 1,206.2, 164. 3,70. 194. 4, 582, 611, 6, 788,817.7,123,711.9,44.119, 386,411. 547, 666, 690, 753, 941.10,38,79
Libycum, pro Africum: vt, Libyca antra. 4,594. Libycæ fraudes. 4, 736. aues. 4, 809. ruinæ. 8,269
Libycum æquor. 8,862
Libyci crines. 10,129
Libyes Mars, bellum Punicum. 1,255
Libycus triumphus Marij, de Iugurthâ. 2,69
Libycæ iræ, Marij in Africâ exulis. 2,93
Libycę clades, Africanę, belli Cęsaris cum Scipione. 6, 62
Libycę terrę bellua, elephas. 6, 207
Libys, pro quouis venatore. 6, 231
Libyca lampas, rogus ab Annibale accensus Paulo Aemilio. 7,800
Libyes polus, id est, Meridionalis, Australis. 9,377
Libycus ignis, Linea Aequinoctialis. 9,538
Libyę extrema. 9,598. mortes, venena. 9,707. pestes, serpentes. 9,805
Libye, pro regno Iubę. 8, 277
Libycę arenę, Aegypti. 2, 417
licia diuersorum colorum telis immiscere, inuentum Alexandrinorum. 10,126
licet, etiamsi. 6,715
licuit mihi, potui. 4,618
ligatus torpore. 5,434
Ligeris Galliæ fluuius Celtas ab Aquitanis sejungens. L 439
Ligures, Galliæ Cisalpinę populi, olim comâ insignes. 1, 443
Lilybęum Sicilię promontorium Africam respiciens. 4, 583
limes vitalia secans, diaphragma. 1,623
limes Solis iniqui, Zona torrida. 7,867
limes augustus portûs mittens naues in ęquor. 2,709

limite

INDEX

limite non flexo, recto cursu. 3, 218
limina ædium coronata in nuptiis. 2,354
limina ædium calcare nefas nouænuptæ. 2,359
limine hærere abeuntem. 1,507
Lingones, Galliæ populi, pictis armis insignes. 1,398
lingua. soluit fama in prætoria linguas. 1,472. lingua exsecta palpitat. 2,101. lingua, agger arctus in mare productus. 2,614. lingua squamosa, præ siti. 4,325. lingua projecta equi lassi. 4,755. lingua tacita, quæ loquitur tacitè, murmurat. 6,701. linguæ commercia. 6,701. 8, 348. linguæ vibratæ serpentum. 9,631. linguæ magicæ, notæ Hieroglyphicæ. 3,224
linum, & lineæ vestes in vsu & honore apud Aegyptios. 9, 159. hinc, lIniger, de sacerdote Aegyptio. 10,175
lintea suffigere antennæ, vela colligare. 9,328
liquebat misero, existimabat miser. 6,433
Liris, fluuius ex agro Vestino prope Minturnas in mare Tyrrhenum influens. 2,424
lis secundum Emathiam lis tanta datur. 8,333
Lissum Epiri oppidum maritimum. 5,719
litare. sacrum. 1,632. fibræ litantes. 6,524. litare, sacrificio peracto Deos placare. 7,171
littus. dubium. 1,409. littora crescunt, relabente mari. 4, 419. littora resonantia asperam tempestatem præsagiunt. 5,551. littus malignum, difficile appulsu. 8,565. littora rumpere, de flumine. 10,244
lituus. 1,237. lituis elisus aër. 7, 476
fixa. 9,593
locus, stare loco. 1,144. locum mutare. 2,137. locus exceptus sceleri. 3,333. loci majestas. 3, 430. locum promittit ipse locus. 4,136. locus rerum. 4,128. locorum fortuna. 4,661. loco redire. 5,337. loci sedes. 6,23. pax. 6,282. facies. 7, 788. lex, forma. 9,307. fors. 10,542. locum consumere. 7,461. loco secundo. 8,288
locis vbi fulmen conciderat & conditum erat peculiaria nomina data. 1,608
longè. ne longè nimium sit proxima tellus, 5,576. longè mittere, id est, abijcere, proijcere. 7,628. longè nascens, id est, quod in longinquis regionibus nascitur: seu, vt quidam Interpretantur, long æuum, viuax. 9,925
longior dies, temporis diuturnitas. 7,846
longinquæ messes, frumentum aduectitium. 3,66
longinqua vulnera cadunt, eminus inmissis telis. 3,568
loqui cum Ioue, oraculum Iouis consulere. 9,558
lorica, armatura ex connexis annulis seu catenulis: hinc loricati, grauis armaturæ milites. 7,498
Lucani fiducia de Immortalitate suæ Pharsaliæ. 7,209,9,985
Luceria Vmbriæ oppidum occupatum à Cæsare. 1,473
Lucifer, stella Veneris, statione nouissimus exit. 1,232. 2,725. 10,434
luctri pallida tabes. 4,96
luctantium varii nexus, arctationes & compressiones. 4, 624
luctari. ignis luctatus viridi robore. 3,503. luctans anima cum morte lentâ. 3,578
luctificus. 7,2
lucus ad Massiliam descriptus, 3,399. & seqq. excisus à Cæsare. 3,433. & seqq.
ludere, eludere. 4,725
ludibrium maris, corpus agitatum fluctibus. 8,710
lues, pro quauis pernicie aut calamitate, vt ab incendio, &c. 1,649.

IN LVCANVM.

2,643.3,681.10,504
lugubria mæsti cultus. 2,365
lumen.lumina,pro oculis.1,134.
3,713,740.& fæpe.
lumina noctis,fidera. 4,282
Luna, primum Etruriæ aut Liguriæ oppidum cum portu. 1, 586.2,427
Luna bigas agitans.1,78.pluuialis. 1,218
Lunæ fidus fecundum. 1,413
Luna coacto cornu plena.1,537
Lunæ dimidiatæ periphrafis. 3, 42
Luna dubitanda,principio nouilunij. 4,60
Lunæ labores,eclipfis. 6,505
Lunare virus,quod Lunæ magicis artibus coacta defpumat in herbas aut cadauera. 6,669
Luna mæsta,obfcurior. 8,721
Lunæ Planetæ officium.10,204. eius eclipfis, & vnde.1,539.6, 503.maximæ eius eclipfes videntur in Africa. 9,693. obfcurata carminibus magicis ac fi eclipfin pateretur. 6,500
Luna an caufam det æstui maris. 1,410.6,479.10,216
Luna cælo deducta arte magica in herbas defpumat. 6,505
Luna obtufo cornu furgens; item cùm caligo orbem eius obfcurat; tum rubicunda; item luridum pallens; & aliquando fub nubes abiens; ventorum & tempeftatum notæ. 5,546.& feqq.
Lunares horæ. 1,404
Lunaria incrementa, æstus maris. 10,216
lunatâ fronte recedere. 3, 3, 533
lunatum ferrum,harpes falcata. 9,678
lustra ferarum. 1,408
luftrare,expiare. 9,103
luftrare fanguine humano. 3, 405
luftrales animæ,quæ quafi victimæ ab hostili vi Romani expiârunt. 6,786
luftrum, & Vrbis luftratio. 1, 593

luftrum, quinquennium. 1, 283
luftrum Lunare, v. menfium. 8, 479
luftrare terras atque æquora, errare. 5,347
luteum, ruffum dilutius ad rubrum vergens. 2,361
lux mæsta. 1,235.rubens. 2,721 luce longè relicta,longè à luce. 4,297
lux extrema, diei. 4,447.dubia. 4,473
lucis color. 6,828
lux,pro die. luce nouâ. 4,32.8, 469.7,427
lux,fplendor. 4,80
lux extrema, dies mortis. 7, 185
lucis (vitæ) extremæ momentum. 4,484
lux metuenda, fulmen. 5,630
luxuries rerum prodiga. 4,374
luxus Aegyptij explicati.10,III. & feqq.
Lyæus,Bacchus. 1,675
Lycidas in prælio nauali ad Maffiliam vnco fixus, retentantibus crura ipfius fociis ne attraheretur, auulfus fcinditur, -3,636
Lycurgus Thraciæ rex, qui fibi crura incidit. 1,575
Lygdamus Tyrrheno oculos glande excutit. 3,710
lymphari præcipiti gradu. 1, 496
lymphatus, furiofus; à lymphâ aut aquâ,quâ terrentur morfi à cane rabido. 7,186
lynx, animal acutifsimi vifus, cuius vifcera pollent ad artes magicas. 6,672

M

Macedones, Græciæ populi noti; à Lucano interdum cum Theffalis confunduntur: in genitiuo plu-

H h

INDEX

Cali Macetum, vel, Macedum 2,647.5,1.10,16,18,269
Macedon, Alexander Magnus. 8, 694
Macra Liguriæ fluuius innauigabilis. 4,426
Macrobij populi Aethiopum. 10,280
Mæander Phrygiæ fluuius sinuosissimus. 3, 208. arte magicâ recto cursu actus. 6,475
Mænala, Arcadiæ montes. 3, 177
Mæotis, palus in quam Tanais influit, & quæ se per angustias Bospori Cimmerij in Euxinum exonerat: ea adeò gelu adstringitur, vt equos & plaustra sustineat. 2,64 L.3,177.5,440.8,318
mærere mortem. 7,790
mæstus curarum. 8,165
magiæ descriptio, ritus; ejus arcana; potentia; cur illi Dij ipsi & an pareant; magorum, magarumque in Thessaliâ potissimum frequentia; eorum mensæ seu epulæ; herbæ item magicæ; animalia; &c. omnia ad tædium vsque descripta. 6,430. vsque ad finem libri.
magicæ linguæ, notæ hieroglyphicæ. 3,224
magi apud Chaldæos & Persas Parthósue insignes & venerandi. 6,449. 8,220. & apud Aegyptios. 6,449
magister nauis. 1,501. 5,645.9, 44. classis. 2,696. ferarum. 4, 242
magna in se ruunt. 1,81
Magnetes. Thessaliæ populi, optimi equites. 6,385
Magnus, pro Pompeio passim.
Magnus pro Cnæo Pompeij filio. 9,121.145
magnus annus, fertilis. 3, 70
magno parare. 1,34
majestas loci. 7,430.
majestas nom fracta. malla. 4, 141.
majestate salua. 7,378,68 L.
majestas nominis Hesperij, Pópejus. 8,760
major in arma ruit. 3,37
mala vel duri lacrymas motura Catonis. 9,50. malorum turba. 9,405
malacia maris. 3,513. summæ malaciæ siue tranquillitatis maris descriptio. 5,432. & seqq.
malæ lanugine fuscatæ. 10, 135
Malea Laconiæ promontorium, quam Dorida vocat, quia Dores Laconiam incoluere. 6,58. 9,16
Maliacæ æquæ, Maliacus sinus sub Macedoniâ. 6,367
maligna vnde vena, impura aut tenuis. 9,500
Mallos oppidum Ciliciæ. 3, 227
mâlus nauis. mali velifer pondera. 1, 500. mali juga curuantur. 2,695
manare cerâ. 10,494
mandare decreta.1,489. mandare ad vmbras. 6,569
manere. mansurus in secula. 8, 74
manes, id est, Dij Inferi; item anima separata à corpore defunctis, aliquando pro cadavere, aut cineribus, aut sepulcro. 1,173.3,13.4,790.5,636.6,666, 807. 7,458. 8,796. 844-9,151, 976
manicæ, manus ferreæ, seu harpagones nauibus hostilibus arripiendis. 3,565. vide. [manus ferrea.]
manipli, contubernia militum; trigesima pars legionis; sed vsurpatum pro numero quouis militum. 1,296. 4,31. 7, 327.
maniplis sparsa acies, confusæ. 10,416
manus. manus nulla vacet. 2,56. manus torpeus. 2,78. cæca. 3,722, certa. 6,190

manum

IN LVCANVM.

manum ferre. 1,147. inijcere satis. 3,242
manu morience ferire. 4,560.
manu dilatâ. 8,708
manus ignauæ. 1,514. fæuæ. 2, 96.
manus miscentur. 3,569.
manus Incertæ. 3,692. togatæ, Romani. 7,549. venales. 10, 408.
manus in bella promittere. 1, 388. complosas tenere. 2,294. exercere. 3,692. præbere. 5, 558. oculis immergere. 6,541. in hostem immittere. 7,509. inserere. 8,552.
manibus prensare. 3,664
à manibus cecidere suis. 3, 668
manibus senectam ducere, sustentare manuum labore. 5, 535.
manibus deceptis vacuum complexa cubile. 5,809
manus, copiæ. 4,137
manus excrementa, vnguium resegmina. 6,543
manus ferrea, vncl ferrei, seu manicæ attrahendis nauibus. 2,712.3,635
manus ducis, milites. 5:311
mapalia, Afrorum domus culmis contectæ, quæ plaustris interdum circum vehebant. 2, 89.4,684 9,915
Marcellus loquax, hostis Cæsaris, collega Lentuli. 1, 313
marcentes tenebræ. 6,646
Marcia, Marcij Philippi filia, cum Catoni priori marito tres liberos peperisset; ab eo concessa Hortensio, cui etiam peperit: illo mortuo, ad Catonem redit, & recipitur. 2,326. & seqq.
mare, mutatur gurgite Nili. 1, 684. clausum inuersâ naui. 3,652. jacens seruatum bello. 3,524. restuum. 4,428. rauca gemit, post ventum vehementiorem. 5, 218. molle.

8, 98. frangitur, vadis aut littore. 9,358,323
mare non mare cum torpet quiete 5,453
maris pax. 4,437. claustra. 2,684. languor. 5,449
mare exterius, Oceanus mundum ambiens. 10,37
Mare Rubrum, quod & Sinus Arabicus. 6,678.10,314.
Maris Rubri spolia, gemmæ & margaritæ. 10,139
maris malacia. 1,259. 1,523.5. 412. comparata Bosporo aut Mæotidi glacie adstrictis. 5, 436
mare intra se murmurans, signum futurorum ventorum. 5, 565
Mareotis, palus Aegypti, aliquando pro ipsa Aegypto. 9, 154.10,117.
Mareotis vua. 10,161
Maricæ regna, Minturnensium ager, & in eo lucus Deæ Maricæ sacer. 2,424
maritus, maritos excipere. 2, 339. nulli læta marito. 8, 89.
mariti roris jungere. 2,329.
marito dimittit, repudiari. 5, 765
C. Marius de Iugurthâ triumphauit subactâ Africâ, & de Cimbris ac Teutonis. 2, 69,90. Libertatis diminutor. 4,823. 9,204. exul & profugus, in paludibus Minturnensibus delitescens; & in carcere Minturnis, vt Fortunæ depositum, quamuis destinatus morti, percussorem majestate terret, & à Minturnensibus dimittitur. 2,70. & seqq. in Africam ejectus. 2, 88. in ruinis Carthaginis latet, tanquam solatio eorum quos vicerat, & rursus sui animaduertentis ruinas tam potentis relp. 2,90,91. copias colligit. 2,91. Romam redit, & septimum

H h 2

INDEX

Confulatum obtinet. 2, 99, 110.8,269. crudelia facinora exercet.2,99.& feqq. fignum hoc dederat fuis, vt quibus falutantibus ofculandam manum non porrigeret, eos occiderent. 2,113.126. obit. 2, 110. ejus fepulcrum ad ripam Anienis.1,582.eius vmbra agricolis apparens initio belli ciuilis Pompejani.1,583

M. Marius, Caij frater ad fepulcrum Catuli laceratus, & poft fingulorum membrorū carnificinam, tandem oculis fui corporis lanienæ fpectatoribus effofsis occifus.2,175. & feqq.

Marii, tanquam exemplar perduellis & crudelis nominati. 2,227,346.6,794

Marianorum cædes apud Sacriportum. 2,134. apud portam Collinam. 2,135

Marianorum temporum adumbratio.2,68.vfque ad 134

Marmaridę, Marmuticæ cateruæ, Africæ populi in Libyâ Mareotide.9, 293.4, 680. 9, 893. Marmaricæ arenę & Marmaricum, pro Africâ & Afris. 6,309

marmora fecta, laminæ marmoreæ quibus muri incruftantur. 10,115

Mars, pro bello, acie, prelio. paffim. hinc, Mars fecundus. 4, 588.6,4. Mars cæcus, bella incerta. 7,111. Marte detecto, aperto bello. 10, 346. Mars dexter, cornu aciei dextrum. 7,220

Mars, pro trophæo. 6,256

Martis Planetæ officium. 10, 106. damnofus. 1,660,663

Marfi, Marfus ager, populi Italiæ. 2,430.9,790

Marfya Phrygiæ amnis. 3,507

maffa metalli. 9,403.7,753

Maffagetæ, populus Scythicus ad Danubium. 2,50. vicini & hoftes Sarmatis, lac equinum cum fanguine mixtum potantes in alimentum. 1,285

Mafsilia, Phocenfium patria, profugorum colonia in Galliâ Narbonenfi (alieno in littore) focia Romanorum, vrbs libera. 3,307. 340. 4,257.5, 53. Mafsilienfes neutri vt effe pofsint bello ciuili, petunt à Cæfare. 3,307.& feqq. quod negat Cæfar, eofque obfidet (Mafsiliam, inquit, delere vacat) 3,356.& feqq. lucus vicinus vrbi à Cæfare, etfi trepidantibus militibus, abfcindi juffus. 3,426. ipfo præeunte. 3,433. Mafsilienfibus lætantibus, vindictamque diuinam fperantibus.3,446. ad eorum muros fubuertendos Cæfariani omnibus modis laborant. 3,474. illi eruptione munimenta omnia & machinas Rom. incendunt. 3,498. poft committunt omnes fpes fuas certamini nauali. 3, 516. vt habiles naues regique faciles habentes,& ipfi periti rei naualis. 3,533. Mafsilienfium pugna naualis cum Cæfarianis. 3,538. & feqq. victi. 3, 752. eorum conftematio. 3, 756

Maffyli, Numidarum gens in Africâ, quæ equos folâ virgulâ regit. 4,682

matrem prægnantem facere qui fas putat, nihil nefas putabit. 8,429

materna vis. 2,338

materia laudis. 8,75. venia. 8, 137

Matinus, mons Apuliæ, 9,185

matrona ventriloqua. 1,675

maturum, id eft, properum, citum, feftinum, paratum. 1, 645.2,597.7,668.10,421

matutini radii Solis. 3,521

Mauort, Mars. 7,569

Mauri, Africæ ad Occidentem populi. 3, 294. 9, 300. pro quouis populo barbaro aut crudeli. 10,455

Mauri nigri vt Indi. 4,679

Mauri

IN LVCANVM.

Mauri dubiæ fidei, & folerti fallacique ingenio. 8,287
Mauri hofpites fuos collucantes inftar fcopi in exercitium fagittandi. 10,455
Maurus, Iuba rex Mauritaniæ, 8,283
Marufia robora, arbores Mauritaniæ. 9,426
Maufolea, fepulcra quorumcumque principum; alioqui propriè Maufoli Cariæ regis. 8,697
Mazax, Africæ populus fagittandi peritus. 4,681
meatu liber, de vento cui nulla funt obftacula. 9,453
Medea Colchorum regis filia, hominibus ex dentibus draconis ortis iram' immifit magicis artibus vt inter fe confligerent. 4,556. in Theffalia herbas magicas necdum fibi cognitas repperit.6, 442. fugiens cum Iafone, vt patrem infequentem remoraretur, Abfyrtum fratrem in fruftra diffectum per varia fparfit loca. 10,646
Medi, Afiæ populi Perfis & Hyrcanis vicini, fub imperio Parthorum; pro Parthis Lucano nominati. 2, 49. 4, 681. 7, 514.8,216,548,326, 368,366. affueti regnari. 7,442
medicamen croceum tingendis crinibus Indorum. 2,239
medicina modum exceffit. 2, 142
medium. Orbem tenere in medio.1,88. abire in medium. 4, 491.medium tenere. 4,652. in medium dare. 7,366
medius axis, linea æquinoctialis. 10,287
medij ignes cæli, &, medius dies,id eft, meridies. 6,337.9, 606
Meduana, Andium in Gallia Celticâ fluuius. 1,438
medulla arboris. 4,318
medullas carpere. 9,741
Meduſæ fabula.9, 624. & feqq.

Megæra,Furia. 1,577.6,730
Melas Theffaliæ fluuius. 6,374
Meleager Oenei filius, Calydonis rex. 6,365
Melibœa Magnefiæ in Theffalia ciuitas,in quâ natus Philoctetes,donatus ab Hercule fagittis, ob incenfam ab eo pyram in quâ fe Hercules combufsit. 6,354
melius.3, 111. in melius mutare 6,60
melior hortando vulgo.7, 249. melior ceffiffe loco quàm pellere, fugæ aptior quàm pugnæ. 8,381. melior fuadere. 8, 482
membrana,pellis. 6,679
membra. æquata membris vulnera.2,177.membra contendere. 3, 624. defecta robore. 3, 625.4,600. omnia neruis membra-relicta labant. 8,60
Memnonia regna,Orientales populi, à Memnone Auroræ filio. 3,284
Memphis prima vrbs planæ Aegypti, in quâ puteus eft in quo notantur incrementa Nili; hinc Nilometrium dicta.8, 477. paffim pro Aegypto; & Memphiticus, Memphitis,Pro Aegypto Aegyptia. 1, 640. 3, 222.4,136.6,449 f, 542. 10,5, 272,310
mens.occurrere menti. 1,480. mens certa malorum. 3, 37. fit mens ifta quidem cunctis. 3, 324.
mentes tepefcunt. 4, 284. menti abeft fauor. 4,399
mentes ad fumma paratæ.4,336
mens varia. 4,704
mentem ferre tranfuerfo torrente. 4,818
mens facro furore inflincta. 5, 150.mentes dubiæ.5,256.mentes æquæ,id eft,bonæ, piæ,faciles. 5,727
mentem paratam verba deftituunt.5,771. mens durata malis.5, 798. pugnæ mente propinquus.6, 1. mens, præfaga.

Hh 3

INDEX

6,415.7,187,9,120.conscia.7, 78 4.mens fugæ,id est, voluntas, consilium fugiendi. 9, 116. mentis tumultus.7,183. pondera.7,180. custodia, id est, confirmatio, constantia; vel vt alij, tacita & quasi intrò custodita cogitatio. 8, 635. mentem erigere.8,75. incendere.10,148. mente Deum gerere.9,564. mentes componere ad virtutem aut labores. 9,380
mens hominum malorum præsaga. 7,187,9,120
mensa, mensa festa.?, 123. mensæ militares in castris duro cespite instituta.4,197. mensæ lautæ gloria.4,376. mensis humanis incognita. 6, 116. mensæ rotundæ litteræ.10,145
mensura timoris.3,100. secundi æquoris. 6,168
mentiri, id est, falso repræsentare, falsam speciem referre, adulari. 9. 820. mentita velut victam Thesea.?.612. populum biformem.3,198. mentiri dominis. 5,386
merces aut pœna. 7,50;
mercis mutator, mercator. 8, 854
Mercurius citharæ inuentor & palæstræ, natus in monte Arcadiæ Cyllene. 9,661. Arg caput absicidit; 9,663. harpei vsui dedit Perseo. 9,671
Mercurius Planeta.1,662. eju officium.10,209. cum peruenit ad vltimum gradum Cancri, & est vicinus Caniculæ, fi Inundatio Nili. 10,210,214
mergere æquore pinus, remigare. 3, 531. mergere formidinem.7,148. mersum ferrum in robora. 3,431
mergj si maria aut stagna fugiant, tempestatem denunclat. 5,553
Meridies.1,16. æther ad Meridiem deuexus.3,247. Meridiei periphrasis.3,423 meritum destruere. 9,1041

Meroë insula Nili maxima in Aethiopia sub Tropho-Cancri, ab vxore vel furore Cambysis ibi mortuâ cognominata 4,33,10,237,250, hebeni ferax,10,303. viui etiam generosissimi, quod quamuis paucorum annorum, potentissimum tamen.10,162. Meroën premit Sol cum obtinet quartamdecimam partem. Leonis. 10,252
messes longinquæ, item peregrinæ, id est, frumentum aduectitium. 5,66.6,105
meta columna fastigiata, circa quam currus quàm proximè agebantur. 8,200.
metallum, vena lapidum silicum auri, &c. aut quæuis durities. 4,223.104.6.34
metallum auriferum, item, rutilum. 3,207.9,364
metalla in Africâ non gigni, opinio veterum, 9,424
metalla, pro vasis, armis & instrumentis ex auro argentoue constatis. 7,740
metator, castrorum. 1,382
Metaurus, Vmbriæ fluuius. 2, 405
Metelli familia nobilis Rom. pro exemplari virtutis. 2, 555.7.583
Metellus Creticus. 3,165
Metelli proles, Cornelia. 8,410
Metellus tribun. pl. Cæsari Pecunias ex ærario sumere volenti obsistit, 3,115. ejus ad Cæsarem verba, 3,123. & seqq. Cæsaris responsio, qui eum Irâ suâ indignum dicit, 3,134.& seqq.
metiri litora instabili gressu. 5. 566
Metiri terras oculis. 6,12
mensus homini quid fata parent. 2,131.
metiri se simul & Romam. 8, 346.
metiri sua regna, vires suas.8, 527
metuere, metuës domini. 7,373 metuens.

IN LVCANVM.

metuens incautus ab hoste timeri. 4,719
metus.vrget metus. 1.46c. agitant grauiora metus. 2,225
metus cinti, cùm vulgus alitur à potentibus. 3,157
metu stratus. 3,390
metus suos exsoluere. 5,259
metus ferre, metuere. 7,138
metum premere. 7,340
metus attonitus. 8,591
metu tecto. 9,389
metus aequorei, ventorum. 9,447
metus legum quosdam ad bellum adigit. 2,252
Meuania Vmbriæ oppidum in agro armentorum feraci. 1,473
micare, de telis. 7,320
mihi id est, quantum ad me. 1,419
miles subitus. 1,312. perrumpens medias acies. 1,322. senior. 2,561. dubius ducibus suis. 4,698
militum assensus Cæsari in bellum ciuile. 1,386 & seqq.
miles senex, exemplum, non miles. 3,730
milites ab inducíis ad bellum redeuntes comparati belluis à cicuratione ad feritatem relapsis. 4,237
militum primus in desperatione impetus post paulatim defruefcens, comparatus sauclo recenti vulnere animoso, ri, sed membris frigentibus torpente. 4,285
milites, manus ducis; item fortuna rerum ducis. 5,311. 7,250
militum ensis est qui stringitur, non ducis. 2,254
militum opera quam ducibus locari à Cæsare comparatæ fluminibus in mare defluentibus. 5,336
milites missionem obtinentes arma tradebant. 4,382. 5,326
milites Cæsaris tumultuantur,

& missionem flagitant; quos reprimit Cæsar, & castigat. 5, 242 & seqq.
miles non magno hortamine in prædam ducendus est. 7, 736
Milo reus occisi Clodii. 2,480. in judicio ipsius forum obsessum à tironibus Pompeji. 1,123. 2,480
minæ tumuere. 2,573
minari gladii triste minantes. 1, 320
turres minantes. 4,132
minari lapsum, de muris. 6,136.
hosti seque ipse minatur. 6, 173
minax arcu soluto. 7,515
minaces incassum. 4,283
Minerua Trojana, palladium. 1,598
Mineruæ ramus, oleæ. 3,306
minimas rerum discordia turbat. 2,272
minimum terræ. 5,467
minister populus, frequentia famulorum. 10.127
Minoia Creta, à rege Minoe. 3,163
Minoia tecta Brundusii, quia habitatum à Cretensibus. 5, 406
Minturnæ, oppidum Latii. 2, 424
Minuti castella ad Dyrrhachium à Minutio (vt ajunt) qui iis pro Cæsare præerat. 6,126
Minyæ Thessaliæ populi remiges Iasonis. 6,385
miracula varii sati. 3,634
miracula præbere. 4,425
mirator, imitator. 9,807
miratrix sui vetustas. 4,655
miscere, miscere, inter se committere. 2,271
miscere gentes. 3,194
vulnera 3,354
manus. 3,369
mortem. 4,283. arma. 6,80. 8, 421.
miscere nexibus alas, de apibus conglobatim volantibus 9,286

Hh 4

INDEX

miscere cubili. 10,69
miseris tantùm irasci numina possunt. 1,449
miseros iuuat omnia secum trahere. 7,654
miseri fugiuntur, felices coluntur. 8,487
miseros nemo facilè in amicos sibi eligit. 8,535
mitescere, dulcescere, de aquis marinis. 10,257
Mithridates, Ponti rex, à Pompejo in desperationem rerum adactus, veneno se sustulit. 1, 336.2,581.à Sullâ non victus. 2,582
mittere. Orbem sub.leges. 1,12. missum regnum in turbam. 1, 86. mittere post terga sagittam. 1,230. in discrimen. 2, 599. angustus limes portus mittens naues in æquora. 3, 709. omnia in extremos casus mittere.7,239.mittere longè, id est, abijcere, proijcere. 7, 618. mittere in famum & seculâ. 10,533
Mitylene vrbs Lesbi insulæ. 5, 786. Mitylenæi operam suam Pompejo addicunt post prælium Pharsalicum. 8,109. & seqq.
moderatior ventus. 9,118
modesta vota 5,533
modo, paulo ante. 6,621, 713, 717.8,130
modus.perdidit pugna modum, forma pugnæ mutata est in cædem 7,531. medicina modum excessit. 8,142. modum (finem) imponere. 10,172.modus venti. 5,709.modi mortis. 3, 689. vix oculo prendente modum, de spatio loci immenso. 4,20
modus, pro mensurâ quantitate, moderatione, distantia. 1,562.2,131.6, 76.8, 492, 799, 9,191,766,794,804
mœnia corripere. 2, 100. pendere è mœnibus. 7,369
mœnia, pro vrbe. 2, 655. hinc ducere in mœnia, vrbibus a-

suefacere, aut, populum vagum in vrbes redigere. 7, 429
molâ, far tostum sale aspersum. molas inducere (inspergere hostiæ capitibus) obliquo cultro. 1,610
moliri ima mœnia. 3,489
molle æquor.8,98. mollis sulco terra.9,627.mollia arua Nilo. 8,526
mollitus ferro, castratus. 10, 133
Molossus canis, à regione Epiri. 4,440
momenta fauoris.3,55.fati.4,3. rerum. 5,338.4,819.7,118
monarchia Mundi vniuersalis detestanda. 10,27
Moneta Iuno. 1,380.
monetæ inuētor Ithonus Thessalus. 6,404
monile, ornamentum colli. 2, 363
Monœci Herculis portus 1,405
monstra Deûm, prodigia. 7,172
monstro potenti, miraculo vel facinore monstroso. 6, 635. monstrum fictum. 6,437
monstra,scelera.4,252. 10, 337, 474
monstriferum, mirabile. 4,620
monstrosi fœtus, &, partus. 1, 562. combusti in Vrbis lustratione. 1,589
monstrare. vix poterunt monstrare ruinæ. 7,393. monstrat tolerare labores. 9,588
montis decliuia. 2,428
montes dubii, cùm paulatim visum montium recedendo amittimus. 3,7
montes complanati arte magicâ. 6,477
Monychus Centaurus. 6,388
mora.belli. 1,100
moræ pudoris. 1,263.
morâ vinci.3, 392.nec mora.4, 415.
moras ferre,pati. 5,477
moræ indulgere. 5,733
morbi medii inter vitam & mortem.6,99.morbi fluentes. 7,412.

IN LVCANVM.

7,412
mordaces curæ. 2,681
mores cedunt rebus secundis. 1, 161
morum priorum numen, in cuius templa pauca donaria aut ornamenta pretiosa. 6,520
mori iam posse satis est, de infantibus tyrannorum iussu occisis. 2,109.
morientium oculi clausi à sanguine proximis. 3,740. 5,280.
mori velle nullus cogi potest. 4,485. videntibus testibus fortiter mori gloriosum est. 4, 492.
mori esse felix, seu rem felicem, solis morituris agnoscere permittitur. 4,517
mori scire, sors prima viris; sed proxima, cogi. 9, 211. pauido fortique cadendum est. 9, 583.
mori somno ex ictu aspidis. 9, 818
moribundus, moriens. 6,86
mors. quantoque gradu mors sæua cucurrit 2,100.
mors emerita. 3,622.
mors vna timori est quà cepere mori. 3,689
mors in vita. 6,531.
mors dilata Deům. 6,698.
mors longa, longè distans. 9, 102. obula.
mors veneni, venenata. 9, 738
mors omnis hominum in vsu est magis. 6,561
mors ipsa nihil. 3,340. media longa vitæ. 1,458. viris non metuenda. 8, 396. libera enim Fortunæ. 7,818
miserum non facit. 8, 632. sed præmium potius quàm pœna. 5, 117. vt quæ sola præstare potest carere malis. 5,230. præmatura autem sæpe præuertit tristes casus. 8,29. quomodocumque sit, vltima pœna est, Lucano. 8,395
mortis capaces animæ. 1,461
mortis tenebræ. 3,714. via. 4,167.

stimulis agi futuræ mortis. 4, 517. mortis vicinia. 4,518. fiducia. 4, 538. fortuna. 4,737. exemplum mortis honestæ. 6, 235. mortis oracula, necyomatia. 6,772. mortis venturæ pallor. 7,130. mortis sensus post mortem. 7,471. mortis vltima. 8,665. honores mortis, funus. 8,773. bonos mortis, laudatio funebris. 9, 217. quantum mortis. 9,680. mortis fama. 9, 755. mortis multum. 9,767 mortis metus, timorum maximus. 1,460
mortis voluntariæ aut vultroneæ laus, præsertim cum nihilominus moriendum est. 3, 241. 4,480
morti obluctari. 3, 662. morti admotæ occurrere. 4, 480. morti faciles animi. 4, 506. morti admouere horas. 7,50 morti pereuntis parcere, dirus mos nefandæ sæuitiæ. 2,180
mortem suam victori rapere. 2, 156. ad mortem ire. 2, 582. mortem perdere. 3,707. mortem repere. 4,340 quærere. 4, 479. sentire. 4, 570. mortis intrepidus accipium. In mortem segnis. In mortem politus. 9, 116. In mortem vires, constantia ad mortem tolerandam. 9,886.
mortem sibi consciscere, gloriosum Lucano putatum. 2, 156. 3,241.4,480
cum morte lenta luctans anima. 3,578
à morte nihil sensus relictum animis. 3,35
morte, vel iniquâ, semel defunctus hoc munus habet, non amplius se moriturum. 6,724
mortes. 2,83. 156. 7,618. 848. 9, 736. mortes cadunt, tela mortifera. 7,517. mortes, Libycæ, venena. 9,707. mortes, mortiferi serpentes. 9, 862. mortes suorum cum hostium miscere, vel permiscere, vt in desperatione. 4,283. 7,100

H h 5

INDEX

mortium armis illatarum varia genera. 7,618.& seqq.
mortale genus ignarum sortis Deorum. 3,319
mortalia habent casum. 2,13
mortui carminibus magicis resuscitari. 6,531
mortuorum animæ in antiquum corpus redire nolunt. 6,721
Moschi,populi Scythici, è quibus oritur Phasis, Sarmatis vicini. 3,270
motus. motus mutus. 2, 182. pauidus. 2,235
motus primi auroræ, 4,734
motus seditio. 9,219,225
mouere.stimulos irarum.2,324. summa. 2, 394. totas vires.2, 626.certamen. 3, 131. fata. 6, 605
mucro hebes frangit, non vulnerat hostem.6,187. ensis primo tantum mucrone cruentus. 7,561
mugientes cauernæ motu terræ. 3,418
Mulciber,Vulcanus. 1, 545. 10, 448
multus. multum. multus sua vulnera affixit, id est, multis multis pe........C.v. 807. quicquid inultum est, 5,260
multum spatium. 7,..
multus Annibal est in pectore, Annibal sæpe obuersatur animo.8,285. multû posse.1,175
multifidum. 3,202
Munda, Bæticæ vrbs, ad quam prælio victi à Cæsare Popeij filij : pro quo conflictu Munda nominatur. 1,40.6,306.7, 692
mundus.labor mundi, studium physicum. 1,417
mundi extrema, item,vltima, pro Hispania, aut extremâ parte eius. 3,454.4,147.item pro Mauritania. 4,669
mundi pars ima. 4,106
mundus mistus. 4,190
mundum coërcens vnda, Oceanus. 5,619

mundi iura petere,ex loco concluso exire. 6,139
mundus latens,Inferi. 6,649
mundi discrimen. 7,108
mundus super nimios Soles &, Austrum iacens, pars mundi Meridionalis. 8,164
mundi deuia. 8,209
mundi vulgati commercia, populi nobis cogniti. 8,312
mundi tepor, plaga cæli tepida. 8,365
mundi damna.9,440.claustra.9, 865.mundi fama.9,1030.mundi capax,ad intelligenda mundi mysteria siue res physicas. 10,183.mundi lex. 10,201, mundi taciturn.occultum mundi. 10,252
mundi cursus impeditus arte magica. 6,463
mundi arbiter,item, rector, Pluto, 6,697,742
mundi interitus communis. 7, 814
mundus incendio periturus. 9, 316
mundus vniuersus & virtus,siue animus sapientis,sedes & domicilium Dei. 9,578
mundi monarchia vniuersalis, detestanda. 10,27
munimen rapti cespitis. 1,517
munus, quemque suum munus 7,310
munera amphitheatri.4, 709
murmur infremuit. 1,209
murmur infandum magorum. 5, 448
murrha. 4,380
murrhina vasa. 4,380
Murrus basilisci à se transfixi veneno ad manum per telum assurgente,brachium sibi amputat. 9,818.& seqq.
murus solo admotus crescente cumulo,terra extrinsecus aggesta,aut aggere ad altitudinem muri. 6,180
murus Phœbeus, Troiæ, ab Apolline & Neptuno conditus, 9,965
muri,

IN LVCANVM.

muri, pro vrbe. 8,250
muros obsidione claudere. 1,34
muralia pondera saxi. 6,199
musculus femorum. 9,771
mutare locum. 2,137
mutare vrbes totas. 5,107
mutare in melius. 6,60
mutare terram. 6,271.8,148
mutati sanguine fontes. 7,537
mutare Threicias hyemes Nilo, de gruibus. 7,832
mutare totum diem, aliud clima subire. 8,217
Mutina, Galliæ Togatæ vrbs, pro clade quam Antonius ad eam passus. 1,41.7,872
mutua lumina, oculi. 4,170
mutus. questus mutos voluere. 1,247
mutus motus. 2,182
Mycenæ, Argiæ in Peloponneso oppidum. 1,544.5,74
Mysia, Asiæ ad Hellespontum regio. 3,203

Nasidij Marsi à prestere percussi, & in tumorem immanem excrescentis, mors. 9, 789.& seqq. comparatus bullienti aquæ aut velis Inflatis. 9,798
natale erepto, id est, extincto semine, natiuitatis primordio deleto. 7,390
natare, id est, submergi, perfundi, inundari, humectari, vt, natare in cæde. 7,294. sanguine, de terrâ, loco vbi cædes facta. 7,728. reges (regum sepulcra) natabunt. 9, 156. penitusque natabat, 9,312. membra natant sanie. 9,770
nando amnem frangere. 8,374
natura deses. 9,436
natura paucis contenta. 4, 378.
omnia placido sinu receptura est. 7,810
natrix, serpentis aquatici genus. 9,720
naualia Phœbea, portus Atheniensis. 3,182
naualia fugâ tenere. 3,715
nauali plurima bello ensis agit. 3,570
naufraga virtus. 3,690
naufraga arma. 4,87

N

Nabatæi, Arabiæ populi, inde Nabatæi flatus, Orientales venti. 4,63
Nais, nympha. 9,972
Nar, Sabinorum fluuius in Tyberim illabens. 1,475
nardus, frutex cuius folium ad vnguenta odorifera commendatur. 10,164
naris spiramina. 2,183
Nasamónes, Africæ populi, solo arenoso, vicini Syrtibus; eaque occasione naufragiis ejecta rapiunt. 4,679.9,439.& seqq. 9,458
nasci. infantis nascentia fata. 2,107. nasci in regnum, in seruitutem sub rege. 7,643
nascens longè, de ceruo in Africâ non nascente; nisi, nascens longè, longæuum, viuacem. vt quibusdam placet, significare. 9,921

naufragium. naufragium sibi quisque facit. 1,503
naufragij spes. 5,455
naufragio venire. 5,494
naufragium, pro quauis clade aut calamitate. 8,313
nauis. naues stantes fune contentæ. 3, 621. actæ tensis rudentibus. 2,683. plenæ vento. ibid. nauis turrigera, prætoria. 3,514.4,226
naues emeritæ. 3,520
naues ex collisione rostrorum in puppim redeuntes tanquam circumrotatæ. 3,545
naues audientes manum regentis. 3,594
naues inhibere remis. 3,659
naues capræ vehunt victores suos. 3, 755. vimen texitur in nauem. 4,132. nauis regimen dare ventis. 7,126. nauem dare in littus. 8, 133. dare in lænum-

INDEX

bum. 8,194. naues citatas Cypro iinmittere. 8,457
naues è littore præcipitare. 9, 148
nauis prima apud Thessalos inuenta, Argo. 6, 400. noui generis mortis causa. 3, 197. 6, 400
naues contrario vento impulsæ arte magicâ. 6,471
nauis regimine destituta, ignauum onus. 7,126
nauis pugna Massiliensi pondere turbæ in vnum latus incumbentis tota inuertitur. 3, 647
nauta nauem in alterutram partem à recto cursu obuertens comparatus aurigæ currum obliquanti. 8,199
nautæ portu soluturi tubâ præmoniti. 1,690
nebulæ discussæ arte magicâ. 6, 486
nec mora. 4,441
nec numina desunt. 1,349
nec fortuna diu vertens, id est, & fortuna non diu vertens. 7, 504
nec, ne quidem. 8,497
necesse est posse (item, velle) sequi iussa. 1,372. cuplas quodcunque necesse est. 4,487
necyomantia. 6, 620, 772. eius mos & ritus, &c. 6,654. & seqq.
nefas, scire nefas, id est, non facile est iudicatu. 1,127. attulerat in castra nefas, sceleftus iam antè, venerat in castra. 2, 98
nefas belli, militare. 2,507. abscondat Fortuna nefas. 2, 735. omne futurum creuit amore nefas. 4, 205. Infernum nefas. 7,170
nefas ciuile. 7,432
negare negatum stare diu. 1,70. spectandum tibi bellum ciuile negatum est. 4,804
negani iam mihi. 5,744
negatis tumulis proiecta corpora, inhumata. 6, 626. similis

negantem agens equum. 8, 3
neglectus dextræ. 2,126
Nemea silua Arcadiæ, in quâ leo ab Hercule occisus, qui ab eâ Nemæus. 1,655
Nemesis (Ramnusia) superborum castigatrix Dea. 5,233 nemorum auia. 1,569
nemorum motus vltronei, ventorum futurorum signum. 5. 551
Nemossus Aruernorum caput. 1, 419
nepos, descendens de stirpe. 9, 996. nepotum populi, posteri 7,207. 8,871
Neptunus imperium maris nactus sorte secundâ respectu Iouis. 4,110,113. 5,622
Neptunia cuspis, tridens, siue fuscina. 7,147
Nereus Deus marinus, pro ipso mari. 2,713. 6,349
Neroni Imperatori adulatum. 1, 33. & seqq.
Neruij, Belgicæ populi, qui Cottam & Sabinum Cæsaris legatos ceciderant. 1,429
nerui, robur mobile neruorum. 4,286. relicta neruis membra labant. 8,59
neruiti leuales, arcus. 8,296
nescire. 4,496. 7, 411. Deos nescire. 1, 453
nescit timere. 3,119
nescit latrare, de cane, id est, scit non latrare, compescere latratum nouit. 4,441
nescius remitti. 1, 17. stare. 1, 144
nescius artis simulatæ. 4,744
nescire ora frænorum. 4,683
Nessus Centaurus Deianiram, quam trans flumen Euenum ferebat, stuprare volens, ab Hercule occisus. 6,366,391
Nesis, Campaniæ insula sulphureis exhalationibus fœta. 6, 90
nexibus miscere alas, conglobatim volare, de apibus. 9, 286
Nilus, Ægypti flumen celeberrimum

In Lvcanvm.

mum i sæpe etiam pro ipsâ Aegypto.1,684.2,633.3,199. 5,712.6,307,810.7,832.8,499, 526,542,641. 9, 81, 156,705, 752.10,8,53,156,413. Niliaca arena, pro Aegypto. 5, 471.8, 805.item Nilotica rura.9,130
Niliacum littus. 9,135
Nili littora. 9, 413. Niliacum Aegyptium.10,80.Niliacus tyrannus,Ptolemæus rex. 8,281
Niliaca serpens,alpis.. 9,816
Niliaca vrbs. 10, 91. Niliaci ius gurgitis,imperium Aegypti.9, 1023.Nili regia.9, 266. Sceptra. 8,559
Nilotis acus.. 10,142
Nili ortus siue fontes incogniti. 3,20.10,40,190,192.sub Cancro esse existimantur.10,214. eius ortum ignorant populi Arctici,exitum Antarctici. 10, 301. in Aethiopiâ aut paulo supra eam oritur. 8,830. cursus eius quatenus cognitus est. 10,285.& seqq. inundat plana Aegypti. 2,417.9, 163. omnia tenet, id est, inundat. 4,135. quando inundare incipiat.10, 210. & seqq. In causas inundationis Nili inquisitum ; variorum opiniones adductæ,& quædam refutatæ. 10,219. & seqq. eius incrementa observata in puteo Memphitico.8, 477. Nili Inundatio definit æquinoctio autumnali.10,218
Nilus diuiduus septem ostiis se in mare exonerat. 8,445,465. 10,244,254
Nili os Pelusiacum. 8,825
Nilus Lagæus,à Lago patre Ptolemæi. 1,584
Nilus, fiducia Aegyptiorum. 8, 447
Nili inundatio impedita arte magicâ. 6,474
nimbus telorum. 6,134
nimiumque parumque. 5,742
Ninos Assyriæ vrbs. 3,215
Niphates Armeniæ flumen.3,245
nisu titubauit in medium orbem rota. 6,482

nitl.in rupes.4, 18. In terras. 4, 650.in lucem. 5,180
niues sine Sole mediâ hyeme solutæ arte magicâ. 6,478
nobilitas dolendi. 8,529
nocens cælum. 7,798. terra. 7, 869
nocentes manes. 3,15
nocentes multos seruat Fortuna. 3,448
nodi chalybum,catenæ. 6,797
nodi nocentes , laquei quibus strangulati nocentes. 6,543
nomen, sub nomine sacratus.1, 405
nomen famæ. 6,604,257. in nomen alterius venire,de flumine alteri flumini illabente. 6, 375.
nomina popularia,Drusi. 6,795
nomina magna. 7,210
nomen extremum tanti generis. 7,589
nominis vmbra. 8,449
nomina pauperis æui,Fabricij & Curij. 10,151
nomen edere. 4,177
nomen Latinum. 7,391
nominis famâ.. 9,92
nomina ferialia. 7,408
non fandus.2,176. non priuata arma.2,533.non priuata cupit. 2, 564. non ea fata ferens.2, 726.non sic,id est,non tam bene, tam doctè.8,193.non casta. 10,60
non ex coniuge partus. 10,76
non imbrifera. 9,455
non,nec,haud,semel,vnus, vnû, id est,sæpe,multi,multa.1,478. 2,420.3,466.4,545.8,232,477. 10,244
nosse minimum terræ,de flumine non longè à mari orto. 5,22. 467
nostrum. non fert è nostro præmia miles. 3,130
notare terras ex astris. 8,167
notare voce. 9,222
Notus,Auster, ventus Meridionalis.2,460, 683.4, 71.5,142, 571,609,714.6,294,471.7,364. 9,326,419,480,539,695,877. 10,243.

INDEX

10,243. Noti, pro quibuslibet ventis. 10,500. Noti post terræ flagrantis tertæ, quæ sunt à parte Antarctica Lineæ Æquinoctialis. 10,50 nouissimum, vltimum. 1,232. 8, 93
nox. ignota sidera viderunt obscuræ noctes. 1,526. noctem ducere. 1,543. nocte soporâ. 2, 236. nox, pro caligine ex deliquio animi. 3,735. 8,58. in noctem pronum cælum. 4,28. nox lubrecta polo. 4,104. noctes venturâ luce rudebant. 4, 125. fabula extrahit noctes. 4, 208. nox bellorum. 4,244. substituit nox merso sua lumina Phœbo. 4,283. ad noctem impellit lux extrema tenebras. 4,447. nox parua. 4,476. nox cœli. 5,627. nocte altâ. 6,570. nox media. 6,571. nox pro tenebris. 6,647. noctis rex, Pluto. 6,741. nocte coactâ. 7,395. nox scelerum. 7,571. nox pendens supercampos. 7,520 nox habet Thessaliam, omnes cogitationes totâ nocte sunt de Thessaliâ. 8,45 noctis incipientis periphrasis. 5, 424
nocte apud nos mediâ, sub terrâ apud Antipodes est medius dies. 6,571 nocturni. 3,499 nubes. telorum nubes. 2,262. nubes excedit Olympus. 2,271 nubes campo consurgens, puluis excitatus ab aduentante equitatu. 2,481. In nubes abiere Ceraunia. 6,626. quicquid defenderat Indos, nubes ardores Solis temperantes aut impedientes. 4,67. nubes densas Sol la vellera sparserat. 4,124 nubes puluefis. 4,768. pestis contagia tracta in obscuram nubem, crassa exhalatio pestilifera. 6,90. cæci timoris nubes. 6,297. nubes subducunt sidera. 6,519. nubes non-imbriferæ, id est, arenifera Austro eleuata in Africa. 9,455 nubes mediâ regione aëris. 7, 479
nubes rutilantes in mare cum Sole descendentes serenitatem diei futuræ significant. 5,541
nubes a tractæ in alimentum Solis. 7,5
nubes fractæ eliso fulmine & tonitru. 6,693. 7,154
nubila mœstam lucem tenebris. 1,235
nudare latus imperij. 8,425. nudatus miles telis. 3,170. nudatum præsidiis. 2,362,472
nudus. nudi rami, sine foliis. 6, 141. nuda regna, deserta. 2,90. nudæ Aquilonibus vndæ, portus in quem nullæ naues appellunt flante Aquilone. 5, 720. nudum latus non hærente marito. 5,807. nudus pectore, carens pectore. 6,256. nudum, vacuum. 6,519. nudum, de oculis apertis. 8,683. nudus inhumatus. 9,357
nullus. nullus semel ore receptus sanguis patitur, &c. id est, sanguis semel ore receptus non patitur, &c. 1,333 nullis obstantibus. 3,564. nullo voto. 4,401. nullo tristis damno, lætus vel securus vt indemnis. 5,753
Numa, rex secundus Romanorum, quibus auctor sacrorum cæremoniarúmque, vnde sacrificus. 9,478. institutor Feriarum Latinarum. 7,396 numeratus miles effusis telis, à Xerxe. 3,285
in Numerum, augendo numero. 2,111
Numidæ Africæ populi vicini Mauris. 4,677. auxiliares Pompeij acie Pharsalicâ. 7,229 numen. numina, nec numina desunt. 1,347. tantum miseris irasci numina possunt. 3,449 lumine sinistro. 4,194. aduerso. 7,219
numen auxiliare, 6,524.

numen

IN LVCANVM.

numen morū priorum, in cuius
  templo nihil ad fanſtum.9,520.
ora numinis, oracula. 9,551
nunc ades. 4,189
nunquam, non. 4,695
nuptiales ritus. 2,354.& ſeqq.
nurus, feminæ, præcipuè de nuptiis. 1,165.5,307.8,40.
nutare, nutans ruina.4,393. nutant quaſſæ turres. 6,136. nutantia vela. 8,4.
Nymphæ, Deæ ſiluarum Dryades aut Hamadryades. 3,302
Nymphæum, Epiri portus vitr. Lyſſum. 5,720
Nyſa, Nyſeia iuga, Indiæ mons & vrbs in qua ſepultus Bacchus. 1,65.8,801

O

O Populus, pro, ô populè. 2, 116
obducere. oculos obducentes tenebræ. 3,735
obducere caſtra. 4,31
obducere caput. 9,109. mundo obducere terram. 9,648
obex. 10,246
obire, circumire. 7,565
obire vulnera belli. 6,205
oblimare. 6,364
obliquare caput. 4,726. obliquent flumina fontes. 4,117
obliquare vela. 5,428
obliquus. obliquum. oppoſita recto, tranſuerſum. obliquus amnis.1,221. obliquus pecten remorum. 3,609
obliquus ſanguis, deſcenſus lateralis, generis lineal tranſuerſa. 8,286
obliqua flamma. 1,154.° obliquæ faces.1,528.naues.3,362. 4,422. haſtæ. 4,774. cohortes.7,522. obliquum ſidus. 1, 55. latus nauis. 3,628, tranſtrum. 8,673
obliquum ire, vel, meare. 9,513
obluctari morti. 3,662

obſcœni hauſtus. 4,312
obſcurare famam ſuam. 4,718
obſcurum, obſcurè. 5,531
obſes pacis. 10,55
obſidione muros claudere. 3,343
obſtare ð. 1,591
obſtrictum habere. 6,494
obtendere cauſam armis. 8,339
obuia mors, non quæſita aut ſpontanea. 9,208
Occaſus pars mundi Occidentalis. 2,588
Occidens. 1,15
occidentis Solis periphraſis. 8,159
Occiduus Orbis, Hiſpania. 4,63
occulere à ſtrepitu. 5,727. velut occultum pereat ſcelus. 4,252
occurrere menti. 1,480
occupare, prehendere. 8,670
Oceanus, mare magnum quod Orbem circumlabi creditum. 1,370, 411, 416. 3,176.9,416. 10,36
Oceanus fuſus, diffuſus. 4,134. Atlanteus. 5,598. mundum coèrcens. 5,619. Perſicus, vel Arabicus.8,294. calens demiſſo Sole, occidente. 9,623
Oceani æſtus. 10,216
Oceani Occidentalis inundatio. 1,554
Oceanus Britannicus difficilis nauigari ob æſtuaria. 2,571
Oceanus pro Mari mediterraneo. 4,22
Octauius, Pompeianæ claſſis ſub Illyrico præfectus, tres rates Cæſarianorum conatus inhibere, tertiam tantùm inhibet. 4,433. & ſeqq. iis lentè inſidiatus venatori comparatur canes ſuos compeſcenti dum fera clauſa ſit. 4,457
oculi. in morte jacentes. 2,26
oculorum ſedes. 1,713. vincula.3,713. oculos obducere. 33. 735. vix oculo prendenæ modum.

INDEX

modum. 4,220. oculi spatio 13-guentes. 4,169. terras metiri oculis. 6,32. orbis oculorum. 6,116. oculis manus immergere. 6,541. oculi clausi ingesto fulgure. 7,157. oculis subducere. 7,671. nulla loci facies reuocat feralibus aruis hærentes oculos. 7,789. cunctorum oculos in lacrymas soluit. 8,106. oculis victoris iniqui feruari. 9,193. oculi tenebræ, somnus. 9,574

oculos morientium claudere, pietatis, & proximi sanguine aut affinitate officium. 3,740, 5,280

odiis data libertas. 2,145
odisse vix vacat, præ magno pauore. 3,103
odium futuri. 8,165
odores Eoi, aromata ex regionibus Orientalibus, vt Arabia, India. 8,731
Oedipus, qui Thebis imperauit, matrem vxorem inscius habuit. 8,407
Oeneus pater Deianiræ, quam in coniugem Achelous petens ab Hercule victus in flumen mutatus est. 6,363
Oenomaus Achaiæ tyrannus. 2, 165
Oenone nympha, Paridis coniux, ab ipso derelicta. 9,973
Oeta, Oete, Oetææ rupes, mons Thessaliæ in quo se Hercules combussit; hinc dictus sepulcrum Herculis. 3,178. 6, 389.7,449,483,807.8,800

offerre. oblatum. vulnus. 4, 764
Ogygius Bocchus. 1,675
oleæ ramus prælatus, signum pacis. 2,306
Olostræ, Indorum gens. 3,249
olim, semper. 5,779
olim potentes. 2,230
Olympus Thessaliæ ad Septentrionem mons. 6,341.7,173. supra nubes solitus eminere, infra easdem actus arte magica. 6,477. propter altitudinem eius tanquam cælo æquatam, Olympus passim & ferè semper pro ipso cælo ponitur; inde Olympi rector, Iuppiter. 5,620

Olympiaca palæstra. 4,614
omen. & collibus (antè felicibus) abstulit omen. 4, 664
omina festa. 3,101
omina clades præcedentia hominibus curas augent. 2,4. & seqq.

omnis. omnia. semel omnia victor iusserat. 2,148. acciperet felix ne non semel omnia Cæsar. 3,296. post omnia, vltimum. 2,469. non omnis cecidi. 8,266. omni horâ, omnibus horis, continuè. 9,883. in omnia flagrans. 3,390. omne vulnus, omnia vulnera. 8,728. in omnia, vbique. 10,461

omnia dat armato qui iusta negat. 1,349. onager, tormentum bellicum dirigendis lapidibus. 3,469

onus amoliri humeris. 5,355
onus coniugij. 5,725
onus ignauum, nauis destituta arte regiminis. 7,126
onyx, vel onychites, genus marmoris. 10,117
opacat taxus non perula, vmbrosum, obscurum facit. 6, 645

opacus, anfractus. 4,159. opacæ tenebræ, opaca vallium. 8, 772
opertum, tectum. 5,187.6,514
opes, pars rerum vilissima, certamen mouistis. 3,120
opes, aurum, &c. semina belli. 3, 150
opum metuenda facultas. 4, 817
ophites, marmoris genus maculis instar serpentum distinctum, quod in Bœotiâ effoditur. 9,714
opifex rerum. 10,867
Opitergium, Venetorum vrbs, Opitergini Cæsari militantes in rate turrigerâ (quæ catenis

In Lvcanvm.

in mari fufpenfis adhæferat) à Pompeianis obfefsi, ne in manus hoftiles incidant, mutuis ictibus fe inuicem occidunt. 4,461.& feqq. comparari fratribus ortis ex dentibus ferpentum à Cadmo & Iafone occiforum. 4,549.& feqq.
opportunum eruptioni. 6,125
oppofiti arcere. 1,465
optimus excuffo lacerto. 2,424. flexis frænis. 1,425. optimus bello. 7,218
optare. optabit patriæ talem duxiffe triumphum. 10,154
opus. furgit aggere multo. 2, 679
opus ducere. 6,39
opus fubitum & raptum. 6,54
opus enfis, enfis vfus & officium. 6,188
opus ferri extremum, vltimus labor armorum. 7,345
opus virtutis. 9,381
opus gerere. 10,491
ora, vide, [os oris.]
oraculorum caufa indagata. 5, 86.& feqq. ea adire fuperuacuum. 9,579
oracula mortis, necyomantia. 6, 772
oraculum Iouis Ammonis. 9, 511. Delphicum Appollinis. 5,70
orbatus parens morte natorum. 2,298
Orbis terrarum. Orbem victum poft terga relinquere. 1,369
Orbis Eous. 1,252
Orbis ignotus. 3,247,310
Orbis occiduus, pars Occidentalis, vt Hifpania. 4,63
Orbis Scythici frigoris, pars Septentrionalis. 6,325
Orbis Romanus. 8,212,441.10, 456
Orbis fumma. 9,124
Orbis gelidus, partes orbis frigidiores. 9,704
Orbis arcanus, partes mundi inhabitatæ. 9,864
orbis. faxorum orbes, faxa rotonda, quæ tormentis emittuntur. 2,451
orbis exactus Lunæ, menfis. 2, 577. in orbem fpiffari. 4,777. in orbes glomerari. 5,717
Orbis ignifer Solis. 3,41
orbis Signorum. 9,533
orbis & orbes oculorum. 2,184. 6.216.542
orbita, veftigium rotæ. 5,441
orbita Solis. 9,691
Orcus, Pluto, Inferi. 6,715
ordo remigis quater furgens, quadriremis. 3,530
ordine gemino crefcentes naues, biremes. 3,534
ordine excutere. 5,710
ordo æternus, prædeftinatio. 8, 569
Ordo (dignitatis, vt Senatorius, &c. mutatione loci non amittit ius fuum. 5,29
Ordo fecundus, Equites Rom. 7,582
Oreftes (Pelopis pronepos) ob occifam matrem furiis agitatur, ad aram Dianæ Scythicæ in bonam mentem rediit. 7,778
Oricon, Epiri vrbs, Dardania & Dardanis populis. 3,187
Oriens; & Oriente primo coactæ gentes, pro populis Orientalibus. 1,15,252.7,360. vide etiam, [Ortus.]
Orientales populi fub regibus femper fuere. 7,441. molles & imbelles. 8,365
Orion & fcorpio ictus in cælum relatus, inter fidera cenfetur. 9,836. enfifer. 1,665
ornus, arbor quibufdam filueftris fraxinus dicta, montes amans. 3,440.6,390
Orontes Syriæ fluuius. 3,214.6, 51
Orpheus cantus. 9,543
Ortus, pro Oriente & regionibus ac populis Orientalibus. 2,642.8,310,319.9,419. 10, 50
Ortus brumalis. 6,334
os, oris. ora rotantia. 2,123. ora diffona. 3,290. ora fuper. 4, 310.

INDEX

ɲ̃ o. ore magno loqui. 4,572.
ora terens equus. 4,752
ora soluere, & resoluere, id est,
loqui. 3,140. 7,609.
os pulsatum in murmura. 8,682.
ora numinis, oracula pronuntia-
ta à Deo. 9,551. oris habitus.
9,1034. a ora Cæsaris venire, in conspectum. 10,146. os
Nili, fons. 10,214
os, ossis. ossa abducentia cutem.
4,287. ad ossa peruenire, dissolui, de cadauere. 7,841
ossa combusti cadaueris ablueri-
di mos. 8,787
osculum. oscula trementia sige-
re dextræ. 2,114. singultibus
oscula rumpunt. 4,180
Osiris Aegyptiorum Deus, Sol
creditus: sed cùm vt mortuum
lugeant Aegyptij, atque adeò
lineis vestibus tectus in Aethiopia sepultus credatur, non
verè potest esse Deus. 8,833.
9,159
ossa Macedoniæ mons, vel
Thessaliæ ad Ortum bruma-
lem. 1,389. 6,334. 412
ostendere terga. 2,572
ostia soluere, de fluuio. 3,231
Othrys mons Thessaliæ ad Meridiem, Lapitharum sedes. 6,
338
otia agere. 2,295. terere. 2,488
otia dant semper mentem va-
riam. 4,704
Ouilia Romæ, villa publica in
Campo Martio, in quâ aliquot
millia dedititiorum jussu Sullæ cæsa. 2,897
ouo calido natos proferre, excludere, de auibus. 9,902

P

Pabulum, alimentum. 7,5
Pachynus, promontorium Siciliæ, ad quod victus ab Augusto Sex. Pompejus. 7,871

pacti commercia. 6,497
Pactolus Lydiæ fluuius aurifer.
3,210
Padus, Italiæ fluuius maximus,
qui & Eridanus. 2,408. 4,134.
6,272. 9,751. 10,252, 278.
comparatus Nilo. 2,416. Danubio, 2,418
Pæan, Apollo; præsertim quoties mentio oraculi Delphici,
aut occisi Pythonis. 1,678. 5;
80, 139, 167, 221. 7,148
pædor. 2,93
Pagasæum littus, Pagasæus Sinus, à Pagasa Thessaliæ vrbe,
ex quâ primùm soluerunt
Argonautæ. 6,400. hinc Paga-
sea ratis, Argo nauis. 5,715
Palæstinæ arenæ, Palæstina aut
Palæstis, locus in Epiro, ad
quem cum classe appulit Cæsar, 5,460
palæstæ studium, lucta aut cursus. 7,272
palæstra Olympiaca. 4,614. eâ
certaturi palæstritæ oleo corpus perungebant: hinc palæstra liquida. 4,613. 9,661
palàm est. 7,279
palatium rescissum sibi. 4,328
Palinuri promontorium in Lu-
caniâ Italiæ regione, à Palinuro gubernatore nauis Aeneæ.
9,42: etiam aliud ab eodem
promontorium in Africa cog-
nominatum, ad quod appulit
Cato: 9,42
Palladium. 1,598. 9,904
Pallas, Minerua. 7,260. è cerebro
Iouis nata, primam terrarum
Africam tetigit, vt cælo proxi-
miorem: & in Africæ palu-
de Tritonida vultus suos spe-
culata, se ipsam à palude
Tritonida vocauit. 9,350. &
seqq. ægida (quæ hinc Pall-
ladia. 7,569.) gestat, in quâ
caput Medusæ, siue Gorgo-
neum: 7,149
Perseo fratri suo consilium &
auxilium dat ad amputan-
dum caput Medusæ, 9,665. &.
seqq.

Pallas

IN LVCANVM.

Palas nulli aspectu virorum, Palladium: Simulacrum Palladis Trojanæ in templo Vestæ asseruatum vt pignus imperij. 9,994
Pallene, oppidum non longè à campis Phlegræis, vnde fulmina Pallenæa, quibus Iuppiter prostrauit gigantes in campis Phlegræis. 7,150
Pallida regna Ditis, 1,456
Pallor terribilis. 5,216. Stygius. 6,517
palma nocendi. 9,787
palmarum arbustum. 3,215
palmæ pro manibus, passim.
palpitat lingua exsecta. 2,181
palus vna condidit flumina cuncta, inundatio. 4,99
Pamphylia, Asiæ Minoris, Ciliciæ vicina regio. 8,249
panacea herba, ipso nomine omnium morborum remedium promittens. 9,918
pandere carbasa. 3,697. fossas. 6, 39
Panes ruricolæ, dij agrestes. 3, 402
Pangæus, & Pangæa, orum mons Thraciæ. 1,679.7,482
Pannonia, ad Danubium regio. 3,95. vriarum ferax. 6,220
Paphos, vrbs Cypri, in cuius viciniâ Venus nata creditur è spumâ maris. 8,458
papyrus, frutex in Aegypti palustribus nascens, ex quo charta conficiebatur. 4,136
par. pares aquæ Phœbo, de Pado, qui incendio Phaëthonteo solus inexhaustus mansit. 2,415. par Phœbus aquis, cùm Sol nubes & pluuias discutit. 4,124 paribus lacertis. 3,525
par, duo inter se concurrentes & certantes, propriè de gladiatoribus, ad alia applicatum; vt, parque suum videre Dei, de Cæsare & Pompejo. 6,3.
par nouum concurrens, vir & bellum; Scæua & omnes copiæ Pompeij. 6,191. par quod semper habemus, Libertas &

Cæsar. 7,696
Paræstonium, portus & oppidum Ægypti non longè ab Alexandria; vnde ipsam Alexandriam vocat Lucanus Paræstoniam vrbem. 10,9
Paretoniæ Syrtes, ob viciniam. 3,295
parare. terras. 1,13. regna. 1,34. parare magno. 1,34. parant fata homini prospera, aut, aduersa. 2,133. parare arsuras in tecta faces. 2,541. parari ad portenta. 5,284
paratus, vs, paruus. 4,174
paratus, si paratus seruire. 1,151. excipere. 1,344. paratus Veneri. 10,396. paratus quæsissæ opes. 10,150
paratior putrefieri. &c. 6,93.8.99
Parcæ stamina hominum morientium abrumpentes, quæ inde tristia. 3,19.6,703.777
parcere, flammis 2,129. parcere pereuntis morti, dirus atos. nefandæ seruitio. 2,180
parcere Romano. pudori. 2,518
parcere morari. 10,395
pardus, fera velocissima, maspantheræ. 6,183
pareas, serpens duos pedes propè caudam habens, quibus solis innititur. 9,721
parens rerum. 2,7. mundi. 4,110
parentes filiorum suorum mortuorum rogum face accendebant. 6,535
Paridis antrum, in quo cum Oenone vixit. 9,971
pariter. pariter jacentes. 4,92. pariter vincendum, semel & simul. 1,297
Parnassus, Phocidis mons biceps, Baccho & Apollini sacer. 3,173.5,73. pari spatio distans ab Oriente ad Occidentem, ceu vmbilicus Orbis. 5,71. in diluuio Deucalioneo solus vno jugo eminuit. 5,75.

partha

INDEX

Parrhasium, Arcadiæ oppidum, à quo Parrhasiæ pennæ, talaria Mercurij, qui Arcas fuit. 9, 660

Parrhasis Helice, ab eodem oppido. 2, 237

pars, portio. partem ferre. 4, 360

pars optima coniugis coniux. 5, 757

pars sui. 7, 558. ex parte magna defunctus. 3, 720

pars, factio, & partes, vt Cæsaris & Pompelj. 7, 118. 10, 419, 421. & in plurali numero passim sæpius. partes togatæ. 1, 312

partis studiis agi. 4, 348. in partibus fit scelus, homines earundem partium se mutuo conficientes. 4, 549

partes facere. 9, 97, 228

partes nullæ in bello iustæ sunt, si aduersum iudicem habeant. 7, 263

partes, pro copiis, turba militari. 2, 395, 596. 5, 477

Parthi, populi Asiæ trans Euphraten, qui olim Persæ; & eorum regio Parthia. 3, 265. 7, 431. 8, 235, 277, 350. eorum erat Babylon. 10, 46. eorum imperij limes contra Romanos Euphrates. 8, 354. à Macedonibus subacti, sed Romanis indomabiles. 7, 431. 10, 47. & seqq. quorum æmuli. 8, 307. eosque non timent, experti vires suas cæso cum omnibus copiis Crasso. 2, 552. 8, 301. 9, 267. 10, 51. equitatu autem pollent, Ideoque in campestribus insuperabiles. 8, 235, 368. sagittandi etiam peritia insignes. 8, 220, 291. sagittas veneno illinunt. 8, 304, 388. post tergum fugiendo sagittantes. 1, 230. vnde refugi dicti. 6, 50 inepti verò ad pugnam statariam. 8, 375. amici erant Pompeio, quare eorum auxilia implorare post cladem Pharsalicam decreuerat, dissuadente Lentulo. 8, 218. & seqq. cum toto bello ciuili antè neutros se gessissent. 3, 165

Parthorum pedes: quia pedes supplicibus deosculandos dabant: aut quia fugiendo pugnabant. 8, 335

partus. partu plena coniux. 1, 377

partu exhausta. 2, 340

partus dubij. 9, 901

paruum. paruum sanguinis, pro paruum. 2, 128

parua nox. 4, 476

parua tellure, paruo interuallo. 7, 461

passu effuso decurrere. 4, 272

Patauij, vrbis agri Veneti, periphrasis. 7, 192

patere. quicquid patet Libye. 3, 294

pati. exilium. 1, 279. regna, regnari. 2, 315. pacem. 2, 559

pati hominem, de feris mansuefactis. 4, 239

pati posse sine armis. 5, 314

pati littora, de mari. 5, 624

pati virus, inficl. 6, 94

pati bella, & gerere, opposita illud de iis, qui cedunt & ægrè se defendunt, ac cæduntur. 7, 502

pati faciem mariti. 8, 70

pati Martem. 8, 383. tenebras. 9, 220. nescis sine lege pati, non potes esse liber. 9, 261

patiens. patiens plaustri palus, quæ ita congelata est, vt possit ferre plaustra. 2, 641

patiens pacis, quietis. 2, 650

patiens cingi. 3, 377. cernere. 8, 617

patiens soceri. 7, 53. ætheris. 9, 8

patiens visus, Medusæ. 9, 652

patiens vectoris cymba. 4, 133

patientia gaudet patientia duris. 9, 403. tam longa tuas tenuit patientia vires. 1, 361

patientia belli. 9, 293

Patres Senatores. 1, 488. 3, 104, 109.

In Lvcanvm.

109.10,339
Patria & Pompeius vterque certus. 7,331
patritium cadauer. 7,590
Paulus Aemilius cos. prælio Cannensi occisus, ab Annibale rogo honoratus. 7,799
Paulus quidam in exercitu Catonis à iaculo serpente ictus illicò moritur. 9,822.& seqq.
pauor ignotus omnibus Cæsaris armis, nunquam visum Cæsarianos pauere. 6,151
pauor nimius visui objicit falsas imagines rerum. 7,7:
pauidus motus. 2,235
pauidus maris. 8,811
paupertas fæcunda virorum, sub. fortium. 1,166
paupertate pij. 5,273
pauperis vitæ tuta facultas. 5, 527.8,243
pax Syllana. 2,272
pax, pacem pati. 2,559
pax, pro quiete. 2,650
pax exhausta. 9,132
pax maris. 4,437
pacem habuere tenebræ, cessatum est nocte à prælio. 4, 473.3,523
pacem à gladio quærere. 6, 342
pax loci. 6,282
pacem præstare. 8,256
pax cum morte. 9,898. obses pacis. 10,55
peccatum. quidquid multis peccatur, inultum est. 5,260
pecten remorum. 3,609
pectus. excipiant recto fugientes pectore ferrum. 4,166
pectora complexu fouere. 4, 245. frangitur collisum pecture pectus. 4,783
pectora plena, vteri prægnantium. 6,708
pectus incertum, 8,166. vanum. 8,285. plenum veri. 9,189
pecudes. distentas pecudes siccare, lactere. 4,314
pecudes locutæ. 1,651
pecudum cibi, herbæ. 6,111
peierare vndas Stygias. 6,743

pelagus. Iniquum. 2,88
pelagi ars, nautica. 2,560
pelago diuersa lues, ignis. 3, 681
pelagi decus, victoria naualis.3, 762
pelago coelóque relinquere Hesperiam, Italiam in cursu nauigationis vitare. 8,189
Pelethronium, oppidum Thessaliæ, vbi primum domandorum equorum vsus inuentus est: hinc fabula ibi Centauros habitasse, 6,386
Pelion, Thessaliæ ad Ortum mons. 6,335,411.7,481
Pella, vrbs Macedoniæ, patria Alexandri Magni. 10,52. hinc
Pelleus ductor, Alexander Magnus. 3,233. Pellæus Philippus, pater Alexandri Magni. 10,20
Pellææ sarissæ. 8,298. zeugma Pellæum, ab Alexandro conditum. 8,237
Pellæum, Aegyptium aut Alexandrinum, quia reges Aegypti Ptolemæi oriundi à Macedonibus: vt, Pellæum diadema. 5,60
Pellæus puer, &, rex. 8, 607.9, 1016
Pellzi muri, Pellææ arces, Alexandria. 9,153.10,511
Pellæa domus, Pellæa aula, regia Alexandrina. 8,475.10,15
Pellæus gladius. 9,1073
pellere campo. 4,713. pulsus armentis. 2,601
Pelopis regna, Peloponnesus. 6, 57
Pelorus, Siciliæ promontorium Italiæ vicinius. 1, 438. ab Apennino vi maris diuulsus. 3,63
Pelorus latrans, Scylla & Charybdis, vicinæ Peloro. 6,66
Pelusium, Aegypti vrbs, ad vltimum seu septimum grande Nili ostium, quod inde Pelusiacum os, &, Pelusiacus gurges. 8,466,825. 10,53. hinc Pelusium & Pelusiacum, pro Aegyptio.

INDEX

Aegyptio. 8,543.9,63
Penates Dij tutelares patriæ, aut domûs. Lares. passim pro patriâ aut domu.
Penates Phrygij gentis Iuleæ. 1, 197
pendere. è mœnibus. 7,365
pendere, incertum esse, dubitare. 2,41.9,19.10,542
pendens æquor. 5,602
pendens in anima Cæsaris salus populorum. 5,685
pendere. inferias vmbris. 2,176
pendere, expendere. 8,176
penetrale Vestæ. 2,127. Delphicum, 5,70. magorum. 6,450
penetrare in Tartara. 6,694
Peneus, Thessaliæ fluuius, in quem multi alij influunt. 3, 191.6,372.177.8,33
peninsula. exiguo debet quod non est insula colli. 6,25
penitus, id est, profundissimè, in imo, intrinsecus. 2,668.3.701. 4,279.5,604.6,211.9,312,426. 490,796.10,249
penitus fugiente metallo. 4,213
penna. pennæ. volucrum. 7,835
penna natans, volans. 5,554
pennæ venatoriæ, quibus feræ terrentur, quà colore, quà odore. 4,438
pensare. 5,18
pensare moras Iliacas, quæ in Ilio factæ erant. 9,1002
Pentheus, Bacchi conemtor, à matre furore Baechico impulsâ discerptus. 6,157.7,780
peragere cædes. 3,580
peragere fata. 6,820
percussa mens dubiis. 6,596
perdere, amittere. perdant velle mori. 4,28c
perdere, de eo quod frustra facimus, aut inutiliter consumimus, vel negligimus. 3,706.8, 55.9,569.10,371
perdere iter. 2,442. dies. 3,394. annos. 4, 483. vndas. 5, 423. ictus. 6,197
perdere in somnos tempora. 10, 506
perferre, ad finem perducere. 8, 700
perfrui lacrymis. 9, ait
Pergama, arces Troianæ. 9, 963
Pergama Romana, à Romanis restituenda. 9,999
peremptus, pro morbo absumptus. 10,92
pericula prætentare. 9,391
in Periculo publico, nulli fas est esse securo. 2,289
periculo tantùm extremo permissum est temerarium esse. 5,692
perire, interire. iam damno perritura meo. 4,277
pereant lacrymæ, pereantque querelæ. 7,555
perire, de eo quod frustra factum aut neglectum est. 9, 561. 1053. velut occultum pereat scelus. 4,252
pereuntia tempora fati. 5,490
perierunt tempora vitæ. 9,233
permiscere duas domos (familias) è sanguine matris. 2, 332
permittere. mari se permittere. 5,695
permittere sibi cunctas terras, ex angustiis erumpere. 6, 119
permittere gladio discrimen mundi. 7,108
permittere omnia fatis. 7,333
permittere ignibus vrbes. 7, 413
permittere vitæ. 7,731. non vltra gemitus tacitos incessere fata permisere sibi. 8,65
permittere vulnera ventis, sagittis temerè in aëra emissis. 8,184
permittere libera ostia. 10,515
perpetuum, connexum, continuum. 3,485.7,448
perrumpere medias leges. 1, 322
Persephone, Proserpina regina Inferorum. 6,700
Perses rex, qui cum Romanis bella gessit. 3,158
Persæ tyranni, reges Persarum. 10,269

Persæ

In Lvcanvm.

Perſæ, qui poſt Parthi. 10,53
Perſis, regio Perſarum. 7,229
Perſeus, Iouis & Danaës filius: eius Meduſæ caput abſcindentis fabula. 9,659.& ſeqq.
Perſeâ Tarſos, à talaribus Perſei cognominata. 9,225
periſure. 3,620
peruium, non peruia taxus, denſis ramis & foliis. 6,645
perurere, id eſt, arctare, ſtringere. 6,193
Peruſium, Tuſciæ vrbs, in quâ L. Antonius ab Auguſto obſeſſus, extremâ fame coactus tandem ſe dedidit; hinc Peruſina fames. 1,41
pes, funis nauticus quo tenditur velum, dexter vel ſiniſter. 5, 428.8,185
pes humanus, pedum tumultus, 4,753
peſſum ſidentia corpora. 3,674
peſſum dare. 5,616
peſtis, pro quocunque malo, vt ſiti, veneno. 1,643.4,370, 728. 9,614,619,630,744
peſtifer tractu. 7,413
peſtilentia ceſſans Romanis acceſſito ex monitu oraculi Delphici Aeſculapio. 5,111
Petra, locus editus prope Dyrrhachium. 6,16,70
Petreius & Afranius pari iure duces in Hiſpaniâ contra Cæſarem. 4,5. teſſeram alternatim dabant. 4, 7. cognito milites ſuos cum Cæſarianis conueniſſe, in ſuos inuehitur, & deprehenſus in caſtris Cæſarianus iubet occidi. 4, 205. & ſeqq. vide porrò narrationem totius belli contra Cæſarem, & deditionem toto libro quarto à principio vſque ad verſum. 402
Peuce Inſula & oſtium Danubij. 3,202
peucedanum, herba caule fœniculo ſimilis, contra ſerpentes vtilis. 9,919
Phæacum, littus, Phæacia inſula,

ſiue Corcyra, prope Epirum. 5,420
Phaëthontis lapſûs fabula, 1, 49.2,410
phalanx. 7,592
pha'arica, telum quod tormento excutiebatur. 6,198
pharetras agitare. 3,185
Pharnaces, Mithridatis filius, Ponti rex, à Cæſare victus. 2, 637.10,476
Pharos, Pharus, inſula & turris quæ claudit portum Alexandrinum, clauſtrum Aegypti maritimum. 10,57,509
Phariæ flammæ, quæ in Pharo exſtruebantur, dirigendo nocturno curſui nauium. 9, 1005
Pharus autem, Pharî regna, Pharia gens, pro Aegypto, & Aegyptiis.8,384,277,443,499, 514, 564. 9, 1022,1081.10,81, 92,171,177
Pharius, Pharium, pro Aegyptio.4,725. 9, 1096. 10, 65,86, 126,143
Pharij reges. 2,636
phariæ arenæ. 2,733'8,712
pharia vnda, Nilus. 3,260
pharium æquor. 4, 257. verutum.8,681. velamen, lineum. 9, 1012. littus, 9, 74. ſcelus, cædes Pompeij.9,207. gurges pharius, 7,691
pharius tyrannus, rex Aegyptei. 6,308. 7, 704. 8, 555, 574.9, 134. 1068. 10,269,406. enſis. 8,546. ſatelles. 8,675
pharia nauis. 8, 596, 611. fides. 8,624. fauilla. 9.1
phariæ canes.9, 141. vrbes. 10, 184
Pharſalos Theſſaliæ ciuitas. 6, 350. ad eam ſub Aemo monte campi Pharſalici.6,576. In quibus conflictus ille maximus inter Cæſarem & Pompeium; vnde Pharſalia nomen huius poëmatis, quod immortale futurum confidit auctor. 7,2 eg. 9,986

Pharſalia,

INDEX

Pharsalia, Pharsalica rura, regio vicina opido. 1, 38.7, 175, 823. sed passim vsurpatum pro clade Pharsalica; vt etiam Pharsalica damna, item fata. 6, 313. 7, 62, 204, 535, 632, 745, 781, 787. 8, 14, 516. 9, 232

Pharsalicus annus, quo conflictus factus fuit in campis Pharsalicis. 5, 791

Pharsalia totum Orbem Cæsari vincendum dedit. 3, 297

Pharsalici prælij descriptio. 7, 385. & seqq. eo prælio pugnantium ingens fragor. 7, 477. & seqq. magna in eo Senatorum Equitúmque cædes. 7, 581. variæ mortes & impiæ cædes. 7, 617. & seqq. post illud prælium nulla publica arma contra Cæsarem. 7, 697. cladis illius occasione digressum in calamitates ortas ex bello ciuili. 7, 387. & seqq.

Phaselis, Pamphyliæ oppidum. 8, 251

phaselus, nauiculæ genus. 5, 518

Phasis flumen Colchorum è Moschis ortum; Inde Phasidos campi, &, vndæ, pro regione Colchorum. 2, 585, 715. 3, 271. 4, 552

Phemonoë Phœbas siue Pythia iubetur rogatu Appij ingredi antrum Oraculi Delphici. 5, 126. conatur dissuadere Appio curiositatem noscendi futura. 5, 129. à sacerdote in templum impellitur. 5, 145. vetita ingredi adytum templi Apollinis, subsistit in ingressu, ac furorem simulans fingit responsa. 5, 148. fraude detecta minis Appij compellitur ingredi antrum ipsum Apollinis, & non ipsa loqui, sed quæ Phœbus suggereret: quod facit. 5, 158. & seqq.

Philæ, vrbs inter Aegyptios & Aethiopes. 10, 313

Philippi, vrbs Macedoniæ, ad quam campi Philippici, clade Cassij & Bruti celebres : sed vt Lucanus Macedoniam cum Thessalia passim confundit, ita Philippos in Thessalia ponit quasi fatali bellis ciuilibus. 1, 680, 694, 6, 582. 7, 591, 872. 9, 271

Philippus Macedo, Alexandri Magni pater. 10, 20

Philippus rex à Romanis victus. 3, 158

Phlegethon fluuius Inferorum flagrantibus vndis. 6, 704

Phlegra oppidum Macedoniæ, è cuius campis gigantes bellum Diis intulere. 4, 597. 7, 145. 9, 656

Phoceus, eximius vrinator, in pugna Massiliensi submersus. 3, 696

Phocis Achaiæ regio. 3, 172. libertate donata in gratiam Massiliensium. 5, 53. quæ à Phocensibus condita, post patriam à Xerxe combustam. 3, 340. vnde Phocais iuuentus, pro Massiliensibus. 3, 301

Phocaïcum, pro Massiliensi. 3, 561, 583

Phocaica laurus, Parnasia; quia Parnassus in Phocide. 5, 144

Phœbas, virgo fatidica Apollini sacra. 5, 128. quo habitu immissa antro Delphico. 5, 142. cius Deo plenæ gestus & constitutio. 5, 142, 149. & seqq. 165, 208. & seqq. vbi receperit Apollinem, moritur. 5, 116

Phœbus, Apollo, & pro Sole, passim. hinc Phœbei ortus. 6, 330. 9, 667

Phœbea serta, laurus, quæ Apollini sacra. 5, 170

Phœbea palatia, Palatium mons Romæ, in quo ædes Apollinis. 3, 103

Phœbe, Luna. 1, 77, 538. 6, 501. 8, 479. 9, 440

Phœnices, Syriæ populi, inuentores literarum. 3, 220

Phœnix Thessaliæ fluuius. 6, 374

Phœnix

IN LVCANVM.

Phœnix auis vnica se ipsam accensis in arâ Solis sarmentis comburens; ex cuius ossibus noua oritur phœnix. huius rogi cineres vsui Magis. 6, 680

Pholoé, Arcadiæ mons, in quo Pholus Centaurus sepultus, item Lapitharum oppidum. 3, 198.6,388.7,449,827

Pholus Centaurus, qui Herculi hospiti optimum vinum propinauit. 6,391

Phorcus, Medusæ pater, Deus marinus, secundus à Neptuno. 9,626,646

Phryges, Troados in Asiâ populi, à quibus orti Romani. 9, 976,999

Phrygiæ ruinæ, Troianæ. 9, 990

Phrygius magister, Palinurus. 9,44

Phrygius ignis, Vestalis, quem Aeneas in Latium transtulic. 9,993

Phycus, oppidum cum promontorio Cyrenaicæ regionis, quod diripiendum militibus dedit Cato. 9,40

Phylace, Thessaliæ regio, regnum Protesilai, qui primus in littus Troianum appulit bello Troiano. 6,351

piacula ferre. 2,305

piacula busto. 2,176. morti. 10, 461

piacula dira. 4,790

Pictones Aquitaniæ populi. 1, 436

picto auro vestes discriminatæ. 2,357

pietas. pietas peritura. 2, 91. ignota. 6,495

pietatis imago. 7,320

perculsa pietas. 7,468

pietas, religio. 10,195

piger. non piger, de igne cito. 10, 493

pigrè hærere, 5,415

pignora sacra, fœdera, 8,481

pignus. pignora, pro consanguineis, necessariis, &c. vt coniuge, matre, fratre, &c. 7, 324, 347, 662.8,111,130,405,499

pilum. pila. telum militare, adeò proprium Romanorum, vt aliquando pro ipsis Romanis vsurpetur. 1,7.4. 41.7,519.8, 306,598.10,48

pila liquata fulmine. 7,159

Pindus Thessaliæ ad Occidentem mons; etiam in Thraciâ locatus à Lucano. 1,674.6,339. 7,174,481,806

pingi aluum. 9,713

pinnæ, fastigia seu eminentiæ castrorum aut murorum. 3, 386.4,432

pinus arbor nota. pinus minantes. 7,450

pro face pineâ. 1,573

pro naui. 1,573.3,553.6,400

pro malo nauis. 2,695

pro remis. 3,531

piratica laurea, victoria Pompeij de piratis. 1,122

Pisa Elidis Peloponnesi vrbs ad Alpheum amnem, cuius rex Oenomaus procos filiæ suæ occidebat. 2,165.3,175

Pisæ vrbs Tusciæ ad Arnum fluuium. 2,401

Pisces, Signum cæleste. 9,535

Pitane, ciuitas Mysiæ. 3,205

placere. nimium placet ipse, id est, nimis ipsi placebit, nimis lætabitur. 2,276

plaga; torrens, &, ardens, item torrida, id est, Zona torrida, vltra quam putabantur nullæ versus Meridiem regiones, & sub ipsâ inhabitabiles, 5, 24. 6, 326.9,604,851.10,232

plagæ cæli. 10,186

Planetæ contrarium mundo cursum agunt. 10,199. eorum potentiæ & officia descripta. 10,201. & seqq.

plangere, tundere, percutere, in luctu vt plurimum. 9, 173

planctus aquarum, fluctus. 6, 691

planum. in planum effundere muros. 1,385

INDEX

Plato à sacerdotibus Aegyptiis multa didicit. 10,181
plaudere. 6.798.7,812
plausus theatri. 1,133
Plaustrum, Vrsa maior. 8,170.9, 541
plaustrum Scythicum. 2,641
plebes, pro plebs. 7,760. nescit plebes ieiuna timere. 3,58. indiga seruitij plebes. 7,760
plebs castrorum, gregarij milites. 6,144
plebeius amictus. 2,18
plebeium funus. 8,736
plebiscita, Tribunorum, vt leges, Consulum. 1,176
Pleias, Pleiades, stellæ quæ & Vergiliæ. 1,722. 5,4. earum ortu vel occasu plerunque pluit. 8,852
plenus, plenum, plenus visu extremo. 1,509
plena Lyæo, furore Bacchico. 1, 675
plenæ vento naues. 2,583
plena Fortuna. 4,122
plenus sinus, sinus gerens plenos. 8,752
plenum pectus veri. 9,189
plumatum, & plumarium opus, intertextum auro aut liciis coloratis, polymitum. 10, 125
plutei, tabulata quibus tegebatur vinea militaris. 3,488
Pluto, Deus Inferorum, dictus rector, item, arbiter mundi. 6, 697. 742
pluuiæ procuratæ & nubila arte magicâ. 6,460
pocula genuina. 10,160
pocula pro portu. 9, 819. & passim.
pœna, pœnas ante dabat scelerum, sub. post faciendorum, 2, 75
pœnarum extremum. 2,519. in pœnas laxantur Tartara, 3,17. dat pœnas maioris aquæ, Sicoris deriuatus meru inundationis. 4,143
pœnas ferre, id est, sumere. 4, 806.9,103

pœna sedet in nostrâ ceruice. 7, 645
pœnam donare. 7,784
pœnæ fauoris, compensatio fauoris. 8,21
pœnas accipere. 8,97
pœna de victis. 9,299
pœna à Syllâ de dedititiis sumpta tantam stragem edidit, quantam alias fames, pestis, aut iustum prælium. 2,191
Pœni, Africæ populi, propriè de Carthaginiensibus. Pœni manes. 1,394,790. cineres. 2,91
Pœnus Mars, exercitus Pœnorum, 3,350
Pœnorum vmbræ. 6,310
Pœnus humator Consulis, Annibal qui Paullo Aemilio cos. honorificentissimè rogû extruxit. 7,799
Poëtis non adimenda licentia mentiendi. 9,359
Poëtæ immortalitatem iis conciliant quos celebrant. 9,380
pollens excantare. 6,685
Polus Arcticus. 1,53
polus præceps. 6,501
Polus Antarcticus; calidus. 1,54. alter. 8,292. aduersus, 8,339
Polus Signifer. 6,355
Polorum cursus impediti carminibus magicis. 6,465
pompa funeris, siue feralis. 6, 511. in eâ præferebantur tituli & insignia rerum à defuncto gestarum. 8,733
pompa triumphalis. 3,77
Pompeius Magnus vsurpator nimiæ potentiæ. 1,314. & seq. adiectator regni. 2,341. parem ferre nequit. 1,126. adhuc iuuenis & priuatus à Syllâ missus contra proscriptos, iis debellatis triumphauit. 7,14. 8, 25,810. intra bimestre spatiû piratas Cilicas mari cedere, & in mediterraneis sedê petere coêgit. 1,122. 2,578,726.8,36. Mithridatem debellatum ad mortem adegit, aliosque Orietis populos multos subegit. 2,576,580.8,26,222. & seq. 553. tres

IN LVCANVM.

tres triuphos duxit, singulos, de diuersis populis trium partium Orbis; Lib) cum, Hispanicum, & Mithridaticum. 6, 818.7,685.8, 551.814. 9,178, 600.theatrum Romæ exstruxit.1.133.7,9,auctoritate suâ Ptolemæum Auletem in regnum Ægypti restituit, iure hospitalitatis cum patre eius vsus. 8,650, 571, 595. 9,132, 1028

Parthorum amicus, vltionem cædis Crassi Senatui dissuasit. 8,218.& seqq.233.gentes plerasque deuicit imbelles & ignauas.7,279.continuè felix, semel & simul miser factus est. 8, 707. eius vmbra Sexto filio in Sicilia apparitura prædicitur. 6,814

Pompeius quomodo à Cæsare auersus.1,121.& seq.eius descriptio & cum Cæsare collatio. 1,129.& seqq.fugit Româ, atque eo excusandi alij fugientes qui Pompeio fugiente pauent. 1,522

Pompeius Româ profugus Capuam in sedem belli eligit.2, 392. præsidia per Appenninum distribuit ad impediendum transitum Cæsaris. 2, 395
prælio parans cum Cæsare certare, militum animos oratione explorat, in quâ facta sua extollens, Cæsaris acerbè eleuat.2, 551. vsque ad 595. sed vbi animaduertit pauorem militum, fugit Brundusium.2, 598. inde filium mittit conquisitum vndique auxilia. 2, 631.Consules in Epirum præmittit.2, 645.Brundusij autem à Cæsare obsessus, & anxius ob opera eius, tandem classe euadit.2,680. & seqq. saltem optans posse perdere Italiam.2, 699. duabus tantum nauibus amissis, & à Cæsarianis in littus attractis. 2,711

Pompeius quamdiu potest Italiam respectat abiens.3,4. Iulia ei in somnis apparet minax.3,9.ille non terretur. 96. Dyrrhachium appellit.43. copias colligit, & quales 169. maiores Cyri, Xerxis aut Agamemnonis 284.dignas videlicet funeri suo exequias.3,292

Pompeij exercitus Hispanicus ducibus Petreio & Afranio contra Cæsarem ad Ilerdam bellum gerit, & siti ad deditionem compellitur, à principio libri quarti vsque ad versum.401.

Pompeius in Epiro dux belli à Coss. & Senatu dictus. 5,45. (quamuis priuatus. 2, 278.) castra vicina locat Cæsari ad flumen Apsum,nunquam Cæsari propius conspectus post Cæsaris in Gallias discessum. 5,473. Corneliam vxorem ob belli discrimina in Lesbum secedere iubet. 5,722.& seqq.

Pompeius Dyrrhachium præseruat à Cæsare. 6, 15. à Cæsare ignarus obsidetur. 6, 29. & seqq. animaduertens se circumuallari, etiam ipse spargit copias, laxandis operibus Cæsaris.6,69.quamuis valde spatioso loco castra metaret, tamen quia obsessus, eius copiæ inopiâ pabuli, & pestilentiâ laborant. 6, 81. castella Cæsaris perrumpere statuit,& conatur.6,81.& seq. cum Minuti castella frustra tentasset, alia mari vicina occupat,& perrumpit.6,263.Cæsarianos aliquot multitudine circumfundens cædit, victoriâ vti nesciens. 6, 291. & seqq. Cæsarem recedentem insequi mauult, quàm in Italiam illo absente tendere. 6,316

Pompeius nocte prælium Pharsalicum præcedente somniat se Romæ esse. 7,7.& seqq. de illo bellum trahente querelæ Senatus & exercitus. 7, 45.

INDEX

& seqq. ille importunitate omnium coactus pugnare, contra animi sui sententiam id esse protestatur. 7. 87. & seqq. tandem licentiam confligendi permittit, 7, 114. acies in praelium disponit. 7, 217. & & seqq. ejus auxilia. 7, 225. & seqq. attonitus prodeuntibus contra se Caesarianis, tamen animandis suis verba facit. 7, 337. equitatus ejus & leuis armatura Caesarianis circumfunditur; sed à cohortibus Caesaris retrò collocatis deturbatur. 7, 506. & seqq. videns Pompejus res suas perditas, fugit. 7, 647. & seqq. Larissam contendit. 7, 712 Pompejus per deserta Thessaliae fugiens ad omnia pauet. 8, 1. & seqq. cùm sub ejus imperio adhuc classes integrae ad Corcyram & in sinu Leucadio essent, item Liburnicae & Cilicum naues, tamen in ostio Penei fluu. coactus se fidere cymbae fluuiatili, in Lesbum ad vxorem vehitur. 8, 35. & seqq. quam extremo dolore adfectam reperiens, objurgat. 8, 71. laudatis ob fidem Mitylenzis, cum vxore è Lesbo soluit. 8, 127. & seqq. nauigans rectorem nauis consulit de directione nauium ad astrorum cursum: cui ille de singulis respondet. 8, 163. & seqq. jubet quocunque nauem dirigere, dum Thessaliam & Italiam vitet. 8, 186. fugienti palantes se adjunxerant filius, Senatores multi & Reges quidam. 8, 205. & seqq. regem Deiotarum ad Parthos auxilia imploraturum mittit. 8, 209. & seqq. nauigatio ejus relictâ Lesbo. 8, 244. & seqq. in orâ Ciliciae cum quibusdam Senatoribus consultat quò abeundum sit reparandis viribus, & ipse de Parthis proponit. 8, 262. & seqq. quod

consilium cùm alij improbassent, Lentuli sententiam de adeundâ Aegypto sequitur. 8, 454. ad ostium itaque Pelusiacum Aegypti appellens, comperto regem Ptolemaeum in monte Casio esse, eò nauigat. 8, 465. & seqq. inuitantibus Aegyptiis, solus in biremem eorum descendit, jussis in naui remanere vxore & filio. 8, 575. ab Achylla occiditur. 8, 618. caput ejus à Septimio abscinditur. 8, 668. ab Achilla desertur ad Ptolemaeum. 8, 675. 9, 138. cerebro exemto, oppletur balsamo & conditur vt integrum seruetur. 8, 688 truncum corpus à Cordo quaestore in littore Aegyptio comburitur & sepelitur. 8, 712, & seqq. digressio in ejus sepulcrum. 8, 795
Pompeji spiritus ad sedes beatorum circa Lunarem circum euolat. 6, 805. 9, 1. trunci sui deformis ridens ludibria. 1, 685. 9, 14. ejus morte intellectâ luctus Corneliae, filiorumque ejus, & copiarum quas Cato in Africam aduexerat. 9, 167. mandata ejus à Corneliâ filiis patefacta. 9, 85. laudatus insigni encomio à Catone. 9, 189. caput ejus defertur ad Caesarem ab Aegyptiis: quod ille aspiciens, illacrymatur, & honorificè cremari jubet. 9, 1035
Pompejus comparatus cum annosâ quercu 1, 136. tigridi Hyrcanae 1, 328. tauro victo, qui reparatis viribus alacrior ad pugnam redit. 2, 601. ejus classis Brundusio incolumis euadens, duabus tantùm postremis nauibus amissis, comparata cum Argo naui inter Symplegadas puppe elisâ elipsâ. 2, 715
Pompejus ignarus à Caesare circundatus comparatus el qui in mediterraneis Siciliae

aut

IN LVCANVM.

aut Britanniæ securus est fluctuum ad littora sonantium. 6,65. parte quâ primùm erumpere tentauerat repulsus comparatus marinis fluctibus continuè scopulum tundentibus. 6, 265. per Cæsaris munitiones erumpens Pado inundari. 6, 272. ejus exercitus se ad prælium in Pharsaliâ præparantis studium collatum cum Diis se armantibus in gigantes. 7,145
Pompejorum tumuli tribus Orbjs: patris in Africâ, Cnæi F. in Hispaniâ Europæ, Sexti F. in Asia. 6,817
Pompeij felices mari. 9,93
Pompejus Cnæus, & Sextus. vide Cnæus, & Sextus.
pondus, pondera. pondera veliferi mali. 1,500.
pondera rerum. 3,337
pondus congestum,3,649. pondera muralia saxi. 6,199
pondus famæ, Id est, gloria, splendor nominis. 8,21
pondera mentis. 8,280.
pondera curarum. 9,951
ponè sequi. 1,483
ponere vultus minaces. 4, 238.
ponere in faciem ducum. 4, 251.
ponere, deponere. 6,659
ponere se mente Catonis, illabi menti, de spiritu. 9.18
ponere gradus. 9.395. vide etiam, positus.
pons arcu amplexus flumen. 4, 15
Pontifices. 1,595
Pontinæ paludes prope Circejos & Tarracinam. 3,85
Pontus, Asiæ regio, regnum Mithridatis & Pharnacis. 1,336. 10,475
hinc Pontica signa, victoria Pontica Pompeij de Mithridate. 8,26
Pontici auxiliares Pompejo à Pharnace missi, 7,226
Pontus Euxinus, mare mediter-

raneum ad Scythiam, supra Byzantium; in quem Mœotis palus illabitur. 2,580,639.3, 278.9,960
populea corona, populi arbores. 2,411
populus, populi à sanguine Iliaco. 1,428
populi quos despicit Arctos, Septentrionales. 1,458. populi indigenæ. 2,432
populi amores. 7,54. tota in hac animâ populorum vita salusque pendet. 5,685
populi nepotum, posteri. 7,207. 8,871.
populus minister, frequentia famulorum. 10,127
populus ipse sui fauoris lector. 1.179
populus consternatus comparatus nautæ nauem in tempestate deserenti. 1,498
populus dubiæ fidei comparatus mari variis ventis agitato. 2,454
populi feruientis egestas non ipsi sed domino grauis. 3,152
populus liber non solet deflere mortem potentis, & suspecti affectatæ dominationis viri. 9,170
populare nomen. 7,694
populares auræ, 1,132
popularia nomina. 6,795
pori corporis. 9,811
porta Collina Romæ. 2,135
portas soluere. 2,704
portenta, libidinis. 8,414
portitor, lator. 4,57
portitor, fluminis. 6,704
portus cornua. 2,706
portum Fortuna dabit. 8,192
poscentia arua manus. 1,29
posse multum. 1, 175. vide potens.
possidet Auster flatibus mare. 2,454
post omnia, vltimus. 2,589
postibus appensæ in nuptiis infulæ. 2,355
positus. positum. siue nihil positum est, fato decretum. 2,12

INDEX

posito Borea. 3,523
positus, depositus. 4,270
positus proculi. 5,755
positi auro, aureis loculis conditi. 9,10
positum in nullo voto. 9,387
potens, id est, princeps, rerum dominus. 9,170
potens salua Libertate. 9,193
potens veri. 5,199. leti. 6,485. regum. 8,554
potestas omnis impatiens consortis. 1,92
potestas summa & virtus non coëunt. 8,494
potestas sanguinis. 2,76
potestas inops iuris. 5,398
potestas sumta, item, dimissa. 9, 200
potestas major. 10,136
Pothinus eunuchus magnæ apud Ptolemæum regem puerum auctoritatis. 10, 95
Ptolemæo suadet Pompejum occidere. 8, 484. & seqq. machinatur cædem Cæsaris. 10, 333. & seqq. hortatur per internuncios Achillam ad societatem belli contra Cæsarem. 10, 350. & seqq.
Pothinus & Achillas cædem Cæsaris, quem inter epulas facilè occidere potuissent, differunt in crastinum, ne in confusione nocturnâ Ptolemæo periculum crearetur. 10,415
Pothinus capite plectitur à Cæsare. 10,515
præbere. cruorem. 1, 9. vires. 1, 217. frondem. 3,410. miracula. 4,425. Deo sua fata. 5,536. manus. 5,558
præceps, præcipiti pondere se jaculari. 2,155
præceps in omnia. 1,656
præceps ira. 4,268. demittere fata in præceps. 5,301
præceps mare. 6,24. in præceps ferre. 7,414
præceps, in fugam. 7,526
Præcipitem dare. 8,93

præcipiti viro nulla fortuna sufficit. 3,50
præcepta subeunt animos. 4, 524
præcidere lucem. 6,340
præcipere iter. 6,15
præcipitare. diem extremum. 2, 106
præcipitare castris. 4,209
præcipitare in casus, pericula. 5,634
præcipitare suos luctus. 5, 795. sua ac publica fata. 7, 51
præcipitare satis, morte. 7, 353
præcipitare naues è littore. 9, 148
præda. in prædam ducenti milites non multis verbis opus est. 7,717
prædestinatio diuina. 5, 92. 8, 568
præducere munitum latus. 4, 45
prælabi, præterfluere. 6,76
prælium. concurrunt prælia Mundâ.1,40. In prælia venire. 2,274
prælia justa. 2,540
prælia instaurare. 3,615
præmia. militum præmia exactâ militiâ 1,341. in præmia fratrum ceciderunt fratres. 2,151
Præneste, oppidum Latij, in quo Fanum Fortunæ, quæ inde Prænestina dicta. hujus oppidi ciues omnes ad internecionem à Syllâ occisi. 2, 193, 194
præpes, altè volans, de auibus, item de Perseo. 9,662,688
præponderare. 6,603
prærupta fossa. 4,264
præsaga mens. 6, 410. 7, 187. 9, 120
præsagia belli capere. 7,132
præsagia sceleris. 8,572
præsagia curas exagitant. 8,45
præstare, id est, exhibere, dare, sistere, suppeditare, effectum reddere. 3,297. 5,42. 7,454,671. 8,328

IN LVCANVM.

8, 123, 548, 704. 9, 216, 240, 245, 425. vincendum pariter (Cæsari) Pharsalia præstitit Orbem. 3, 297
præstare nomen terris. 4, 23
præstare spem suam Deis. 5, 42. caput ruinæ aut fulminibus. 5, 771
præstare immunem. 6, 764 vmbras. 6, 830
præstare bella jubenti. 7, 563
præstare fidem. 7, 72 & 8, 141. pacem. 8, 256. ingentes animos. 8, 266
præstare se, exhibere, gerere. 7, 682
præstare quid cuipiam. 4, 213. 5, 393. 6, 234. 7, 683
præstare, beneficium conferre. 8, 657. 10, 388, 394
præstare, ante alios stare. 4, 30.
præstinguere lumina flammā, oculos ingesto fulgure claudere. 1, 154-7, 157
præsumtum robur ad dubios casus. 6, 418
prætentare pericula. 9, 397
præteritique memor, metuentique futuri. 2, 233.
prætexere, circumire, absconde- re. 10, 537
Prætoris potestas proxima Consulari. 3, 107
Prætoria nauis. 3, 555
præuenire. 4, 158
preces submissæ. 8, 594
precio rapti falces. 1, 178
premere, iras premere. 2, 521
premere vestigia. 2, 652. patentes in monte excauitus premitur ad fastigia campi. 4, 296
pressum rostrum. 4, 444
premere, opprimere. 5, 132
premere se. 5, 341
premere metum. 7, 341
prendere vix oculo modum. 4, 20
prensare manibus. 3, 664
prester, serpentis genus à quo percussi valdè intumescunt, & corpulentia intereunt. 9, 722, 791. & seqq.

priuata senectus. 7, 324. arma non priuata. 2, 534. non priuata capere. 2, 564
pro fata! 2, 98
pro Superum pudor! 8, 597
pro pudor! 10, 47, 77
pro fas! 10, 410
probare. probarum satis, staturum. 7, 676
probare se morientem. 8, 621, 626
procella. procellæ inuitæ. 5, 584
procella Circea. 6, 287
procella, clades. 8, 203
procerum motus cuncta sequuntur. 5, 342
procul positus. 5, 755
procul Thessalia. 8, 602
prodere, manifestare, edere. 8, 15. 10, 181, 195
prodesse vel armis vel votis. 3, 318
prodiga rerum luxuries. 4, 373
prodigia portendentia calamitatem belli ciuilis. 1, 522. & seqq. cladis Pharsalii, & nunclæ. 7, 151. & seqq.
prodigiorum quorundam incertitudo notata. 9, 478
producere animam. 4, 796
proterre se populis. 5, 90
proferre natos callido ouo, excludere; de auibus. 9, 902
profundum, pro mari, passim. geminum profundum, maria Isthmum vtrinque elidentia. 2, 437. incerti stagna profundi, æstuaria. 2, 572
profundum medium. 5, 2
profundi ora, ostia maris. 2, 677, 680
progenies, maximus vsus siue finis Veneris. 2, 388
prohibere rapinā. 3, 121. fraternā imagine Lunam; de terrā, in eclipsi. 6, 503
proijcere. vitam. 4, 516. aciem. 4, 745. æstus animi, 8, 166.

Ll 4

INDEX

projecta regna sub Austro. 8, 442
promptus, promptum ad vulnera pectus. 5,320
promptus pati. 7,106
promtissimum in ferrum. 7, 245
promittere manus in bella. 1, 388
promittere sibi. 2,321
promotus sanguine multo. 6, 146
pronuba. 9,90
pronus, pronum, mens prona in ferrum. 1,461
prona fax, inuersa. 1.573
prono mari. 4,430. temeraria prono expertus cessisse Deo. 5,501
pronus ad omne nefas. 6,147. pronum est, facile est. 6,606, 619
prope, prope me. 7,298
propior ab igne. 8,129
prope Libertas, sub. est. 9,265
Propontis, mare inter Bosporum & Hellespontum. 9, 960
propinquus mente pugnæ. 6, 1
prora, anterior pars nauis. 3, 547. sæpe, vt & puppis, pro totâ naui.
profecta, exta, quòd Dijs profecentur. 6,705
profequi inanem vmbram. t 303
Proserpina, Cereris f. Plutonis vxor. 6,70c
proferere. 4,411
prosilit fiducia. 7,149
prospectare. 7,699
prospectus cæli. 6,484
prospera rerum. 7,107,684
prospicere sibi rogum. 9, 235
protectus ab irâ Superûm, Id est, irâ superûm, in genus humanum ipsi (Mario) fauente, tanquam hominum summo pernicies. 2,86
Proteus, Aegypti rex, qui & vates. 10,511

Prouentus nouorum scelerum. 2,61
prouidentia diuina. 5,92. 8, 568
prouincia, regio subacta. 10, 52
prouinciâ ante tempus exire, nefas. 1,192
prouocare fortunam. 9,881
pruinæ, ros gelidus. 4,51
Psylli Marmaricæ regionis in Africâ populi, quorum corporibus ingenita vis contra serpentes; adeò vt etiam ictos cantu aut suctu sanare possint; liberosque suos morsu aspidum probent; in hoc comparati aquilis pullos suos ad radios Solis probantibus; quin etiam gustu veneni dignoscere possunt cuius serpentis ictus fuerit. Hi ad hospites iuuandos promti, castra Catonis expurgant, ictos sanant. 9,894. vsque ad 937
Pteleos, Thessaliæ ciuitas. 9, 352
Ptolemæi reges Aegypti post Alexandrum continuâ serie, 8, 696
Ptolemæus Auletes in regnum Aegypti restitutus iussu Senatus, auctoritate Pompeij. 8,560, 573. 595. 9,132, 1028. silius eius puer â Senatu rex nuncupatus (etsi non legitimus rex. 8,558.) 5,60. 8,281. 448, 518, 536, 558. Pompeij suo iussu occisi caput iubet balsamo conditum adferuari. 3,688. ex Casio monte Alexandriam venit ad Cæsarem. 10,55. à quo cum Cleopatrâ sorore reconciliatur, & cum Cæsare epulatur. 10,107. & seqq. à Cæsare obsesso Alexandriæ nullibi dimittitur. 10,461. & seqq.
Ptolemæi munus, occisus Pompejus. 9,268,278
Ptolemaïs, Cleopatra, 10,69
pudet

pudet heu! 5,690. teque nihil Fortuna pudet! 2,568
pudor timidus. 2,361
pudor, id est, probrum, dedecus, infamia. 2,518. 7,380. 9,706. 10,47,77, 97. folufque pudor non vincere bello. 1,145. moræ pudoris. 1,263
pudor timidus. 2,360. parcere Romano potuit fortuna pudori. 2,518
pudoris funera. 4,231. fortuna pudor Ptolemæus. 5,59
pudor vester. 7,380
pudor timendi. 7,525
pudoris vulnus. 9,349. pro Superûm pudor! 8,597,605. ô summi fata pudoris! 8,678.
magna remisit crimina Romano fortuna pudori. 9,1063
pudoris & metus venia est, nil posse negari. 3,148
pugnat non stare. 4,753
pugna lacessere pugnam. 3,555
pugnæ facies. 4,164
pugnæ securus. 4,534
pugnæ jam mente propinquus. 6,1. tantùm de funere pugna est. 8,611
pulmo angustans aëris meatus in sit. 4,327
pulsarunt admotæ Auximon alæ. 2,466
pulsus grauis. 4,757
puluis excitatus impulsu equorum aëra obtenebrans. 4,767
puluis sanguine compressus. 4,795
puluis altus. 6,146
Punica bella. 3,157. semper dolis infecta. 4,736
Punica tempora. 1,45
puppis posterior pars nauis, ad quam clauus. 3,757. 3,545. passim autem pro naui ipsa.
purpura incocta vestibus aut stratis. 10,134. prætexta vesti magistratuum. 2,19. hinc purpura pro magistratibus ipsis

aut principibus. 7,228
putans abscondere, se absconsurum. 9,1040
putris, id est, madidus, vdus, humectus; vt putria terræ. 9, 434,526
pyramides Ægyptiorum regum. sepulcra & monumenta. 8,697 9,155
Pyrene mons Hispaniæ à Galliâ separans. 1. 689. Pyrenæ niues solutæ. 4.83
Pyrrhus Epiri rex. 1,30. 3,159
Pytho, Delphi, vrbs Phocidos. 5,134. Pythia antra, locus oraculi. 6,425
python, serpens in Thessaliâ natus, ab Appolline confixus. 6, 408.7,148
pythia, certamina in memoriam occisi ab Appolline serpentis pythonis. 6,409
pythonissa mulier satidica, comparata Bacchis furentibus. 1, 674

Q

Quadriremis. 3,530
Quærere. satum ne quærere tuum cognoscere. 6,812. quærere fata. 8,215. quærere, optare. 9,870
quantos ne, id est, quantos nam (vt infra quos ne) duplici interrogatione. 10,92
quantum est quòd fata tenentur! 3,492
quantum valet, tota vtrà Lesbo. 8,123
quassabile. 6,22
quatitur formidine somnus. 8, 44
que, item, &, pro, nec vide &.
quemque suæ rapiunt scelerata in prælia causæ. 2,251

INDEX

querelæ. querelæ in numina. 1, 44
querelas egerere. 2,61
querelæ non ingratæ. 5,681
querelæ Romanorum instante bello ciuili. 1.16.& seqq.
quercus annosa, pondere fixa suo, è quâ suspensa spolia hostilia. 1,136
quercus, corona querna, quæ & ciuica, data scilicet ob ciuem seruatum. 1,159
quercus altrix primis frugibus, quia glande victitarunt ante inuentu vsum frumenti.6,416
quesſtus mutos voluere. 1,247
questus exonerare. 9,880
quid, aliquid, passim.
quicquid patet Libye. 3,294
quicquid hominum summis. 7, 363
quies armorum. 2,650
quies vesana, somni terribiles. 7,764
quietem ferre, quiescere. 9, 294
quies æterna, mors. 9,671
Quindecimuiri asseruantes libros Sibyllinos. 1,599
Quirini (Romuli) rapti (in cælum elati) secreta. 1,197
Quirites, ciues Romani 1.276. 5,117
Quiritium habitus toga. 2, 386
quisquis immisse, tu quisquis es immissus. 8,642
qúónè, id est, quonam (vt suprà quantósne.) 7,301
quinque. quincriam. 7,316

R

Rabies ardens. 5,359
rabies populi, Cæsar. 7,557
radiari ab ictu Solis. 7,214
ramos distringere. 4,317
rapere. mortes suas victori rapuere, præripuere. 2,157
rapere ignibus. 3,99
rapere gressus. 3,116
rapere fugâ. 4,70. iter. 4, 151. collum.4,251. letum. 4,345,9, 815.agmina. 4,717. cursus. 5, 403.bellum. 5,409
rapi spe vana.5,227. cæco casu. 7,446
rapimur quò cuncta feruntur.8, 522
rapere, id est, celeriter, festinè corripere. 3,299. 8,240. 10, 402
rapere, eripere. 9,1097. 10, 7
rapere, raptim facere. 6,54.10, 428
raptus cespes. 1,517
rapti precio fasces. 1,178
rapto agmine. 3,299.4,35
raptum furto iter. 6,121
rapido actu. 9,51
raptis à Cæsare cunctis,celeriter occupatis. 3,191. tempore rapto. 10,508
rarus habitator. 1,27
rara copia. 3,693
ratis, &, rates, pro nauibus passim.
ratium turrigerarum insolita textura. 4,420.& seqq.
rauca gemere. 5,218
recedere, trunco ceruix abscissa recessit. 8,674
recepta ceruix. 2,604
receptare. 7,810
recessu magno. 6,40. non longos à me patiere recessus. 5, 745
recessus æthereil, penetralia celi. 6,415
recessus secreta. 9,863
recidere membra, caput. 2,112, 141,172,194.9,214
recipiens blanda fortuna. 4, 711
Rector Olympi, Rector Superûm, Iuppiter. 3,626
rectum, erectum. 9,124
rectus,erecto corpore. 8,821
in rectum exire, contrà, ex opposito. 7,137
rectum.

In Lvcanvm.

rectum vtili distat vt cælum terrâ. 8,458
recursus, reditus. 8,76
ex Recessu longo emissa tela 3,477
reddere se patriæ. 6,326
redire, sonus redeuntis in æthera silux. 1,391
redeuntque cadauera campo. 2,218
sidera redeunt in faciem puri cæli. 2,723
in puppim rediere rates, ex vio lento concussu. 3,545
redire in fata, rursum tentare fortunam. 7,719
jam pelago pirata redis. 9,224
refici cæde. 6,240
refluum mare. 4,428
refossa tellus. 4,292
refouere. 8,67. 9,23
refugi Parthi. 6,50
refusus in gremium. 8,105
regere, currus regere, triumphare. 1,116
nusquam rexere sagittas, direxere nullo scopo. 7,515
regens, equum, sessor. 7,519
reges silentum, Inferorum. 3,19
reges capti in triumphum ducti. 8,342
regum potestas nulla, si justè omnia agere velint. 8,489
Regiæ Alexandrinæ descriptio. 10,111. & seqq.
regnare cælos 3,320
regnum, regna nudâ regna, deserta. 2,90
regna pati, & , ferre, id est, sub regibus viuere. 3,315. 7,444
regnorum iniusta, 5,258
regnum secundum, more quod Neptuno sorte obtigit. 5,623
regni inertis possessor, Pluto, Inferorum rex. 6,799
regna, pro, reges. 8,311
regna quæ in Boreâ, regiones Septentrionales. 8,811
regni sociis nulla fides. 1,92

regnorum sors mitissima sub nouo rege. 8,453
regna tyrannica libertate scelerum conseruantur. 8,491
relegare bellum. 6,324
reliquit in dubio terræ pelagique. 9,304
remittere, ferrum. 2,77. pœnam & vsum belli. 4,364. onus. 4,398. crimen & dedecus. 6,248
lacrymas luctuique remitte. 7,707
magna remisit crimina. 9,1059
remigium ratium in spatio intra trabes vacuo relicto. 4,424
remige in aduersos ventos erumpere. 9,149
remi, excutere remos. 3,539
remis pulsare pectus. 3,543. seque tenent remis, naues. 3,566
remorum pecten. 3,609
remos jactare. 5,421
remorum auxilio. 8,561
remora pisciculus, echeneis. 6,675
remoto excepto. 7,585
remota Lesbo, Cornelia. 5,725
Remus à Romulo cæsus. 1,95
rependere solatia damni. 8,468
repetere, sub ictum, vocabulum gladiatorium. 4,566
repetiti fasces. 2,130
repleta ad summos foros. 3,630
repudiari, sors frequens & plebeia. 5,764
res, res acta Neroni. 1,45
fortuna secundis mecum rebus agit. 1,109. minimas rerum discordia turbat. 3,373
rerum vilissima pars certamen mouistis opes. 3,120
rerum finis. 3, 3,328. momenta. 3,317. 7,118. discrimina. 4,104

locus,

INDEX

locus. 4,126. falus. 4,190
rerum prodiga luxuries. 4, 373
res afflictæ. 4,796
rerum secreta. 5, 10. summa 5, 26. vices. 6,461. dominus.6, 595. prospera vel aduersa,7, 107,684. vertigo. 8,16
rebúsque nouis exordia quæram. 8,265
rerum fiducia. 8,504
res lætæ, vel, aduersæ. 8, 534
rebus ademtus, mortuus. 9, 205
res Romanæ. 9,253
rerum pars tertia, Orbis terrarum. 9,411
rerum opifex. 10,267
rerum vltima. 8,454.10,467
rerum vltima, spes Libertatis. 8,454
res aduersæ eo magis premunt & vrgent, quò is qui eas patitur, clarior antè & felicior extitit. 8,22
rescissum, id est, vlceratum, exasperarunt. 4,328
resistere, subsistere. 5,147
resolutus frænis. 2,145
resonæ valles. 7,480
respectus Deûm.8,451. honestI. 8,490
respicere, aspicere. 6,778
restagnant flumina alto vallo. 4,89
resultant saxa, pro, vox resultat à saxis. 7,481
retegere, nudare. 9,768,830
retentare arma. 2,514
retentant socij crura. 3,637
retorquere currum. 7,3
retrò ferre. 7,426
retundere ferrum iugulis. 6, 161
reuellere templa, ærarium. 3, 115. caput, & ceruicem.8,711. 10,100
reuerentia susti. 9,192
reuocatum à pectore ferrum.2, 102
rex noctis, Pluto. 6, 741. vide etiam, [reges.]

Rhamnus, pagus Atticæ, vbi culta Nemesis, quæ inde Rhamnusia. 5,233
Rhasipolis, rex partis Thraciæ, laudatus à Senatu. 5,55
Rhemi, Belgicæ populi, boni iaculatores. 2,414
Rhenus, flumen Gallias à Germania separans. sæpe etiam positus pro populis Rheni accolis, aut pro regionibus illi vicinis. 1,371,464,481.2, 52,110,570. 3,76. 4,116,696. 5,268.7,433.8,424,10,130
Rhiphæi montes Scythiæ è quibus oritur Tanais. 3, 273
Rhiphææ niues. 4,118
Rhiphææ manus, Scythæ accolæ aut incolæ illorum montium. 2,640
Rhodanus Galliæ fluuius in mare Mediterraneum influens. 1,413.3,515.4,127.5. 268.6,145. 9,751. 10,278. rapidissimus alioqui, arte magicâ tardatus. 6,475
Rhodope, Rhodopeia saxa, mons Thraciæ. 7,450
Rhodos, Rhodus, insula celebris in mari Carpathio, Apollini sacra, & in quâ eius siue Solis Colossus mirabilis. 8,248. donis exornata à Senatu. 5,50
Rhœcus Centaurus, qui arbores totas vulsas in Lapithas projecit. 6,380
Rhœtion, vel Rhœteum promotorium, in quo sepulcrum Ajacis Telamonij. 9,963
Rhœteia littora. 6,351
rhombus instrumentum magicum ex liciis tortis ad conciliandum amorem. 6,460
rictus pro apertione oculorum. 6,797
rigidum honestum. 2,389
riguit toto distentus corpore palmis. 3,734
rigens sanguis. 4,291
ripas vt habuit Sicoris, cessante inundatione. 8,53

ripis

IN LVCANVM.

ripis allegare amnem, continere intra ripas. 10,226
ritus ſcelerum, magici. 6, 507
robur,robora, locus in carcere, quò præcipitabantur malefactores. 2,125
robur, robora; pro quibusvis arboribus aut quovis ligno, paſſim. hinc robora buſti,pyra,rogus. 2,157
robur,exercitûs. 7,545
robur, fortitudo animi, conſtantia. 2,379. 6,418. 7,669. 8,72
rogus feralis,quo mortui comburebantur. rogi ſax ſumma. 5,764
rogus in bello communis multis cæſis. 5,282
rogo facem ſubiiciendi munus erat vxoris,filiorum,aut proximorum. 8,740.9,55
rogi illuſtrium ex magnâ ſtrue lignorum. 8,756. liſque thus & aromata iniecta. 8,729
rogi exſtructi in Africâ à copiis Catonis, in honorem cæſorum prælio Pharſalico, comparati cum incendiis,quæ excitantur à ruſticis (in Appuliâ præſertim). ad ſouendos agros. 9,182
Roma caput mundi. 2;1,136, 655. Deûm ſedes. 3,91. quid ſatis eſt,ſi Roma parum? 5, 274.capax generis humani,2, 512. nec ſe Roma ferens? 1, 72
Roma Cæſare pauperior., Spoliato ærario. 3,168
Romæ Vrbis imago Cæſari turrigero capite apparens. 1, 186
Roma recto itinere à mari ſiue Oſtiâ diſtat xiv. m.p. 6,66
Romæ Italiæque exhauſtæ ingenuis &. verorum ſuorum ciuium ſobole, cauſa bellum ciuile. 1,24.7,387.& ſeqq.
Romanorum conſternatio ad rumorem aduentantis Cæſaris è Galliis. 1, 469. & ſeqq.

cognitis præſagiis belli ciuilis.2,16.querelæ.2,36.& ſeqq. pauor ingrediente Cæſare. 3, 98.& ſeqq.
Romani populi buſtum Theſſalia. 7,862
Romanus populus poſt bella ciuilia, nil niſi barbari & fæx mundi. 7,405,543
Romani, etiam remotiſsimis à Theſſalia lo.is viuentes,tempore prælij Pharſalici,quamuis cauſam ignorantes, contriſtati. 7,187
Romanum eſſe, dignitas per ſe eximia. Phario ſatis eſſe tyranno quod poterat, Romanus erat. 8,556
Romanum eſt pati vel quæ triſtiſsima. 9,392
Romanum nomen & Imperium tumulus ſiue ſepulchrum Pompeij. 8,798
Romanus Orbis,8,212,442.10, 456.pudor. 9,1059
Romani Dei,heroes. 6,807
Romana tellus. 2,735. Fortuna, 8,686
Romanæ res. 9,253
Romana, orum, id eſt, res Romanæ, imperium. 8, 341. 9,, 124,1075
Romana ſecula. 10,110
Romulus fratrem Remum occidit. 1,95. aſylo inter duos lucos condito, quò tuti confugerent cuiuſcunque conditionis homines,Vrbem incolis repleuit. 7,438
rorantia ora. 2,123
rorans fletu. 7,163
rores,guttæ. 7,837,9,698
roſa nunquam fugiens, ſemper florens. 10,165
Roſtra, in Foro Romano ſuggeſta è quibus conciones habebantur ad populum. 2,702, 4,799.8,685. hinc, Roſtra tenere, concionando quidvis obtinere à populo.1,275. pro iis mos laudare viros nobiles defunctos.9,216.iis affixa capita proſcriptorum. 7,305

roſtra

INDEX

rostra nauium ære monita. 3, 544,561,657
rostro presso, de cane venatico odoruequo. 4,544
rotare, rotari. 4,171. se rotari in vulnus. 6,222. nondum artis erat capita ense rotare.6,675. quæ funda rotat. 9,816
Rubicon Fluminiæ fluuius, limes Galliæ & Italiæ. 1, 185, 213. & seqq. 2,198.7,254
rubiginis morsus. 1,243
Rubrum æquor, item, profundum Mare Erythræum, Sinus Arabicus. 8,853
rodentes. 2,698
rucre, liruere. 10,31
ruina, ruinæ. ruina quariens. 1, 494. nutans. 4,393.7,244
ruina Romana, clades. 4, 792
ruina properante summa cadunt. 5,747
ruinis latis exire, 6,122
totæq; re viro dant tela ruinæ. 6,172
ruinam sibi aqua parat quæ adest radices montis. 6,267
ruinæ veteris signa frigida. 6, 281
ruina vna populos inuoluere.7, 89
ruinæ monstrant. 7,391
ruinam fulcire. 8,528
rumor sinister. 8,51
rumpere. pueri nascentia rumpere fata. 2,107
rumpere moras equi. 4,762
rumpere littora, de ostio fluminis. 10,244
Rupis Illyricæ descriptio. 4, 453
rupes abscissa à vetustate adjutâ impulsu ventorum. 3, 471
rupes, pro monte, [passim.]
Rutheni Galliæ Narbonensi vicini populi. 1,401
Rutuba, Liguriæ fluuius. 1. 422
Rutupiæ littora, Rutupiæ in insula Britanniæ. 6,6

S

Sabbura præfectus copiarum regis Iubæ, ab eo præmissus eliciendo Curioni. 4,722
Sabæi Arabiæ populi. 9,821
Sabelli Italiæ populi à Sabinis orti. 2,430
Sabellus quidam in exercitu Catonis à sepe in crure ictus misere consumptus perit.9,761. comparatus niui aut ceræ liquefactæ. 9,782
Sabini, populi Italiæ, eorum mos versus procaces in nuptiis cantare, qui à Fescenninis Sabinorum populis Fescennini vocati. 2,368
Sabinæ, quæ à Romanis raptæ, mediæ generos soceris inuexere. 1,118
Sabinæ virgæ, quas Sabinis auctoribus magistratus Romani vsurparunt; quæ ex betulla arbore. 9,610
saccari potores Indi. 3,237
sacer morbus, execrabilis, pestis vel ignis sacer. 6,96
sacerdos summus, pontifex maximus. 8,850
sacerdotes minores. 1,596
sacra feralia. 1, 616. 3, 404. 6, 432
sacra ritu barbara. 3,403
sacra funesta. 7,167
sacris deuotus, sacerdos. 10, 176
sacramenta iurata sceleri.4,228
sacratus sub nomine. 1,405
sacrificium amburbale. 1,593
sacrificij quo non litabatur nota. 1,609.& seqq.
sacrificandi ritus. 1,608
sacrificus Numa. 9,478
Sa riportus, locus circa Præneste. 2,134
Sadales, filius Cotyos regis laudatus à Senatu. 5,54

sequua

IN LVCANVM.

sæuus esse qui vult, contra eum debet. 8,493. qui autem sæuus esse timet, omnia timere debet. 8,435

sæuum sole aut frigore. 9, 376

Sagittarius, Signum cæleste, in quo breuissima nox. 4,528. 9, 536.

Saguntum, vrbs Hispaniæ, fide erga Romanos insignis. 3, 358

Salamis, insula in confinio Achaiæ, vera dicta, respectu alterius vrbis cognominis in Cypro. 5,183

Salaminiacum mare, ad Salaminam, vbi Persæ profligati ab Atheniensibus, qui se monitu Ora culi Delphici crediderant muris ligneis, id est, nauibus. 5,109

Salapina palus in Appuliâ, prope Salapiam. 5,377

Salernum Picentum oppidum. 2,425

sales (nec soliti lusere sales) joci in nuptiis. 2,368

sales æquorei. 10,257

salix, arbor nota, foliis pallidis, vnde cana dicta. 4,131

Salonæ, colonia Romanorum in Illyrico. 4,404

salpyga, formicæ venenatæ genus. 9,817

salus rerum & misti concordia mundi. 4,191

salus populorum, pendens in animâ Cæsaris. 5,685

salutis ponsor. 9,192

Salus rerum, Syllæ epitheton. 2, 221

salutatio militaris longinqua, nutu motoque salutant ense suos. 4,173

Samnis, Samnites, Italiæ populus. Samnites prætextu partium Marianarum. Romam occupare tentantes cæss. 2, 136

Samnites dediticij à Syllâ ad aliquot millia iussi interfici, ita præ multitudine inter se collisi, vt pars cæsorum reliquos strage opprimeret; ac vt vix percussoribus feriendum esset. 2,201. & seqq.

Samus, Ioniæ insula. 8,246

sancire leges sanguine. 7,355

sanguis semel gustatus sanguis fauces non patitur mansuescere. 1,333

sanguinis partium. 2,128. exiguum. 2,140

sanguis, vltima producta. 2,138. 7,635

sanguis emicuit vulnere. 3, 639

sanguis destituit vulnera. 3, 746

sanguis rigens. 4,298

sanguine exhaustus. 5,335

sanguis calore solutus, frigore adstrictus. 6,750

sanguinis vmbræ, consanguineorum vmbræ; aut, vt alij, occisorum. 7,79

sanguis discolor, color corporis humani diuersus. 10,128

sanguinis vsti, nigri. 10,135

Santoni, Santones, Aquitaniæ populi. 1,422

sapiens supra Fortunam est. 9, 570

sapientis animus, siue virtus, & vniuersum, sedes Dei. 9, 578

Sardinia, Sardoæ oræ, insula Maris Mediterranei, frugum fertilis. 3,64

sarissæ, hastæ oblongæ Macedonum propria arma, vt pila Romanorum. 8,298. 10,47

Sarmatæ, Sarmatici campi, Scythica gens vicina Moschis. 1,430. 3,94. 170. 7,430. 8,369

Sarnus Campaniæ fluuius, nebulosos vapores exhalans. 2, 424

Sason Calabriæ insula inter Epirum & Brundusium. 2,627. 5,650

satis est iam posse mori, de infantibus iussu tyranni occisis. 2,109

satutari,

Index

saturari, id est, repleri, illini. 6, 682. 7, 104
Saturni Planetę officium. 10, 205
Saturnus in summo cælo in Aquario collocatus inundationes denotat. 1, 651
Saturnia templa, vbi ærarium. 3, 115
Saxifica Medusa. 9, 670. quia omnes qui caput Medusæ aspexissent, in saxa mutabantur. 9, 637. & seqq.
saxorum orbes, rotunda saxa emittenda tormentis. 2, 451
saxo erigi, cote acui. 7, 140
Scęuæ centurionis Cęsariani incredibilis virtus, & admirabilis fortitudo. 6, 141. & seqq. adeò vt Pompeium obsedisse ipse dicatur. 10, 544. eius saltus comparatus cum saltu pardi 6, 181. telis toto corpore (sed sine vulnere letali) confixus, comparatus elephanto iaculis summâ tantùm cute vndique cōfixo. 6, 207. oculum sinistrum ictum cum telo euellit. 6, 214. comparatus vrsæ, telum quo læsa est, morsu appetenti. 6, 220. deditionem simulans Aulum quendam subeuntem occidit. 6, 228. superueniente auxilio eximitur bello. 6, 247
Scæuola Pontifex ad aram Vestæ cæsus temporibus Marianis. 2, 116
scaphæ è vimine contextæ, & coriis obductæ. 4, 131
sceleratis responsa non dabat Oraculum Delphicum. 5, 103, 139
scelus, scelera, prouentus nouorum scelerum. 2, 61
scelerum Dei. 2, 80. 7, 168
scelerum visum facere 2, 97. quis nolet scelus esse tuum? 2, 265
scelerum contagia. 3, 322
scelerum latebræ. 4, 193. ne velut occultum pereat scelus. 4, 252
scelerum ritus, magia. 6, 507
scelerum nox. 7, 575
scelus, Lucano pro causâ aut rebus Cæsaris. 1, 2, 667-4, 228. 5, 314
sceptra, pro regibus. 8, 595. 9, 90
sceptris assuetos (regnari) nil pudet. 8, 452
scindere vrbes, transuolare. 9, 685
scissus gurges. 4, 142
scintillam pascere in ignes. 5, 525
Scipio Africanus, bello in Africam translato, Carthaginienses coëgit ex Italiâ reuocare Annibalem. 4, 657
Scipio Aemilianus (vel Africanus) deplorare fingitur in campis Elysiis periturum in Africâ (quam ipse debellauerat) Scipionem qui à Cæsare victus. 6, 788
Scipio, Pompeij socer (qui posteà Imperator bello Africo contra Cæsarem) Luceriam aduentante Cæsare deserit. 2, 473. præfectus mediæ aciei prælio Pharsalico. 7, 223. in Africâ cæsus. 6, 311
scire per fulmina. 3, 320
scire mori. 9, 211
scopuli vomentes æquor. 6, 24
scopulosus. 9, 468
scorpius, caudâ internodiis, distinctâ pungens letaliter. 9, 834
Scorpius, Signum cæleste seu duo Signa; nam Chelæ eius Libram efficiunt. 1, 659. 6, 394. 9, 533
scropofa saxa, 5, 678
scrutari gladio viscera. 8, 557
Scyllæ antra, Scylla, sáxum in Freto Siculo. 2, 433
Scyllæ vndæ, pro mari Siculo. 6, 421
scytale, serpens quæ primùm exuuias ponit, etiam hyeme; cùm aliæ non nisi vere. 9, 717
Scythia duplex, Europæa & Asiatica,

In Lvcanvm.

Afiatica. 1, 566.8, 178. plauftris, domos deferentes, Nomades, quafi errantes, vocati. 2, 641. 1, 267. fagittas veneno illinunt. 3, 266. liberi funt. 7, 435
Scythicæ vndæ, pro Ponto Euxino. 2, 420. pro Danubio, 5, 436
Scythicus Pontus, Euxinus. 2, 580
Scythici frigoris Orbis. 6, 325
Scythicæ niues. 6, 478
Scythici receffus. 8, 216
Scythica ara, Dianæ in Cherfonefo Taurica. 7, 777
Scytha pro quouis crudeli barbaro. 10, 455
Scythæ, Syrthicæ oræ, Scythicæ fagittæ, Scythicum iugum; pro Parthis, quia à Scythis oriti. 2, 553. 8, 353, 432. 9, 238, 817
fecreta. Quirini. 1, 197
filuarum. 2, 602
fecretum dare. 3, 314. rerum. 5, 10. omnia curfus æterni fecreta, tenens. 5, 89
fecreta receffus. 9, 863
lecta marmora. 10, 114
fector fui fauoris populus. 1, 179
fecula rapiuntur cæco curfu. 7, 446
fecula prima, homines primi feculi. 8, 817
fecundare. 1, 635
fecundus à rege. 4, 721. mihi. 5, 662
fecundo loco. 8, 288
fecundæ operæ, partium fecundarum, famulans famulanti. 8, 676
fecundus, profper. fecundus Mars. 6, 4. 9, 696
fecundi Dij. 4, 122. 7, 342
fecundum Emathiam iis tanta datur. 8, 332
fecures venere in nemus. 9, 439
fecures cum fafcibus à lictoribus prælatæ Confulibus; hinc fecures pacificæ, & aliquando pro ipfo magiftratu. 5, 12.

fecuri. 388. 7, 64
fecuri. vulneris. 1, 178
fecuri fomni. 1, 518
fecurus fui. 2, 242
fecurus Orbis poft terga relictas. 4, 353
fecurus pugnæ. 4, 514
fecura vocis meæ, quæ vocem meam non curat audire. 6, 730
fecurus veniæ. 8, 784
fecurum, de quo fecuri fumus. 10, 52
federe, alta fedent ciuilis vulnera dextræ. 1, 32
fedens extremo littore. 2, 659
federe, de valle; vt furgere, de tumulo; fedent conuallibus arua. 3, 380
federe, de mari. 5, 643. alieni pæna timoris in noftrâ ceruice fedet. 7, 645
federe, id eft, firmum iacere aut ftare, hærere. 8, 726, 840. 9, 137
Pompeius fedit in pectore Bruti fpiritus eius Bruto illapfus. 9. 17
fedes. oculorum. 1, 184. 3, 712. belli. 2, 393. remiguum, tranftra. 3, 673. loci. 6, 13
fedes laxa, Inferorum. 6, 702
feditio imbelles animos detegit. 5, 323
feductus ab æquore. 5, 77
fegetum raptus, frumentatio. 7, 236
fegnis ad fata. 6, 344
fegnis tendere. 8, 297. non fegnis fibi iftans. 10, 115
Selinus Ciliciæ fluuius. 8, 260
Sellæ, &, Selli, Epiri populi apud quos Dodona. 3, 180
femel, abfolutè, prorfus, omnino, femel & fimul, femel tantum femel omnia victor iufferat. 2, 147
ac non femel, omnia Cæfar acciperet. 3, 398
ad manes ventura femel, non nifi femel. 6, 716
fanguine fufo femel totos confume triumphos. 7, 334

INDEX

non semel, vide, [non.]
semideorum habitaculum in regione aëris proximâ orbi Lunæ. 9,
semidei canes, Anubis. 8, 832
semina belli. 1,15
semina à Magis calcata peruía 6,521
semiuir. 8,552.9,15:
sæmustus. 9,
Senatus Consulibus in magno periculo reipublicæ mandat, Viderent ne quid respublica detrimenti capiat. 1,485
Senatus cogendi ius Consuli bus. 7,104.
Senatus Romanus, manet Senatus etsi extra Romam. 5, 22
Senatus legum. libertatisque & imperij vis. 7,578.& assertor. 7,580
Senatûs causa. 4,213
Senatûs membra, Senatorum. 9, 1043
Senatûs acies. 10,400
Senectus priuata. 1,134
viuacia fata senectæ. 2,65
senes in amorem arte magicâ acti. 6,454
senium zui. 4,813
senio placidus. 8,476
senium vini. 10,162
Senna flumen Italiæ in mare Adriaticum induens. 2,407
Senones, Galliæ populi, qui Brenno duce Romam occupauerant. 1,254
sensus nihil est à morte relictum. 3,39
sensus cesserunt pectore. 5, 760
seponere tutum onus. 5, 724
seps, parua serpens, sed cuius ictus totam membrorum compagem tabe dissoluit. 9, 723,773.& seqq.
Septemuiri epulis festis. 1, 602
Septa, loca tabulatis clausa in Campo Martio habendis co-

mitiis. Septorúmque nefas, vocat aliquot dedititiorum millia iussu Syllæ in campo Martio occisa. 7,306
Septemtrio. 1,17,252
Septentrionales populi fortes & bellicosi. 8,363. audaces fiduciâ nouæ vitæ. 1,458
Septimius, olim Pompeij miles, in Aegypto satelles regius factus, Pompeium biremem Aegyptiam ingressum salutat. 8,597. eiusque caput abscindit. 8,668
sepulchra mortuorum violare magnum scelus. 8,840
sepulcralis Inscriptionis Seminæ coniugatæ formula. 7, 343
sepulcri damna. 8,750
sepultus ture. 9,10
Sequani, Belgicæ populi, optimi equites. 1,425
sequester pacis. 10,473
sequi. pone sequi. 1,483
nimiúmque sequuta est quæ morbi, duxere manus. 2, 142
sequi arma. 7,372
sequi solem, de cerâ liquefactâ. 9,782
serenus vultu. 4,163
serenum. fallax. 1,130. hibernum. 4,55
serena, serenitates. 9,425
Seres, extremæ Asiæ, siue Indiæ, Populi, lanificio siluarum nobiles. 1,19.10,142,398
serica vestis pellucida acu facta. 10,141
series. serie longa hærentia agmina. 1,492
in seriem iungere. 7,493
series laborum. 9,295
serpens aurea. 4,726
serpentes volucres in Arabia, quorum vsus in magiâ. 6, 677
serpentes primùm orti è corpore Medusæ. 9,619
serpentum varia genera quæ in Africâ, enumerata & descripta. 9,700.& seqq.
serpere,

In Lvcanvm.

Serpere, de riuo. 9,974
Sertorius exul Hispanias contra populum Romanum in bella suscitauit. 7,14. à Pompeio, post reuocatum Metellum consulem., repressus. 2, 549.8,809
sertum vipereum. 6,656
sertum, contextum. 10,164
seruare, conseruare, asseruare, differre dolorem & summis seruare malis. 2,40
seruari anni bellis ciuilibus. 2, 66
seruator honesti. 2,389
seruat multos Fortuna nocentes. 3,448
oculis victoris iniqui seruari, conspiciendum. 9,140
seruare, pro obseruare, præsertim cum de cælo aut aëriis agitur, vocabulum aruspicium. 1,631. 4,427. 5,395. 8, 169,187
raciti seruator Olympi. 8,171
seruilia agmina. 2,94
seruire non timens, qui mori paratus est. 9,28
seruitutem effugere nece sibi illatâ, virtus Lucano. 4,577
serus. 1,46
seruum pecus. 6,152
Sesostris Aegypti rex gloriosus, cuius currum quatuor reges trahebant, peragratis plerisque partibus Orbis, Nili fontes videre non potuit. 19, 275
Sestos Thraciæ vrbs ad fauces Hellesponti. 2,674. 6,55.9, 955
Sextus Pompeius, Magni F. iners. 6,420. Erichtho magam Thessalam consulit de euentu belli ciuilis. 6,570. & seqq. responsum quod ei dat cadauer ab Erichtho suscitatum. 6, 777. à Cornelia nouercâ incitatur ad vindictam patris. 9, 85. fratri Cnæo narrat cædem patris. 9,126. in Siciliâ piraticam potius exercuit quàm bellum gesserit. 6,420

si, tunc. 3,157
si verò, quid si? 6,662
sibi quid facere, in furm proprie vsum aut commodum.
sibi nefas facere. 4,147
sibi vincere. 2,323.4,793
sibi segnis stans. 10,115
sibilare, propriè anguium. 6,690
sibila fundere. 9,631
Sibylla Cumana. 1,564
Sibyllæa carmina. 5,138
sic eat, formula. 2,304.5,297
sic facias. 4,110
Sicania, & Sicaniæ vrbes, Sicilia. 3,59.6,66
Sicaniæ aquæ, Arethusa. 3,177
Sicanium sepulchrum, Carbonis qui in Siciliâ iussu Pompeij cæsus. 2,548
siccare distentas pecudes, lactere. 4,314
sicci colles. 4,263
siccum, terra. 5,553
Sicilia Insula Maris Mediterranej, olim contigua Italiæ, sed inundatione aut violentiâ maris diuulsâ. 2,435.3.6. fertilis frugum, & horreum Romanorum dicta. 3,65,67
Sicula arua. 6,814
Siculæ cauernæ, montis Aetnæ. 10,447
Siculus apex, cacumen Aetnæ. 5, 100
Siculæ incudes, officina Vulcani in insulis Vulcaniis, quæ inter Siciliam & Italiam. 7, 146
Siculum fretum violentum. 3, 62
Sicoris Hispaniæ Tarraconensis fluuius, ad Ilerdam ponte stratus. 4,14,130.335. in sulcos seu riuos spargitur. 4,141
Sidon, vrbs Phœniciæ maritima, conchylio & purpura celebris. 3,217
Sidonij nauigandi periti, ad Cynosuram cursum dirigere soliti. 3,218
Sidonium filum. 10,141
sidere, in tabem sidens. 7, 791
ſilentia.

Index

Mentia pessum corpora, 3, 674
Sidus, sidera, obliquum sidus. 1, 55. secundum. 1,413. reges sub alio sidere. 2,294
sidus hibernum. 5,408
sidera cadentia. 5,562
Subducunt sidera nubes, 6, 519
sidera presserunt radiis vnam mortem. 6,608
sidus immune maris, non occidens. 9,542
sidus iniquum, pestilens. 10, 35
sidus aequum, numen propitium. 10,90
sidera alimentum trahere credita ex humore terreno aut aquis. 7,5. 10,258
siderum cursus inconcussus. 2, 268
siderum influxus in homines particulares, cedere coguntur magis. 6,607
sidera coelo deducta carminibus magicis. 6,500
Sigea arena, littus Troianum, à Sigeo promontorio. 9, 961
signa militaria. signa jacentia sub aduerso Marte. 1,308
signa nullus ducentia cohortes, deserta à militibus. 2,471
signa meliora, meliorum partium. 1,511
signa damnata, partis aduersae. 4,217
signa minantia pugnam. 6,17
signa submittere. 6,243
signa dare mouendis castris. 10, 400
signa publica, auctoritate publica sumta arma. 2,319
vsque ad Thessaliam Romana & publica signa, quòd post cladem Pharsalicam nulla Lucano videantur fuisse arma publica, sed priuata omnia auctoritate sumta. 7,164
signa Pompeiana examinibus apum obsita & obscurata ante praelium Pharsalicum.7,161
signa multa Romanis ademerunt Parthi profligato Crasso. 8,358
signa, statuae. vtque solet totis se effundere signis Corycij pressura cruci. 9,808
Signorum coelestium enumeratio. 9,533. & seqq.
Signorum Orbis. 9,532
Signorum fuga, reuolutio firmamenti. 9,543
Signiferum coelum, Zodiacus. 7,363.8,172
signifera nauis, praetoria. 3, 558
silentes, mortui. 3,29
silentium coetus, mortuorum.6, 513
silentium iubere manu. 1, 196
silentia tenentia coruum. 5, 85
silentia regni Infernalis. 6, 729
silentium in agris, ob brumam. 1.259
silentium populi attoniti comparatum primo funeri. 2, 21
Siler Lucaniae fluuius. 2,426
silium metalla. 4,304
silua. secreta siluarum. 2, 601
siluis caesis innectere vincula, ligna visu colligare. 3,670
silua, lignum. 4,604
silua telorum. 6,205
silua non ardentis incendia. 3, 420
Siluani, nemorum Dij. 3, 402
Simois Troados flumen. 9, 962
simul, simul ac. 9,912
simulacra mesta Deorum. 3, 412
simulare togam. 3,145
simulata ars. 4,744
simulare Deum. 5,148
singultus. singultibus oscula rumpunt. 3,180
singultus animae. 8,683
sinister. sinistrum. mos sacrorum

IN LVCANVM.

rum finifter. 1,450
finiftræ volucres. 1,601, vmbræ. 3,248
finiftro numine. 4,194
finifter, mali augurij. 5,396
finifter rumor. 8,52
finus vela curuata, finum tradere vento. 5,579
finus curuare, de velis inflatis. 9,800
finus agere, de aquâ. 5,620
fiou placido exfpectare. 6,803
Sipus, fipuns & Sipuntum, Apuliæ ciuitas. 5,377
Sirius ftella, Canicula. 10, 211
Siftrum, crepitaculum æneum quo Aegyptij in facrificiis vti. 8,832.10,63
Sithoniæ gentes in confinibus Ponti Euxini. 3,280
fitis & fitientium defcriptio. 4, 292.& feqq.
fitientes, auxilium fecere famem. 4,308
fitus pallens. 6,647
fitu fædum. 6,515
fiue, feu, caufale. 7, 19, 21, 23
Smaragdus, gemma coloris viridis. 10,131
Smyrnæus vates, Homerus. 9,984
focer, vbique de Cæfare, quia focer fuerat Pompelj. 1,602
Sodales Titij. 1,602
Sol, Solis ignes. 1,232
Sol fugiens per ortus. 1,543
Sol vrgens. 2,719
Solis ignifer orbis. 3,41
Soles, radij folaresâ 3,401
Sole confpecta. 4,53
Sole relicto Luna dubitanda refulfit, poft Interlunium. 4,89
Sol primus. 4,66
Solis imagine vibrans aqua. 5,446
Sol infirmo lumine paffus fpe-

ctantes oc los. 5,545
iolis Imago. 6,503
Solis defectus. 7,4
Sole feriri aut luce. 7,44
Solis iniqui limes, Zona torrida. 7,866
Sol orbem exercens. 8,160
Soles nimij, Zona torrida. 8,164
Solis furgentis Ignis, Oriens. 8,228
Sol languens, Occidens. 8,471
Solis orbita. 9,691
Solem fequi, de cerâ liquefactâ. 9,782
Sol in autumnum declinans. 10,235
Sol, pro die. 8,376.10,227
Sol & fidera alimentum ex aquis attrahere creduntur. 1, 415.7,5,9,313.10,258
Sol obfcuratus medio die. 1, 540
Sol in Leone calorum caufa. 1, 655. ex Virgine tranfit in Libram. 2,692
Solis Occidentis periphrafis. 3, 40.8,159 *
Sole oriente aut occidente, fi radij partim in Auftrum, partim in Aquilonem fparguntur pluuias ventófque portendit. 5, 542. fi concauus occidat, tempeftates. 5,544
Sol ex Oceano oriri creditus. 7,1. & occidens eodem mergi. 9,625
Solis officium. 10,201
Sol cùm eft in Librâ fit æquinoctium autumnale. 10,227
Solftitij circulus. 9,532
folatia fati ferre. 2,91
folatia fecum referre. 6,802
folatia ferre, habere. 8,314
folertia, fraudulentia. 8,283
folidare. 9,691
folio magis. 4,122
follicitare hoftes. 4,665. Deos. 5,60. tripodas. 5,123
follicitare, id eft, cruciare, anxium reddere. 6,806
foluere, folucre, laxare. 1,106

folnit

INDEX

soluit fama in præconia linguas. 1,472
soluit se in amnem tellus. 2, 408
solui statione. 4,763
solutus amnis, abrupto ponte. 2,493
solutus, defectus. 2,519
soluere portas. 2,704. ostia. 3, 231. ora. 5,140
soluit tubes corpora. 6,88
soluere arcum. 7,515
solutum per terga, de comis feminarum. 9,632
solum auidum. 2,71
soli cessantis aratro. 3,451
solum colle tumens. 4,11
soluni frangere, arare. 6,384
σῶμα, conditorium Alexandri, & regum Aegyptiorum Alexandriæ. 10,19
somnus. somnium. securi somni. 1,518. certi. 4,391
somnij imago vana. 7,8
somnus populi, somnus quo populi imago occurrit. 7,28
somni furentes, terribiles. 7,764. quatitur formidine somnus. 8, 44
somno damnatus lumina. 9, 363
somno mori, ex ictu aspidis. 9, 818
somnos pingues exigere, securos. 10,354
somnorum turbulentorum & spectris territorum descriptiones. 7,764. & seqq.
sonare. sonans ignibus, & flammis. 6,662. 9,919. prohibe lamenta sonare. 7,706
sonipes, equus. 4,115,450
Sophene, Asiæ regio. 2,593
soporifer somnus. 3,8
sors. sorte cæcâ. 5,66
sors vltima rerum. 5,692
sorte frequenti. 5,764
sors secura. 5,772
sors obscura. 6,770
sors secura quæsita manu. 7, 309
sors prima, item proxima. 9, 211
sors loci. 10,542
sortilegi. 9,581
spargere. spargitur per omnem Italiam Cæsar 1,468
spargere Deos lacrymis. 2, 30
spargi per viscera. 2,119
spargere Deos, flatuas & templa Deorum diruere. 3,100
sparsæ partes, præsidia dispersa. 2,395
sanguine sparsum, aspersum. 5, 125
sparsæ nubes in vellera, è densissimis rariores factæ. 4, 125
sparsum flumen in sulcos. 4, 142
spargere mari naues. 4,226
spariæ Aemo niues. 5,3
spargere caput aquis. 5,555
spargere potiusquàm subuertere. 8,273
spargere, diripere. 9,48
spargere per vulgus. 9,159
spargere, proijcere. 9,748
Spartacus à Crasso profligatus. 2,554
Spartana pro Helena. 10,61
Spartani canes. 4,441
spatium. languentia spatio lumina. 4,169
spatio sufficere. 4,676
spatium multum. 7,423
spatium, de grandi corpore. 9, 732
spatiosa volumina fumi. 3, 505
species viua virtutis. 6,254
spectandum exponere 4,15
speculator eques. 8,472
specula, è speculis igne signum datum. 6,279
sperare. liceat sperare timenti. 2,15
sperare jugulos patrum. 7, 182
sperat sibi cedere, cessurum. 9,302
Sperchios Thessaliæ fluuius. 6, 367
spes, leuans mentes trepidas. 1, 513

spera

IN LVCANVM.

spem suam præstare Dijs. 5, 729
42
spes trahens. 5,131
spe vanâ rapi. 5,227
spe trahere. 5,285
spes suas laxare. 5,133
speḿque metumque ferre robuste. 6,419
spe trepidare. 7,297
spes numquam implenda, insatiabilis. 7,688
spiramen. 6,90. spiramina naris. 2,183
spiramina sub terrâ. 10,247
spirare veneno. 9,679
spiritus, ventus. 9,472
spissari in orbem. 4,777
spissari in terram, cùm desinentibus locis arenosis regio sit glebosior. 9,943
spoliare morsu nemus, folia arborum edere. 6,112
sponsor salutis. 9,392
sponte ducum. 1,99
sponte Deum. 1,234.5,136
sponte tuâ. 4,184. nil facimus non sponte Dei. 9,574
spuma canis rabidi vsui Magis est. 6,671
spumare cæde. 7,699
squalens tergum elephantis. 6, 209
squalentia arua Africæ præ æstu. 1,206
squamosa lingua. 4,325
stabilis, nusquam luctando stabilis manet. 9,470
stagna incerti profundi. 2, 571
stagnans penitus. 2,668
stagnans Padus. 4,134
stare, stat magni nominis vmbra. 1,135
stare loco. 1,144
stat cruor in templis. 2,103
stabit hic exitus armis. 2, 224
stantes contentæ sune carinæ. 2, 621
statura res immenso labore. 3, 381
stans in vndis classis. 3,519
stare sub ictu fortunæ. 5,

stare irâ. 6,155
stare sub vno ictu. 6,613
stare, constare. 7,93
stare in dubio. 7,247
stare, à partibus stare. 7,360
staans frigidus gladius. 7,502
stantis satî vixit Cornelia quasi coniuge victo, vixit stante fortunâ non aliter quàm aduersâ. 8,158
stare ceruice solutâ, liberum esse. 9,603
stabatque sibi non segnis, Achates, fulciebat vel sustinebat trabes. 10,115
stata tempora. 10,240
stationem peragere. 1,45
statione solutæ naues. 4, 463
stationes planetarum. 10, 203
stella. stellæ minores in mediam venere diem. 1,536
stellæ redeuntes in faciem puri cæli 2,723
stellati axes, asseres cuspidibus præfixi. 3,455
stetit æquore bellum. 3,566
stellæ errantes. 7,425
stellæ vagæ, Planetæ. 9,12
stillare. 7,837.
stillare sanie. 9,783
stimulare se. 1,208
stimulus. stimulos dare. 1,120
stimulos in prælia addere. 1, 163
stimulos irarum mouere. 2, 324
stimulis majoribus ardens amor 4,174
stimulus furoris. ægrum Bellonæ. 7:557
stimulis negantem agès equum. 8,3
stimuli virtutis. 8,329
stipare, pró stipari. 10,534
stipatum. 7,492
Stœchados arua, Stœchades insulæ circa ostium Rhodani. 3,516
strangulatorum laqueos ore suo rumpunt magæ. 6,544

stra

INDEX

strata lectorum purpurea. 10, 125.plumata. 125
stricti enses sunt militis, qui stringuntur enses, sunt militum. 5,254
stridere incertum. 6,633
strix nocturna auis. 6,689
structura operum surgens. 6, 64
Strymon Thraciæ fluuius, vnde grues hyeme transeunt in Aegyptum, quæ inde Strymoniæ 3,199.5,711
studium. studijsque. odijsque carere. 2,377
studijs partis agi. 4,348
studium belli. 7,695
studium laboris florigeri, de apibus. 9,289
Styx, palus Inferorum, per quam ipsi Dij jurabant, hanc solam pejerare veriti. 6,378,698, 749.7,785. passim pro Inferis ipsis, & Stygium pro Infernali. Stygius aër, sulphurei vapores.6,91. pallor. 6,517. lacus. 6,661
Sygiæ tenebræ.3,13.paludes. 6, 378. domus. 6,514. vmbræ.'6, 569,653. 7,612. 9,818. canes, Furiæ. 6,733. sorores, Parcæ. 9,838
Stygia formido, 7,770. nox, mors. 7,817
Stygium nefas.6,695.carmen. 6, 766.regnum. 7,169
subducere, sidera subducunt nubes. 2,519
subducere tempus satis. 5,733. Cæsaris oculis subducere mortem, Pompeij. 7,673
subducere vela procellæ. 6,287
subigere rura. 1,436
subactus Marte, pro, bello fessus, defatigatus vincendo 7, 735
subitus miles, tiro, subitò collectus. 1,312. fit subitum (improuisum) quodcunque parat Deus. 2,13
subitum opus. 6,53
subitus ad mœnia venit. 6,128
subitum agmen. 7,524

submittere signa. 6,245
submissæ preces. 8,524
submouere hyemem tecto. 2, 385
submouet amnis mare. 8,445
subrepere in actus. 2,391
subsidere. subsedit cardine tellus.1,552. In præceps subsedit humus,de specu profunditatis maximæ. 6,643
subsidere,mergi. 3,695
subsidere,dolo inuadere-, insidiari, ἰφέδριοι. 5,226
substituit nox sua lumina Phœbo. 4,282
subtexta nox polo.4,104, ferro subtexitur æther, multitudine telorum aër obscuratur. 7, 519
succedere vallo. 7,733
successus vrgere suos. 1,148
successibus anceps. 4,390
succi dulces ab arundine, saccarum. 2,237
sudore sumant arma. 4,754
Suessones Galliæ Belgicæ populi longis armis vsi. 1,423
suetus armis. 1,336
Sueui Germaniæ populi. 2,51
sufficere. sufficiens sato. 2,88. spatio. 4,676
sufficiens complere. 5,154
sufficit in regnum. 6,53
sufficit ille fauor ad fatum belli.5,696. Cæsar nostris non sufficit armis, quia copiæ Cæsaris minores Pompejanis. 7, 368.non ipse tyrannus sufficit in pœnas. 10,518
sufficit in vocem spiritus. 7,608
sulcus.nauiumsulci .2,703.spargitur in sulcos Sicoris. 4,141
sulcos trahere. 5,562
sulcus sterilis, sterilitas agrorum. 8,846
sulco mollis terræ. 9,627
sulfur æthereum. fulmen. 7,160
summus.summum.mouere summa. 2,394
summus, vltimus. 2,714. 5, 484
summa mundi tenere. 5,694
summa valli. 6,176
summi

IN LVCANVM.

summi hominum. 7,205,585.
summa dies,mors.9,208.summis, exteriore parte. 10,114. summâ in sede jacere, à summo accubare; nisi hîc sit, in infimo. 10,174
summa, votl. 3,497. rerum nos summa sequetur. 5,26. summa scelerum, caput. 6,304.summa pauoris 8,51.stat suma caputque Orbis? 9,123. summa vindictæ. 10,526
summis negatum diu stare.1,70.
summa dare dij faciles, tueri difficiles.1,510.summa cadunt properante ruinâ.5,747. summa pacem tenent, minimæ rerum turbantur. 2,271
super multo ludore exhaustus. 4,303
superestare. 4,133
supereuolare. 3,299
Superi scelerum, Dij scelerum. 7,168
sperna leges. 9,556
supernè labi. 6,376
superstes esse posse. 5,588
Superum Mare, Adriaticum, a sinistrum latus Italiæ. 2,400
suppara, semiarum ornamentum in humeris. 3,364
suppara, summæ partes velorum 5,429
suppressus dolor. 6,228
suprema ruentis imperij.5,200.
suprema fati. 7,460
surdæ aures gentibus, quæ nolunt audire gentes. 6,443
surgere, de re quacunque quæ attollitur; vt contra jacere, sidere.surgit opus aggere multo.2,679. surgens tellus in altum. 3,171. surgens operum structura. 6,54. surgentes culmi in segetem.6,109.Romana Pergama surgent. 9,999
Susa, &,Susæ,Mediæ vrbs, regia vetus Persarum. 2,49.8,425
suspecta est in quâ tellure jacebant, suspecta est tellus in quâ jacebant. 9,843
suspendere molem. 3,197
suspenso bello. 4,531

suspiria dare. 4,328. suspiria leuant vatem. 5,218
sustentare epulis corpora.4,507
sustinere, id est, posse,pati rem alioqui indecentem aut difficilem, permittere. sustinuit dignos credere.7,657. non sustinet. 5,793.795. sustinui nostris vos tantùm, deesse triumphis. 8,230. aperire sustinuit venas. 9,760. sustinere rectis oculis solem. 9,908
sustinere, sistere, impedire. 7,750
sustulit, erexit. 10,376
Synedri, Ciliciæ insula, vt videtur, vel portus ad ostium Selinuntis fluuij (quidam hoc loco per synedros intelligunt confessum Senatorium.) 8,259
Syene, Aegypti vrbs sub Tropico Cancri. 2,587.8,851.10,234
Sylla, cædium Marianarum vltor nimis crudelis, immisericors,& nemini parcens.2,118, 139. 4,822. 6,303. scelerum magister. 1,326. libertatis diminutor. 9,204. Prænestinum populum delet.2,194. aliquot dedititiorum in villa publicâ interfici jubet. 2,196.7, 306. cædem eorum immani securitate spectans. 2,207. bellum Mitridaticum conficere nequiuerat. 2,582. Dictaturâ se vltrò abdicauit.1,335. victoria ejus constitit in extirpandis hostibus. 2,228. Salus rerum,&, Felix cognominatus.2,221.sepultus in Campo Martio. 2,222. Fortuna vsus toto vitæ cursu secundâ, de eâ conqueri fingitur in Campis Elysijs ob partes suas à Cæsare oppimendas. 6,787
Sylla (Faustus) dissimilis patri territus solo nomine Cæsaris 2,465
Syllanorum temporum adumbratio.2,134. vsque ad 222.
Syllana pax. 2,175

K k

INDEX

Syllanæ cædis cadauera in Tyberim proiecta. 2,210
Syllani manet. 1,581
Syllanus dux, pompejus. 7,307
Symplegades, eædem quæ & Cyaneæ insulæ. 2,718
Syria,Syri, Asiæ regio & populi celebres. 3,214.7,540.8,169, 181
Syrtis. Syrtes. loca vadosa Maris Mediterranei, contigua Africæ versus Orientalia ejus, vt regionem Cyrenaicam & Aegyptum; (vnde Parætonias vocat. 1, 195.) adeò incertæ profunditatis, vt ambiguam appellet (9, 710.) quia dubium terra sit an mare. 1, 367, 499. 3, 295. 4, 673. 5, 485. 8, 184, 445, 540. 9, 301, 312, 553, 598, 756, 861. 10, 477. earum descriptio. 9, 103
Syrticum, arenosum. 10,38

T

Tabes. pallida tabes lucri 4, 96. tabem trahere. 6, 539. tabes medullæ, item, niuis, id est, solutio, liquefactio. 6, 539. 10, 215
tabo fluens. 2,166
tacitum,sed fas. 6,430
tacitum mundi, occulta mundi. 10,252
Tænaros. Tænarus. Laconiæ mons, oppidum, & promontorium, vbi fingitur esse descensus ad inferos; hinc Tænariæ fauces. 6,648.9,36
Tages, Etruscus aruspicinæ inuentor. 1,637
Tagus Hispaniæ fluuius aurifer. 7,755
Tagus quidam contra Massilienses è naui pugnans, tergo simul & pectore telis concurrentibus transfigitur. 3,586
tamarix, frutex acutis folijs instar myricæ, efficax contra ictus serpentum. 9,917
Tanais, Scythiæ fluuius è montibus Rhiphæis ortus Europam ab Asia separat, & in Mæotin paludem influit. 3, 273.8,319.9,414,751
tangi Inuidia. 9,1052
tangunt animos iræque metusque. 10,443
tanto vulnere, tam multis vulneribus. 7,834
tantum animi. 10,347
Taranis (Iuppiter) Gallorum Deus, cui homines sacrificabantur. 1,446
Taras. Tarentum. vrbs Calabriæ. 5,376
Tarbelli. Tarbellicus Ancon. in Aquitania populi & sinus. 1,421
Tarcho, dux Cilicum, signum dat Classi à Catone secedendi, quem objurgat Cato. 9,219
Tarpeja rupes,&,sedes. Tarpejæ arces, id est, Capitolium. 1, 196. 3, 154. 5, 27, 306. 7, 758
Tarpeij Dei, Iuppiter, Iuno & alij Dij Capitolini. 8,863
Tarsos, Ciliciæ vrbs à Perseo condita, & à talaribus eius cognominata. 3,225
Tartarus flumen Inferorum, & Tartara, Tartareum antrum, pro Infetis 3, 17. 6,694,712, 782.7,785.9,101
Tartarei reges. Pluto & Proserpina. 6,649
Taulantij, in Liburnia populi; aut, vt Lucanus & alij, Epiri. 9,16
Tauromini Siciliæ ciuitas, cui vicina Charybdis. 4,461
Taurus, Ciliciæ mons; & eius accolæ Tauri. 2, 594. 3. 225. 8, 255
Taurus Signum cæleste. 3,255. 9.513

taurus

IN LVCANVM.

taurus mactandus ab arâ fugiens, inter prodigia. 7,165
taxus arbor non abſimilis abieti, baccas letalis veneni ferens. 3,419.6,645
Taygeti juuentus, Lacedęmonii, (à Taygeto monte Laconum) donis ornati à ſenatu. 5,51
tecta laqueata. 10,112
teda arbor reſinifera, lignum aptiſsimum igni concipiendo, ex quo faces fiebant ſulphure & pice illitæ. 3, 504, 682. quòd autem faces adhibebantur in nuptiis, tedæ, & tedæ fœdera, ponitur pro conjugio aut conjunctione affinitatis. 1,112.2,145.5,766. 8, 393,10,373
tegere dolorem altâ mente ſuppreſſum. 6,228. tecto ſtetit æquore bellum. 3,566
tellus cardine ſubſedit. 1,552.
Telmeſſidos ſinus, Cariæ ab oppido Telmeſſo. 8,248
Telo, magiſter nauis Maſsilienſis, gubernandi peritiſsimus, & futuræ aëris conſtitutionis præcognitor ſollers, occiditur. 3,592 & ſeqq.
telum, tela, nubes telorum. 2, 262
telum relictâ morte fugit ſupereſt telo poſt vulnera curſus, de telo emiſſo balliſtâ. 3, 468.
tela irrita. 3,580,722,4.776 6,134.7,320. ferre tela languida, item, contenta. 7,961. tela illita dolis, veneno. 8,382
temerandum ferrum. 1,147
temeritas non nulli extremo periculo admittenda. 5,672
Tempe, Theſſaliæ locus nemoroſus amœniſsimus, per quem fluit Peneus fluv.6, 345.8,1
temperies vitalis. 9,435
tempeſtatis futuræ præſagia. 5, 540. & ſeqq.
tempeſtatis quâ vexatur Cæſar longa & hyperbolica deſcriptio. 5,597, & ſeqq. comparata eſt diluuio Deucalioneo. 5, 620.

& ſeqq.
tempeſtates à magis excitatæ, item ſedatæ. 6,469
templum. cæli templa. 2,155.
cultus templorum 8,121. templum tacens, oracula non proferens, aut proferre deſinens. 9,573
tempus. tempora aliena toris. 2, 350. tempus vacuum amori 3,27. tempus anguſtum. 4,477. tempus in ſegnes moras exiens. 5,410. perennia tempora ſati. 5.490. tempus ſubducere ſatis. 5,733. tempora legum agere, libertatis. 7, 440. tempus dependere amori. 10,80. tempora ſtata. 10,240. tempora perdere, occaſionem. 10,505
tendere. manus in amplexus. 4, 176. tendere, extendere. 6, 72
tendere ſagittam. 6,225
tendere, caſtra locare, tentoria figere. 7,328
tendere lacertos. 7,469
tendere, implere. 7,477
tenebræ. mortis tenebræ. 3,714. obduxere oculos tenebræ. 3, 733. tenebræ primæ. 4,417. tenebras trahere. 4,768. mucentes tenebræ. 6,545. tenebris relinquere. 7,552. tenebras pati. 9,110. tenebræ oculi, ſomnus. 9,674
tenere. Orbem in medio tenere, de conjuratis in monarchiam. 1,88. tenere rura. 1,420. tenere inconcuſſa veſtigia. 2,248. pacem. 2,273.3,523. finem. 2,381. complotas, inanus. 2,292. tenetur tota terra meis triumphis. 2,584. ſeq; tenent remis, de nauib° inter ſe certantibus. 3,566. tenere fuga nauali. 3, 753. tenere, ſupprimere, compeſcere. 4,172.8,171. tenere medium. 4,652. ſumma mundi. 5,694. tenere portum, appellere in portum. 8,453
tenere ſe aliquo loco. 8,470
tenere in animos ancipites, tacere dubios. 9,45
tenet Eurus pelagus. 9,118

Kk 2

INDEX

tenere, Id est, continere, sistere, impedire, retardare, morari, inhibere. 47,3,156,271,289, 440,5,136,6,202,301,829,7, 296,474. 9,52. lenta tuas tenuit patientia vires. 1,361. quantum est quòd sata tenentur | Aquilo pluuias in nube tenebat. 4,51. tot sata tenentur. 5,205
tenor veli. 5,709
tentare. iras militum, explorare animos militum in pugnam. 2,529. fortunam. 3,510. tentare fœderibus, hostes ad deditionem conditionibus allicere. 4,507. tentare iaculum. 6,79
tepescunt montes. 4,284
tepor mundi, plaga tepida cæli. 8,365
terere otia. 2,498
tergum. fugere neglecto tergo. 3,467. terga ostendere. 2,572. tergum maris. 5,565. 9,341. tergum squalens elephantis. 6,209. terga suorum impellit Cæsar in pugnam. 7,576
terra. altum intumescens, montosa. 2,398. 8,371. motu terræ mugire cauernas. 3,418. terrarum extremæ oræ, Hispania. 4,1. terra effusa explicans patentes campos. 4,19. 4,671. recipit sua terra colonos. 4, 397. terram mutare. 6,171. 8, 148. terræ nocentes. 7,869. terrarum tractus. 8,336. terrâ carere, insepultum iacere. 8, 795. terra tecta mouens, terræ motus. 8,848. terra igne fota. 9,184. terra se à mari defendit. 9,306. in terram decidere, de infante in lucem prodeunte. 9,899
Terræ Orbis in Oceano suspensus libratur. 8,798
terra omnia capit quæ omnia genuit. 7,818
Terra circumuoluta arte magicâ. 6,481
terræ motus. 7,414. 8,848
terrenum, obscurum. 6,502

terribiles ratibus cautes.
terror conficit omnia. 7,
tesqua.
tesseræ dandæ periphrasis.
testari, pro protestari. 3,
testari Deos. 7,
testudo Indica miræ magnitudinis, cuius testæ putamina fores coopertæ, & gemmis intextis distinctæ. 10,
testudo militaris, cum coniunctis & connexis supra dorso clypeis, muros hostiles eunt milites. 3,
Tethys, vxor Oceani: hinc mari, præsertim Oceano 414,554. 2,588. 3,133. 4,7 623. 6,67,479. 10,204
Tetrarchæ (regni quartam tem occupantes, vt intertantur) auxiliares Pompe 227
Teutates (Mercurius) Gallo Deus, cui humanis hostii tabatur.
Teutones, Teutoni. Germ populi à Mario victi. 1, longis armis vsi. 6
texitur vimen in nauem. 4
textura laterum, in corpore mano. 9
thapsos, (in Erice Siciliæ m frequens) ferula, vel se semen, omnia venenata cans. 9
theatri plausus.
Theatrum Pompeianum. 1, 7,9
Thebæ Aegyptiæ, centum tarum famâ vrbs nobilis nunquam pluit, vel ortu occasu Pleiadum. 8
Thebæ Ethiouiæ propri Bœotiâ (quæ & Oedipo niz à rege Oedipo. 8,407. cum Phthioticis Thel confusæ. 6
Thebani fratres, Eteocles & lynices, qui se mutuis ic confecerunt. 4,551. adeò i se dissidentes, vt etiam eorum flammis disiunctis cessisse dicantur.

The

In Lvcanvm.

Themis, Delphici oraculi præses ante Apollinem. 5,81

Theodorus, præceptor Ptolemæi, Cæsari nomine regis sui obulus offert Pompeij caput linteo obuolutum. 9,1010. eius ad Cæsarem verba. 9, 1014.& seqq.

Thermus prætor ex oppido Vmbriæ Tignio profugit. 2, 463

Theseï è Cretâ reducis fabula. 2,613

Thesproti, Epiri populi. 3,179

Thessalia, Thessalica ora, Thessala tellus, Thessalica arua, &c. rura, Græciæ regio Macedoniæ vicina, in quâ Pharsaliæ campi prælio inter Cæsarem & Pompeium noti: eius topographia accurata. 6,333.& seqq. Lucanus autem eam passim cum Macedonia, dum Philippicum prælium in eâ locat, confundit: imò interdum etiam cum Thracia. mêtio Thessaliæ.5,651.7,164, 302,454,473,650,847. 8, 45, 441,602.9,849,1037.10,474.

Thessaliæ, in Thessaliâ, 8,108. Thessaliâ in Thessaliâ, 7,592. item. 8, 428. nisi hic sit pro clade Pharsalicâ.

Thessalicus Orbis, clima Thessaliæ. 7,6

Thessalia destinata duabus ingentibus cladibus (vt Lucano placet) primò in Pharsalicis. 7,847. secundò in Philippicis campis.7,853. hinc eam vocat bustum populi Romani.7,862

Thessalia, pro pugnâ Pharsalicâ, 10,412. Thessalicum pro eo quod illam pugnam attinet. Thessalicæ clades.6,62.9, 23.10,74.ruinæ.7,439.8,331. 9,1019. cædes.7,448. Thessalicus dies, quo inter Cæsarem & Pompeiû certatû est.7,202. Thessalica pugna. 7,693,765. flama.7,808. Thessalicæ volucres, quæ corpora cæsorum eo prælio vorârunt. 8, 507.

Thessaliæ reus Pompeius, quòd eam amiserit prælio Pharsalico. 8,510. Thessalici cineres.8,530.Thessalica mala.9,585.Thessalici manes,cæsorum in prælio.9,180. Thessaliæ fortuna, victoria Cæsaris. 9,1084

Thessalia plena magarum, herbarum item ferax & lapidum dum in vsus magicos. 6,435. & seqq. adeò vt Thessala, & Thessalis simpliciter ponatur pro maga. 6, 451, 565, 605, 614,699,762

Thessalicæ sagittæ, pro Sagittario, Signo cælesti, quod creditur esse Chiron centaurus, qui Thessalus. 4,528

thorus, vide, [torus.]

Thracia ad Pontum Euxinum regio. 2,162. Threïciæ hyemes, quia regio Septentrionalis Romanis. 7,833. Threïciæ fauces, angustiæ Hellesponti. 9,954

Thyestæ, cui epulandos natos frater Atreus apposuit, cœnas ad quod scelus Sol obscuratus est, siue retrò cessit.1,544. 7,451

thymus, herba nota, cuius flores apibus grati. 9,288

Tigranes Armeniæ rex, à Pompeio in regnû restitutus.2,637

tigris, animal velocitatis horribilis. 5,405. magas verentur. 6,487

Tigris Armeniorum & Medorum fluuius rapidissimus. 3, 256. 6,51. 7,433. 8,214,370, 438. Euphrati mixtus.3,257. sub terrâ magno spatio means, tandem quasi renascitur. 3,261

Timauus, Patauij fluuius, Antenoreus, quia Antenor Patauij conditor. 7,194

timere, non ausus timuisse palàm.1,258. liceat sperare timenti. 2,15. quæ potuit fecisse timet.4,182.vsque adeò ne times quem tu facis ipse

Kk 3

INDEX

timendum ? 4,185. timere ti-
mentem, ignauum eft. 6,666
timendi pudor. 7,525
timidi quæ finxere timent. 1,
466. timidus pudor. 1,360
timor eſſe timori.1,82,100. timoris cæci nubes. 6,297. timor it in omnes. 7,544. timor
compulſus, vt duceret, &c.
pro, timore ſuppreſſo ducc-
re,&c. 8,718
timor. maximus timorum, metus mortis. 1, 460. audendo
magnus tegitur timor. 4,702.
timor ipſe multos in pericula
præcipitat. 7,105. Jetúmque
iuuat præferre timori. 1,576,
in timore mens eſt præſaga.
9,120. Et timet incurſus, indi-
gnaturque timere. 10,444
Tiphoeus gigas fulmine à Ioue
ictus,& monte conditus.5,101
tyronibus bello aſſuefactis, pars
magna ipſius belli peracta
videtur. 7,101
Tiſiphone, vna Furiarum.6,730
Titan, Sol, (paſsim.)
Titareſus Theſſaliæ fluuius, è
Stygia palude oriri creditus.
6,376
Tirij Sodales. 1,602
titubare niſu. 6,482
tituli rerum præclarè geſtarum
encomia & velut inſignia. 2,
555.8,77,403,817
titulo pietatis, prætextu. 10,
363
Tityos, vnus ex gigantibus, qui
cœlo bellum intulere, 4,596
toga, habitus Quiritium, ſeu
Romanorum pacis, vt ſagum,
belli tempore: hinc aliquando toga, pro pace ipſa. 2,386.
9,176. togæ vſus.10,130. toga
degener. 1,365. hirta. 2,386.
togam ſimulare. 3,141. toga
pura.7,17. plebeia.7,267. ciui-
lis.8,814. toga currus ornans,
itē, togæ pictæ, pro triumpha-
libus, palmatis videlicet au-
róque intertextis. 7,18. 9,176
togatus,& togatæ manus, id eſt,
Romani. 7,549. 9,238

tollere campis acies. 6,63
Tonans Iuppiter. 3,120.5,23
tonitru medià regione aëris.
479. mali augurij in comitii
5,395
tonitru procuratum arte mag
ca. 6,4
tonſa, remi. 3,527,539.5,4
tori taurorum. 2,6
tormentum longinqua ad re
paratum. 3, 480. tormen
componere mittendis tel
3,717
torpor. alligat artus frigid
torpor. 4,290. torpore lig
tus. 5, 434. torpor quiet
ſomni.5,734. torpor conſtri
gens pectora. 7,4
Torquatus, Pompeij legat
aduentante Cæſare recede
comparatus nautæ præui
tempeſtate vela ſubducen
6,287
Torquata nomina, Torqua
nobilis familia Romana.
584
torquere vela, obliquare. 8,1
torrens. torrente tranſue
ferre mentem. 4,818. torre
Aetna.6,295. torrens, prece
feſtinus.7,505. torrens de f
mine. 9,156. torrens Ro
nus, ſanguinis Romani t
rens aut fluxus. 7,6
torrétes fixi arte magicâ.6,4
torta caput ſanguinis vſti, rel
gòſque gerens à fronte cap
los, id eſt, habens capillos
tortos & flexuoſos, atq
ſurſum inuerſos, eóſque co
ris nigri, vel, quia vapore S
lis capilli inflectuntur.10, 1
torus. iungere toris mariti.
329. torus genialis gradit
eburnis aſcendi ſolitus.
356. torus veſtes diſcrimi
auro, id eſt, tectus eſt ſtra
lis ſeu veſtibus Attalicis a
intertextis, vt in nuptiis.
357. tori fœdera, coniugiu
2,342. coitus.2,379. torus
ralis, In quo cadauer comb
rendum collocabatur. 6,5
tor

IN LVCANVM.

torus in castris ex cespite. 7, 761.tori è culmis. 9,842. tori gemmis ornati. 10,122 totus. totum. totus abest in praelia Caesar. 5,742. quem nec Caesar toto auserret Fortuna locum. 6,140. totâ, quantum valet, vtere Lesbo. 8, 123. totâ in pugnâ Solem aestiuum exigere, totum diem aestiuum exigere in pugna. 8, 375. totum vniuersitas rerum. 10,266
toxicum, venenum promptissimum, ex taxo, vt volunt, arbore. 9,821
trabes deauratae. 10,113
trabes in aëre quas docos vocant. 7,156
Trachin, Thessaliae ciuitas. 3, 178.6,355
tractus. corusci tractus flammarum.2,271.tractus varios ducunt naues,3,551. tractu longo.5,565.exiguo.7,241.pestifer.7,412. tractus terrarum. 8, 336
tradere. tradidit in letum artus. 3,644. tradere venum. 4, 206. traditus à Fortuna satis mortis. 4,738
traditiones rerum gestarum historiae. 4,592
trahere. trahere imperium, prorogare potestatem alicui. 1, 275. trahit ipse furoris impetus. 2,109. trahere omnia caeco cursu. 2, 567. trahens in bella penates. 2,729. trahere momenta fauoris.3,56.trahere vbera. 3,352. trahere animam. 3,578. ilia.4,757. tenebras.4,760.trahere spe.5,285. trahere sulcos.5,562. trahere ventura.5,732.trahere tabem. 6,539. trahere vnco. 6,638. trahere bellû.7,57,296.quemque suum munus trahit. 7, 330.trahit vna hora gentes.7, 346. trahere omnia secum.7, 654.trahere aquas.7,822.trahi captiuum. 8,416. trahere, attrahere, adducere.9,671. trahere fata.9,923. trahere iter mediae noctis. 10,313
traiectiones verborum mirabiles, vide transpositiones.
transcurrere.3,539. à transcurrente subacti. 7,74
transferre. dubius in te transferre Quirites, ad partes tuas inflectere. 1,276. transferre Ausoniam, in Ausoniam aut Italiam. 8,845
transfuga vllis. 5,346
transfuso aestu maris verti. 8, 462
transigi terga, & pectora. 3, 187
transire. 6,437. transire caelum, de lancea. 7,288
transmittere bella. 6,582
transpositiones verborum crebrae apud Lucanum. Aliquot mirabilium exempla : Huc, quem ciuiles hauserunt, sanguine, dextrae.1,14. magnaeque per auia voces Auditae nemorum.1,569. &c.2,245,334. 322.3,90,398,497,625,679,4, 819,581.5,800. 6,636.7,325, 553,780.8,373,9,194,550,605, 636.10,32,170,393
transtra, sedilia remigum. in transtra cadere. 3,543
transuersum ferre. 4,818
Trebia (ad Placentiam fluuius) pro clade Romanorum ad Trebiam. 2,46
tremores faturi in praeceps, terrae motus. 7,414
trepidare. degeneres trepidante animi.6,417. trepidare, palpitare.6,752.trepidare spe.7,297
Treuiri, Galliae ad Mosellam populi. 1,441
tribuere vitam. 4,358
Tribuni plebis M. Antonius & Q. Cassius vrbe pulsi ad Caesarem se conferunt. 1,266
Tribunorum pl. potestas sacrosancta. 3, 125. eorum dirae Crassum in bella Parthica secutae. 3,127
Tribunitium Ius victum. 1,267
Tribunitia arx. 4,800

Kk 4

INDEX

tributum Afiæ. 3,161
tridens æquoreus, Neptuni videlicet; imperium maris. 4,111
Trieterica, facra Bacchi, quæ tertio quoque anno celebrabantur Delphis. 5,74
tripodes, menfæ in templo Apollinis Delphici, quibus fuperpofitæ Phœbades vaticinabantur. 5,81.121. tripodes cuftodes fatorum. 5,198. tripodes Deli. 6,425
triremes. 7,295
triftis, id eft, perniciofus, feralis. 6,640
triftis fine lacrymis. 10,83
Triton tubicen maris. 9,348
Triton Africæ Propriæ fluuius, & juxta eum palus Tritonis. 9,347
Tritonia, Pallas. 9,681. Vnde fic dicta. 9,354
triumphare de victis ciuibus illicitum. bella nullos habitura triumphos. 1,12.6,261
triumphari. 2,90
triumphalis pompa repræfentabat acta triumphantis, gentes domitas, &c. 3,75
triumphi gentes triumphatæ. 2, 644
triumphis vlulare, de militibus triumphum, comitantibus cum fefta & licentiosa acclamatione. 6,261
triumphi remeare dicti, cùm duces triumphantes in Vrbem remeant. 7,256
triumphum ducere. 9,598
triumphi Teutonici Marij. 2, 69. Libyci ejufdem, de Iugurtha. 2,69. æquori Pompeij, de Cilicibus. 6,422
triumuiratus Craffi, Pompeij & Cæfaris. 1,4.3.266.9,266
Troiæ fabula. 3,212. Troia vrbs, nomen memorabile. 9,964
trophæi erectio, & defcriptio. 1.136.6,256
trophæis meis tota terra tenetur. 2,584
truncus ceruicæ. 8,436

tubæ, ære recuruo. 1,4
tubarum vfus in prælio naua 3,542
tuba præmoniti nautæ foluti portu. 2,6
tubicines adhibiti in funerib virorum illuftrium. 9,7
tueri fe famâ & nomine. 8,2
Tullius, Cicero. 71
Tullus quidam In exercitu C tonis, ex morfu hæmorrh dis, fanguine vndique efflu te moritur. 9,805.& fec tumere. de montibus. 8,371. mucre minæ. 2,573. tumen ripæ, Nili inundantis. 8,8
tumidus, fuperbus. 5,133. mores, fuperbia, elatio anli 10,99
tumultus. lætus tumultus. 3,1 tumultu feruent caftra. 4,2 tumultus pedum. 4,753. mi tis. 7,183. animi. 7,7
tumultus aliquantifper impe tur, dum nemo audet effe p mus. 5,2
turba. regnum in turbam m fum. 1,86. turba fcelerum. 251. malorum. 9,405. turba mula. 10,
turbare vultus. 7,3
turbine excurere. 2,144. turb torquetur puluis. 4,3
turicremi ignes. 9,5
Turones, Galliæ ad Ligerim p puli, inftabiles. 1,4
turres ex trabibus tabellatifc compactæ, totis mechani ad oppugnationem muror promotæ, aut per aggeres politæ. 2,505.3,398,456. t res minantes. 414
turrigeræ naues. 3,514.4,
tus. tura. tus & aromata inje rogo funerali, & fepulcro. 526.8,729. hinc, ture fepult 9,10. tura ferre, facrificare, 42. hinc, pia tura. 9,5
Tufci vates, arufpices. 1,
Tufcus cefpes, terra difcipli Etrufcorum injecta Prolaj fulmini: bidental. 8 t
tutela nauis, ligneum fimu cti

IN LVCANVM.

cum pictum Dei, aut rei à quibus nauis nomen accipiebat. 3,511.5,584 tutum.tuta fugæ.6,150. domus. 10,459.in tutum ire. 9,235 Tybris.Tyberinus amnis. fluuius Romani præterfluens, Etruriam à Latio feparans, in mare Inferum influens. 1,381, 475.2,210.421.6,76,810. ejus curfus cadaueribus Syllanæ cædis injectis interruptus. 2, 211.2,214.& feqq.
Typhon, vnus è gigantibus, qui Ioui bellum intulere; & qui terrâ oppreſsi anhelare fulphureos vapores crediti. 6, 92
typhones, fulmen non ignitum. 7,156
Tyrannus. in dubiis tutum eſt in opem fimulare tyranno. 8, 241. tyrannidem adfectantis viri mortem à populo libero defleri rarum eſt. 9,170
Tyros, Phœniciæ vrbs maritima diues. 3,217
Tyrij moniti oraculo Appollinis coloniam mittere ad Columnas Herculis, Gades condiderunt. 5,108
Tyrius fuccus, purpura. 10,183
Tyrrhenum mare, quod & Inferum, ad dextrum latus Italiæ. 2,219,401.5,614
Tyrrheni fanguinis, Etrufci.9, 737
Tyrrhenus gurges, Tyberis. 2, 210
Tyrrhenus, miles Cæfarianus, amifsis pugnâ Mafsilienfi nauali oculis, nihilominus emiſſo telo Argum o. cidit. 3, 709.& feqq.

V

Vacare, videtur propriè fignificare, vacuum eſſe aut fe præbere. hinc varius verbi vſus; vt ſæpiſsimè pro, re pus operamque alicui rei impendere, & quaſi ſe totum addicere, cetera videlicet otiofum & vacuum ab omni aliâ re : item pro, carere, abeſſe ab aliquo negotio, immunem eſſe alicuius rei, otiofum eſſe; frequenter autem, vacar, Impersonaliter, id eſt, licet otium eſt. vt : pars ætheris illa tota vacet. 1,59. nulla vacet tibi Roma manus. 2,56. vni vacat lugere. 2,377. pars mudi mihi nulla vacat. 2,585. vix odiſſe vacat. 3,103. Maſſiliam delere vacat. 3,360. vacat imbribus Arctos. 4,70. curis vacare. 5,126. quot tela vacabunt. 5,327. mori veſtræque faluti Fata vacent. 5,342. vacant ubi littora faxis. 5,675. veritus ixus vacaſſe. 6,305. vacet à ferro. 7,389. nulloſque hominum lugere vacamus. 7, 631. tempora læta reſpexiſſe vacat. 7,688. non vlli plus regia vacabit. 8,422. ne qua vacarent arma. 8,423. quod bello hæc dextra vacaſſet. 8,601. juga tota vacant Bromio Nyſeía. 8,801. Cæfaribus regnare non vacet. 9,90. quæriſque jugum ceruice vacante. 9,261. Lybie Sideribus phœboque vacat. 9,691. cælique plagis Superiſque vacaui. 9,186. mens non vacabat à motu ſcelerum.10,334. nullique vacare fas eſt Romano. 10,415. nec tota vacabat Regia compreſſo. 10,441 vacuum tempus amori. 3,27. vacuus virtute. 9,506 vado frangere æquor, de flumine In mare fluente. 2,401, vada facere, de ventis aquas repellentibus. 5,604. vadis fractum mare. 9,308 vadoſæ aquæ. 8,698 vagari. enfis latè vagatur. 2, 103. vagantes manes Pompeij. 8,796

KK 5

INDEX

valent torquere.	1,364	nibus æquis.	1
valles resonæ.	7,480	velum pugnax, ventis reluc	
vallatus omni bello.	6,185	8,464	
vallum castrense.	1,516	vela languens, vento desti	
vallo succedere.	7,735	8,471	
vanescentes montes.	3,7	vela vento negare, demitte	
vanescens fumus.	9,77	560	
Vangiones, Belgicæ populi, braccati.	1,431	vela nauium in akum venti lemiâ abrepta.	9
vana nomina.	1,313	velut, ac si.	1
vanum pectus.	8,385	velut, vt si.	4
vaporat saxa Tiphoeus.	5,100	vena vndæ maligna, impur tenuis.	9
vapores ficci, æstus.	4,305	vena lacrymarum.	9
variatus colorem.	4,80	venabula.	6
Varus flumen, in Mare Inferum Influens, terminus inter Galliã & Italiam, post Italiæ adcensitam Galliam Cisalpinam.	1,404	vendicare sibi.	3,686
		vendico gestare.	1
		venditare enses.	5

IN LVCANVM.

in ventos vota impendere. 5, 491. venti modus. 5,702
ventis dare regimen nauis. 7, 126.8,190
ventis permittere vulnera, tela incertum vbi casura temerè emittere. 8,384
ventus moderatior. 9,118
venti in imis partibus aeris prope terram. 2,270
ventus, nisi quid obstet, in uni spatio vires amittit. 3,362
ventus quaerens erumpere inanes terrae sinus concutit.3,460
verni hyeme constantiores & certiores quàm vere. 5,413
venum tradere. 4,206
Venus iusta. 5,728. Veneris externae mistura, adulterium cum exteris.9,900. Venus libido. 10,75
Veneris vsus maximus & finis, progenies. 2,387
Veneris Planetae sidus salubre. 1,661.eius officium. 10,208
ver.eius inconstantia. 5,415
verber.verbera. torto Balearis verbere fundae.1,229.verbera crebra conuellunt puppes. 3, 528. verberibus senis acta nauis, hexeris. 3,536. verbere conuersa bassa.7,577. geminato verbere plangunt. 9,173
verbum.verba.verba rupta. 5,153
verba destituunt mentem paratam. 5,731. verba cogentia,magorum. 6,446. verborum (magicorum) venena. 6, 501.verbis notare.9,221.verba summa, testamentum. 10,92
verborum mirae trajectiones, vide, transpositiones.
verendus,timendus. 10,46
vergere in senium. 1,229. vergentes anni. 2, 105. vergere pondera rerum,librare,7,504. mentisque meae quò pondera vergant. 8,280
Vergiliarum occasus fine Decembris. 5,4
verrere mare. 3,542.5,572

versare animi degeneres pejora. 6,417
vertice diffuso. 3,376
vertigo rerum. 8,16
verum exprimere. 6,599
verutum,telū instar veru.8,681
vesanus. 7,496
vesperae periphrasis. 4,447
vesper maturatus. 6,340
Vesper, pro Hispania. 7,17
Vesta Dea, Vestae penetrale.2,127
Vestalis ignis.Vestales soc.ignis perpetuus Troiā allatus ab Aeneā,& à Vestalibus virginibus custoditus. 1,199.2,137. 9,993
Vestalis ignis Feriis Latinis bifurcatā flammā surgens.1,551
Vestales virgines. 1,598
Vestalis Maxima vittata.1,597. ei soli licitum videre Palladium. 1,598
vestigia tenere incomcussa. 2, 248.premere.2,652.colligere. 4,441. vestigia fugae turbare. 8,4.legere. 8,210.
Vestini populi Martis conuermini. 2,425
vestire agros ossibus. 7, 538
ebur atria vestit. 10,119.
vestis picto auro discriminata. 2,357.vestes laxae. 8,367
vestes mortuorum cum iis cōbustae. 6,536.9,175.& seqq.
vetare. vetitum bellum, negatum,impeditum. 4,281. Iternique vetabere terrā. 4,647.
vetitus remeare.7,236.moueri. 7,316. arma sequi. 7,371. augeri,qui augeri nequit.8,82
vetustas famosa aeui veteris custos, miratrixque sui. 4,654
vetustati fides non deroganda est. 9,359
vetus fama. 5,92
via.viam ruinā facere.1,150.via diuidens paludes. 3,85. viam ense caedere. 4,41.via mortis. 4,267. viam caede parare. 6, 124.via implicitae error. 8,5. viam irreducens carpere. 9, 408.via fortuna. 9,551. viarum abrupta. 10,317
vibrare.

INDEX

vibrare tela. 4,386.6,198.7,82. 289. vibrans aqua imagine Solis.5,446. vibrare fulmina. 9, 513. vibrare linguam de serpentibus. 9,631. vices in vicem amare.1,61. fertque refert que vices.2,13.vice fungitur vndæ. 3,260. vices

vincitur haud gratis prouocat hostem. victus existimatur bellam iniustam. victis parcere, maximum belli ciuilis. vincula oculorum.3. la ferri immissl.

IN LVCANVM.

Ingratum Iudicem nacta perit. 5,291. crimen est in armis
ciuilibus. 6,147
virtus & summa potestas non
coëunt. 8,494
virtuti dulcia difficilia. 9,403
virtus Fortunâ superior. 9,570.
semper æqualis. 9,571
virtus & vniuersum sedes Dei.
9,578. non consideranda ab
euentu aut successu. 9,595
virus pati, infici. 6,94
virus, pro quouis humore infi-
ciente. 10,124
vis. vires. vis mensura iuris. 1,
175. viribus vtendum quas
fecimus. 1,175. vis materna,
prolifica. 2,338. vires totas
mouere. 2,635. vis pelagi. 3,
62. vires æquæ. 4,665. viros facere. 6,651. vires totas effundere. 7,144. vires in mortem,
constantia ad tolerandam
mortem. 9,886
viscera. per viscera spargi. 2,
119. viscera feruent. 3,644
viscera legum, Senatus. 7,579
viscera patriæ. 7,721. viscera
gladio scrutari. 8,557
visu. extremo Vrbis amatæ
plenus abit visu. 1,508. littora nunquam ad visus redi-
tura suos. 3,6. visus impleuit
veneranda vetustas. 9,987
vita. modus vitæ. 2,131. vitam
impendere patriæ. 2,382. vita
(magnâ) dimissa viâ. 1,641
vitam inermem degere. 4,357.
tribuere. 4,358. corrumpere.
4,508. projicere. 4,516. vitæ
vsus. 5,276. vita carens Catone. 6,311. vitæ parua gloria.
6,806. vitæ permittere. 7,731
vita superstes imperio. 8,28
vitæ periturae parcere, ignauum. 1,462
vita paruo contenta. 4,377. vita
breuis non est ei, cui tempus
suppetit conscicendi sibi
mortem. 4,478. vitam vnius
hominis prolongare aut ab-
breuiare, inuitis fatis, pronum est Magis. 6,607

vita est nihil. 9,562
vitalia, partes corporis vitales.
1,623. 3,644.6, 194. 197. 7,
620. 9,743
vitalis temperies. 9,435
vitiari in nullas opes; de Africâ,
quæ nulla metalla profert. 9,
424
vitis signum Centurionum. La-
tiam longo gerit ordine vi-
tem. 6,146
vitta, religaculum comæ ante-
rioris. 5,142
vittatus, insulis ornatus. 1,597
viui ante diem fatalem necati
carminibus magicis. 6,519
vix tanti fuerat. 2,62. vix fata
sinunt. 2,701
vlnis, manibus. 2,664
vlta nostros toros, quæ vitio-
rem sumpsisti de nostro conjugio. 8,103
vltima belli, extrema aciei. 7,
507
vltima mortis. 8,665. regni. 10,
24. rerum. 10,467
vlulare tristia. 1,567. vlulare læ-
tis triumphis, de acclamatione & cantu militum comitan-
tium triumphum. 6,261
vmbra decrescens. 4,154. vmbrâ
æstatem (adores Solis) sibi
mitigare. 10,305
vmbra, imago inanis rei : stat
magni nominis vmbra, de
Pompeio sene. 1,135. & ima-
nem prosequar vmbram. 2,
303. quis nominis vmbram
horreat ? 9,449
vmbras nusquam flectens Syene, cum Solem verticalem
habet in Solstitio æstiuo ;
quia sita sub Tropico Cancri.
2,587
vmbra Solis in Meridiem jaci-
tur (sine sinistra it. 3, 284.)
populis trans Aequinoctia-
lem sitis, vt nobis in Septentrionem. 9,539
vmbra, & vmbræ, pro animâ
hominis corpore solutâ. 6,
512. 784. 7,479. 9,641
vmbræ errantes, insepultorum.
1,11.

Index

1,11.vmbra ferales.6,623.piæ 6,792. ciuiles, manes eorum qui bello ciuili perierunt vmbræ multum debentes vatibus, Acchillis & aliorum heroum. 9,963
vmbrare ripas arboribus. 2,411
vmbri,vmbria, Italiæ populi & regio. 2,430,463
vncus. morsus vnci conuellere. 3,699.vnco trahere. 6,638
vnilare,de flammâ. 5,100
vnguen piceum. 10,491
vnica,vna, velsingularis. 3,692
Vniuersum & Virtus siue animus viri sapientis, sedes seu domicilium Dei. 9,578
vnus,pro,solus.5,807. non vnus, pro,multi.
Vogesus, mons Galliæ è quo Mosa oritur. 1,397
volantes cælo faces. 1,527
volare sibi,de apibus extra examen vagè dispersis. 9,287
volatu lætuo vulturis. 7,437
volubile cælum. 6,447
volucres Latiæ, Aquilæ legionum. 6,129
volucres diræ,nocturnæ. 1,558
voluere questus sub pectore.1, 247
volui,de nauibus. 8,272
volumina sinuosa sumi. 3, 505
voluntas ad malum cogi nequit. 9,570
voluptas sibi nota turpis. 2, 391
vomentes æquor scopuli. 6,24
vomere,de fonte. 10,244
vortex. contorto vortice inuoluens potum. 3,631. vorticibus contorsit aquas. 4,101. contorti vorticis vndâ.4,460. vorticis violenti amnis.8,374
votum,vota. concipere vota salutis.1,506.votis vocari aures assuetæ.3,32. votis prodesse.3, 318. voti summa. 3,497. voto nullo.4,401.votis majora modestis. 5,532. vota in ventos impendere. 5,491. post vota veniens Fortuna,5,583. votis vincere apud Superos. 7, vota peritura.7,211. voto extrenu.8,143. votum, d derium. 8,646. in voto n positum. 9,
vox, voces. vox dolori cred dolor creditus voci. 1, 2
vox(patronus) populi. 1,2
vocem mansuram signare guris, scribere. 3,221. voc moturæ prælia. 4,211. voce ingerere. 8,433. vox dolori 5,494.voce plenâ.6,682.voce lætæ.7,11. voces belli, clamores & tumultus præliantium. 7,175. voces relatæ, resonantes.7,484. voces ferre. 8,430. voces commissæ, mandata. 9, 100
vox magica, côpositio seu mixtura omnium sonorum, sibilorum, cantuum, vlulatuum, &c.hominum,ferarum,auium, aquæ,siluarum,&c. 6,686
Vrbe relictâ in bellum fugitur 1,503
Vrbs capax generis humani. 5, 512
vrere, de frigore. 4,52. vri armis. 4,578
vrgere. successus vrgere suos. 1,148. porrus vrgens pelagus. 1, 406
vrget metus. 1,460. vrgere populum. 1,491.vrgere, de filiâ propendente inclinatâ.6,644. vrgeri ferro. 7,581. vrgere naues. 9,57
vrinatoris eximij periphrasis. 3,697
vrna mortualis vel feralis, in quâ cineres & ossa defunctorum asseruabantur. 1,568.6, 735.8,770.9,68,1093. cælo tegitur qui non habet vrnam. 7,819
in Vrnâ suffragia asseruata.5,194
Vrna, Aquarius,Signum cæleste. 9,537
vria Pannonii. 6,110
Vrsæ, major & minor, stellæ; major Plaustrû, minor Cynosura.4,525.5,25.8,177.9,540

IN LVCANVM.

vltor cadaueris. 8,738
vſura vorax. 1,181
vſus. facere vſum ſceleris. 2,97,
vſus Veneris. 2,387. donare
vſum ſanguinis Romani. 2,477.
vſum militis habet. 3,720. vſus
belli. 4,364. 10,512. vitæ. 5,
276. Deûm. 5,698. in vſu eſt
Magis. 6,561
vt, id eſt, quantumuis, etſi, ſi. 7,
389.717
Vticæ clades, bella Africana, ab
Vticâ vrbe Africæ, in quâ Cato ſe occidit. 6,306
vtile diſtat recto vt cælum terra. 8,488
vulgata Roma, cognita. 2,634
vulgus femineum. 7,39. per vulgus ſpargere. 9,159
vulnus. vulnera. alta ſedent ciuilis vulnera dextræ. 1,32. æquata membris vulnera, quot membra tot vulnera. 2,177. vulnera miſcere. 3,154. vulnera longinqua cadunt, telis è longinquo miſsis infliguntur. 3,568. ſua vulnera puppi affixit, corpus ſuum vulnerauit. 3,707. vulnus oblatum. 4,764. vulnera belli. 5,1.6,2 oſ. vulnera ferre, recipere. 6,133. vulnera multa vnam mortem non explentia. 6,213. vulnera totum cruor in futura. 7,556. labi in vulnera. 7,603. vulnus fortunæ. 8,72. pudoris. 8,350. vulnus ſine corpore. 9,769. totum eſt pro vulnere corpus, de eo qui ab hæmorrhoïde ſerpente ictus cruorem toto vndique corpore emittit. 9,814
vulnerum variæ ſpecies. 7,618. & ſeqq.
Vultejus, tribunus Opiterginorum qui in Illiyrico mari obſeſſi ab Octauio, ſuos ad mortem magnanimè ſibi conſciſcendam adhortatur. 4,465. & ſeqq. exemplo ipſe præit. 4,510
Vultur Appuliæ mons. 9,185
Vulturnus Campaniæ fluuius. 2, 423
Vulturû duodecim auſpicio Roma à Romulo condita. 7,437
vultus demiſſus. 2,361. durus. 2, 373. agmina habentia vultum pacis. 3,72. ſiccis vultus in nubibus hærent. 4,331. vultu ſerenus. 4,363. vultu dextraque. 5,319. In vultu Cæſaris, in côſpectu. 6,159. vultum perdiderat rabies. 6,224. vultu exanimis. 6,658. vultus turbare. 7,322. vultus adeſt precibus. 10,105
vultus pro toto capite. 2,112

X

Xanthus, riuulus Troados. 9, 975
Xerxes Perſarum rex nauibus æquor conſtrauit. 2,672. Athon montem à continête abſcidit. 2,677. copias ſuas recenſebat, militeſque numerabat, tela à ſingulis militib° emiſſo. 3,285

Y

Y Littera efficta & repræſentata volatu gruum. 5,716

Z

Zephyrus, ventus Occidentalis. 1,407. 2,675. 3,549. 4,72, 405. 6,339. 9,418,689. 1004. Zephyroïne an Euros. 5,569. Zephyri domus, regna Occidentalia. 10,49. Zephyri, pro Eteſijs. 10,239
Zeugma, oppidum ad Euphraten, terminus Romanorum & Parthorum, Pellæum dictum, quia conditum ab Alexandro Magno. 8,237
Zodiacus. 8,172
Zonæ Indorum gemmis diſtinctæ. 2,239
Zona Torrida. calens. 4,675. peruſta. 9,314. rubens. 9,852. rubicunda poli peruſti. 10,275 Zona Niualis. 4,106. credita frigore temperare Zonam Torridam. 4,129

www.ingramcontent.com/pod-product-compliance
Lightning Source LLC
Chambersburg PA
CBHW030408230426
43664CB00007BB/796